智库成果出版与传播平台

地方立法蓝皮书
BLUE BOOK OF LOCAL LEGISLATION

中国地方立法报告（2020）

ANNUAL REPORT ON CHINA'S LOCAL LEGISLATION (2020)

主　　编／付子堂
执行主编／周祖成　周尚君
副 主 编／杨惠琪

社会科学文献出版社
SOCIAL SCIENCES ACADEMIC PRESS (CHINA)

图书在版编目(CIP)数据

中国地方立法报告.2020/付子堂主编. -- 北京：社会科学文献出版社，2021.4
（地方立法蓝皮书）
ISBN 978-7-5201-8208-9

Ⅰ.①中… Ⅱ.①付… Ⅲ.①地方法规-立法-研究报告-中国-2020　Ⅳ.①D927

中国版本图书馆 CIP 数据核字（2021）第 063735 号

地方立法蓝皮书
中国地方立法报告（2020）

主　　编／付子堂
执行主编／周祖成　周尚君
副 主 编／杨惠琪

出 版 人／王利民
组稿编辑／刘骁军
责任编辑／易　卉
文稿编辑／郭锡超

出　　版／社会科学文献出版社·集刊分社（010）59367161
　　　　　地址：北京市北三环中路甲29号院华龙大厦　邮编：100029
　　　　　网址：www.ssap.com.cn
发　　行／市场营销中心（010）59367081　59367083
印　　装／天津千鹤文化传播有限公司

规　　格／开　本：787mm×1092mm　1/16
　　　　　印　张：23.5　字　数：351千字
版　　次／2021年4月第1版　2021年4月第1次印刷
书　　号／ISBN 978-7-5201-8208-9
定　　价／138.00元

本书如有印装质量问题，请与读者服务中心（010-59367028）联系

▲ 版权所有 翻印必究

《中国地方立法报告（2020）》编委会

主　　编　付子堂

执行主编　周祖成　周尚君

副 主 编　杨惠琪

编　　委　（以姓名拼音顺序排列）
　　　　　　杜　苏　黄　汇　黄　忠　刘廷勇　马立群
　　　　　　王正力　徐以祥　杨尚东　叶　明　喻少如
　　　　　　张纯河　张　琼　张学成　张　印

编辑人员　李　洋　葛　松　郝淑亚　李春兰　吴佳悦
　　　　　　赵金曦

主要编撰者简介

付子堂 法学教授，西南政法大学校长。享受国务院政府特殊津贴专家，第六届"全国十大杰出青年法学家"，2014年入选"国家百千万人才工程"，获国家"有突出贡献的中青年专家"荣誉称号；中国法学会常务理事、学术委员会委员，教育部高等学校法学学科教学指导委员会副主任委员，中国法理学研究会副会长，中国法学教育研究会副会长，中国人权研究会副会长，全国法律硕士专业学位教育指导委员会委员，重庆市"2011计划"地方立法研究协同创新中心主任。在《求是》、《人民日报》、《光明日报》以及《中国社会科学》、《法学研究》、《中国法学》等国家级权威报刊及中文核心期刊发表学术论文200余篇，主持和主研国家及省部级科研项目30余项，出版法学教材、专著、辞书等60余部。

周祖成 西南政法大学教授，博士生导师，重庆市"2011计划"地方立法研究协同创新中心执行主任；日本筑波大学社会科学系访问学者，中国法学会立法学研究会常务理事，中国法理学研究会理事，中国行为法学会理事。先后在《法学研究》《人民日报》《政法论坛》《现代法学》《法制与社会发展》等权威和核心学术刊物发表论文60余篇。

周尚君 西南政法大学教授，博士生导师。国家"万人计划"青年拔尖人才，重庆市学术技术带头人，重庆市青年专家工作室领衔专家。现任西南政法大学科研处处长，西南政法大学高等研究院执行院长，重庆市"2011 计划"地方立法研究协同创新中心副主任；中国法理学研究会理事，中国行为法学会理事，中国社会学会法律社会学专业委员会常务理事。在《法学研究》《中国法学》等权威和核心刊物发表学术论文多篇。主持国家社科基金项目、教育部、司法部、中国法学会项目。

摘　要

自2015年我国《立法法》修改以来，地方立法数量迅速提高、立法质量稳步提升，并呈现出新的立法趋势与规律。党的十九届四中全会提出，"完善党委领导、人大主导、政府依托、各方参与的立法工作格局，立改废释并举，不断提高立法质量和效率"。这无疑对地方立法提出了更高的要求与方向指引。本年度"地方立法蓝皮书"聚焦时下地方立法理论中的新议题与实践中的新问题，力求勾勒出2019年度我国各地区地方立法的基本状况。基于对2019年度地方立法成果的整理分析，发现2019年度我国地方立法保持了积极的立法状态，立法活跃度得到进一步提升，出现了立法与修法同步推进的情况；市级立法超越省级立法成为年度立法主力，而各类立法事项在年度内呈现较为均衡的发展状态。此外，本书围绕诸如"立法与改革""社会主义核心价值观融入立法""地方性法规结构"等话题进行了理论阐述；以"财政类立法""国家机关类立法""环境保护类立法"为材料进行了实证研究；以特定法规文本为分析对象进行了立法后评估。总体而言，本书兼顾对地方立法的理论分析与实证研究，尝试展现2019年度地方立法的整体状况与特定法规的具体问题，以期能够为该领域后续研究提供帮助。

目 录

Ⅰ 总报告

B.1 2019年中国地方立法发展状况
　　……………… 重庆市地方立法研究协同创新中心课题组 / 001

Ⅱ 分报告

B.2 设区的市地方立法精细化问题研究……………… 郭秉贵 / 023

B.3 核心价值观融入地方立法问题研究
　　——基于131部文明行为促进类地方性法规的分析
　　………………………………………………… 李　东 / 046

B.4 地方立法重复评估标准研究
　　——以省级市容环卫条例为例……………… 赵心语 / 064

B.5 地方立法与民间规范互动的必要性、现状及对策……… 李　洋 / 081

B.6 立法与改革互动实践探析
　　——以厦门经济特区为例……………………… 郑伟华 / 102

001

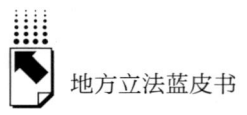

Ⅲ 立法调研与评估

B.7 以区域协同立法助推成渝地区双城经济圈建设
——以成都市的立法需求为视角
　　　　　　　　　　　　成都市人大常委会法工委课题组 / 123

B.8 论地方立法中加强人大主导的制度设想
——以设区市人大的地方立法实践为视角………… 熊　明 / 138

B.9 以国家层面社会信用法促进信用法律体系协调发展…… 吴佳悦 / 151

B.10 地方性法规实施效果评估的实践探索
——以《成都市城市公共汽车客运管理条例》为例
………… 成都市公共汽车客运管理条例立法后评估项目组 / 168

B.11 《秀山土家族苗族自治县梅江河流域水生态环境保护条例》
立法调研报告 ………………………… 条例（草案）起草组 / 239

Ⅳ 地方立法结构专题

B.12 地方性法规结构比较研究 …………………………… 徐　晨 / 256

B.13 重庆市国家机关类地方性法规的结构分析及完善建议
——基于31个省、自治区、直辖市人大及其常委会的立法比较
……………………………………………… 温泽彬　周大然 / 282

B.14 重庆市财政经济类地方性法规项目合理性分析
…………………………………………………… 万　江　刘美宏 / 298

B.15 重庆市民族自治立法结构研究 …………… 张　印　杨　冰 / 318

Abstract ………………………………………………………… / 342
Contents ………………………………………………………… / 344

皮书数据库阅读使用指南

总报告

General Report

B.1 2019年中国地方立法发展状况[*]

重庆市地方立法研究协同创新中心课题组[**]

摘　要： 本文在收集、整理2019年度地方立法成果的基础上，引入八大经济地带、立法事项类型等要素，深入分析研究地方立法省市表现、热点问题与发展趋势。在全面展现我国该年度地方立法概况的基础上，总结得出：2019年度我国地方立法保持了积极的立法状态，立法活跃度得到进一步提升，出现了立法与修法同步推进的情况，并且，市级立法超越省级立法成为年度立法主力，而各类立法事项在年度内呈现较为均衡的发展状态。

---

[*] 本文为重庆市社会科学规划项目"新时代地方立法的适用问题研究"（2019BS103）项目成果。报告数据收集整理由课题组团队完成，仅具有学术意义。

[**] 撰写人杨惠琪，法学博士，西南政法大学行政法学院讲师，重庆市地方立法研究协同创新中心研究员。课题组成员：周祖成、杨国栋、陈婧，报告数据收集整理由课题组团队完成，数据来源渠道为北大法宝数据库。

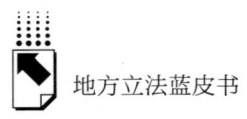
地方立法蓝皮书

关键词: 地方立法　实证研究　立法热点

一　2019年度地方立法概况

通过对全国各地人大、政府官方网站以及权威数据库公开的立法信息数据收集、筛选①,汇总了2019年度我国31个省、自治区、直辖市的立法情况基本数据(见图1)。从时间方面来看,样本覆盖时间为2019年1月1日至2019年12月31日;从立法层级而言,囊括了地方省级、市级两层级的立法成果。统计显示,2019年度我国地方性法规的立法情况整体继续保持了稳健风格,全年度立法活动频繁。我们以新增立法、法规修改、法规废止为分析视角,发现2019年度我国地方立法活动频次高达1665次②,其中,新增立法751件、法规修改761件、法规废止153件(见图2)。同上一年度相比较,2019年度的地方立法各项活动整体更为活跃③,但各项表现较为均衡,尤其是上一年度的强势修法势头不再明显,立法和修法活动基本持平④。

从地方立法的层级来看,2019年度一改2018年度省级立法占据数量优势的情况,市级立法频次有了较大增幅,占比超越了省级立法活动频次⑤。整体而言,全年地方立法频次中,省级立法活动占了40%(668次),市级立法活动占了60%(997次)(见图3)。

---

① 统计时间截止到2020年1月5日。主要信息来源为各地人大公开的信息,并结合北大法宝数据库的检索信息。考虑到现实中一些地方人大网站,乃至大规模数据库也会存在公开不足、信息滞后的问题,因此,本文的数据分析仅对取样数据负责,并允许课题组统计数据同实际情况之间存在一定的误差,特此对可能存在的数据更新误差以及统计疏漏作出解释。
② 为了凸显地方立法的活动状态,这里的统计没有仅单纯地计算立法和修改的数量,而是将法规废止这一活动也纳入了统计范围,故而选择以"频次"来代表整体数量情况。也即,频次意味着地方立法活动的活跃情况,具体包括了新增立法、法规修改、法规废止三种活动内容。
③ 从2018年统计数据看,该年度立法活动频次总计为1357次,2019年上涨300余次。数据参见付子堂主编《中国地方立法报告(2019)》,社会科学文献出版社,2019。
④ 从2018年统计数据看,该年度新增立法仅占33%,修改法规占57%,法规废止占10%。数据参见付子堂主编《中国地方立法报告(2019)》,社会科学文献出版社,2019。
⑤ 从2018年统计数据看,该年度地方立法活动频次中,省级立法活动占了64%,市级立法活动占了36%。数据参见付子堂主编《中国地方立法报告(2019)》,社会科学文献出版社,2019。

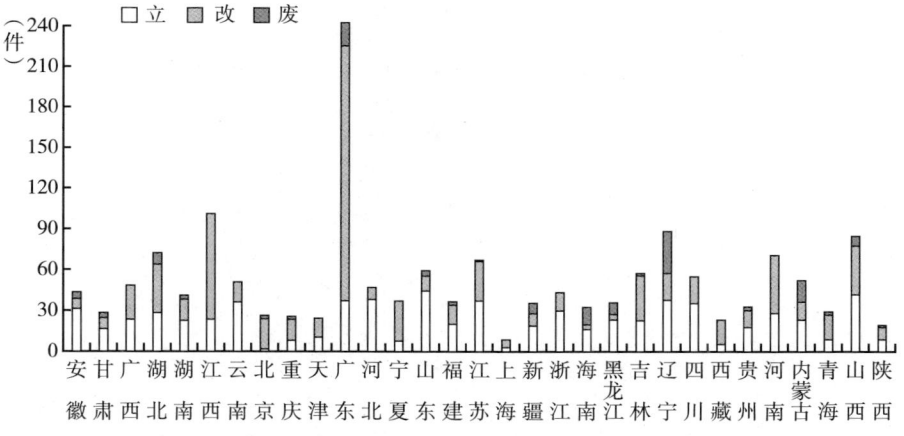

图 1　2019 年度我国 31 个省、自治区、直辖市立法情况

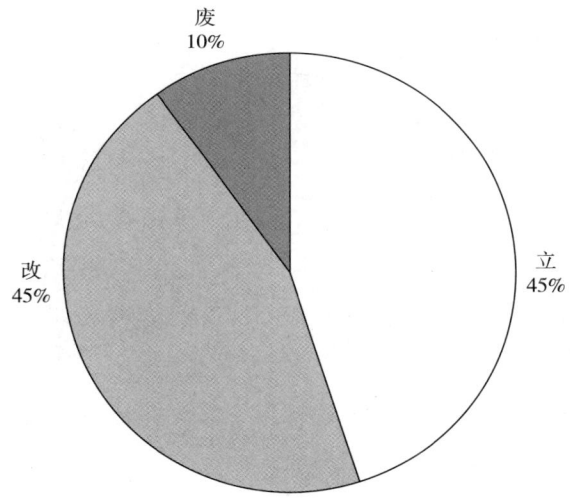

图 2　2019 年度我国地方性法规立改废情况

结合立法行为分类而言，2019 年度地方新增立法行为同整体活动频次分布态势基本保持一致：新增立法中市级立法活动数量优势继续增长，整体占据了全年新增立法的 70%，而省级立法份额仅有 30%（见图 4）。综合既往情况来看，市级新增立法已经连续两年保持了强势走高的势头，符合上一年度课题组对于市级新增立法活动将会持续活跃的基本判断。

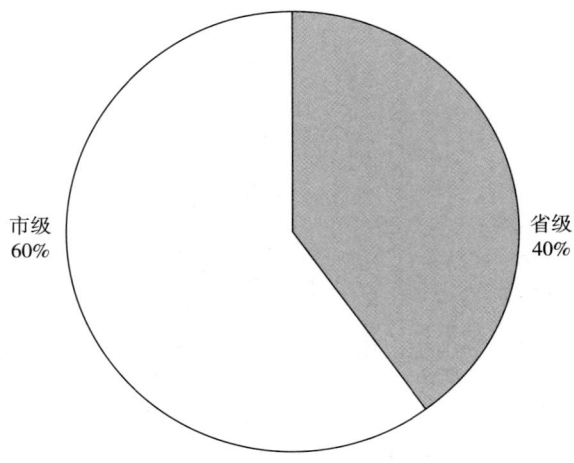

图 3　2019 年度我国地方立法频次省市分布情况

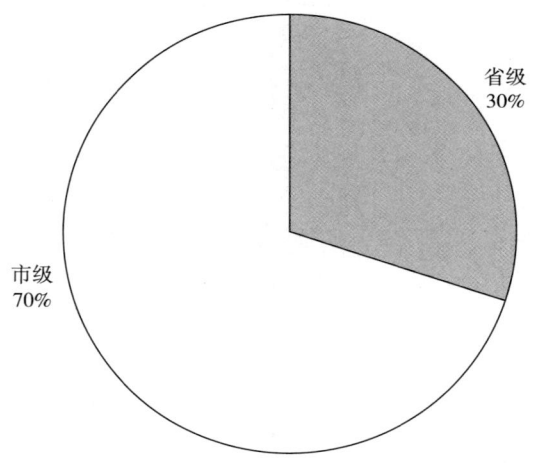

图 4　2019 年度我国地方新增立法省市分布情况

本年度的法规修改部分省级和市级份额基本持平，但市级立法在数量上稍具优势，占据整体法规修改数额的 52%（见图 5）。同往年数据比较而言，法规修改方面省市两层面的占比情况发生了较大变动。2017 年度、2018 年度数据显示，法规修改一直在省级份额中占据较大比重。但经过近 5

年的立法实践，又加之省级立法的频繁修改势必会产生市级修法需求，故而，本年度市级立法的修法频率显著提高。综合而言，市级立法的法规修改活动占比，在近3年呈现稳步增长态势。①

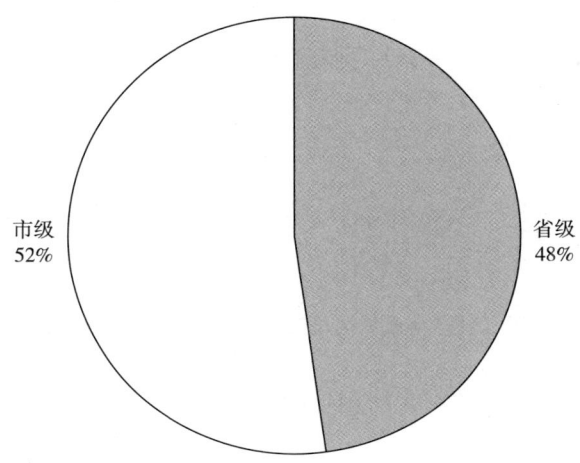

图5　2019年度我国地方法规修改省市分布情况

法规废止方面，本次收集数据显示，全年共计产生153件被废止的法规，其中省级占54%，市级占46%（见图6）。该年度法规废止的数量较2018年有小幅增多，但省市两级的具体占比情况发生了变动。近3年，省级在法规废止方面的活动频次由70%、65%逐步下降到该年度的54%，相应地，市级法规废止活动数量则逐步上涨到了46%。

综上所述，2019年度地方立法活动比之往年更加活跃，上年度以修法为主的态势在2019年转变为立修并重风格，法规废止份额则表现稳定。结合立法层级而言，市级成为地方立法活动主力，但市级立法的数量优势主要体现在新增立法方面，在法规修改和法规废止方面，省市两级表现基本持平。除了总览式分析以外，我们针对我国各地的立法情况继续开展了区域分

---

① 2017年度法规修改中市级仅占15%，2018年度法规修改中市级占21%，参见付子堂主编《中国地方立法报告（2018）》，社会科学文献出版社，2018；付子堂主编《中国地方立法报告（2019）》，社会科学文献出版社，2019。

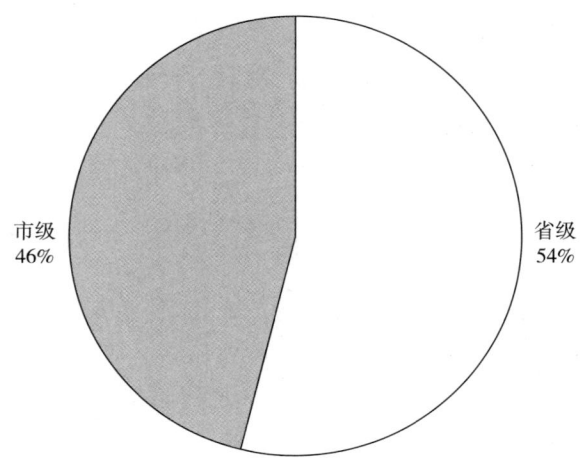

图 6　2019 年度我国地方法规废止省市分布情况

析和类型分析,以期能够深入挖掘年度地方立法成果以及立法重点,从而反映出我国各地的立法差异。

二　2019年度地方立法地域分析

本年度地方立法地域数据分析依旧采用的是 2018 年度的划分标准,依照我国"十一五"规划提出的八大经济地带进行区域划分,同时此划分方式也是我国国家统计局官方采纳的地区划分标准之一[①]。具体而言,八大经济地带划分结果如下。

1. 北部沿海:包括北京、天津、河北、山东 4 省市;
2. 大西北地区:包括甘肃、青海、宁夏、西藏、新疆 5 省区;
3. 东北地区:包括辽宁、吉林、黑龙江 3 省;
4. 东部沿海:包括上海、江苏、浙江 3 省市;
5. 黄河中游:包括陕西、山西、河南、内蒙古 4 省区;
6. 南部沿海:包括福建、广东、海南 3 省;

---

① http://data.stats.gov.cn/easyquery.htm?cn=E0101.

7. 西南地区：包括云南、贵州、四川、重庆、广西5省区市；
8. 长江中游：包括湖北、湖南、江西、安徽4省。

（一）各地区立法活动状况总览

从数据总体上看，2019年度的立法活动在八大区域内分布趋势较为均衡，但仍旧呈现出不同的活动状况。具体而言，南部沿海（19%）、长江中游（16%）、黄河中游（14%）地区立法活动频繁，东部沿海地区占比最低（7%），其他地区的占比则保持在10%左右（见图7）。

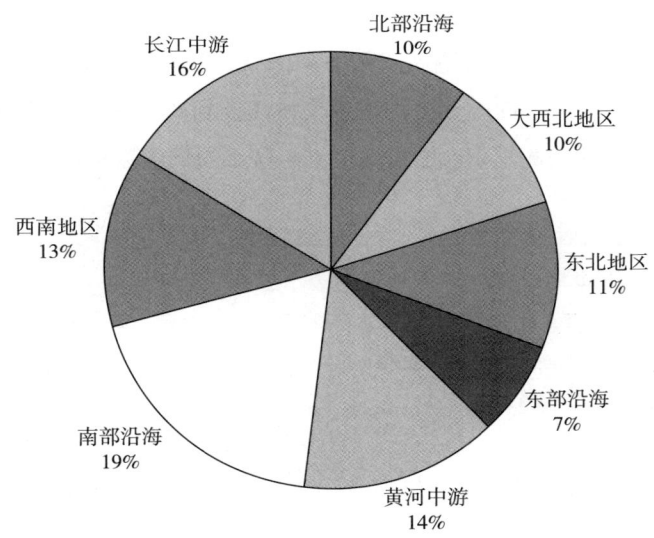

图7　2019年度我国地方立法活动区域分布情况

具体就新增立法而言，该年度各个地区新增立法数量较往年皆有小幅上涨，又以西南地区整体新增立法数量最多。长江中游、北部沿海往年也是新增立法活跃地区，本年度继续保持较为强势的表现。黄河中游地区新增立法较往年增长1倍有余，大西北地区则连续两年成为新增立法最少地区（见图8）。

法规修改方面，同往年各地均频繁修法不同的是，该年度几大地区之间数据差异较大。其中南部沿海地区法规修改活动最为频繁，全年近三成法规

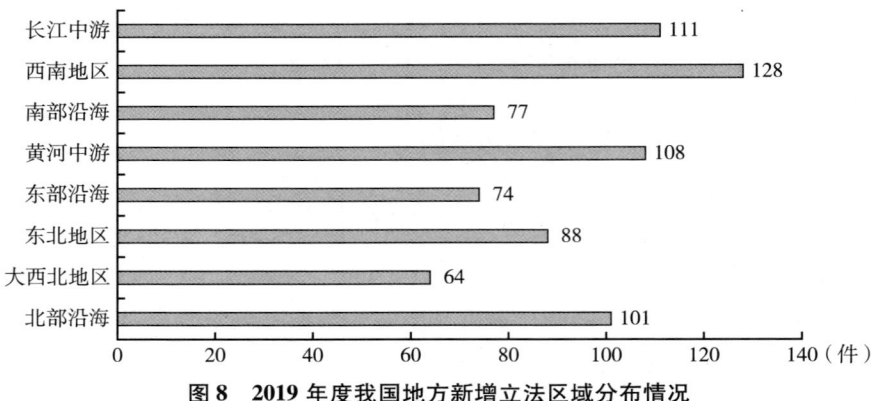

图8 2019年度我国地方新增立法区域分布情况

修改活动都出自该地区。新增立法较活跃的地区中，长江中游地区在法规修改方面依旧保持强势，西南地区法规修改活动同新增立法相比数量差异较大，其他地区表现较为均衡。东部沿海地区本年度法规修改数量最少（见图9）。

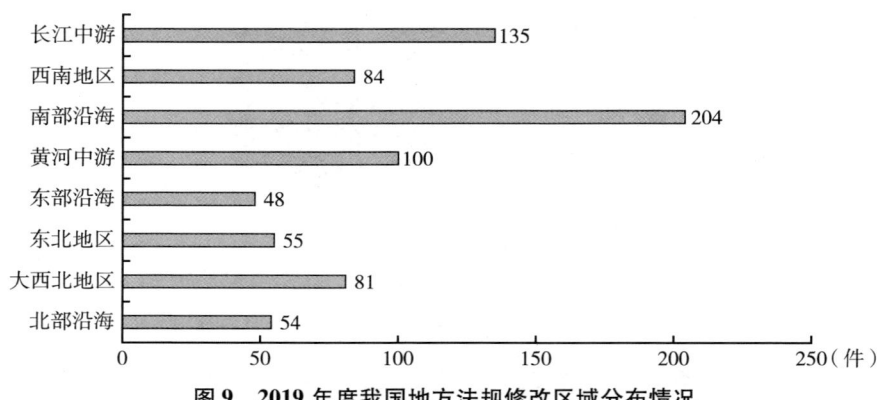

图9 2019年度我国地方法规修改区域分布情况

法规废止方面，该年度的法规废止数量同往年相比略有增长，各个地区之间法规废止活动有较大差异。东北地区上一年度以25%的比重成为法规废止最多的地区，本年度则以28%的比重再次成为该类活动最为频繁的地区（见图10）。南部沿海地区法规废止数量紧随其后，加之在法规修改活动中数量占优，在新增立法活动中又占一定的比例，该地区成为本年度地方立法活动最为频繁的地区。

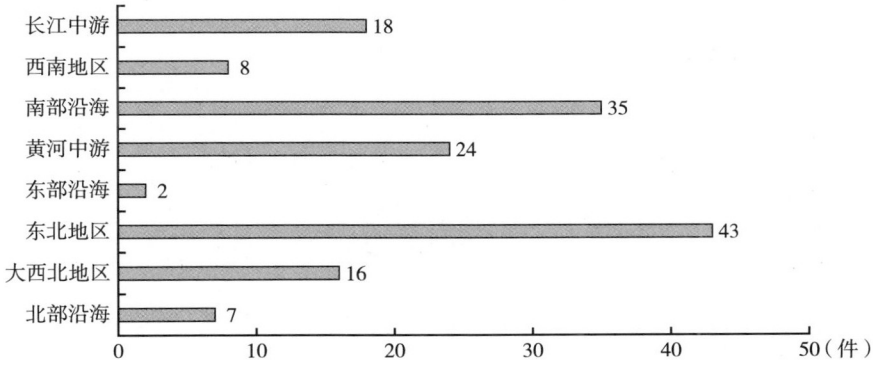

图10　2019年度我国地方法规废止区域分布情况

（二）各地区年度立法活动样态

课题组依照年度立法活动的频次排序，逐一对各个地区的立法情况进行了统计梳理，以求进一步揭示一年来地方立法在各个地区的表现情况。

1. 北部沿海：北京、天津、河北、山东

北部沿海地区年度立法活动频次位列第六，较往年情况而言①，该地区本年度立法活动频次略有下降。其中，全年共计新增立法101件，法规修改54件，法规废止7件，且省市两级立法活动数量差异很小，较往年而言，本年度该地区两层级表现均衡（见图11）。立法频次方面：山东＞河北＞北京＞天津；新增立法方面：山东＞河北＞天津＞北京；法规修改方面：北京＞天津＞山东＞河北；法规废止方面：山东＞北京＞天津＝河北。

2. 大西北地区：甘肃、青海、宁夏、西藏、新疆

大西北地区年度立法活动频次位列第七，与往年位次基本一致，该地区立法活动情况表现较为稳定。其中，全年共计新增立法64件，法规修改81件，法规废止16件，并且，和北部沿海地区类似的是，该地区内部省市之间的立法活动数量差异逐步缩小，本年度省市之间立法活动频次基本持平

---

① 2018年度该地区立法活动频次排名第四，数据参见付子堂主编《中国地方立法报告（2019）》，社会科学文献出版社，2019。

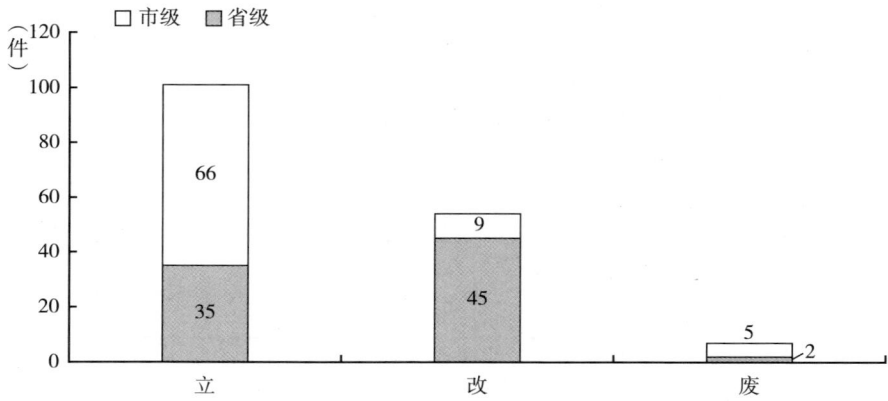

图11　2019年度北部沿海地区立法活动情况

(见图12)。其中，立法频次方面：宁夏＞新疆＞青海＞甘肃＞西藏；新增立法方面：新疆＞甘肃＞青海＞宁夏＞西藏；法规修改方面：宁夏＞青海＞西藏＞新疆＞甘肃；法规废止方面：新疆＞甘肃＝青海＞宁夏＝西藏。

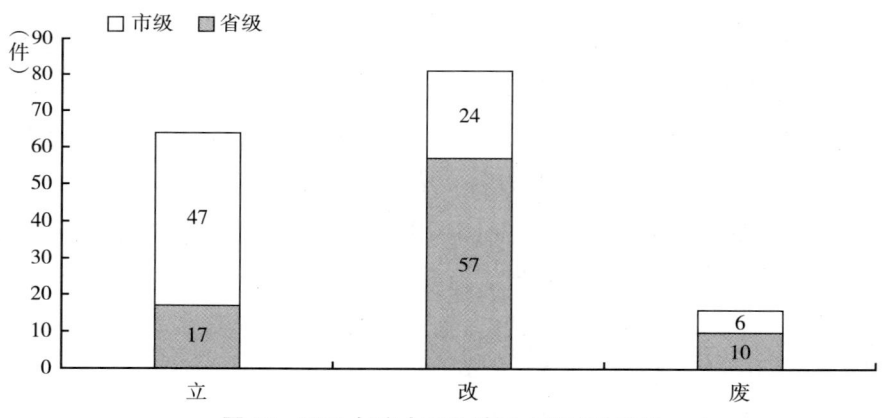

图12　2019年度大西北地区立法活动情况

3. 东北地区：辽宁、吉林、黑龙江

东北地区年度立法活动频次位列第五，同往年相比有较大下降①。其

---

① 2018年度该地区立法活动频次占全年立法活动的16%，与其他地区并列排名第一，数据参见付子堂主编《中国地方立法报告（2019）》，社会科学文献出版社，2019。

中,全年共计新增立法88件,法规修改55件,法规废止43件,市级立法超越省级立法成为该地区立法活动主力,并且往年的法规修改数量优势不再,新增立法成为地区立法活动主要内容(见图13)。其中,立法频次方面,地区内三省份之间差异依旧巨大:辽宁>吉林>黑龙江;新增立法方面:辽宁>黑龙江>吉林;法规修改方面:吉林>辽宁>黑龙江;法规废止方面:辽宁>黑龙江>吉林。

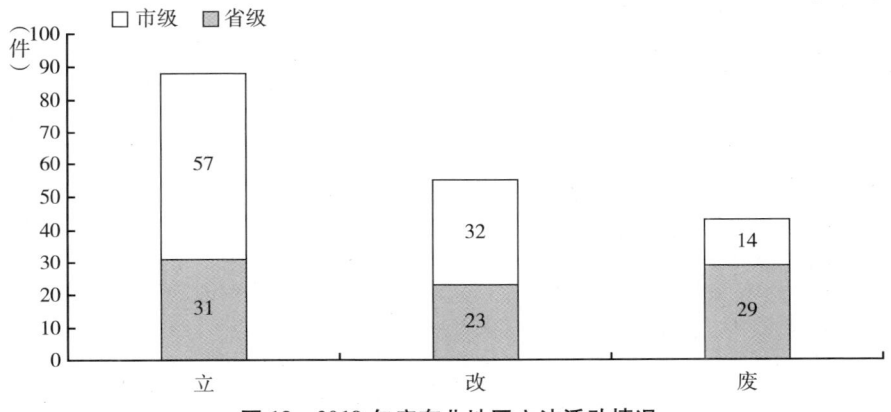

图13 2019年度东北地区立法活动情况

4. 东部沿海:上海、江苏、浙江

东部沿海地区年度立法频次位列第八,位次较往年有所下降。其中,新增立法74件,法规修改48件,法规废止2件,市级立法活动数量大幅超越省级立法活动(见图14)。立法频次方面:江苏>浙江>上海;新增立法方面:江苏>浙江>上海;法规修改方面:江苏>浙江>上海;法规废止方面:江苏>浙江=上海。

5. 黄河中游:陕西、山西、河南、内蒙古

黄河中游地区年度立法活动频次位列第三,较往年有大幅上涨。本年度新增立法108件,法规修改100件,法规废止24件,市级立法活动数量大幅超越省级立法,成为该地区主力(见图15)。其中,立法频次方面:山西>河南>内蒙古>陕西;新增立法方面:山西>河南>内蒙古>陕西;法规修改方面:河南>山西>内蒙古>陕西;法规废止方面:内蒙古>山西>陕西>河南。

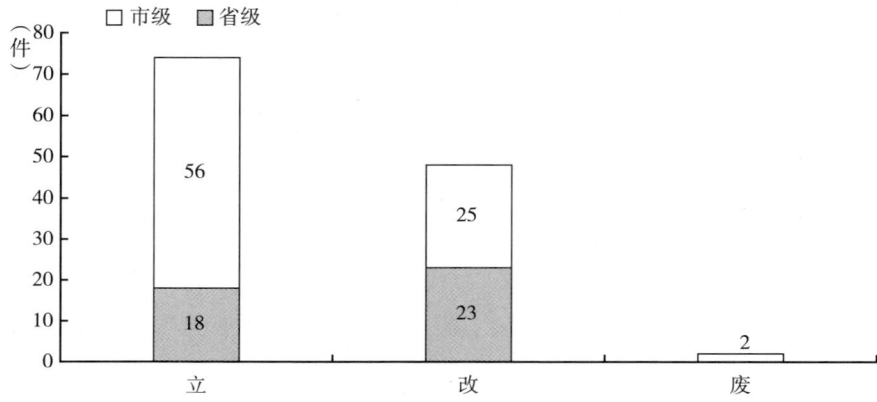

图14 2019年度东部沿海地区立法活动情况

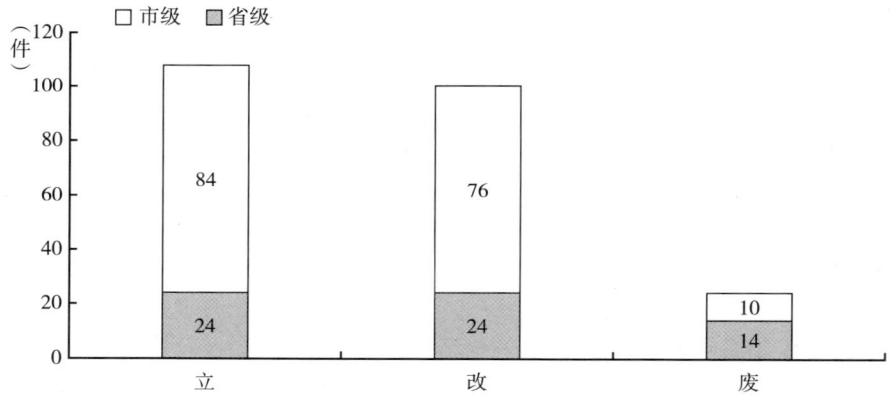

图15 2019年度黄河中游地区立法活动情况

6. 南部沿海：福建、广东、海南

南部沿海地区年度立法活动频次排在本年度首位，远超往年位次。该地区本年度新增立法77件，法规修改204件，法规废止35件，市级立法活动，尤其是法规修改类活动频繁，远超省级立法活动（见图16）。其中，立法频次方面：广东＞福建＞海南；新增立法方面：广东＞海南＞福建；法规修改方面：广东＞福建＞海南；法规废止方面：广东＞海南＞福建。

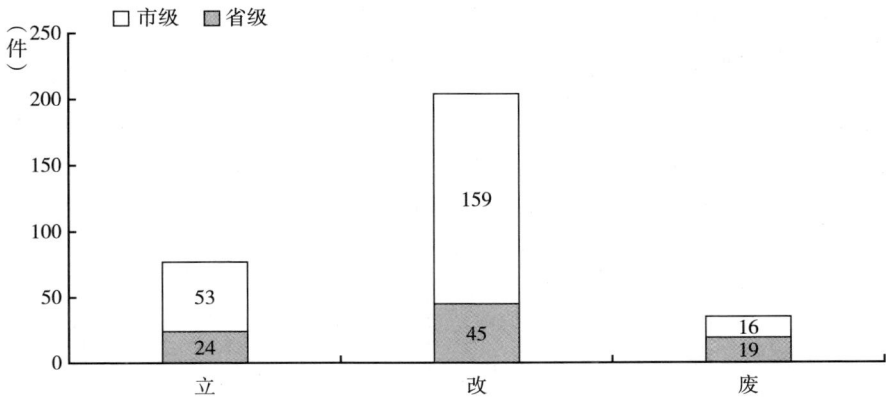

图16 2019年度南部沿海地区立法活动情况

7. 西南地区：云南、贵州、四川、重庆、广西

西南地区上一年度凭借高修法数量成为立法最活跃的地区之一，本年度立法活动频次排名下调至第四位。该地区全年新增立法128件，法规修改84件，法规废止8件，市级也在2019年度成为该地区的立法主力（见图17）。其中，立法频次方面：四川＞云南＞广西＞贵州＞重庆；新增立法方面：四川＝云南＞广西＞贵州＞重庆；法规修改方面：广西＞四川＞重庆＞云南＞贵州；法规废止方面：重庆＝贵州＝云南＞广西＝四川。

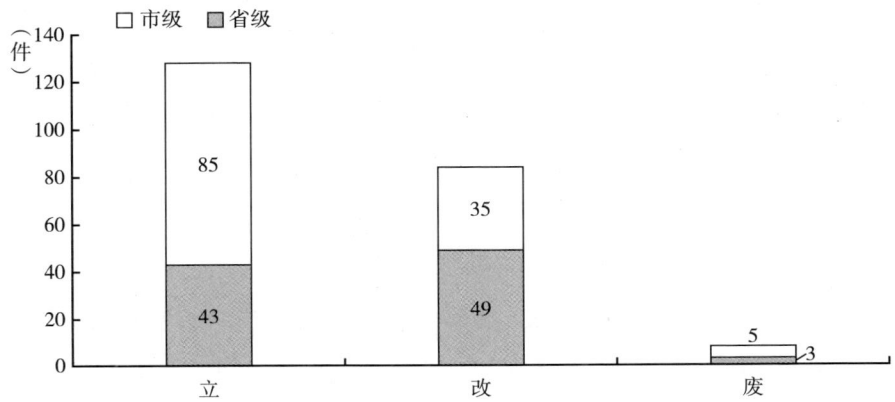

图17 2019年度西南地区立法活动情况

8. 长江中游：湖北、湖南、江西、安徽

长江中游地区在年度立法频次中位列第二，同往年相差不大。该地区新增立法111件，法规修改135件，法规废止18件（见图18）。该地区仍旧延续了往年省市两层级立法活动频次表现均衡的情况，并未出现其他地区中典型的市级立法活跃度超越省级立法的情况，但省级立法的高频次主要来源于修法行为。其中，立法频次方面：江西＞湖北＞安徽＞湖南；新增立法方面：安徽＞湖北＞江西＞湖南；法规修改方面：江西＞湖北＞湖南＞安徽；法规废止方面：湖北＞安徽＞湖南＞江西。

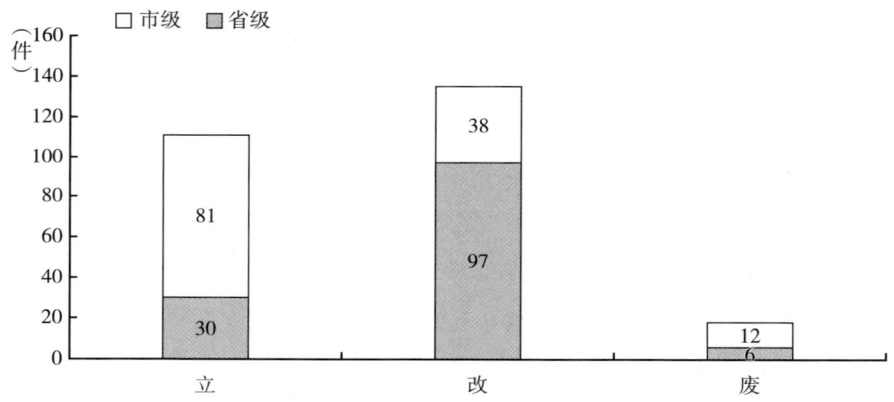

图18 2019年度长江中游地区立法活动情况

三 2019年度地方立法类型分析

（一）立法活动状况类型分布情况总览

为了方便研究者进行年度数据比较，关于地方立法成果的类型分析依旧选用的是往年的分类方式，也即依据地方立法成果具体调整内容及调整重点的不同，将其基本划分为六大类别。

1. 国家机关类，具体包括人大制度、行政机构、行政执法、行政事务

等内容;

2. 社会事务类,具体包括公民权益、公共安全、司法服务、社会事务、社会团体、基层政治、劳动安全、社会保障等内容;

3. 文化教育类,具体包括教育、科学、文化、卫生、体育等内容;

4. 财政经济类,具体包括市场、交通、农业农村、旅游、企业、邮政电信、统计、中介组织等内容;

5. 城乡建设类,具体包括建设规划、市政绿化、风景名胜等内容;

6. 资源环境类,具体包括资源、能源、环保、灾害防治等内容。

课题组对该年度地方立法的立、改、废情况依照前述类型区分标准进行了分类统计,发现该年度各地立法活动仍旧在不同事项类型方面表现各异,但又区别于2018年度出现的单一类型集中情况。2018年度各地出现了较为明显的立法活动在资源环境类事项聚集的情况,本年度资源环境类立法活动依旧占比最高,但其他事项类型的立法活动占比均有提升。换言之,就立法事项类型而言,往年的单一集中逐步转变为多元集中局面,各地的立法重点、热点领域集中在资源环境、财政经济、社会事务方面,且文化教育方面的立法活动较往年有较大增长(见图19)。

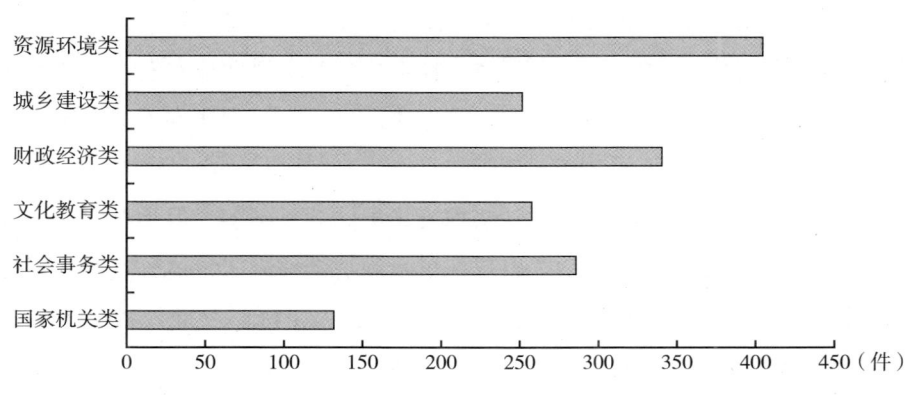

图19 2019年度地方立法活动类型分布情况

具体而言,从新增立法角度来看,资源环境类、文化教育类新增立法数量最多,两者之和占据了全年新增立法的近半数,2018年表现突出的城乡建设类占比，在本年度有较大下降，国家机关类新增立法占比依旧最少（见图20）。

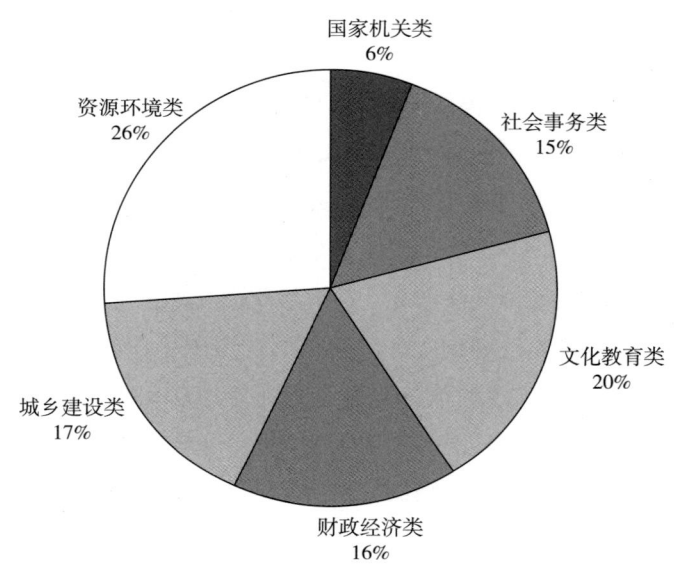

图20　2019年度地方新增立法类型分布情况

就法规修改而言，资源环境类虽然占比依旧最高，但较之往年近40%的数据而言有大幅下降。财政经济类、社会事务类则以两成左右占比紧随其后，新增立法中较为突出的文化教育类在法规修改方面占比并不高，国家机关类占比依旧最低（见图21）。

相对于新增立法和法规修改，法规废止虽然总量不多，但类型集中情况更为明显，三成多的废止活动都出现在财政经济类法规中，这一点同往年数据表现一致①。但本年度资源环境类的占比有较大下降，反而是社会事务类占比有了稳步提升，国家机关类在废止方面没有成为占比最少的项目。城乡建设类和文化教育类的占比差异不大（见图22）。

---

① 2018年度的法规废止也出现在财政经济类聚集的情况，但该年度更为明显，该类别的占比高达42%。数据参见付子堂主编《中国地方立法报告（2019）》，社会科学文献出版社，2019。

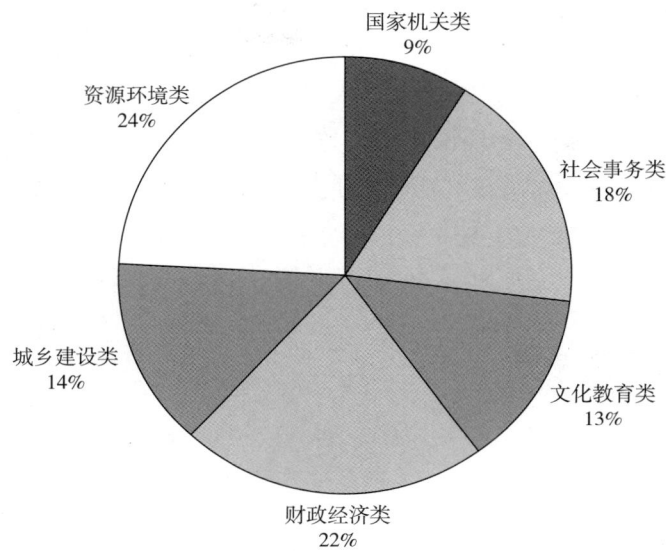

图 21　2019 年度地方法规修改类型分布情况

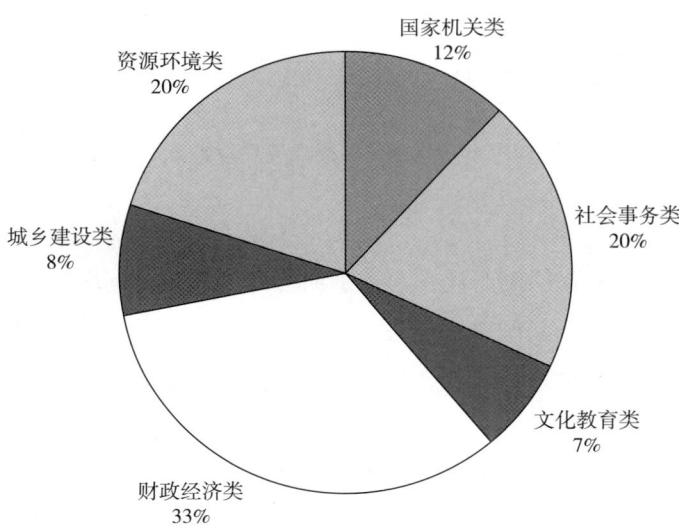

图 22　2019 年度地方法规废止类型分布情况

（二）各区域立法活动的类型分布分析

1. 国家机关类

同往年一样，2019年度国家机关类的立法活动最少，新增立法方面东北地区数量最多，法规修改和法规废止方面都是南部沿海地区数量最为突出（见图23）。就近年数据表现来看，国家机关类立法项目始终不是地方立法的热点领域。

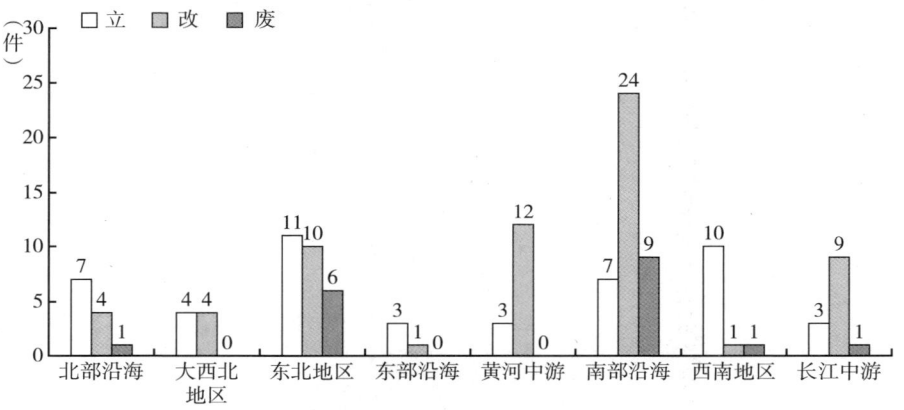

图23　2019年度国家机关类立法活动区域分布情况

2. 社会事务类

社会事务类立法活动占比在6类事项中排名第三，较往年有所提升，且法规修改频次要高于新增立法和法规废止。其中，西南地区新增立法最多，南部沿海地区则集中进行了社会事务类的法规修改活动（见图24）。

3. 文化教育类

文化教育类立法活动本年度占比排名第四，较往年有所提升。与往年不同的是，该类立法事项本年度表现较为活跃，各个地区都在此类事项方面进行了立法探索，其中长江中游、黄河中游、北部沿海地区新增立法活动最为频繁，且数量也多于2018年。南部沿海地区则出现了集中的法规修改情况，法规废止数量也多于其他地区（见图25）。

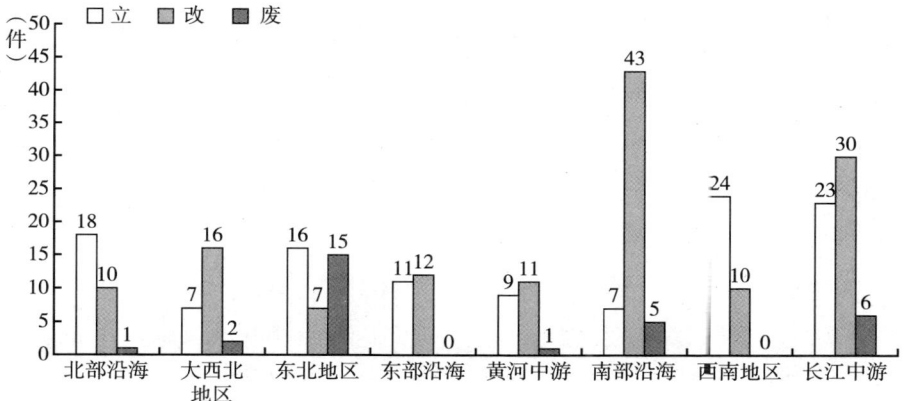

图 24　2019 年度社会事务类立法活动区域分布情况

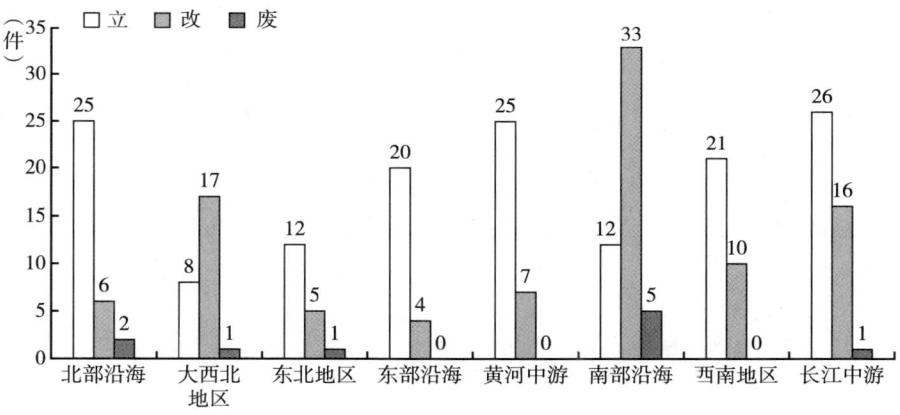

图 25　2019 年度文化教育类立法活动区域分布情况

4. 财政经济类

财政经济类事项属于常规立法的重点、热点领域，本年度该类型占比同上年度一致，仍然在各类事项中排名第二，并且同排名第一之间的数量差异有了显著缩小。需要指明的是，该类型本年度仍旧依靠高数量法规修改拉高了整体立法活动频次，尤其是南部沿海、长江中游地区，法规修改活动频繁。其他地区在新增立法方面表现较为均衡，法规废止方面则是东北地区表现较为突出（见图26）。

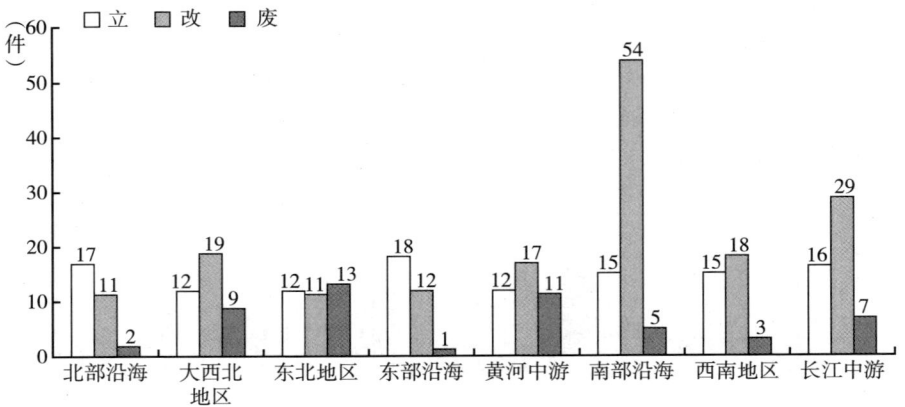

图26 2019年度财政经济类立法活动区域分布情况

5. 城乡建设类

城乡建设类立法活动排序由上一年度的第三位跌落至本年度的第五位，但同排名第四的文化教育类差异较小。其中，西南地区、黄河中游地区在该事项方面立法相对活跃。西南地区的新增立法远超其他地区，黄河中游地区则在法规修改数量上有优势，法规废止方面各地区表现较为均衡（见图27）。

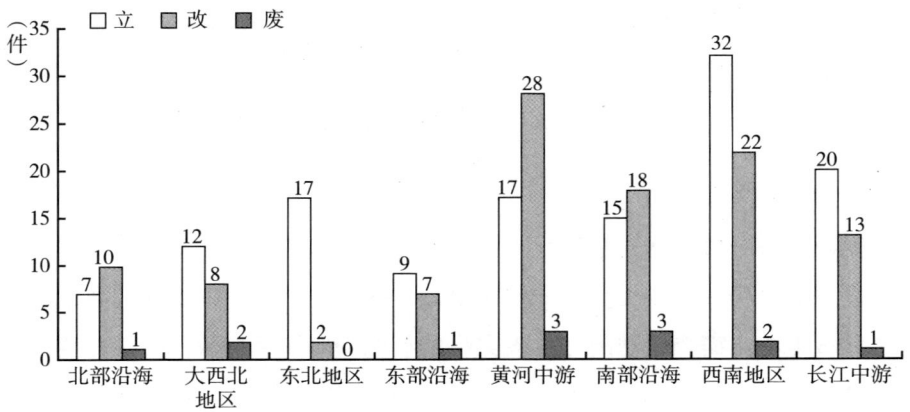

图27 2019年度城乡建设类立法活动区域分布情况

6. 资源环境类

资源环境类本年度依然是排名第一的立法热门领域,但往年的大幅数量优势本年度已不复存在。数据显示,各个地区均对该类事项拥有较高立法热情,黄河中游地区在新增立法方面大幅领先其他地区,长江中游、南部沿海地区则集中进行了法规修改活动,黄河中游、东北地区、南部沿海地区在法规废止方面较为突出。

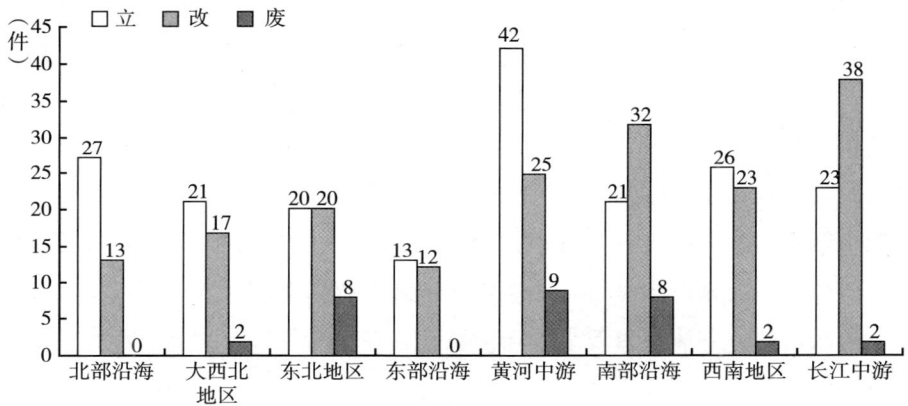

图28　2019年度资源环境类立法活动区域分布情况

四　结语

通过对2019年度地方立法数据的梳理分析,课题组认为该年度的地方立法活动呈现出以下特点。

第一,立法活动整体活跃度提升。从数据上看,相较于上一年度,2019年度地方立法成果数量涨幅约22%,并且,本年度的立法数据增长主要体现在新增立法方面,法规修改和法规废止数量则大体同往年持平。故而,课题组认为,2019年度各地立法活动持续频繁,地方立法活跃度有了进一步提升。

第二,地方立法年度活动呈现新增立法和法规修改并重的局面。上年度的地方立法活动中，法规修改活动频次远超新增立法，印证了地方立法对法规修改的重视。在本年度法规修改活动频次并未下降的基础上，新增立法又出现大幅上涨趋势。课题组认为，2019年数据体现出地方对法规修改的重视得以延续，同步加大的新增立法比重又体现出地方立法呈现出新增立法和法规修改并重的局面。

第三，市级立法成为年度立法活动主力。近年来市级立法在地方立法中的表现越发突出，虽然2018年的统计数据显示省级立法依旧占据主导地位，但市级立法的数量已有了明显增加，这一趋势在2019年度更进一步得到了印证。本年度市级立法依旧呈现稳步增长态势，在地方立法主体扩容后，首次超越了省级立法，成为年度地方立法的主力。并且，市级立法在新增立法方面大幅超越了省级立法，在法规修改方面也小幅超越了省级立法，这些都体现出市级立法的积极状态，也符合立改并重的基本预判。但2019年度的大幅增长是否能够继续保持，还需要未来更多数据支撑验证。

第四，地方立法项目各类型均衡发展。本年度各种类型立法都有一定程度的增长，其中资源环境类、财政经济类、社会事务类立法项目占比较多，成为地方立法主体的偏好类型。但与2018年资源环境类立法项目一枝独秀的情况不同的是，2019年的地方立法项目虽然资源环境类仍居首位，但财政经济类、社会事务类项目同资源环境类的数量差异并不显著，也即资源环境类立法热度相对而言有所下降，财政经济类、社会事务类立法热度则有所上升，一升一降之后，几类立法项目之间并未出现特别大的差异，表明地方立法在偏好选择资源环境类、财政经济类、社会事务类项目之余，仍旧呈现出较为均衡的发展趋势。这一方面反映出资源环境问题的确是地方治理所看重的事项，另一方面也展现了立法的事务复杂性，各地对于社会事务、财政经济等其他事务始终保持关注，地方立法的热点重点项目会产生阶段性调整。

分 报 告

Topical Reports

B.2 设区的市地方立法精细化问题研究

郭秉贵*

摘　要： 自获得立法权以来，设区的市地方立法稳步推进，立法数量快速增加。"立法宜粗不宜细"已经成为过去式，实现粗放型立法向精细化立法的转变是发展的趋势所在。在取得一定成就的同时，立法经验并不纯熟的设区的市地方立法仍存在较多立法不精细的问题，从而影响了立法质量。本文以立法主体扩容后部分设区的市地方立法实例作为考察对象，总结了当前设区的市地方立法中存在的诸如法律条款设置粗疏、行政法律责任条款设置不完善、重制裁管束轻激励机制、法律规范衔接协调不到位等问题及其具体表现。检视设区的市地方立法中存在的问题有利于及时总结经验，在反思回顾中

---

* 郭秉贵，重庆市地方立法研究协同创新中心、西南政法大学立法科学研究院研究人员，研究方向：法学理论、立法学。

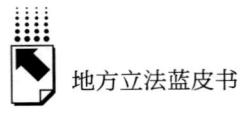

进一步提升立法精细化水平，提高地方立法质量。

关键词： 设区的市　地方立法　立法精细化

一　问题的提出

十八届四中全会通过的《中共中央关于全面推进依法治国若干重大问题的决定》，指出"健全向下级人大征询立法意见机制，建立基层立法联系点制度，推进立法精细化"。全国人大常委会委员长张德江在地方立法工作座谈会上进一步强调，"做好新形势下的地方立法工作，要紧紧抓住提高立法质量这个关键，坚持问题导向，突出地方特色，着力提高立法精细化水平，立符合实际的法、有效管用的法、百姓拥护的法，以良法促进发展、保障善治"。① 当前，适应全面依法治国新形势新要求，做好地方立法工作，通过精细化立法提升地方立法质量，推动地方治理体系和治理能力现代化，成为地方立法所面临的紧迫任务。2015年《立法法》修改后赋予了设区的市城乡建设与管理、环境保护、历史文化保护等事项的立法权，设区的市地方立法迎来了重大历史机遇。2018年通过的《中华人民共和国宪法修正案》规定，"设区的市的人民代表大会和它们的常务委员会，在不同宪法、法律、行政法规和本省、自治区的地方性法规相抵触的前提下，可以依照法律规定制定地方性法规，报本省、自治区人民代表大会常务委员会批准后施行"，正式从宪法层面确认了设区的市地方立法权②。

---

① 王比学：《坚定不移走中国特色社会主义法治道路》，《人民日报》2017年9月7日，第1版。
② 需要说明的是，早在1982年我国为了解决部分城市对于地方立法权的迫切需求创立了"较大的市"这一法律概念。我国"较大的市"有49个，其中省会城市27个、经济特区城市4个、国务院批准的其他城市18个，这些城市中绝大部分是设区的市，因为获得立法权较早，地方立法相对比较成熟。因此，本文以2015年《立法法》修改之后赋予立法权的其他设区的市的地方立法为主要研究对象，不包括较大的市。为聚焦研究重点，以设区的市出台的地方性法规为主，不包括规章及其他规范性文件。

获得地方立法权既是机遇,更是挑战。经过几年的立法实践,设区的市地方立法取得了很大进展,在推动地方法治建设方面发挥了重要作用。与此同时,设区的市地方立法中也出现了一些亟待解决的问题,例如立法重复率高、权利义务配置失衡、法律规范可操作性不强等。在推动立法精细化的过程中,以设区的市地方立法精细化助推地方立法能力现代化依然任重而道远。在立法体制改革的大背景下对设区的市地方立法精细化问题进行研究对于实现精细化立法、提高立法质量、推动设区的市实现从有法可依到良法善治的转变具有现实意义。

对中国知网能够检索到的以"立法精细化"作为关键词的所有文献进行统计,可以看出文献发表数量从 2014 年开始快速增长,其后两年保持较高热度,随后文献数量有所减少。

如图 1 所示,就文献构成来看,在 45 篇与立法精细化相关的文献中,期刊类 13 篇(29%),杂志类 20 篇(44%),报纸类 11 篇(25%),会议论文集 1 篇(2%)(见图 1)。所有文献中对设区的市地方立法精细化问题

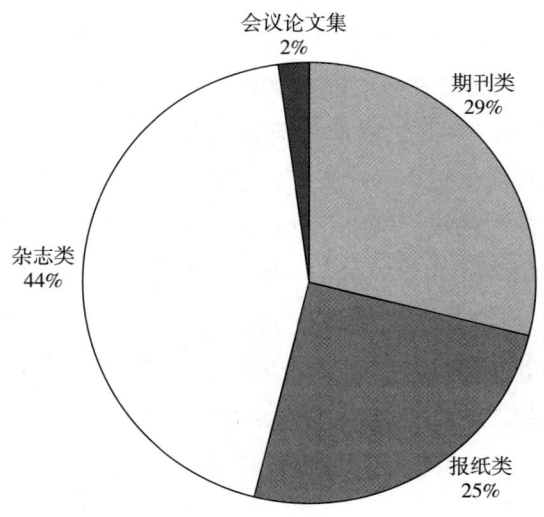

图 1 中国知网立法精细化主题文献类型统计

资料来源:截至 2019 年 3 月 1 日中国知网设置检索条件(主题或者题名为"立法精细化")能够检索到的所有文献,根据不同类型分类统计。

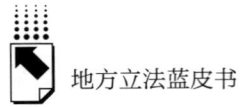

进行研究的仅有 2 篇（4%），通过对文献资料的检索分析，可以看出关于立法精细化的研究已有一定理论支撑，但报纸和杂志类文献占比超过 2/3，囿于篇幅、排版等客观因素，部分文献内容只是对立法精细化问题进行宏观考察和阐释，并未进行详细论证。因此，立法精细化特别是设区的市地方立法精细化问题尚有探讨空间。

二 设区的市地方立法现状分析

（一）设区的市地方立法总体概况

全国人大常委会委员长张德江在十三届全国人大一次会议中指出"享有地方立法权的主体在原有 31 个省（自治区、直辖市）和 49 个较大的市的基础上，又增加 274 个，包括 240 个设区的市、30 个自治州和 4 个未设区的地级市"。① 在获得立法权的契机下，设区的市地方立法展现出了全新的立法图景。设区的市获得地方立法权一周年之际，"全国 27 个省、自治区中，已有 24 个省、自治区作出批准设区的市行使立法权的时间的决定，已确定可以开始制定地方性法规时间的 209 个，占 77.1%；尚未确定的 62 个，占 22.9%"②，在行使立法权的起步阶段，除配置基本的立法机构和人员外，这一时期的特征体现为程序先行，推动地方立法有序进行。各省陆续批准设区的市行使立法权，获批立法权后各设区的市大都选择以制定各地地方立法条例打响"立法第一枪"，制定详细的立法计划和立法规划。设区的市获得地方立法权两周年之际，进入地方立法快速发展阶段，这一时期的立法体现为立法数量稳定增长，两年"已有 174 个市州经审议通过并经批准地方性法规 270 件，其中，立法条例 124 件，其他方面的地方性法

---

① 轩理：《保证党和国家长治久安的重大制度安排》，《人民日报》2018 年 3 月 1 日，第 3 版。
② 张璁：《地方立法一周年：各地以稳健为主 立法人才紧缺》，《人民日报》2016 年 3 月 2 日，第 2 版。

规146件"。① 设区的市获得地方立法权三周年之际,"设区的市共制定地方性法规共计595件"。② 对设区的市地方立法现状的把握,需要透过数字不断攀升的表象,通过设区的市地方立法的现实状态去剖析。本文选取甘肃、陕西、山西、山东4省42个设区的市截至2019年3月人大官方网站已公示的152部地方性法规作为西、中、东三个地域的代表,③ 透过具体样本去考察设区的市地方立法现状。

(二)设区的市地方立法具体样态

从立法实际样态来看,设区的市开展地方立法工作取得了显著进展。一是绝大多数获得立法权的设区的市已经得到省人大常委会的批准可以开始制定地方性法规。二是设区的市纷纷设置立法机构、配备立法人员、打造立法智库。以铜川市为例,配套出台了铜川市人大常委会地方立法工作规程、地方立法评估工作规定、地方立法听证规则等文件指导实践工作的开展。三是已经批准行使地方立法权的设区的市,陆续展开了地方立法工作,纷纷开始了地方性法规的制定。

从立法范围来看,设区的市地方立法紧密结合立法权限内的具体事项。在正式行使立法权之前,均制定了有"小立法法"之称的《地方立法条例》作为立法工作的指导,做到依法立法、于法有据。实践中逐步形成了以上位法和地方立法条例作为指导,涵盖城乡建设与管理、环境保护、历史文化保护等多个领域的地方立法格局。各设区的市立足于本地实际,就城乡建设与管理、环境保护、历史文化保护方面的重要事项进行立法,前两类事项的立法比重相对较高,历史文化保护主要针对某地特色的历史文化遗产进行立

---

① 郭佳法:《地方立法这两年:设区的市行使地方立法权全面推进》,《中国人大》2017年第1期,第35页。
② 闫然:《设区的市地方立法三周年大数据分析报告》,《地方立法研究》2018年第3期。
③ 设区的市分别为甘肃省白银、金昌、庆阳、武威、定西、张掖、平凉、嘉峪关、酒泉、陇南、天水;陕西省安康、铜川、宝鸡、咸阳、渭南、延安、汉中、榆林、商洛;山西省阳泉、晋城、晋中、朔州、长治、运城、吕梁、沂州、临汾;山东省东营、枣庄、烟台、潍坊、济宁、泰安、日照、滨州、威海、德州、聊城、菏泽、临沂。

法，立法数量明显少于前两类事项。在立法事项选择上也并未过分扎堆，而是积极探索"遍地开花"，涌现出了一批极具地方特色风貌的地方性法规，例如《潍坊市青州古城保护条例》《滨州市渤海老区革命遗址遗迹保护条例》等，为当地的城市建设与管理、环境保护、历史文化保护提供了法治保障，使地方立法成为推动地方法治发展的有力抓手。152件地方性法规中三类事项立法占比如图2所示①。

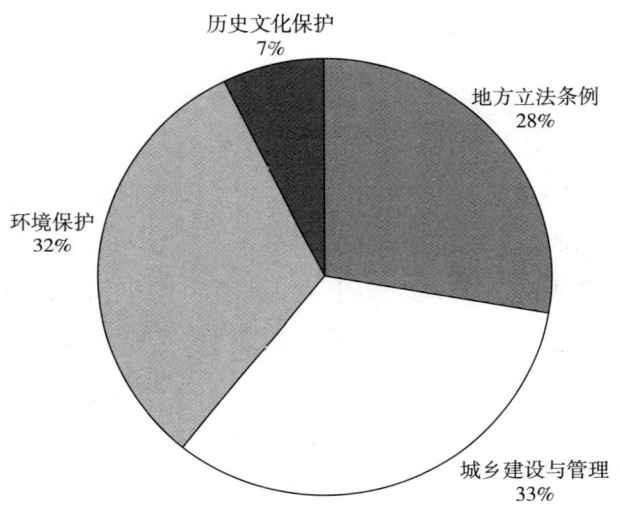

图2 设区的市地方立法类型统计

资料来源：数据为截至2019年12月在4省42个设区的市人大官方网站上公示的152部地方性法规统计分析所得，下文所有图表中的数据信息皆是以此作为依据，在此统一说明，数据来源不再赘述。

在立法数量上，东部沿海地区的山东省立法数量明显高于中西部地区的山西、陕西、甘肃，在全国范围内山东省各设区的市地方立法数量也处于领跑地位，获得立法权四年来出台的地方性法规总数超过70件，逼近甘肃、陕西、山西三省设区的市出台的地方性法规之和。以甘肃省为例，11个设

---

① 本文的主要研究对象为4省42个设区的市制定的152件地方性法规，从图2起所有图表中的数据来源皆是以此作为依据，在此统一说明，其他图表中的数据来源不再赘述。

区的市出台的17件地方性法规中仅地方立法条例就有11件，仅有城市综合管理类立法3件，环境保护类立法3件，平均每个设区的市立法1.5件，与之形成反差的是山东省平均每个设区的市立法近6件（见图3）。相较中东部地区，西北地区的设区的市在地方立法速度及数量上，涨幅仍然是相对比较平缓的，设区的市地方立法的起步和发展需要一个逐步推进的过程。

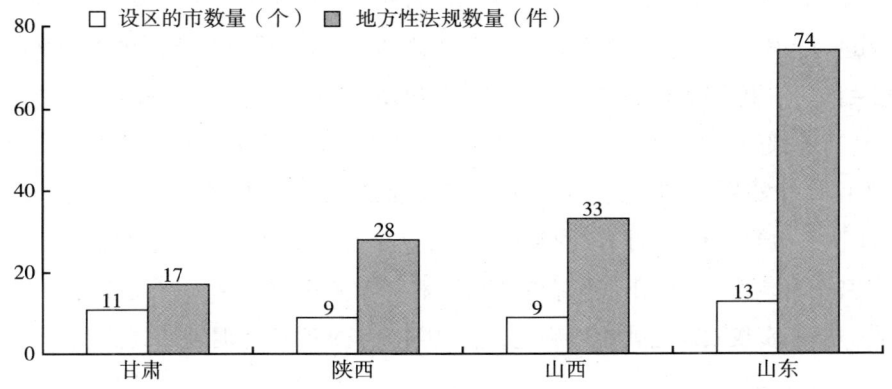

图3 不同省份设区的市数量及地方性法规数量统计

总体而言，获得立法权以来设区的市地方立法工作取得了实质性进展，获得立法权的设区的市纷纷通过展开立法实践迈出地方立法的新步伐。无论是从立法数量还是立法速度来看，设区的市立法均有序推进、全面铺开。但是设区的市地方立法中也存在一定的问题，如中西部地区立法较为重视参考东部发达地区的立法、立法重复率高等问题，需要注意根据各地实际情况进行合理借鉴。当然设区的市地方立法中也存在一些颇有争议的立法，例如《威海市居民养老服务保障条例》《临沂市献血条例》似乎难以包括在三类立法事项之内。

三 设区的市地方立法中存在的不精细问题

（一）行政主体职责权限规定不明

行政主体职责权限规定原则概括，很大程度上是由立法实践中政府部门之间权力交叉冲突造成的，社会事物的纷繁复杂导致有时依靠一个政府部门的力量难以有效应对，多个部门协作共治成为一种新的治理模式。在管理主体多元化的同时也出现了管理效率低下、部门职责权限不清等问题，容易导致部门之间任意扩权，甚至出现"有利争着管、无利都不管"的情形。在设区的市地方立法中，这一问题仍然比较严重。

如图4所示，选取滨州市、临沂市、日照市、威海市4市的城市文明促进条例进行检索统计，"有关部门"共计出现36次，平均每个条例中出现9次；"相关部门"共出现5次；"有关规定"共出现19次，平均每个条例中出现近5次。"有关部门""相关部门""有关规定"在地方性法规中仍然占据相当比例，以《日照市文明行为促进条例》为例，总条数36条，其中"有关部门"就出现了11次，包含"有关部门"的条数有9条，占比为25%；"有关规定"出现4次，甚至有条款中同时出现"有关部门"和"有关规定"。①"有关部门"难以明确，其职责权限自然就难以确定，各部门关于文明行为促进的具体职责更难确定，行政责任无从追究。加之条文中同时出现"有关规定"，法律规范不仅比较原则、概括，同时援引情况也大大增加。结果是如果进一步出台相关规章或规范性文件进行补强，那么设区的市地方立法的意义和价值就难以体现；如果不出台规章或规范性文件进行细化或补充，那么地方立法的可操作性、执行性就难以得到保障。此外，设区的市地方立法中还存在大量的部门之间协同管理条款，立法中仅规定"按照各自职责，做好相关管理工作"，如何协同没有得到明确，相关部门的具体职责也不够清晰，管理实践中容易出现配合不力、效率低下问题。

法律条款设置粗疏的另一表现是行政程序规范稀疏，特别是对行政相对人知情权、参与权进行保障的程序条款比较鲜见，设区的市地方立法中数量不多的程序规范大多是对行政主体审批、备案相关的程序规定。行政程序的

---

① 例如《日照市文明行为促进条例》第二十一条第五款规定，"市、县（区）人民政府及有关部门应当建立志愿服务保障和激励机制，维护志愿者和志愿服务组织的合法权益，并依照有关规定对表现突出的个人和组织给予表彰、奖励"，采取"有关部门"+"有关规定"的双重概括模式。

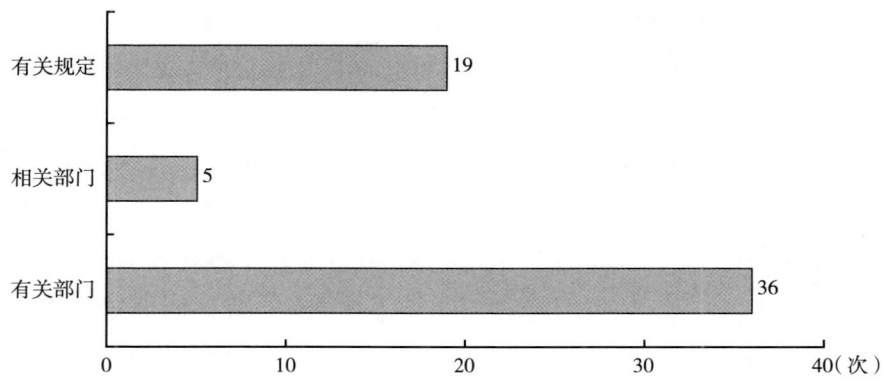

图 4　政府职责权限原则性词汇频率统计

价值不仅体现在保障实体正义的实现,更体现在其自身所具有的不依赖于实体法而独立存在的价值,例如民主、平等、中立、公开、参与等。随机选取《宝鸡市引用水源条例》《日照市饮用水水源地保护条例》《德州市城乡容貌和环境卫生管理条例》《晋城市太行古堡群保护条例》的具体法条作为考察对象①,对其中的行政主体内部程序及行政相对人权利保障程序分别进行统计,通过量化分析其中存在的行政程序稀疏问题,如图 5 所示。

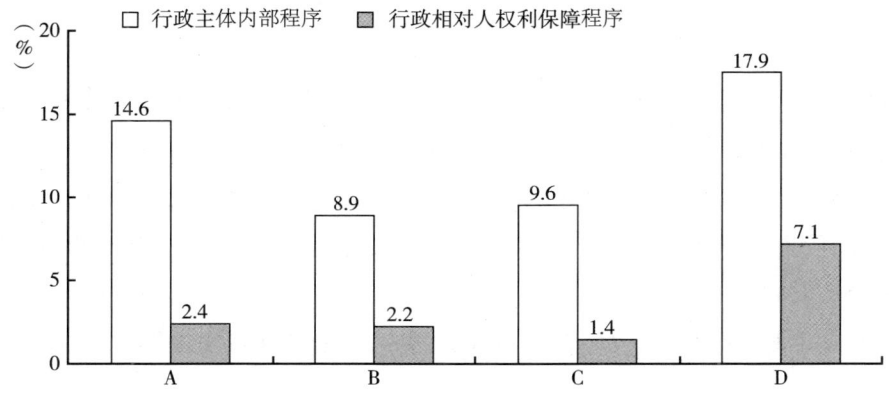

图 5　地方立法中行政程序条款类别及占比统计

---

① 为方便统计及图表的制作,这 4 件地方性法规的名称在图 5 中按顺序分别以 A、B、C、D 代替。

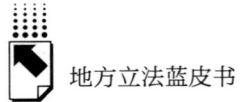

《宝鸡市引用水源条例》中共有 6 条（14.6%）程序性规定，其中涉及行政主体内部程序的有 5 条，主要为批准和备案程序，涉及行政相对人权利保障的仅有 1 条，规定了信息公开程序；《日照市饮用水水源地保护条例》中程序性规定有 5 条（8.9%），《德州市城乡容貌和环境卫生管理条例》中程序性规定有 7 条（9.6%），均只包含 1 条涉及行政相对人知情权保护的信息公开程序；《晋城市太行古堡群保护条例》中程序性规定有 5 条（17.9%），其中包含信息公开条款 2 条。总体而言，设区的市地方立法中的程序性条款绝大部分为行政主体内部程序，涉及行政相对人权利保障程序的条款不多，主要是信息公开程序。4 件地方性法规中对与行政相对人权利紧密相关的告知程序、听证程序、征求意见等程序均无规定，对与行政主体决策相关的论证程序、说明理由程序等也无相关规定。

（二）立法重复问题突出

1. 纵向重复

为直观展现纵向重复的比例及地方立法特色条款的比例，选取《渭南市湿地保护条例》与其上位法《陕西省湿地保护条例》对比，与上位法内容相同或表述绝大部分相似只是文字顺序不同即认为是重合之处，与其上位法规定不同，补充或细化上位法规定的为本市特色。具体方法是将两个条例中的法条分为三类：单独条、分款的条、分款和项的条，计算三类条数占条文总数的比例；另计总（单）条数、总款数和总项数，经过对比分析分别计算其与上位法重复、有特色的比例；最后，使用加权平均方法得出与上位法之间的重合率和特色率。① 《渭南市湿地保护条例》共 37 条，单独条 19 条（51.4%），含款条 16 条（43.2%），含款和项的条 2 条（5.4%），单独条 19 条中与上位法重合的有 11 条（57.9%），有特色的有 8 条（42.1%），

---

① 具体加权方法为：重合率＝条率×条中相同或相似率＋款率×款中相同或相似率＋项率×项中相同或相似率；特色率＝条率×条中特色或细化率＋款率×款中特色或细化率＋项率×项中特色或细化率。参见丁祖年、郑春燕《中国地方立法的现实与转型》，《地方立法研究》2016 年第 1 期。

总款数为40款,与上位法重合8款(20%),有特色的32款(80%),总项数为22项,12项(54.5%)与上位法重合,10项(45.5%)有特色,分别计算条、款、项的重合率和特色率(见图6)。

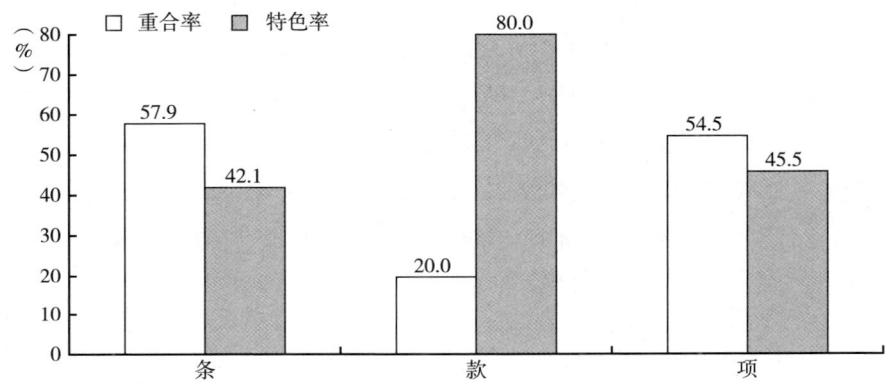

图6 《渭南市湿地保护条例》与上位法对比重合率和特色率

如图6所示,通过加权平均方法进行计算,得出《渭南市湿地保护条例》与上位法的总重合率为41.3%(51.4%×57.9%+43.2%×20%+5.4%×54.5%),总特色率为58.7%(51.4%×42.1%+43.2%×80%+5.4%×45.5%)。具体而言,单独条的重复比例较高,反映出法规在框架结构上整体类似,但是款和项的特色率逐渐上升,说明在设区的市地方立法中对上位法进行了细化或者在上位法没有相应条款时创设了新的内容。除基本的框架结构重复之外,《渭南市湿地保护条例》在细化和创新方面的比例相对较高,一定程度上发挥了下位法细化、补充上位法的作用,增强了可操作性,但仍有进一步提升的空间。

2. 横向重复

横向重复则更多地体现在"引用"其他设区的市同类地方性法规上,针对同一立法事项出台的地方性法规内容非常相似,重复比例较高。拥有地方立法权的立法主体数量众多,通过相互借鉴学习存在一定的相似性也无可厚非,在立法技术层面上是不可避免的,"但人为的搬用重复就是立法抄袭,应该予以纠正"。① 为验证横向重复的比例,选取《泰安市烟花爆竹燃放管理条例》与济宁市、聊城市、潍坊市、烟台市烟花爆竹燃放管理条例进行比对(4市属同一省份,烟花爆竹燃放管理条例法条总数依次为22条、23条、19条、20条,都不设章节,体例总体相似),与任一设区的市规定内容相同或绝大部分相似只是文字顺序不同即认为是重合之处,与其他三市都不同则为本市特色所在。《泰安市烟花爆竹燃放管理条例》共23条,单独条11条(47.8%),含款条9条(39.1%),含款和项的条3条(13.1%),单独条11条中重合8条(72.7%),有特色3条(27.3%),总款数21款,重合11款(52%),有特色10款(48%),总项数10项,重合4项(40%),有特色6项(60%),分别计算条、款、项的重合率和特色率(见图7)。

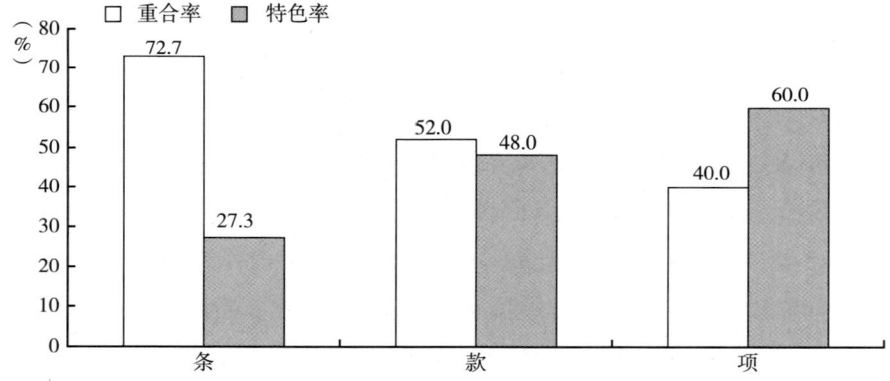

图7 《泰安市烟花爆竹燃放管理条例》与同类法规对比重合率和特色率

如图7所示,使用加权平均方法进行计算,其总重合率为60.5%(47.8%×72.7%+39.1%×52%+13.1%×40%),总特色率为39.5%(47.8%×27.3%+39.1%×48%+13.1%×60%),单独条和项的重合率高,款的设置比较具有特色。总体而言,《泰安市烟花爆竹燃放管理条例》与同类法规对比重合率超过60%,特色率较低仅为39.5%,同质化程度较

---

① 于群、叶昌艺:《设区的市地方立法中须关注的问题》,《中国人大》2017年第8期。

高。虽有细化与创新的内容，一定程度上也反映了设区的市地方立法价值未能充分发挥。如果各设区的市细化与创新内容基本相同，何不由省级立法直接规定？或者由省级立法确定共有的体例结构，设区的市有几条立几条，其针对性和精细化程度将大大提高。从上述两件地方性法规的特色率和重合率的具体比例上可以看出，相较于和上位法之间的纵向重复，和同类性质的地方性法规的横向重复似乎更为严重。事实上，目前地方立法主体扩容后的立法实践也证明了这一观点。

（三）行政法律关系主体间权利义务配置失衡

相较于行政主体，行政相对人在利益诉求表达渠道不完善的情形下，在立法利益博弈中很可能处于弱势地位，利益和诉求难以充分表达。选取5市的城市文明促进条例作为样本，统计行政相对人的权利义务条款及相应的救济途径，如表1所示。整体而言，规定相对人义务的法律条款较多，赋予权利的条款并不多见。

表1 城市文明促进条例中行政相对人权利义务及救济途径统计

单位：条

地方性法规名称	权利条款数量	义务条款数量	救济途径
滨州市文明行为促进条例	0	6	未作规定
东营市文明行为促进条例	1	12	未作规定
临沂市文明行为促进条例	0	9	未作规定
日照市文明行为促进条例	1	7	未作规定
威海市文明行为促进条例	1	15	未作规定

（四）行政义务及法律责任条款设置明显缺失

设区的市地方立法中存在法律责任设置偏失的情形，主要体现在两个方面：第一，行政相对人法律责任设定精细，监管主体行政责任缺失；第二，监管主体行政责任条款设置不规范。设区的市地方立法中，特别是地方环境保护立法，尽管逐渐开始从观念上重视监管部门及其工作人员的法律责任，但是更多的法律责任还是针对行政相对人。设区的市环境保护地方立法中,对于行政相对人的法律责任设置力求详细具体,对于监管者的责任设置则比较简约含蓄,导致了法律责任设置的失衡。选取分析样本中具有代表性的一组环境保护法规,对"法律责任"一章的具体条款进行统计,如表2所示。

表2 环境保护地方性法规中法律责任条款统计

单位:条

地方性法规名称	法律责任条款数量	相对人条款数量	监管者条款数量
日照市饮用水水源地保护条例	12	11	1
烟台市饮用水水源保护条例	11	10	1
长治市辛安泉饮用水水源地保护条例	11	10	1
济宁市泗河保护管理条例	14	13	1
吕梁市柳林泉域水资源保护条例	6	5	1
晋城市大气污染防治条例	8	7	1
聊城市大气污染防治条例	26	25	1
渭南市湿地保护条例	6	5	1

可见,在以上8市的环境保护地方性法规中,法律责任设置主要是针对行政相对人,环境监管者法律责任均只有一条。监管主体法律责任设置不精细必然导致在法律规范中监管主体义务规范与责任规范难以实现有效的衔接。当然,我们并不苛求为了保证义务的履行,每一个义务条款都规定相应的法律责任,但"在环境保护法律法规中对于那些事关环境监管效能、质量,以及国家、集体、公民重要权益实现与保障的事项,设定明确的法律义务条款,并相对应地设定违反该类义务性条款的具体行政责任是十分必要的"。[①] 从这些地方性法规的法律责任设定实际来看,监管主体只有一条责任规范,一方面说明法律文本中监管主体的义务性规范相对较少,另一方面也反映出即使设定了义务性规范,也没有相应的法律责任规范保证其实现。[②]

[①] 刘志坚:《环境监管行政责任设定缺失及其成因分析》,《重庆大学学报》2014年第2期,第107页。

[②] 如《晋城市大气污染防治条例》第十四条规定,"市、县(市、区)人民政府应当制定重污染天气应急预案,向上一级人民政府环境保护主管部门备案,并向社会公布",设置了信息公开的义务性规定,却没有对环境行政不作为设置相应的法律责任。

即便是在为数不多的法律责任条款中,也普遍存在行政责任条款设置不规范的情形,导致行政责任的虚化和实现不能。同样以上述8市地方性法规关于监管主体的行政责任条款进行统计,如表3所示。不难看出行政责任设置大多比较原则、概括,从中难以看出责任与义务的对应及衔接,同时一些关键的责任要素不清晰、不明确。具体责任条款中,近一半只规定了工作人员的法律责任,机关或者部门的法律责任空白;法律责任条款均采用"玩忽职守、滥用职权、徇私舞弊"的概括性表达,对于监管主体的具体违法行为甚少进行列举;责任追究形式以"依法给予行政处分"的格式化规定为主,可操作性不强。虽然选取的8市环境保护地方性法规只占设区的市地方性法规总数很小的比例,但也能在一定程度上反映出在设区的市地方立法中存在行政义务及责任条款设置明显缺失的现实问题,有待在以后的立法工作中进行细化和完善。

表3　环境保护地方性法规中行政法律责任的具体规定

地方性法规名称	环境保护监管者法律责任的具体规定
日照市饮用水水源地保护条例	第四十四条　饮用水水源地保护有关行政主管部门及其工作人员违反本条例,在饮用水水源地保护工作中玩忽职守、滥用职权、徇私舞弊的,依法给予处分。
烟台市饮用水水源保护条例	第二十九条　饮用水水源保护有关行政主管部门的工作人员违反本条例,在饮用水水源保护工作中玩忽职守、滥用职权、徇私舞弊的,依据国家有关规定给予行政处分;构成犯罪的,依法追究刑事责任。
长治市辛安泉饮用水水源地保护条例	第四十二条　国家工作人员在辛安泉饮用水水源地保护工作中玩忽职守、滥用职权、徇私舞弊的,由其所在单位或者上级主管部门对直接负责的主管人员和其他直接责任人员给予处分;构成犯罪的,依法追究刑事责任。
济宁市泗河保护管理条例	第五十五条　各有关部门、单位在泗河保护管理工作中监管不到位、措施不落实,造成不良影响的,依法追究相关人员的责任。 有关部门、单位的工作人员在泗河保护管理工作中,玩忽职守、滥用职权、徇私舞弊的,由其所在单位或上级机关依法给予行政处分;涉嫌犯罪的,移送司法机关依法追究刑事责任。
吕梁市柳林泉域水资源保护条例	第三十四条　有关行政主体工作人员在柳林泉域水资源保护管理工作中玩忽职守、滥用职权、徇私舞弊的,依法给予行政处分;构成犯罪的,依法追究刑事责任。
晋城市大气污染防治条例	第三十九条　负有大气环境保护监督管理职责的部门及其工作人员滥用职权、玩忽职守、徇私舞弊的,依法给予处分;构成犯罪的,依法追究其刑事责任。

续表

地方性法规名称	环境保护监管者法律责任的具体规定
聊城市大气污染防治条例	第九十一条 市、县(市区)人民政府、县级以上人民政府环境保护主管部门和其他负有大气环境保护监督管理职责的部门及其工作人员滥用职权、玩忽职守、徇私舞弊、弄虚作假的,依法给予处分;构成犯罪的,依法追究刑事责任。
渭南市湿地保护条例	第三十五条 湿地保护的有关国家工作人员,滥用职权、玩忽职守、徇私舞弊,依法给予处分;构成犯罪的,依法追究刑事责任。

（五）重制裁管束轻激励机制构建

在设区的市地方立法中,以禁限罚为主的传统刚性监管措施设定比较精细,柔性激励措施不精细。十八届四中全会审议通过了《中共中央关于全面推进依法治国若干重大问题的决定》,对依法行政提出了许多新措施、新要求,例如创新行政执法体制、建设诚信政府、推行政务公开等。随着公共行政的兴起和发展,传统的"管制型"政府已经不适合当下社会经济发展的需要,亟须实现从"管理"向"服务"的过渡。尤其是在城乡建设与管理、环境保护等领域,强调合作共治成为社会管理创新的发展趋势。选取7市的市容环境卫生管理条例作为研究对象,对其中关于禁限罚的高频词汇进行统计,如表4所示。从法规的名称来看,除《渭南市城市市容和环境卫生条例》之外,其余全部冠以"管理条例"之称,"管理"存在主体与客体的界分,即管理者与被管理者,主体是一元的,方式是垂直的、命令式的,维度是单向度的,难以从根本上形成参与式、互动式的多元主体合作共治格局。

表4　市容环境卫生管理条例中高频词汇统计

单位：次

设区的市地方性法规名称	罚款	责令	处罚	禁止	不得
德州市城乡容貌和环境卫生管理条例	29	19	8	18	22
东营市城镇容貌和环境卫生管理条例	20	5	6	8	19
菏泽市城镇容貌和环境卫生管理条例	63	19	8	18	47
济宁市城镇容貌和环境卫生管理条例	50	38	11	8	39
渭南市城市市容和环境卫生条例	28	16	6	3	20
延安市城市市容市貌管理条例	28	14	6	12	29
榆林市城镇环境卫生管理条例	20	9	0	4	6

地方性法规中传统的刚性监管手段如行政许可、行政处罚、行政强制大量存在，具体监管措施仍然以罚款等财产罚为主。[①] 刚性监管制度本身的柔韧性不强，建构的秩序有一定的脆弱性和不稳定性，需要综合柔性激励手段来增强监管制度本身的韧性。为弥补刚性监管的不足，柔性监管开始逐渐进入人们的视野。上述条例中也规定了一定的激励措施，除法律条文中的鼓励性条款之外，激励条款的一般模式是在基本原则部分规定社会监督和公众参与原则。[②] 但是鼓励性条款绝大部分是倡导性、宣示性的，仅仅彰显某种观念价值，条文中多用"鼓励""支持""引导""提倡"等抽象化的表达，除《德州市城乡容貌和环境卫生管理条例》《济宁市城镇容貌和环境卫生管理条例》规定给予表彰或者表彰和奖励之外，其余的均未对奖励形式作出规定，如表5所示。

表5 设区的市市容环境卫生管理条例中激励机制条款分布

地方性法规名称	激励机制的具体规定
德州市城乡容貌和环境卫生管理条例	鼓励、支持社会组织和个人参加城乡容貌和环境卫生志愿服务和公益活动。 倡导和鼓励居民委员会、村民委员会制定维护城乡容貌和环境卫生的居(村)民公约，组织动员居(村)民积极参加城乡容貌和环境卫生治理工作。 市、县(市、区)人民政府应当对城乡容貌和环境卫生工作成绩显著的单位和个人给予表彰奖励。 鼓励村民开展庭院绿化，营造整洁、美观、宜居的生活环境。
东营市城镇容貌和环境卫生管理条例	提倡和鼓励社区居民委员会组织居民制定城镇容貌和环境卫生管理公约，动员居民积极参与城镇容貌和环境卫生治理工作。 鼓励单位和个人参加城镇容貌和环境卫生志愿行为、公益行动。 鼓励商业服务窗口单位、机关、企业事业单位、宾馆饭店等附设的内部厕所在工作(营业)时间免费对外开放。

---

① 以《菏泽市城镇容貌和环境卫生管理条例》为例，该条例针对行政相对人的不同行为模式设置了63个罚款条款。
② 如《榆林市城镇环境卫生管理条例》《东营市城镇容貌和环境卫生管理条例》《济宁市城镇容貌和环境卫生管理条例》第三条中均规定了公众参与、社会监督的原则；《菏泽市城镇容貌和环境卫生管理条例》第三条中规定了以人为本、服务优先、公众参与、社会监督的原则。

续表

地方性法规名称	激励机制的具体规定
菏泽市城镇容貌和环境卫生管理条例	鼓励采用节能、环保的新技术、新能源,推广应用数字化管理模式,提高城镇容貌和环境卫生管理效能和水平。 城市管理行政主管部门和其他负有监督管理职责的部门,应当设立并公布举报电话、电子邮箱等,方便公众举报。 鼓励建筑垃圾综合利用,鼓励建设单位、施工单位优先采用建筑垃圾综合利用产品。
济宁市城镇容貌和环境卫生管理条例	对在城镇容貌和环境卫生管理工作中成绩显著的单位和个人,按照有关规定给予表彰和奖励。 应当运用说服教育、劝导示范、行政指导等方式,引导公民、法人或者其他组织自觉维护城镇容貌和环境卫生管理秩序。 鼓励创建各类城市管理志愿者队伍,提高企业、社会组织和公民参与城镇容貌和环境卫生管理的意识和能力。
渭南市城市市容和环境卫生条例	市、县(市、区)人民政府应当推进城市市容和环境卫生服务市场化和社会化,创新城市市容和环境卫生服务机制,引导社会资本参与环境卫生设施的建设和经营。 市容环境卫生行政主管部门在执法中应当坚持处罚与教育相结合,引导公民、法人和其他组织自觉守法。 市、县(市、区)市容环境卫生行政主管部门应当建立投诉举报受理、奖励与保密制度。
延安市城市市容市貌管理条例	市容市貌管理部门应当建立信息化管理制度、执法巡查制度、投诉举报受理和奖励制度,及时查处违法行为;建立行政裁量权基准制度,规范执法行为,实行执法责任制和行政过错责任追究制。 鼓励、支持、引导社会资本参与市容市貌设施的建设和经营,推进市容市貌服务市场化和社会化。

一般而言,地方性法规中存在几条宣示性条款比较常见,虽然并不苛求对每个条款都设置详细的程序和方式,但是如果所有的倡导性条款都没有规定具体的措施,倡导性条款究竟可以在社会生活中发挥多大的功用将不得而知。下位法是对上位法的补充和细化,设区的市地方立法应更加重视法规条文的明确性和具体性,法规条文的语言力求简洁、易懂,行为模式指引清晰,兼顾多方利益,若能适当细化具体措施,使倡导性条款能够督促政府履行应有的职责,激发社会公众的积极性,在加强号召和引导的同时,也有助于增强条款的可操作性。

（六）地方特色不明显与可操作性不强

1. 立法体例贪大求全

法律条文的内容显现出一些问题：一是法规文本过于注重形式的完备性；二是为追求体例的完整性存在贪大求全的现象。实践中，大部分设区的市地方立法采用体例比较完整的"条例"形式，只有很少一部分选择"若干规定""实施办法"这种相对比较简单灵活的体例。

如图8所示，对选取的152件地方性法规进行章节统计，其中不设章节的20件（13.2%），4章以下的3件（2.0%），5章以上8章以下的116件（76.2%），9章以上13件（8.6%）。①绝大部分地方性法规章节数量在5章至8章，其中采取章内又设节的繁复结构的有12件。条文数目方面，152件地方性法规平均条文数量为50条，其中条文数目最少的是《庆阳市禁牧条例》，总条数18条，1672字，条文数目最多的是《日照市城市管理条例》，全文共114条，12891字。《济宁市城镇容貌和环境卫生管理条例》，共7章，在第三章"城镇容貌管理"和第四章"城镇环境卫生管理"中各分设4节和3节，采用地方立法中很少使用的章内设节的体例。法规整体上看起来气势恢宏、严密细致，大有力求搭建本地区有关市容卫生管理领域的基本法之势，正如有学者所说："广泛涉及市容市貌、环境卫生等诸多方面，但相对应的规定却如'蜻蜓点水'，不够深入、细致，以至于给可操作性留下重大隐患。"②

2. 地方特色不明显

通俗来讲，地方立法就是要"接地气"，立足本地特有条件、特殊需要，能解决本地突出而上位法尚未解决、不宜解决或难以解决的问题。地方特色方面存在的主要问题是：一是立法项目选择存在一定趋同性，难以充分体现地方特点和需求；二是法规内容存在趋同性。"地方立法与中央立法具

---

① 本文"以上""以下"包含本数。
② 郑清贤：《设区的市增强地方立法特色研究》，《地方立法研究》2017年第6期，第73页。

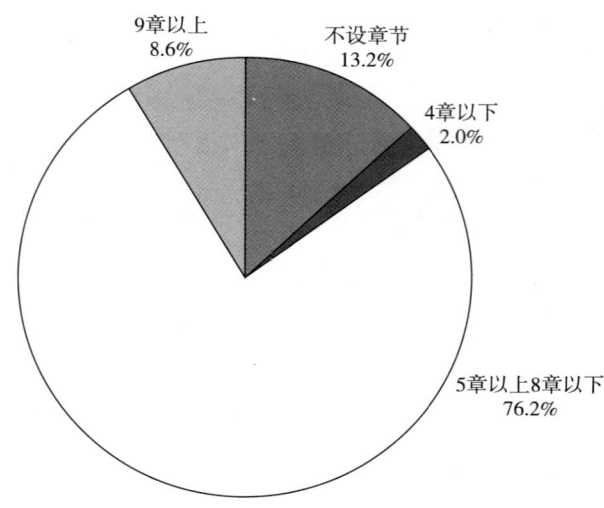

图 8 设区的市地方性法规章节统计

有趋同性,简单移植上位法的内容,盲目追求体例上的完整性而缺乏针对性;地方立法相互之间具有趋同性,各地立法项目选定和法律制度设计大同小异,看不出不同的地方在经济社会发展方面的差异。"①

如图9所示,152件地方性法规中,仅有22件(14.5%)属于各地最具特色的"人无我有"的立法,潍坊市、威海市、烟台市各有特色法规2件,其余市特色立法均在1件以下。其他130件(85.5%)立法均在一定程度上与其他市的立法项目选择趋同,其中以城市市容环境卫生管理立法和水源保护相关立法同质性最高,特色立法项目比例较低,同质性立法项目比例较高难以充分反映出各地的立法需求。法规内容上,如存在同一省份6个设区的市均出台了烟花爆竹燃放管理条例的现象,立法内容趋同性较高;不同省份设区的市制定的烟花爆竹燃放管理条例也有一定程度的重合,章节体例相似、法律制度设计大同小异,反映不出各地经济社会发展的特色。

---

① 石佑启:《论地方特色:地方立法的永恒主题》,《学术研究》2017年第9期,第50页。

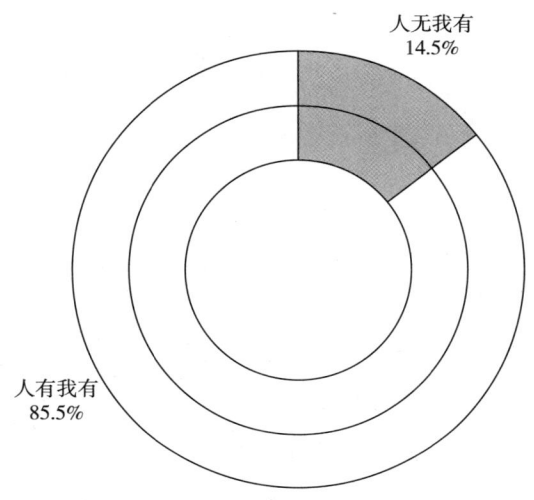

图9 设区的市地方性法规中"人无我有"条例数量统计

(七)法律规范之间衔接协调不到位

设区的市地方立法与其他法律规范的衔接协调不到位体现在与上位法的衔接及与同类性质法规的衔接上。省级立法如果未做到合理统筹，容易导致省、设区的市立法机关在立法权重合事项上产生立法交叉和重复，导致的后果就是，针对城市管理同一立法事项，在省域范围内会出现多个相类似的法规，而其实质内容与上位法或其他设区的市立法并无太大差别。此外，在立法规范性方面，法规协调性尚有不足，例如存在同一省份地方立法程序法有4种名称的情形。

如图10所示，甘肃省11个设区的市地方立法程序法使用4种不同的名称，以《××市立法条例》命名的2件（18.2%），以《××市地方立法条例》命名的1件（9.1%），以《××市人民代表大会及其常务委员会立法条例》命名的2件（18.2%），以《××市人民代表大会及其常务委员会立法程序规则》命名的6件（54.5%），名称的混乱使用一定程度上给法规的备案审查及社会公众的理解认知带来了不便。因此，设区的市在地方立法过

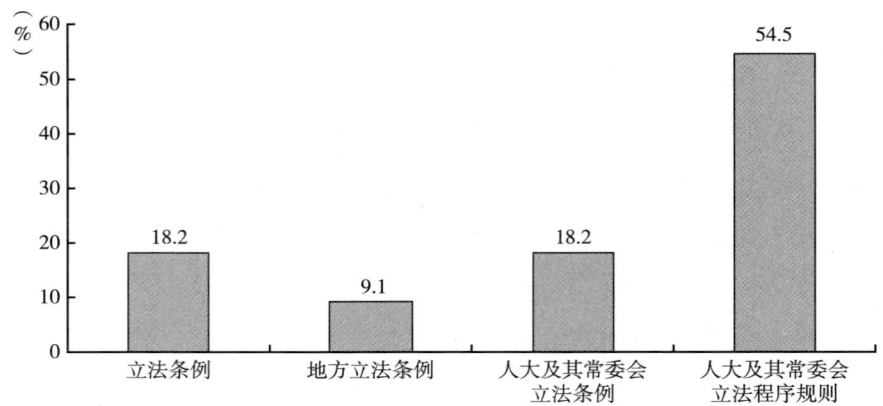

图10 甘肃省11个设区的市地方立法程序法名称统计

程中需重视法律规范之间的衔接协调。除法律规范之间需要恰当衔接之外，法律规范自身也需要不断根据社会发展进行调整。虽然设区的市立法工作机制中大多建立了立法后评估制度，但目前为止通过立法后评估来检验立法质量，根据发展变化的实际对法律规范进行修改或废除的实例并不多见。当然，评估不是为评估而评估，而是建立起地方性法规动态跟踪机制，形成立改废释（指立法、修改、废除、解释）并举的良性循环，这样才能真正立出良法，实现善治。精细化立法时代，已不再是单纯强调法律的创制，立法的重心开始从强调新法的创制转向立、改、废并举。因此，设区的市在地方立法过程中，同样需要对已制定的地方性法规不断进行检视，并根据其运行情况，对不适应社会发展的内容及时加以修正。

四 结语

依法赋予所有设区的市地方立法权，是全面推进依法治国的重要举措，也是我国地方法治发展的一个里程碑。赋予设区的市地方立法权，是机遇，更是挑战。一方面，在全面依法治国的进程中能够充分调动地方的积极性，更好地发挥地方立法对改革的引领和推动作用；另一方面，设区的市在地方立法实践中仍然存在不少问题，特别是诸多立法不精细的问题，直接影响了立法的质量。本次研究通过对4省42个设区的市152件地方性法规进行考察，从规范分析的视角透视设区的市获得立法权之后的立法实践状况，着重分析了设区的市地方立法中存在的问题。及时总结设区的市地方立法经验，清晰认识地方立法中存在的问题，或许能为设区的市下一步从避免立法中的不必要重复、平衡权利与义务条款的设置、突出地方特色增强可操作性、注重法律规范之间的协调性等方面推进立法精细化带来启发。

B.3
核心价值观融入地方立法问题研究*

——基于131部文明行为促进类地方性法规的分析

李 东**

摘　要： 社会主义核心价值观在法治建设中逐渐转化为法律话语，发挥着价值宣示、行为指引等功能。对文明行为促进类地方性法规文本的统计分析表明，核心价值观在融入地方立法过程中呈现逐年递增、区域差异明显、主题集中等特点。法律规范与价值规范之间的张力也使得地方性法规在践行价值观时面临自身接纳能力不足、导向性保障性不强等阻碍了法律和道德之间的双向塑造。在融入过程中，必须增强立法者对价值观的认同，要处理好法律和道德的边界，推动第三方参与立法。在立法全过程中推动核心价值观转化为人们的情感认同和行为习惯，可以有效推动地方的良法善治水平，助益于国家治理体系和治理能力现代化。

关键词： 社会主义核心价值观　法治　德治　文明行为促进

法律是成文的道德，道德是内心的法律。党的十九届四中全会通过

---

* 本文系重庆市地方立法研究协同创新中心2019年度项目"社会主义核心价值观入法的立法样态研究——以文明行为促进类地方性法规为考察对象"成果。
** 李东，重庆市地方法研究协同创新中心、西南政法大学立法科学研究院研究人员，研究方向：法学理论、立法学。

的《关于坚持和完善中国特色社会主义制度推进国家治理体系和治理能力现代化若干重大问题的决定》专门提出,要"完善弘扬社会主义核心价值观的法律政策体系"。2018 年 3 月,中共中央印发《社会主义核心价值观融入法治建设立法修法规划》(以下简称《规划》),强调要坚持社会主义核心价值体系,着力把社会主义核心价值观融入法律法规的立改废释全过程,力争经过 5 年到 10 年时间,推动社会主义核心价值观全面融入中国特色社会主义法律体系。社会主义核心价值观作为社会主义核心价值体系的内核,在依法治国实践中逐步转化为法律词语,构成法律法规的基础规范。

关于核心价值观入法入规,学者普遍认为核心价值观入法必须以法治国家建设为宗旨,坚持问题导向,在方法适用上要贯穿法律的立法、修法、废法、释法及司法全过程。① 有学者结合立法学研究的一般思路,认为立法者应当遵循科学立法和民主立法的立法原则,借助不同的立法技术,灵活利用"宜粗不宜细"的立法策略,推动实现核心价值观融入法律法规的立改废释全过程。② 这些观点从宏观层面和方法论角度提出了入法入规的路径,为立法工作提供了有益借鉴。但同时可以发现,既有研究对核心价值观入法入规的分析局限于规范和政治解读,缺少样本实证研究。本文以 131 部文明行为促进类地方性法规为分析样本,探究核心价值观在地方性法规中的融入状态、融入困境,并为进一步推动核心价值观入法提出完善的对策性建议。

---

① 参见陈金钊《社会主义核心价值观融入法治建设的方法论诠释》,《当代世界与社会主义》2017 年第 4 期;陈融《社会主义核心价值观入法的理论基础、现实需求及实现路径》,《毛泽东邓小平理论研究》2018 年第 10 期;韩震《培育和弘扬社会主义核心价值观的路线图》,《东岳论丛》2017 年第 6 期;刘风景《社会主义核心价值观入法的理据与方式》,《当代世界与社会主义》2017 年第 4 期;等等。
② 参见王怡《社会主义核心价值观如何入法——一个立法学的分析框架》,《法学》2019 年第 9 期。

一 文明行为促进类地方性法规的量化分析

（一）文本数量：逐年递增，空间分布差异明显

从时间维度考察文明促进类地方性法规的文本数量在一定程度上可以反映出立法主体对文明行为促进的关注和重视程度。分析法规数量的年份走向也可以洞悉今后立法的重点和方向。如图1所示，包括省级法规和设区市法规在内的文明行为促进立法最早开始于2012年，2013年和2014年则没有相关立法。从2015年到2020年，文明行为促进类法规则呈现逐年递增的态势，特别是2016年之后开始大幅增长。文本数量的变化反映了政策对立法的推动。设区市在2015年获得立法权后也开始制定一系列城乡建设管理、历史文化保护、生态环境保护等领域的法规，文明行为促进立法也成为设区市行使立法权的重要方向。2016年12月25日，中共中央办公厅、国务院办公厅联合印发了《关于进一步把社会主义核心价值观融入法治建设的指导意见》，在明确立法需求的前提下，拥有立法权的主体逐渐加强文明促进等重点领域的立法。文本数量显著变化的时间节点与中共中央文件出台时间的吻合，表明中共中央通过发布意见等方式推动了价值观在地方性法规中的适用，也体现了党在法治建设中发挥着总览全局、协调各方的关键作用。

如图2所示，在空间分布上，法规数量呈现地域集中、差别显著的特征。华东地区的省级法规数量和设区市法规数量均高于其他区域，且设区市法规数量明显高于省级法规。① 从法规数量的区域分布可以发现，不同区

---

① 华东地区包括山东、江苏、浙江、福建、江西、安徽、上海等7省市；东北地区包括辽宁、吉林、黑龙江等3省；西北地区包括宁夏、新疆、青海、陕西甘肃等5省区；华北地区包括北京、天津、河北、山西、内蒙古等5省区市；华中地区包括河南、湖北、湖南等3省；华南地区包括广东、广西、海南等3省区；西南地区包括四川、重庆、贵州、云南、西藏等5省区市。

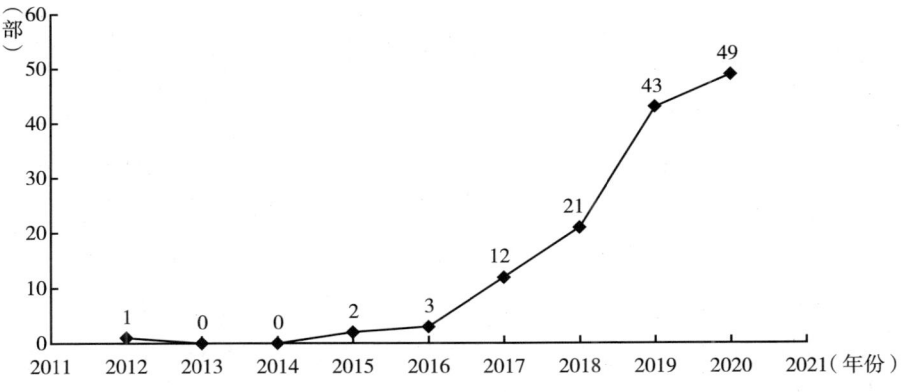

图 1　法规通过时间分布

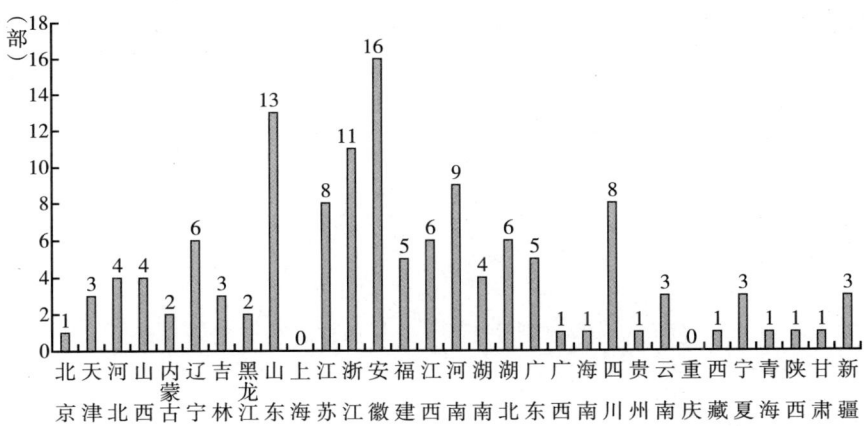

图 2　法规空间分布

域的地方立法机关在立法热情上存在较大差异，同一区域的设区市立法机关相比省级立法机关在立法能力和立法水平上还有进步空间。空间分布的差异也反映了经济水平对立法的影响。整体而言，经济水平高的城市对文明行为促进立法的重视程度也高。一方面，经济发达城市的文明城市建设成果突出，需要通过立法的方式加以巩固。另一方面，经济发达城市的立法人才等资源较充裕，可以有效助力文明行为促进立法走向实践。

（二）立法主体：以设区的市和文明城市为主

在131部文明促进地方性法规中，省级法规只有7部，设区市法规占据124部。其中，设区市中又有84个是全国文明城市，42个为非文明城市。文明行为促进立法是巩固和深化城市精神文明建设成果的需要。目前，全国拥有284个文明城市，丰富的实践经验和文化底蕴为文明行为促进立法提供了坚实基础，在推动社会治理体系和治理能力现代化建设过程中发挥了积极作用。发挥文明城市在文明促进立法中的主导作用，一方面可以使每一项立法都具有鲜明的价值导向，充分体现国家和社会的主流价值观，确保立法导向更加鲜明、要求更加明确、措施更加有利。另一方面，在一些重点领域特别是意识形态领域的立法中，可以有效地把文明城市在实践中广泛认同、较为成熟、可操作性强的道德、品行要求上升为法律规范，转化为具有刚性约束力的法律规定。

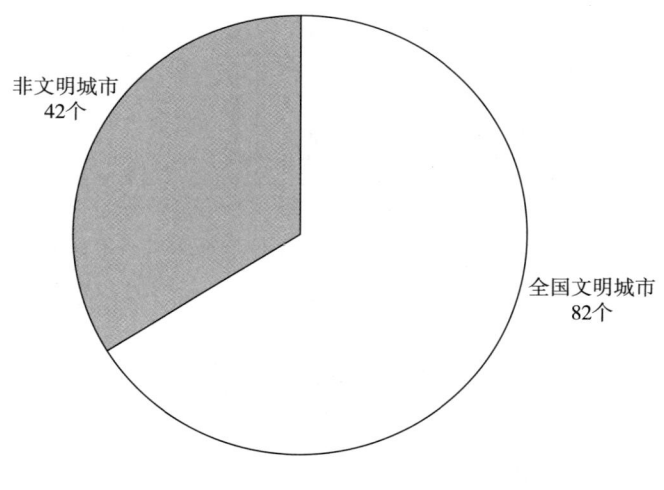

图3　立法主体比例

（三）文明行为的内涵：内容多样、主题突出

如何定义文明行为是法规文本的重要内容，也是对调整对象的界定，

对文明行为内涵的概括反映了立法者对文明行为促进的注意力配置和价值性选择。在131部法规文本中，有45部未规定文明行为的含义，剩余的86部法规对文明行为的定义主要集中在"引领社会风尚""维护社会主义道德""维护社会公序良俗""遵守宪法和法律""践行社会主义核心价值观"等。从文明行为的界定中可以发现不同地方之间的法规文本在内容上存在同质化现象。地方性法规应当具有一定"地方性"，也就是要结合地方特色制定执行力强的规则。131部法规中，只有一部法规结合自身城市的文化历史，将"弘扬革命精神"作为文明行为的内涵予以规定。文明行为促进立法的功能不仅在于规范行为，还在于引导行为，突出弘德立法时代主线，以立法承载文明价值，使制定和修改的地方性法规既充分体现国家的价值目标、社会的价值取向、公民的价值准则，又在保障民生发展、弘扬传统美德、强化法治意识、促进公序良俗等方面发挥积极作用。文明行为促进类法规作为法律体系的一部分，虽然部分内容具有倡导性而不具有强制性，但倡导性的规定仍然要符合宪法法律的规定。绝大部分法规都将"遵守宪法和法律"作为文明行为的重要内容，这也为文明行为确立了"义务的道德"。

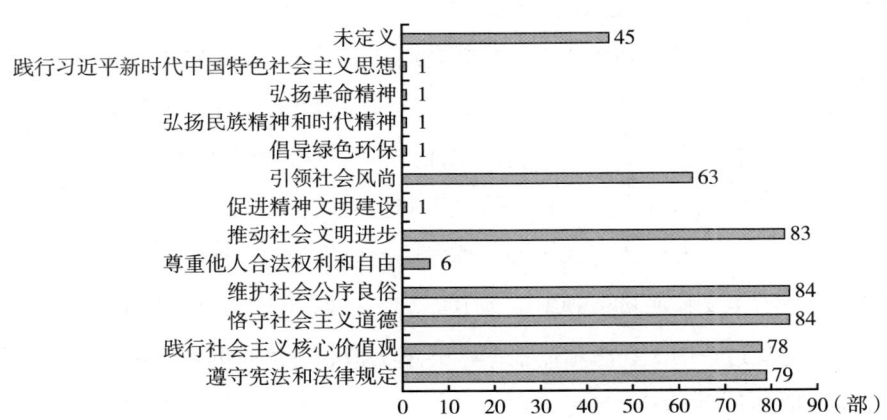

图4 文明行为内容频数

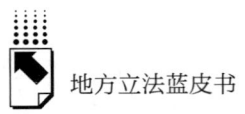
地方立法蓝皮书

二 社会主义核心价值观入法的内在驱动

社会主义核心价值观产生于思想意识多元的背景之下,体现了社会主义核心价值体系的根本性质和基本特征,具体包括国家、社会和公民三个层面。推动社会主义核心价值观融入地方立法不仅是依法治国与以德治国相结合、弘扬社会正气的需要,更是提升地方立法质量、实现人民群众对美好生活向往的要求。

(一)法治和德治的双向互动

法安天下,德润人心。坚持依法治国与以德治国相结合是全面推进依法治国、建设法治国家的基本要求。"坚持依法治国和以德治国相结合所要解决的是全面依法治国的精神动力问题。全面依法治国、建设社会主义法治体系,必须坚持一手抓法治、一手抓德治,大力弘扬社会主义核心价值观,弘扬中华传统美德,培育高尚的社会主义道德情操。"[①] 法律的有效实施离不开道德支持,道德践行离不开法律约束。法治和德治不可分离、不可偏废,国家治理需要法律和道德协同发力。

社会主义核心价值观作为道德的制高点,多层次、多领域融入地方立法是推动地方法治发展的不二法门,也是实现依法治国和以德治国相结合的关键环节。地方立法主体在立法过程中要体现社会主义核心价值观的要求,用法律的权威来增强人们践行社会主义核心价值观的自觉性,增强全社会守法用法的意识,使社会主义核心价值观真正融入地方法治建设。建设法治中国的关键是良法善治,社会主义核心价值观融入地方立法,有利于地方立法主体立良法、行善治。在立法过程中,立法主体根据社会主义核心价值观的要求和现行宪法关于精神文明的各项规定,来完善现有的各项法律法规,使法律法规更好地体现

---

① 冯玉军:《把社会主义核心价值观融入法治建设的要义和途径》,《当代世界与社会主义》2017年第4期。

国家的价值目标、社会的价值取向、公民的价值准则。保证社会主义核心价值观能够有效地发挥作用，把先进的道德理念和价值要求作为判断人们行为对错、是非的标准和参考依据，推动依法治国和以德治国的有机统一。

（二）践行社会主义核心价值观的重要手段

中共中央办公厅印发的《关于培育和践行社会主义核心价值观的意见》指出："法律法规是推广社会主流价值的重要保证。要把社会主义核心价值观贯彻到依法治国、依法执政、依法行政实践中，落实到立法、执法、司法、普法和依法治理各个方面，用法律的权威来增强人们培育和践行社会主义核心价值观的自觉性。"① 社会主义核心价值观的培育和践行是一项复杂的系统工程，涉及社会的多个领域。在多元价值观的影响下，社会主义核心价值观的培育并非畅通无阻。主流价值观缺失、社会道德滑坡等导致社会公信力下降，人们的价值选择也陷入困境。"社会公信力缺失，主要表现在公众对公共权力出现'信任危机'，导致人民群众与党和政府之间产生隔阂，对核心价值观的认同感不强。"② 地方立法的事项贴近群众生活，较为广泛地反映群众需求，作为培育践行社会主义核心价值观的手段，地方立法通过自身的指引、评价等功能，可以有效提高人们对核心价值观的认同感，推动良好社会风尚的形成。

良法善治不仅是地方立法的出发点和落脚点，也是社会主义核心价值观的重要内容。地方立法主体通过立良法，可以积极引领人们主动守法，增强人们对法律公信力的认同，使法律权威、法治理念等价值观深入人心。良法的目的是善治，相比较道德、宗教等社会规范，法律依靠其强制性可以有效地规范人们的行为，使社会主义核心价值观从道德层面转化为行为模式，增强人们培育和践行社会主义核心价值观的自觉性，从而推动核心价值观的传播，助力法治国家的早日实现。

---

① 《关于培育和践行社会主义核心价值观的意见》，人民出版社，2013，第4页。
② 蒋传光：《关于推动社会主义核心价值观入法入规的思考》，《学习与探索》2017年第8期。

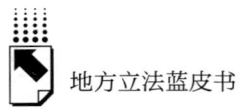

(三)提升地方立法质量的重要抓手

立法是一项复杂的系统工程,不仅需要智慧的立法者,也需要保证法律与社会的其他要素相互衔接,以确保制定的法律既具有科学性,又具有可执行性。孟德斯鸠认为,法律应当同已建立的或将要建立的政体的性质和原则有关系,应该和国家的自然状态有关系,应该和政制所能容忍的自由程度有关系,法律和法律之间也有关系,这些关系综合起来就构成所谓"法的精神"。[1] 地方立法权扩容主体在提升自身立法能力的同时,应当使制定的法律符合这个时代的"法的精神"。立法主体提高立法质量的有效途径就是广泛探求"法的精神",以"法的精神"为立足点,确保法律来源于社会,服务于社会。社会主义核心价值观作为时代价值的凝练,能够为地方立法在处理国家、社会、公民之间的关系方面提供基本的遵循。

社会主义核心价值观契合立法的价值导向。社会主义核心价值观在国家层面表现为"富强、民主、文明、和谐",这也是法治中国建设的宏伟目标。地方立法的最终目的是通过法律实现地方的有效治理,实现中华民族的伟大复兴。法律的突出作用在于维护社会的安定有序,形成和谐的社会氛围。社会主义核心价值观在社会层面体现为"民主、平等、公正、法治",这也是法律的价值追求。法律具有一定的规范作用,对人的行为具有指引、评价、预测、教育和强制的作用,这些作用的发挥,有利于规范和约束人们的行为,增强人们对法律的内心认同感,提升人们的法治素养。社会主义核心价值观在公民层面表现为"爱国、敬业、诚信、友善",如果法律的硬性规定是一种义务的道德,则公民层面的价值观是一种愿望的道德,符合地方立法的价值追求。

社会主义核心价值观是检验法律的有效标准。良法是善治之前提,亚里士多德对法治的定义包括两个方面:一是制定的法律是良法,二是制定的法

---

[1] 〔法〕孟德斯鸠:《论法的精神》,张雁深译,商务印书馆,1961,第7页。

律得到人们的普遍遵守。① 地方在立法经验、人员配备等方面存在明显不足，如何制定良法成为关乎地方法治建设的重要因素。社会主义核心价值观不仅是法律制定的价值导向，同时也是检验法律优劣的标准。地方立法在评估中应当将价值观的内容与要求纳入评估标准，以价值观为标尺，发现地方立法文本中的缺点与不足。社会主义核心价值观不仅是评价人们行为善良与否的标准，也是评价法律优劣的重要标准。人们期望通过践行社会主义核心价值观，建立起个人与社会、国家之间的和谐关系。

三 核心价值观入法的困境与不足

由于法律语言自身的特性和立法技术等方面的限制，核心价值观在入法中存在法规导向性、针对性、可操性、保障性等不足。

（一）法律自身的调整对象有限

核心价值观与地方性法规之间的耦合不仅依赖于价值观自身的科学合理，还取决于法规的接纳能力。通过对地方性法规的样态分析，可以发现不同区域地方性法规在文明行为的界定上具有高度重叠，作为"接纳者"的法规对价值观的吸收、转化都具有一定的限度。法律作为制度化的社会实践，构成一个自治的规则体系，与伦理、道德、宗教等相区别，法律的限度导致在融入价值观时，必然无法全面吸收价值观的广泛内容。只有充分认识到法律的限度，才能更好地制定出既体现社会主义核心价值观，又具有可操作性和保障性的法规。② 面对法律自身接纳能力不足的社会事实，核心价值观在入法时必须选择重点主题领域，发挥法律和价值观的激励合力，使价值观的道德要求和法律的刚性规范真正落到实处。在具体的文本实践中，要特别注重立法内容和方式的权衡与论证。在立法的理性论证过程中，要区分哪

---

① 〔古希腊〕亚里士多德：《政治学》，吴寿彭译，商务印书馆，1981，第169~170页。
② 参见李锦《社会主义核心价值观融入科学立法的路径选择》，《新疆师范大学学报》（哲学社会科学版）2019年第1期。

些可以入法哪些不可以入法,要发挥价值观的价值引导力、文化凝聚力和精神推动力,使法规立项、起草等过程都能有效践行核心价值观的要求,在法规有限的承载范围内,发挥价值观导向效果的最大化。作为调控社会的重要手段,法律不是万能的,有自身的局限性,有些领域法律不能介入也不宜介入,这就需要发挥价值观的渗透功能,使具备科学性、时代性的价值成为法律制定和法律实施的价值导向。①

(二)法规的执行力和可操作性不强

法治一方面体现在已制定的法律得到普遍服从,另一方面则是人们服从的法律本身是制定良好的法律。② 良法的重要标准则是有鲜明的价值导向,契合全体人民道德意愿的法律才能被人们遵守、信任,但现有一些地方性法规与社会主义核心价值观的要求还存在差距。首先,部分法律文本价值导向不鲜明,不能实现鼓励人们正确行为的立法目的。鲜明的价值导向是公民守法的驱动力,也是对道德行为的褒扬。地方性法规作为社会规范的一种,有调控社会的"盲区",以核心价值观为指引,可以弥补法规的容纳力不足等问题,形成法规与道德的合力,指引人们行为向善。其次,核心价值观在法规中的针对性和可操作性不强。法律的生命在于实施,核心价值观入法的重要功能是通过法律实施践行核心价值观的要求,而不是仅仅运用法律表述核心价值观的内容。③ 在体现核心价值观的地方性法规中,有诸多道德宣示性立法,仅从价值观的高度制定"应然法",没有立足地方实际,解决人民群众最直接最现实的利益问题。道德宣示性法规不具有鲜明的针对性和可操作性,不能为公民的行为提供准确的行为准则,也不能为司法裁判提供明确的指引。道德话语向法律语言的有机转化成为核心价值观入法的关键,也是地

---

① 参见谢时研、丁峰《社会主义核心价值观入法入规的行动逻辑》,《黑龙江社会科学》2019年第6期。
② 参见〔古希腊〕亚里士多德《政治学》,吴寿彭译,商务印书馆,1983,第168页。
③ 参见冯玉军《以法治方式推进社会主义核心价值观建设》,《检察日报》2017年5月29日,第3版。

方立法机关亟待提升的立法能力。最后，部分法规对价值观的保障力度不够。地方性法规作为践行核心价值观的手段，主要依靠具有强制性的法律后果来实现。法律责任的设置可以将人们的行为限制在合法范围内，保障法规和价值观要求的实现。

在梳理地方性法规过程中，发现很多法规的责任设定存在缺失，没有对条文中义务的违反后果进行规定，一定程度上使很多条款成为"僵尸条款"，不能真正地发挥法律的强制功能。①"纸面上的法"向"行动中的法"的过渡实现，不仅依靠法律的强制性规定，还需要人们内心对法律价值及法律精神的认同，而这种认同感更多地来自核心价值观对法规的渗透。在法治建设中，不仅不能割裂价值观与法规的密切联系，反而应当用价值观涵养法治精神，用法律规范践行价值观，实现二者的良性互动。②

四 核心价值观融入地方立法的可行路径

（一）提升立法者素质，增强立法者对价值观的认同

立法是一项系统工程，具有很强的政治性、专业性、理论性和实践性，立良法的前提是具有高素质、高水平的立法专业人才。推进社会主义核心价值观融入地方立法，首先要处理好立法者和价值观的关系，确保核心价值观真正走进立法者的头脑，做到真信、乐学、善用。健全地方立法机构和提高地方立法队伍素质是践行社会主义核心价值观、提高地方立法质量的关键。在现有机制资源的基础上，强化立法队伍建设，首先要加强思想政治建设。通过多形式的社会主义核心价值观宣传，让价值观成为立法者的情感认同、立法指南，对核心价值观的认同，可以避免多元冲突价值对立法的干扰，确

---

① 吴增礼、王梦琪：《社会主义核心价值观入法的理论逻辑与现实省思》，《学习与实践》2019年第10期。
② 吴增礼、王梦琪：《社会主义核心价值观入法的理论逻辑与现实省思》，《学习与实践》2019年第10期。

保地方立法的科学性与可行性。其次，地方立法机关要积极引进立法人才，加强立法人才流动，增强立法队伍活力。要特别注重培养真信、真懂、真用核心价值观的立法人才，充实立法干部队伍。最后，要切实做好设区的市立法机构的完善和立法工作队伍的配备。设区市获得立法权的三年来，立法工作取得显著进步，但同时也暴露出人员不齐、素养不高等问题。作为地方立法工作的关键一环，加强设区市地方立法队伍建设显得尤为迫切。设区市在立法队伍组建上应长远谋划，积极加强立法工作队伍能力建设，切实将社会主义核心价值观融入立法全过程，推进立法工作队伍的正规化、专业化、职业化，使其更好地承担起地方立法工作、践行社会主义核心价值观的职能。只有建立起一支深学笃用社会主义核心价值观、努力提升立法理论素养的立法工作队伍，才能保证在全面推进依法治国背景下开创地方立法工作的新局面。

（二）提升依法立法水平，处理好与上位法的关系

习近平总书记在十九大报告中指出："推进科学立法、民主立法、依法立法，以良法促进发展、保障善治。"① 依法立法与科学立法、民主立法并列为立法原则，要求立法部门在立法时，要遵守宪法法律设定的程序和实际的权力运行界限，正确处理好地方性法规与宪法法律之间的关系。"法治"作为社会主义核心价值观的重要内容，不仅要求良法善治，还表现为法制统一，地方立法作为培育践行社会主义核心价值观的重要抓手，应当提升依法立法水平，自觉地遵守宪法法律，维护国家法制统一。提升依法立法水平，地方立法主体应从以下着力点展开。第一，不得超越法定权限。2015年新修订的《立法法》明确规定了全国人大及其常委会、地方人大及其常委会的立法权权限，各立法主体必须遵守法定的权限和程序，在各自的权限范围内开展立法活动，不得越权、滥权。特别是设区市，应当紧紧围绕"城乡

---

① 习近平：《决胜全面建成小康社会　夺取新时代中国特色社会主义伟大胜利——在中国共产党第十九次全国代表大会上的报告》（2017年10月18日），人民出版社，2017，第24页。

建设与管理、环境保护、历史文化保护"等方面开展立法。第二，以宪法为依据，不得同宪法相抵触。宪法作为国家的根本法，是立法活动的根本准则。地方立法权的行使必须维护宪法权威，与宪法保持一致。第三，不得违反上位法。地方立法要与全国人大及其常委会制定的法律保持一致，不得违反法律的基本原则和具体规范。同时，地方性法规不得违反行政法规，在内容上要与行政法规保持一致。第四，要把好备案审查关，强化立法监督。备案审查是保障宪法法律实施、维护国家法制统一的重要机制，也是保障立法质量，实现依法立法、良法之治的基本举措。特别是地方立法权扩容后，设区市立法经验不足，不可避免会出现一些问题。健全充实备案审查机构，完善备案审查工作机制和工作规范，可以有效提高备案审查工作水平，进而推动地方立法的"合法化"。

（三）强化立法协同创新，推进第三方参与立法

协同立法是新时代加强科学立法、民主立法、依法立法的新要求、新任务。地方立法主体在立法中要处理好与高等院校、律师事务所等第三方的关系，这也是践行社会主义核心价值观的展现。协同立法依赖于参与主体的平等、自由地位，在通过与社会各界多种形式的沟通、协商，实现本区域立法理念、立法技术等方面的创新。社会主义核心价值观是现阶段全国人民意愿的最大公约数，代表了中国特色社会主义的主流价值，但主流价值要产生强大的感召力、凝聚力和引导力，就必须获得社会成员的认同。协同立法不仅可以促进人们对社会主义核心价值观的自觉认同，推进诱导认同，而且能削减盲目认同和强制认同。[①] 各参与主体基于自己的地位、利益、认识等都会有自己的诉求，经由立法协商达成的共识更趋向于"内化于心"的共识，而社会主义核心价值观一旦内化于心，它的入法入规之路将会平坦、坚实。

强化立法协同创新，关键是要将参与主体贯穿到地方立法全过程，使参

---

① 肖巧平：《立法协商：社会主义核心价值观入法入规的助推器》，《光明日报》2017年12月27日，第13版。

与主体的合理化建议真正落地生根,确保地方立法真正反映群众需求,进而提升法规质量,参与主体既包括行政司法机关、公民个人,也包括高等院校。高校作为第三方的主体,与人六真正进行协同创新,使法学理论与立法实践很好地结合起来。[①] 在法规草案起草阶段,地方立法主体应当围绕群众关心关注的热点难点焦点问题,广泛征求有关机关、高等院校、公民个人的意见和建议,对立法规划的合法性、合理性进行广泛论证。当然,法规起草不仅仅局限于新制定的地方性法规,还包括对地方性法规的修改、解释和废止。在法规草案审议过程中,对于审议中的法规草案,立法主体要全方位多形式地予以公开,广泛征求参与主体意见,使法规草案反映民声、贴近民意。法规草案通过后,既要加强法规的宣传,增强群众自觉遵法守法意识,又要注重法规评估,不断提高地方立法质量和立法效率,实现良法善治。公众"有序参与"是提升地方立法质量的关键,协同立法要求立法主体充分利用多方资源,如委托第三方参与立法、聘用立法专家顾问、聘请专家学者参与立法等,用看得见的民主推动地方法治发展。总之,畅通公众参与立法渠道,处理好立法主体与参与主体的关系,将协同立法逐步制度化、规模化是推进地方科学立法、民主立法、依法立法的不二法门。

(四)科学制定立法规划,处理好法律和道德的边界

地方性法规对推动地方法治建设、服务地方社会发展具有重要的引领作用,将社会主义核心价值观融入地方立法,要求立法主体科学合理地制定立法规划,在突出地方区域特色的同时,明晰法律和道德的界限,不能将道德调整的领域进行立法。推进社会主义核心价值观融入地方立法,要求地方立法主体切实以人民需求为导向,处理好地方政绩与人民需求之间的关系,立人民所需之法。立法规划的制定应当符合可行性标准,不脱离本地区实际,既要切实可行,又要尽可能合情合理,符合地方民众的文化观念与价值选

---

① 付子堂:《通过协同创新 提升区域立法质量》,《扬州大学学报》(人文社会科学版)2014年第3期。

择，符合公众立法需求，符合地方实际，而不是制定好看不能用的"景观立法""沉睡条款"。以重庆市为例，市五届人大常委会第八次主任会议通过的《重庆市第五届人大常委会立法规划》中，审议制定项目23件，其中包括财政经济、社会事务管理、农业农村、城乡建设和环境资源、教育科学文化卫生、民主政治等领域。[①] 社会事务管理领域中的《重庆市文明行为促进条例》立法项目旨在解决社会中核心价值观的缺失，以法律条文的形式将必要的道德规范上升为国家法律，为公民行为提供强有力的指引，弘扬社会正气。财政经济领域的《重庆市社会信用条例》也是核心价值观融入地方立法的实例，诚信是社会主义核心价值观在公民层面的体现，也是市场经济健康运行的基石。对社会信用进行规范，既是践行社会主义核心价值观的要求，也是地方立法的现实需要，有助于推动社会文明、诚信、和谐等良好风气的形成。

（五）科学制定规则，增强法规的执行力

法律规则直接规定公民的法律权利和法律义务，具有严密的逻辑结构，与其他社会规范具有不同的表现形式和内容。法律规则必备的构成要素包括假定条件、行为模式和法律后果，核心价值观在法律规则中的体现主要集中在行为模式和法律后果的设置上。行为模式是法律规则的核心部分，集中表达了法律对人们行为标准与方向的明确要求，对于规范和引导人们的行为以实现法律调整社会的目标十分关键。社会主义核心价值观融入法律规则时，行为模式的表述应当具体、明确、清晰，不能过于笼统，避免存在较大的解释空间。社会层面的价值观不仅对社会成员提出了道德要求和行为准则，还对行为规范本身设置了标准。践行社会层面的价值观，要求法律规则的制定过程必须严格遵循法定程序，在具体的内容上也要满足人们对"自由、平等、公正、法治"的期待。公民层面的价值观直接关涉个人的行为准则，

[①] 参见重庆人大网，http://www.ccpc.cq.cn/home/index/more/id/212695.html，最后访问日期：2020年10月30日。

在行为模式中要区分好授权性内容、禁止性内容和义务性内容，具体规则的规定要符合国家层面和社会层面的价值导向，实现价值观之间的系统协调。法律对人们行为模式要求的落实主要依靠法律后果的设定。融入法律规则的社会层面和公民层面的价值观在对所调整行为进行评价时，应当注意把握道德和法律之间的界限。价值观经由法律确认后得到社会成员普遍认同、遵守和践行，不仅需要个体的自觉，更需要外在的强制。① 立法者在设置法律后果时，需要将法律的刚性和道德的柔性有机结合，法律不宜强制介入的，可以采用倡导性规定，道德无法保障准则落实的，可以依靠法律的威慑。

法律规则的内容落实在具体的文本中主要依靠立法语言，核心价值观融入法律规则中，立法语言的规范化需要尤为重视。价值观作为一种道德化语言，具有高度模糊性，主观性较强，解释空间大，在具体的入法过程中需要多角度融入，而非简单的、不加转换的词语使用。将道德语言转化为法律语言必须得到立法者的重视，要明确价值观在法律规则中所具有的明确行为模式和清晰判断标准。在具体的立法中，立法者要借助法律语言的精确性，清晰准确地表述价值观的内容，防止模糊的道德语言无法对个体行为起到指引、预测、评价和强制作用，损害社会公平正义的实现。"只有具备语言上的精确性，法学才能完成其在国家和社会中的使命。"② 核心价值观作为开放性的系统，其语义会随着社会矛盾的变化而不断丰富，这也为法律规则的制定修改提供了可能。

五 结语

地方性法规不是被动、消极地反映价值观内容，而是充分发挥二者的融合功能，实现法治与德治的双向塑造。当前价值观入法也面临导向性不足、可操作性不强、情感认同度低等困境，寻找价值观和地方性法规之间的

---

① 参见蒋传光《关于推动社会主义核心价值观入法入规的思考》，《学习与探索》2017年第8期。
② 〔德〕伯恩·魏德士：《法理学》，丁晓春、吴越译，法律出版社，2013，第87页。

"最大公约数"是当下地方立法的工作重点。价值观入法一方面要入其"形",既要加强立法论证,又要处理好与上位法之间的关系;另一方面更要入其"行",价值观入法的首要目的是践行核心价值观,只有将法律话语转化为行动话语,价值观入法才能发挥法律和道德的合力,才能形成有效的社会治理和良好的社会秩序,进而推动国家治理体系和治理能力现代化的实现。

B.4
地方立法重复评估标准研究*
——以省级市容环卫条例为例

赵心语**

摘　要： 近年来，学界一直对地方立法存在"立法重复"的担忧，而要验证这一担忧多大程度上存在则必须对地方性法规重复率进行科学的计算，但目前学界尚未明确统一合理的评估标准。实际上，立法重复问题的本质是地方立法一致性和特色性双重价值的冲突，这是构建科学评估标准不可忽视的地方。本文在贯彻平衡双重价值的原则下尝试提出地方性法规重复立法的评估标准，以此为基础对17部省级市容环卫地方性法规进行了文本分析。分析结果显示，17部法规均存在重复率偏高、创新性较差、未能充分体现地方特色的问题。其原因在于地方立法双重价值的失衡，因此，要破解地方立法高重复率问题，必须在优化地方性法规的结构、内容、工作机制时坚持对双重价值的兼顾和平衡，"对症下药"提高地方立法质量，突出地方立法特色。

关键词： 地方立法　立法重复　立法评估

在我国一元两级多层的立法体制下，学界对地方性法规与上位法的关系

---

*　本文所涉及的法律文本收集于北大法宝数据库。
**　赵心语，重庆市地方立法研究协同创新中心、西南政法大学立法科学研究院研究人员，研究方向：法学理论、立法学。

一直存在"立法重复"的担忧。所谓"立法重复"指的是我国社会主义法律体系不断完善，留给地方立法的空间变小，下位法对上位法条文多有模仿甚至是抄袭。立法重复导致了法律效力和法律文本质量两方面的减损，既"降低了地方立法的针对性和权威性，损害了法律体系的统一，阻碍了法律的发展"①，也折射出立法技术的欠缺。因此，在进行立法后评估的过程中，对地方性法规重复率的考察是立法后评估的关键环节，而建立一套科学合理的重复率评估标准是考察是否存在立法重复问题的前提和基础。该评估标准的建立应严格遵守价值无涉准则，并涵盖立法重复的识别、必要重复和不必要重复的区分以及重复率的计算方法等内容。目前讨论地方性法规重复率的相关文章著作浩如烟海，但文章的讨论多数集中于如何解决"立法重复"或"立法扩张"的问题，包括对设区的市行使立法权的机构②、程序③以及原则④的设想，而对地方性法规重复率的判断标准进行研究的却少之又少。因此，有必要对地方性法规立法重复评估标准进行探讨，其目的不仅在于得出最为客观准确的地方性法规重复率，竭力反映地方立法的真实样态，更在于通过对立法后评估中重复维度的检验探究立法重复问题产生的原因，"对症下药"提高地方立法质量，突出地方立法特色。

一 设置立法重复评估标准的法理依据

我国法律体系是一个不同级的诸规范的等级体系，较低层级的规范由较高层级的规范创造和决定，从而形成一个法律秩序的统一体。法律体系中不同层级承担不同的法律功能，地方性法规在我国法律体系中则承担着维护一

---

① 孙波：《试论地方立法"抄袭"》，《法商研究》2007年第5期。
② 白利寅：《实现地方立法科学化的创新机制研究》，《云南大学学报》（社会科学版）2019年第1期，第137页。
③ 郭恒涛、陆丹吉、韩磊磊等：《我国体育地方性法规与中央立法重复及防治研究》，《武汉体育学院学报》2019年第7期。
④ 黄锴：《地方立法"不重复上位法"原则及其限度——以浙江省设区的市市容环卫立法为例》，《浙江社会科学》2017年第12期。

致性和发挥特色性的双重功能。地方性法规维护一致性的功能体现于其对中央立法的服从，法律处于法律体系中的最高层级，地方性法规则处于法律的次一层级，地方立法是中央立法的延伸，地方立法具有天然的服从中央立法的属性。发挥特色性是地方立法的另一功能，地方立法者根据本地区的实际情况对地方性社会事务、社会关系进行调整，不论是根据本地的实际情况对上位法进行细化规定还是根据本地需求进行创制性立法，其强调的都是结合地方特色。地方立法的双重功能衍生出地方立法的双重价值，即一致性和特色性。

　　地方立法的双重价值并非处于两者均能实现的和谐统一的静止状态，而是处于矛盾相互对抗的动态平衡状态。罗尔斯曾说："在某些制度中，……当规范使各种对社会生活利益的冲突要求之间有一恰当的平衡时，这些制度就是正义的。"① 一致性与特色性也只有达到二者的平衡状态时才能发挥二者最优的积极功效，既维护法律体系的一致性，又发挥地方立法的特色性。当二者的平衡被破坏，滑向一致性的深渊，则会出现立法重复现象；若只追求特色性，则会走向立法扩张的极端。对一致性和特色性双重价值的追求存在保持二者平衡的界限，地方立法为追求和上位法的配套性、维护法制统一而模仿、借鉴上位法的制度、结构和内容，不能超过发挥地方特色的最低限度，即地方立法应具有管理本地事务的实际效能，不能以牺牲特色性为代价来保持片面的配套性，从而削弱地方性法规的实效性。地方立法为保持其地方特色而对上位法进行细化和创制则应当严格遵守不与上位法的规定相抵触的原则，"不抵触"原则是地方立法需要遵守的首要原则，属于合法性原则，与上位法相抵触的地方性法规将失去法律效力，而其特色性更是无从谈起。值得说明的是，尽管立法重复现象的出现是由于对一致性的维护，但立法重复也在一定程度上破坏了法律体系的一致性。地方性法规服从于中央立法且不与其相抵触并不意味着地方立法应完全重复中央立法，地方立法是中央立法的延伸但不是中央立法的替身。仅重复上位法会导致多层级的立体的法律体系转化为同一平面的同层级法律体系，从而丧失法律体系的一致性。

---

　　① 〔美〕罗尔斯：《正义论》，何怀宏等译，中国社会科学出版社，2003，第5页。

立法重复评估标准的设置，其依据在于地方立法的双重价值即一致性与特色性的平衡。立法重复评估的前提条件是地方性法规不与上位法规定的内容相抵触，在遵守此项原则的基础上探究地方立法是否存在立法重复的问题。以往在设置评估标准时往往忽视了地方立法服从中央立法的本质属性，一味追求特色性，评估标准过于严格，从而加大了认清地方立法真实样态的难度，导致一些立法者为求创新而创新，制定出台了一系列"雷人"法规，偏离了特色性的本义。而设置的评估标准若一味注重维护法律体系的一致性，标准过于宽泛，则会导致地方立法成为中央立法的替身，从而丧失地方立法作为较低层级法律规范应当具有的促进上位法实施和处理地方事务的积极功效，也破坏了法律体系的层级性和一致性。因此，评估标准的设置应将地方立法双重价值的平衡性贯穿始终，实现地方立法维护法制统一和突出地方特色的功能。

二 立法重复评估标准之探析

评估地方性法规重复率应以理性为基础"拒绝承担价值判断的任务"[①]，遵循"客观方法测量、验证结论或修正结论"[②] 的程序。研究前应摒弃固有观念，可以提出猜想和假设，但在探究的过程中要选取客观准确的手段和方法，不得掺杂个人的价值判断。然而，在界定是否重复时，往往存在主观因素的介入，法规重复率高低的判断也受研究者个性不同等因素的影响。因此在考察重复率之前需要明确重复的含义，阐释设置判断标准的依据和合理性，确定科学的研究方法，将误差控制在合理的范围内。

（一）重复的判断标准

我国《立法法》中规定地方性法规一般不做重复性规定，此处的重复

---

① 〔德〕马克斯·韦伯：《社会科学方法论》，韩水法、莫茜译，中央编译出版社，2002，第178页。
② 雷鑫洪：《方法论演进视野下的中国法律实证研究》，《法学研究》2017年第39期，第111页。

性规定是指必要而合理的重复之外的重复,因此在计算重复率时,应以不必要重复作为统计对象。区分必要重复与不必要重复的必要性来源于地方性法规的双重功能——维护法律体系统一和突出地方特色。基于维护法律体系统一的需要,地方立法不可避免地会对上位法中诸如立法目的、法律概念等表述进行重复,这种重复不仅是必要的,而且有利于维护我国法律体系的统一。不必要的重复立法则"源于完全将地方立法视作中央立法的延伸,忽略了地方立法应有的自主性和独立性,将立法技术的运用限于形式或内容上的照抄照搬"①,这种重复也是对维护法制统一的曲解。

有学者认为所谓必要而合理的重复包括:"(1)作为下位法的立法依据而引用上位法的有关条款;(2)作为下位法的适用依据或适用条款而引用上位法的有关规定;(3)上位法规定必须由下位法援引规定的内容。"② 实际上,必要重复包括但不限于上述情形,在地方性法规中,必要重复还包括:(1)为保证规范结构完整而重复的条款,包括对立法目的、法律概念、实施日期等条款的重复;(2)部分委任性规则或准用性规则,此两种规则均不属于确定性规则,对该规则的理解需结合本法其他条文或其他法规,认定该规则是否重复同样需要结合该规则指向的其他规则。例如,宁波和温州均对上位法中"实行城市管理相对集中行政处罚权的城市,本条例规定的行政处罚以及与行政处罚相关的行政强制等职权,依法由城市管理行政执法部门实施"的条款进行了重复,该条款对实施管理的主体进行了规定,结合两市其他法规规定可知其实施主体的设置并不相同,因此不能将此条文归为重复条文。在上述必要重复之外的重复才被视为《立法法》中所提及的不必要的重复。

地方立法的两项任务在于执行上位法规定和对地方性事务做出规定③,

---

① 魏治勋、汪潇:《论地方立法技术的内涵、功能及科学化路径——基于当前地方立法现状的分析》,《云南大学学报》(社会科学版)2019年第18期,第130页。
② 李林:《走向宪政的立法》,法律出版社,2003,第222页。
③ 《中华人民共和国立法法》第73条:"地方性法规可以就下列事项作出规定:(一)为执行法律、行政法规的规定,需要根据本行政区域的实际情况作具体规定的事项;(二)属于地方性事务需要制定地方性法规的事项。"

即对上位法规定进行细化立法和创制性立法。创制、细化与重复立法是地方性法规处理上位法条文的三种表现形式,三者之中创制立法最易辨别但较为少见,一般表现为地方立法走在中央立法之前,在中央立法缺位的情况下进行地方立法,既可以是整部法规,也可以是一部法规中的某些制度安排。地方立法中存在较多的表现形式是细化立法与重复立法,而细化立法与重复立法并无绝对客观的判断标准,往往受判断者主观倾向的影响,但二者之间仍然存在显而易见的差异。细化立法是对概括性较强的上位法条文的一种分类和选择,是对上位法所规定的事项进行细致的划分,这种划分并未超出上位法所规定的范围,实际上是对上位法规定的一种实施细则,旨在增强法律规定在本地区的实践性,增强上位法的实效性。而重复立法仅仅是对上位法进行复制或进行言语上的修改,与上位法并无实质性差异,也无法对上位法的实施发挥促进功能,因此不能达到促进上位法适用的效果。由此我们可以发现,细化立法与重复立法的本质区别在于其目的与功能,经过细化的条文在实质上区别于上位法,有利于上位法的适用,例如,《城市市容和环境卫生管理条例》第34条第7项禁止"临街工地不设置护栏或者不作遮挡、停工场地不及时整理并作必要覆盖或者竣工后不及时清理和平整场地,影响市容和环境卫生"的行为。《上海市市容环境卫生管理条例》第33条第4款在其基础之上作了分项列举,其在上位法框架内对其规定的内容进行了有意义的分类,并分别设置了法律后果,促进了上位法的适用,此种做法应当属于细化立法。

那么何种情况可称为重复立法?并非只有与上位法条文一字不差或稍有改动才算作重复,重复立法可分为三种情况。第一,完全抄袭,即与上位法条文相差无几,或虽然与上位法条文的表述方式相异但内涵相同。此种重复最为低级明显,出现频率较低,但在实践中仍然存在。第二,扩充或缩减原条文内容,此种重复方式表现为条文在表面上看似与上位法条文相异,扩充或缩减了上位法条文内容,但实质上并未改变上位法条文的结构与内涵。第三,将上位法条文进行拆分或组合,与上述两种重复方式不同,此种重复表现为地方性法规条文与上位法条文相比在结构上发生了变化,但在内容上仍然一致,只是将上位法条文内容进行了拆分或合并。重复类型举例见表1。

表1 重复类型举例

重复类型	上位法名称及条文	下位法名称及条文
	《城市市容和环境卫生管理条例》	《四川省城市市容和环境卫生管理条例》
完全重复	第1条"加强城市市容和环境卫生管理,创造清洁、优美的城市工作、生活环境,促进城市社会主义物质文明和精神文明建设"	第1条"加强城市市容和环境卫生管理,创造清洁、优美的城市工作、生活环境,促进城市社会主义物质文明和精神文明建设"
	《城市市容和环境卫生管理条例》	《浙江省城市市容和环境卫生管理条例》
扩充或缩减原条文内容	第33条"按国家行政建制设立的市的市区内,禁止饲养鸡、鸭、鹅、兔、羊、猪等家畜家禽;因教学、科研以及其他特殊需要饲养的除外"	第34条"城市建成区内禁止饲养鸡、鸭、鹅、兔、羊、猪等家畜家禽和食用鸽;因教学、科研以及其他特殊需要饲养的除外"
	《城市市容和环境卫生管理条例》	《浙江省城市市容和环境卫生条例》
将上位法条文进行拆分或组合	第10条"一切单位和个人都应当保持建筑物的整洁、美观。在城市人民政府规定的街道的临街建筑物的阳台和窗外,不得堆放、吊挂有碍市容的物品。搭建或封闭阳台必须符合城市人民政府市容环境卫生行政主管部门的有关规定"	第10条"主要街道和重点地区的建筑物、构筑物和其他设施,应当按照有关规定定期清洗、粉刷和修饰,保持整洁、完好、美观" 第12条"主要街道和重点地区临街建筑物的阳台外、窗外、屋顶,不得吊挂或者堆放有碍市容、危及安全的物品"

(二)高重复率的判断标准

"立法重复"问题本质上是一致性和特色性的冲突与平衡,对于地方立法来说,"中央在制定法律法规中的经验和做法无疑是最具权威性和可模仿性的,所以在体例、内容和文字上全盘效法上位法在地方立法中就有了天然的合理性"。① 这就导致了在地方立法中,"立法重复"比"立法扩张"问

---

① 林琳:《对实施性地方立法重复上位法现状的原因分析和改善设想》,《人大研究》2011年第1期,第31页。

题更加凸显。设置重复率检验标准目的在于防止地方立法仅追求与上位法的配套性而忽视了地方性法规本身的功能，避免地方立法滑向一致性或扩张性的两极深渊。而重复率检验标准数值的设定可借鉴俞荣根教授的观点，将社会类法规的重复率检验标准设定为20%。① 将重复率保持在20%以内既能为地方性法规学习、模仿、借鉴中央立法中具有积极功效的制度设计、先进的立法技术等提供必要的空间，也能避免地方立法为了保持与上位法的一致性而忽视本身的功能。数值设置的合理性可以通过实证分析加以验证，以"立法重复"作为关键词在中国知网中搜索，筛选出80篇相关文章，其中对地方性法规进行实证研究的文章有21篇，有12篇文章对社会类地方性法规进行了重复率计算，平均重复率为22.4%。例如，有学者对江苏省、浙江省、广东省等7个省的固废条例进行重复率的计算②，7部法规的不必要重复率平均为21.2%。有学者对浙江省设区的市市容环卫法规进行重复率的计算③，平均重复率为22%。有学者计算了北京市、天津市、昆明市等13个直辖市或设区的市的市容环卫法规的重复率，平均为21.66%。④ 上述学者普遍得出所评估的地方性法规的重复率偏高的结论，因此将20%设为地方性法规高重复率的标准是合理的。

重复率高低并非绝对，法律类型的多样性导致了评估标准的非唯一性，不同类型的法律对其重复率的要求也不尽相同，其本质在于，不同类型的法律具有其独特的法律目的以及与社会现实结合的紧密程度。参照国家法律分类的标准，可将地方性法规大致分为"经济类法规"、"社会类法规"、"宪法类法规"和"行政类法规"四类，但四类法规有相互融合之处且边界存

---

① 俞荣根：《不同类型地方性法规立法后评估指标体系研究》，《现代法学》2013年第35期，第181页。
② 汤善鹏、严海良：《地方立法不必要重复的认定与应对——以七个地方固废法规文本为例》，《法制与社会发展》2014年第20期，第162页。
③ 黄锴：《地方立法"不重复上位法"原则及其限度——以浙江省设区的市市容环卫立法为例》，《浙江社会科学》2017年第12期，第36页。
④ 俞祺：《重复、细化还是创制：中国地方立法与上位法关系考察》，《政治与法律》2017年第9期，第76页。

在一定模糊性。一部地方性法规可能具有多重特性,分别符合不同法规类型的划分标准,市容环卫地方性法规就兼具"社会类法规""经济类法规"的特征,但由于其立法目的在于促进城市社会主义物质文明和精神文明建设,因此根据其本质特征将其界定为"社会类法规"。通过对多层级、多类型的地方性法规进行重复率的比对可以得出,对于社会类法规与经济类法规来说,与上位法的重复率高于20%即属于高重复率,对宪法类法规和行政类法规的重复率标准可适当放宽。

(三)研究方法

计算重复率的方法主要有两种——以行为作为统计单位和以条款作为统计单位,以条款作为统计单位时,又分为通过重复字数判断条文是否重复和通过内容判断条文是否重复。以行为作为统计单位,是指从地方立法中带有行政处罚后果的条款入手,将法条拆分为若干行为,如"禁止随地排泄"和"禁止乱扔垃圾"就是两个行为。以条款作为统计单位并且通过重复字数判断条文是否重复是指,计算单条法规中重复字数,若重复字数达到一定标准则将此法条记为重复法条。以条款作为统计单位并且通过内容判断条文是否重复,是指对条文内容与上位法进行对比分析,判断该条文是否在实质上区别于上位法。以行为为统计单位有效解决了各法规条款包含行为数量不同带来的认定困难和误差问题。以行为为统计单位并且通过重复字数判断条文是否重复则在计算时更为简便,也减少了研究过程中的主观因素。但是,本文仍然采取了较为传统的计算方式,即以各地法规的条款作为统计单位并且通过内容判断条文是否重复,而未采取其他两种方式。原因在于,对重复率的考察应当从形式和实质两方面着手,虽然以行为作为统计单位比其他方法更为准确,也更易清晰体现法律后果,但以行为作为统计单位更偏重于对法条实质重复的考察而忽略了形式上的重复,由此得出的结果并不完整。而单纯计算条文的重复字数则只关注了形式重复而忽视了法规条文实质上的重复,未免太过机械。以条款作为统计单位并通过条文内容界定重复则克服了双重弊端,实现了对于形式和实质的兼顾,也体现了降低地方性法规重复率的理论和现实意义。

前文对重复的识别、高重复率的标准以及研究方法等问题的阐述构成了地方性法规立法重复的评估标准，即以地方性法规的条款作为统计单位，在排除必要重复的情况下，一条法规完全重复上位法条文或者扩充、缩减上位法条文内容而未改变上位法条文原意，又或者拆分、组合上位法条文但在实质上未改变上位法条文原意并且不具有提高上位法可操作性的作用，则将该条法规认定为重复法规，重复率由重复条文数量除以法规条文总数量得出，重复率高于20%则认为该法规重复率过高。

三 省级市容环卫地方性法规的立法重复考察

目前，全国34个省级行政区中，有17个省级行政区已完成市容和环境卫生方面的立法[①]，除此之外有8个省级行政区[②]未将市容和环境卫生作为一部地方性法规进行制定，而是将市容和环境卫生分为两部分内容，分别制定了环境卫生保护条例和城市容貌管理条例。本文出于方便统计和对比的考虑，仅将17部省级市容环卫地方性法规作为考察对象，根据前文所构建的地方立法重复评估标准进行考察。

（一）省级市容环卫地方性法规的立法重复现状

以国务院出台的《城市市容和环境卫生管理条例》为参照，采取前文所阐释的评估标准，对17部省级市容环卫管理条例进行立法重复评估（见表2），经过分析发现，17部条例的条文均不与上位法相抵触。这说明各省、自治区、直辖市较为注重立法技术，严格遵守"不得与上位法相抵触"

---

① 17个省级行政区为：北京市、天津市、上海市、江苏省、浙江省、湖北省、吉林省、黑龙江省、安徽省、河北省、福建省、贵州省、宁夏回族自治区、四川省、重庆市、陕西省、海南省。

② 8个省级行政区为：甘肃省、山东省、湖南省、广东省、云南省、新疆维吾尔自治区、广西壮族自治区、西藏自治区。

的原则。随后对17部省级市容环卫管理条例进行重复立法的评估,通过观察和对比可以发现一个普遍性问题,即17部条例的重复率都偏高,创新性较差,未能充分体现地方特色。根据表2数据,只有《重庆市市容环境卫生管理条例》重复率低于15%,《四川省城市市容和环境卫生管理条例》的重复率最高,高达38.5%。而重复率高于20%的条例有11部,占总数的64.7%。在评估过程中可以发现,在17部省级市容环卫管理条例中,立法重复的三种不同形态均存在,甚至在一条法规中存在三种重复竞合的情形。例如,《黑龙江省城市市容和环境卫生管理条例》第9条①将《城市市容和环境卫生管理条例》第6条②中的"加强城市市容和环境卫生科学知识的宣传"扩充为"加强城市市容和环境卫生知识及相关法律、法规宣传"并将其拆分为两条。重复条文不仅仅集中于总则和附则部分,还散见于分则之中。从上述法条的列举可见微知著,在市容环卫地方立法领域确实存在较为突出的重复立法现象。市容环卫与环境、卫生以及居民的生活习惯、思想观念等息息相关,本应最能体现地方特色,从该领域内严重的立法重复现象可以推知其他领域立法重复问题的严峻程度,也从正面印证了"立法重复论"的担忧。

地方立法重复现象的成因可以从对不同类型条文数量与重复率的实证分析之中探究。第一,必要重复条文对重复率没有影响,但对地方性法规的质量影响颇大。必要重复条文在不同法规中数量不同,原因在于虽然一部法规中必要重复的类型相同并且不可或缺,但有些法规将上位法中的立法原则、法律概念等拆分为若干条法律规则,造成了条文数量的差异。立法者将必要重复条文进行拆分,其目的在于保证法规体例的完整性和连贯性,但此种行

---

① 《黑龙江省城市市容和环境卫生管理条例》第9条:"县级以上地方人民政府及其城市市容和环境卫生行政主管部门应当加强城市市容和环境卫生知识及相关法律、法规宣传,增强公民的环境卫生意识,促进公民养成良好的文明习惯。"
② 《城市市容和环境卫生管理条例》第6条:"城市人民政府应当加强城市市容和环境卫生科学知识的宣传,提高公民的环境卫生意识,养成良好的卫生习惯。一切单位和个人,都应当尊重市容和环境卫生工作人员的劳动,不得妨碍、阻挠市容和环境卫生工作人员履行职务。"

为实非必要，有强行"凑数"的嫌疑。第二，对上位法规定的细化程度不足导致了地方性法规重复率高。通过计算可知，重复率在合理范围内的6部地方性法规，其细化条文数量与总条文数量的比例均超过50%。重复率不属于合理范围内的11部法规中，仅有2部法规的细化条文数量超过法规条文总数量的50%。第三，细化条文的数量与重复率的联系比创制条文的数量与重复率的联系更为紧密。尽管创制条文数量对重复率的高低并非没有影响，但创制条文数量不是重复率高低的决定因素，而细化条文的数量在很大程度上影响了重复率的高低，例如，江苏省条例创制条文仅有5条，但其重复率为17.9%，属于合理的范围。

表2 省级市容环卫条例重复率

法规名称	总条数	必要重复条文数量	细化条文数量	创制条文数量	不必要重复条文数量	重复率（%）
《北京市市容环境卫生条例》	77	12	39	13	13	16.9
《天津市市容和环境卫生管理条例》	59	12	30	6	11	18.6
《上海市市容环境卫生管理条例》	64	15	24	9	16	25
《江苏省城市市容和环境卫生管理条例》	56	9	32	5	10	17.9
《河北省城市市容和环境卫生条例》	52	5	29	7	11	21.2
《吉林省城市市容和环境卫生管理条例》	74	8	46	5	15	20.3
《黑龙江省城市市容和环境卫生管理条例》	46	11	20	4	11	23.9
《浙江省城市市容和环境卫生管理条例》	50	10	22	5	13	26
《安徽省城市市容和环境卫生管理条例》	54	9	27	6	12	22.2
《福建省城市市容和环境卫生管理办法》	35	7	15	2	11	31.4
《湖北省城市市容和环境卫生管理条例》	45	4	27	4	10	22.2
《四川省城市市容和环境卫生管理条例》	52	8	22	2	20	38.5
《贵州省城市市容和环境卫生管理条例》	47	7	23	4	13	27.7
《陕西省城市市容环境卫生条例》	65	10	36	7	12	18.5
《宁夏回族自治区市容环境卫生管理条例》	53	7	33	5	8	15.1
《重庆市市容环境卫生管理条例》	83	10	49	13	11	13.3
《海南省城乡容貌和环境卫生管理条例》	62	10	30	9	13	20.9

（二）地方立法重复现状的成因

表 2 中的数据反映了地方立法重复的真实样态，表象的背后必然蕴含着理念、制度、机制等深层原因，探究地方立法重复问题产生的根本原因应将地方立法的理念、制度、机制等作为切入点。立法重复现象的本质是一致性和特色性的失衡，立法者片面追求地方性法规与上位法的一致性而忽视了地方立法的生命线——地方特色。一致性和特色性的失衡体现于立法理念、制度、机制之中，具体表现如下。

第一，法律规范的体例选择。学界中对法律规范的体例选择有两种观点，一种认为法律规范应当根据实际需要制定，坚持"成熟一条、发展一条"的原则，只制定在本地事务治理中能够发挥实效的法律规范，即倾向于"小而精"的立法导向；另一种观点则与之相反，认为法律规范应当对社会生活中的方方面面都进行细致入微的调整，以保证法律规范的完整性和系统性，即坚持"大而全"的立法导向。坚持"小而精"的立法导向更有利于突出地方立法的特色性，反之则有利于维护法律体系的一致性。根据17 部法规对必要重复条文的设置，可以看出立法者更倾向于维护法律规范的一致性而非特色性，减少部分必要重复条文或将其简化并不影响法律的实施效果并且有利于提高法规的质量。

第二，细化与创制的内容较少。地方立法作为较低层级的法律规范，承担着促进上位法实施和处理本地事务的功能，既是上位法的实施细则，也是补充上位法漏洞的依据。不论是对上位法的细化还是在上位法缺位时进行创制，都体现了地方立法的特色性。表 2 中的 17 部法规普遍存在细化和创制条文数量较少、不必要重复条文数量较多的情况，地方立法未能保持其一致性与特色性的双重价值的平衡。

第三，误解地方特色的本质。有些立法者对突出地方特色产生误解，认为突出地方特色就是闻所未闻、见所未见的"创新"，只要在地方性法规中对上位法未规定的事宜加以规定就是创新，导致制定了一系列对调整本地事务无益的"雷人"法规。根据表 2 数据，一部极具创新性的地方性法规其重复率不必然低，而对上位法概括性、宣示性条文根据本地实际情况进行细化，增强上位法的适应性和实施性，才能防止立法重复问题的出现。突出地方特色并非一味求创新，发现上位法的缺陷并加以弥补确实能提高立法质量，但更基础的是对上位法中的规定作出符合本地实际情况的解释和选择。

四 降低地方立法重复率

在我国一元两级多层立法体制下，地方性法规总体上承担着"实施国家法律和创制地方性法规的双重功能，前者是作为单一制国家结构形式下的地方国家机关所承担的实施中央法律法规的宪法法律责任，后者是作为地方民意机构和权力机关所承担的发挥地方能动性并突出地方特色、引领地方法治建设并保障地方经济社会发展的地方自治权力"①，解决地方立法重复问题的根本在于对一致性与特色性的平衡，并将对双重价值的平衡贯彻于地方立法的理念、机制和制度设计之中。

（一）正确把握一致性与特色性

所谓特色性是指"地方立法在分配管理资源（立法成本）的方向和力度上形成的区域特点"②。地方特色是地方立法的灵魂，缺乏特色的地方立法就失去了根本价值。一致性与特色性的要求相反，即地方立法为保持与上位法的配套性而对上位法中的立法目的、法律概念等进行必要的重复。在地方立法中这两种功能的发挥都存在一定的界限，即"不抵触"原则和"有特色"原则，而双重价值的平衡状态就存在于这两个原则的中间地带。

1. "不抵触"原则

《立法法》第 72 条规定地方性法规不得与宪法、法律、行政法规相抵

---

① 刘小妹：《省级地方立法研究报告——地方立法双重功能的实现》，中国社会科学出版社，2016，第 32 页。
② 谢勇：《概念的成长：破解地方立法"不抵触""有特色"的理论困境》，《求索》2017 年第 12 期，第 16 页。

触,即"不抵触"原则,这是地方立法的一条红线,也是深度挖掘和整合本土价值观念、掌握真实情况、突出地方特色的首要条件和根本前提。此原则设定的意义在于,我国是幅员辽阔、人口众多的大国,如若不树立统一的标准,则无法形成和谐统一的法律体系,司法、执法和守法也将陷入无法可依的混乱之中。因此我国建立起一元两级多层立法体制,下位法严格遵守上位法,以此保证统一的立法和有效的治理。

2."有特色"原则

地方立法特色"主要不是指调整对象本身有什么与众不同,而应该是指在地方治理过程中,各地立法机关根据不同地方实现治理的特定需求,相对集中使用管理资源而形成的特定的法律规范和法律机制"①。然而,在实践中一味追求调整对象本身的与众不同而忽视对地方特色的挖掘的立法现象比比皆是。例如,某些省市在已有环境资源保护法规的情况下仍制定××自然风景区管理条例,且该管理条例与原有法规相比不存在制度、机制和调整范围上的创新。真正的地方特色是立法者在纵深、完整、细微地掌握本地实际情况的基础上科学合理地分配立法资源,最大限度地实现法律法规的价值。地方立法应以需求为导向,所立之法应能体现该行政区域的现实情况。

(二)提高可操作性,增强创新性

"不抵触、有特色、可操作"作为地方立法的三要素,本应是并列的关系,但三要素之间,尤其是"有特色"和"可操作"之间有着千丝万缕的联系,不能简单割裂视之,提高可操作性也有利于增强地方立法特色。可操作性指法律规范应当明确、具体,具有针对性和可执行性。② 提高可操作性的有效途径之一是将上位法的条文细化,将上位法中宣示性、概括性的条款进行符合本地特色的技术处理,促进上位法的实施。一般情况下,层级较高

---

① 李锦:《地方立法后评估的理论和实践》,法律出版社,2019,第2页。
② 《中华人民共和国立法法》第6条:"立法应当从实际出发,适应经济社会发展和全面深化改革的要求,科学合理地规定公民、法人和其他组织的权利与义务、国家机关的权力与责任。法律规范应当明确、具体,具有针对性和可执行性。"

的上位法为下位法规制地方性事务留有空间，因此上位法的规定不会过细，尤其是对法律后果的规定，可由下位法根据当地经济、社会的发展程度自由裁量。但上述做法在防止上位法因规定过细而限缩下位法自由裁量的同时，也导致了上位法可操作性的降低。省级市容环卫条例不仅作为上位法而存在，其还承载着调整本行政区域内共性社会问题的功能，省级法规条文不完整损害了法规本身的文本质量，也导致了下位法立法权限过宽、惩罚措施畸轻或畸重的不良后果。因此应当减少宣示性、鼓励性条文，并对上位法进行细化规定。创新性也是评价地方法规质量的一个重要方面，但其在评估标准体系中所占分值不高。[1] 创新性可从体例结构、调整范围和制度设置等方面体现。有些立法者将创新误认为是立法对象的创新，无视上位法与下位法的有效衔接，在已有相关法规的情况下仍然对自然保护区进行立法，并且所立之法在体例结构、调整范围和制度设置等方面均无创新，从而造成了立法资源的浪费。对创新点的关注应集中于对本行政区域内实际情况和本土价值观的深度挖掘，从而掌握细微真实的本地资料。

（三）严格论证立法必要性

此处立法表现的论证不仅是指对制定一部法规的必要性的论证，也包括对法规中某一条款必要性的论证。不具有立法必要性的地方性法规不能代表地方立法的真实需求，因此条文大多是对上位法的照搬照抄，不具实效性。因此在立法体例的选择上应倾向于"小而全"的立法模式，坚持成熟一条发展一条，避免为了保持法律规范的统一性和完整性而增加必要重复条文的数量。并且立法应以需求为导向，地方性法规的制定应符合当地社会治理的真实需求，是对社会生活中规律性因素的提炼，不应是畸形立法需求导致的压力型立法，制定出台的法规应能解决实际问题，发挥预设的功效。可以在立法前评估阶段对立法必要性、立法目的和法规的正当性、可操作性等进行评估，采取座谈会、田野调查、问卷调查等方式获得本地实际情况的信息反

---

[1] 俞荣根：《地方立法后评估指标体系研究》，《中国政法大学学报》2014年第7期，第51页。

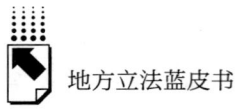

馈,在立法前阶段就杜绝雷人立法,因地制宜突出地方特色。

通过对省级市容环卫地方性法规进行重复率的考察可以发现,我国地方性法规整体上存在保守性较强的趋势,重复问题比较严重。降低重复率的根本途径就是要平衡地方立法的双重价值,从法规内容、结构、制度设计等方面进行细化和创新。立法先行,以良法促善治是依法治国的必然要求,也是完善我国社会主义法律体系、实现地方治理现代化的必由之路。在今后的立法工作中立法者应当在严格遵守"不抵触"原则的前提下增加法规的创新性规定、提高法规的可操作性,这是在立法从重数量向重质量转型的背景下对立法质量提出的更高要求。

B.5
地方立法与民间规范互动的必要性、现状及对策[*]

李 洋[**]

摘 要： 单一的法律规范体系无法完成社会治理这一系统工程，需要民间规范发挥补充作用；地方立法活动与民间规范在调整对象、调整事项、调整路径等诸多方面存在重合，二者之间存在互动的可能性与必要性。民间规范为地方立法活动提供立法事实、增进立法特色，地方立法活动则规范引导民间规范；当然，二者也存在规则竞争的可能性。本文通过对有关民间规范的地方性法规文本的考察，发现现阶段二者在实践中的互动并未发挥实质性作用，并存在价值观念的冲突对立。明确地方立法与民间规范各自的调整范围，平衡协调二者的关系，才能促进我国的法治发展。

关键词： 地方立法 民间规范 内部规则 外部规则 规则互动

民间法与国家法的张力问题研究，自20世纪90年代逐步在学界兴起，代表学者有苏力、梁治平、谢晖等人。尽管这些学者的具体观点有所不同，但都是考察国家制定法与民间自发规范之间的互动关系以及由此产生的社

---

[*] 本文所涉及法律文本收集于北大法宝数据库。
[**] 李洋，重庆市地方立法研究协同创新中心、西南政法大学立法科学研究院研究人员，研究方向：法学理论、立法学。

效果。① 这一研究热潮敏锐地捕捉到了我国法治现代化进程中民间规范的适应性问题，并尝试在理论上予以解释。需要指出的是，20世纪90年代地方立法的权限尚未扩容，学界对于民间规范的考察主要基于国家层面的立法，而未关注地方立法与民间规范之间的关系。

随着地方立法主体和权限的扩容，越来越多的学者注意到了民间规范与地方立法在调整事项、调整对象等方面的重合，尝试对二者的关系予以梳理，以期促进二者的融合发展。例如，谈萧教授将民间规范与地方立法的冲突归纳为程序正义与实质正义、法治秩序与礼治秩序、法律效果与社会效果三种，并主张"从法律文化整合、法律秩序融合、功能边界划定、双重权威明确以及成本收益比较等方面来协调二者之间的冲突"②。但总体而言，学界缺乏对民间规范在地方立法实践中的作用的研究。十八届四中全会提出，"推进多层次多领域依法治理，坚持系统治理、依法治理、综合治理、源头治理，深化基层组织和部门、行业依法治理，支持各类社会主体自我约束、自我管理，发挥市民公约、乡规民约、行业规章、团体章程等社会规范在社会治理中的积极作用"。这说明在推进我国法治建设的进程中，党和国家已然认识到仅仅依靠单一的法律规范体系，无法解决社会治理这一复杂的系统性工程；需要借助自发的社会规范或者说民间规范来补充完善法律规范的作用功能，进而实现两类规则在社会治理结构下的协同互动。因此，地方立法与民间规范的互动关系是值得深入研究的。

一 地方立法与民间规范互动的必要性

改革开放以后，为了适应经济社会的快速发展，立法权开始逐步下放。1982年《地方组织法》修改，"省、自治区的人民政府所在地的市和经国务院批准的较大的市的人民代表大会常务委员会，可以拟定本市需要的地方性

---

① 参见石佑启、谈萧《论民间规范与地方立法的融合发展》，《中外法学》2018年第5期。
② 谈萧：《论民间规范与地方立法的冲突及协调》，《暨南学报》（哲学社会科学版）2017年第9期。

法规草案，提请省、自治区的人民代表大会常务委员会审议制定，并报全国人民代表大会常务委员会和国务院备案"。省级人大和较大的市人大初步具有了地方性法规的拟定资格；1986年《地方组织法》再次修改，"省会市和经国务院批准的较大的市的人大及其常委会可以制定地方性法规，报省、自治区人大常委会批准后施行"。较大的市实际上拥有了地方性法规的制定权力；至2015年《立法法》修改之后，立法权完全扩容至设区的市。① 地方立法权的下放与扩容历程表明，我国地方立法发展采取了一种渐进式的与社会改革发展相适应的放权模式，这与地方性法规所具有的建构性、目的性是高度契合的。地方立法的发展满足了各地治理的实际需要，对于"发挥中央和地方两个积极性""完善立法体制""促进国家治理能力和治理体系的现代化"起到了积极作用。② 但这种"外部规则"的目的性与建构性也可能导致立法目的的异化，因而需要其他类型的社会规制予以补充。

周尚君教授提出地方之间发生法治竞争的可能性，并将其定义为"通过立法、司法、执法和社会治理活动，实现以产权切实保障、市场监管规范、司法独立公正和执法高效文明为基本特征的地方制度供给机制和制度环境的改善，实现地方与地方之间以比较制度优势而胜出的竞争范式"。③ 地方立法之间存在以地方人大、政府为主体的横向竞争，这必然对通过地方立法体制所产生的地方性法规产生制度性影响。一方面，地方立法之间的竞争能够倒逼各地人大增强立法能力、提高地方性法规规则质量；另一方面，各地人大、政府之间的竞争，实质上仍是以获取各种资源为目的而展开的，这一功利性偏好可能影响立法质量。最为直观的例证，即立法重复、立法抄袭等现象的泛滥。由此，地方立法的形成机制与规则特性之间形成了一种目的性背离。具体说来，我国的地方立法权限下放与规则供给往往因应现实需要

---

① 参见陈国刚《论设区的市立法权威——基于〈立法法〉的梳理与解读》，《学习与探索》2016年第7期，第81页。
② 参见马英娟《地方立法主体扩容：现实需求与面临挑战》，《上海师范大学学报》（哲学社会科学版）2015年第3期。
③ 周尚君：《地方法治竞争范式及其制度约束》，《中国法学》2017年第3期，第93页。

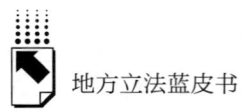

而产生,具有目的性与建构性;而这种目的性与建构性导致地方法治竞争中的"竞赛"①色彩,反而使地方性法规出现立法抄袭、立法重复等负面现象,导致地方立法的目的无法实现。克服这一规则特性所带来的固有缺陷,固然要从加强地方之间立法合作、破解地方立法部门利益化等规则生成机制内部着手②,同时也应发挥民间规范对地方立法的"软化作用"。由于民间规范的自发性,其天然具有非目的性与去中心化色彩,不易产生利益固化等问题。同时,相比于地方立法而言,民间规范在实施上也相对灵活。简言之,将民间规范作为一种备选规则,发挥规范行为的"兜底性作用",可以从外部对地方立法的异化予以改善,实现二者的互补。

此外,作为"地方性知识"③的民间规范在立法特色方面也能发挥补充作用。有部分学者注意到民间规范与地方特色之间的关系,认为"在所有地方立法可依凭的规范资源中,只有民间规范才是真正的地方性知识,才能真正体现出'地方性'特色"。④ 我国地方立法"缺乏全面、细致制度化的本地民间规范调查,……这样制定的地方立法,往往脱离地方实际,缺少地方特色,不能传承本土法制经验,进而也缺乏可操作性"。⑤ 这一论断是具有启发意义的,其注意到了民间规范与地方特色之间的关系。民间规范是一地风俗习惯、行为规范、文化传统的集中体现。通过查明当地的民间规范,有助于地方立法者把握当地的社会状况,为地方性法律的规则构造作出前提性准备。但不可忽视地方立法与民间规范之间的复杂关系与深层次逻辑,判断一部地方性法规是否具有地方特色,并不能简单根据其是否吸收转化民间

---

① 周飞舟:《锦标赛体制》,《社会学研究》2009年第3期,第55页。
② 参见黄兰松《地方政府间竞争与地方立法关系之理论透析》,《江汉学术》2017年第4期,第79页;李明耀、王如彬《新〈立法法〉实施背景下地方立法存在的问题及建议》,《地方立法研究》2017年第3期。
③ 〔美〕吉尔兹:《地方性知识:事实与法律的比较透视》,邓正来译,生活·读书·新知三联书店,1994,第126页。
④ 周赟:《空白抑或留白:经济特区立法中民间规范缺位问题研究——以某市人大经济特区立法为例》,《法学杂志》2019年第11期,第27页。
⑤ 石佑启、谈萧:《论民间规范与地方立法的融合发展》,《中外法学》2018年第5期,第1254页。

规范就得出结论。"地方特色"这一概念显然是在现代法治话语体系中展开的,其不能突破现代法治规则的规制。地方特色再独特,也不能与宪法、法律相悖。在民间规范自身的封闭语境中,民间规范可能存在诸多与国家法治精神相冲突的内容。因此,尽管民间规范是地方立法显现地方特色的重要资源,但并非体现地方特色的必要性条件。

另外,民间规范在立法事实层面上与地方立法存在互动可能性。所谓立法事实,是指"为立法目的及其实现手段的合理性提供支持的社会、经济、文化方面的一般性事实"。① 也就是说,地方立法合法性、合理性的证成,不仅依靠论证法律体系和法律条文内部的逻辑关系,也需要对地方立法的社会事实予以论证。有关民间规范作为社会事实和制度性事实存在②,能为地方立法提供合法性证成上的外部支撑。因而地方立法需要从外部引入民间规范,并与其发生互动。当然,民间规范并不等同于立法事实,需要对其予以"剪裁"筛选提炼出与立法有关的特定事实。这一"剪裁"过程必然会影响民间规范的完整性,因而在"剪裁"过程中必须有的放矢,以真实性、相关性、概括性为"剪裁"的具体标准,防止立法事实的失真。其一,去除民间规范中的"假事实"。民间规范作为社会长期发展中自发形成的规则体系,能够客观反映某一特定时空下的社会事实。但由于民间规范保守性的特点,其往往落后于社会历史发展的进程。因此,尽管其所指向的客观社会事实在某一特定时空下是真实准确的,但随着时代变迁,这一事实也会变得落后与失真;在地方立法的过程中,若不对其予以甄别,全盘纳入民间规范所反映的社会事实,可能造成地方性法规与社会真实情况脱节,进而降低地方性法规的实用性。对民间规范予以合理"裁剪",去除其中落后的"假事实"部分,选取真正反映当地历史文化情况的规范作为立法事实,是两类规则有效互动的必经程序。其二,降低与地方立法无关的事实影响。立法活动作为一项制度设计的主观活动,与社会客观事实之间存在差异。这种主客

---

① 〔日〕安西文雄:《立法事实论》,《法律家》1994年第1037号,第217页。转引自陈鹏《合宪性审查中的立法事实认定》,《法学家》2016年第6期,第2页。
② 王怡:《论立法过程中的事实论证》,《政治与法律》2018年第7期,第101页。

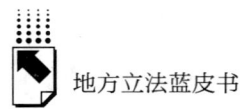

观差异若超越合理限度,可能造成地方立法脱离实际,无法实现原定的立法目的。同时,地方立法与国家层面的立法不同,地方性法规并不追求抽象的法律关系建构,其立法定位在于解决当地的实际问题。因此,地方性法规制度在主观建构过程中,必须有针对性地吸收借鉴民间规范中所展现的客观事实,降低无关事实的干扰,弥合主客观之间的鸿沟。其三,对民间规范中的事实予以提炼明确。民间规范作为自发形成的"内部规则",规则内容与结构缺乏清晰明确的论证表达,不能直接作为立法事实予以利用。地方立法者须对民间规范的历史演变、具体内容、社会意义等各方面进行调研论证,形成有社会纵深感的调研材料。同时,由于民间规范的多重面相,立法者对同一民间规范可能形成不同的见解。因此,有关民间规范的论证应在"更为广阔的社会场域当中进行,通过吸纳更为广泛的社会公众和有关专家的参与"①,实现对民间规范全面客观的"剪裁",将理性不及可能带来的立法误差控制在可接受的范围之内。

民间规范与地方立法规则特性上的互补,还体现在地方立法对民间规范的引导与规制上。民间规范的自发性与抽象性,在带来规则适用上的灵活性的同时,也使得规则本身变得模糊,规则所指、规范适用也都可因时因事而变。这无疑会减损民间规范的规则权威并导致其碎片化。同时,由于民间规范的目的独立性,其很难由于社会变迁而发生剧烈的变化,处于一种不断使用进而不断强化的自发循环状态。这一特性可能使得民间规范失去自我革新的能力,规则内容逐渐与社会发展不相适应。这也是民间规范与国家法律产生对立冲突的重要原因。② 由此而言,民间规范对社会治理的整体秩序可能存在负面作用,需要地方立法对其离散性和固化内容予以纠偏和矫正。③ 二者之间规制与被规制的关系,也是一种互动形式的表现。

---

① 王怡:《论立法过程中的事实论证》,《政治与法律》2018 年第 7 期,第 106 页。
② 参见于语和、戚阳阳《国家法与民间法互动之反思》,《山东大学学报》(哲学社会科学版) 2005 年第 1 期,第 60 页。
③ 参见杨桦《论地方立法对民间规范的吸收与规制——基于制度性事实理论的分析》,《法商研究》2019 年第 5 期,第 110 页。

总而言之，民间规范在立法事实、立法特色等方面弥补了地方立法的内在缺陷，发挥了补充性作用；地方立法则引导规制民间规范，促进民间规范的革新与发展，二者存在实践层面上的互动必要性。

二 民间规范之于地方立法的内涵

"民间规范"的内涵与外延都十分模糊，学界对民间规范的概念界定并不一致。例如，梁治平认为，"民间法具有极其多样的形态，它们可以是家族的，也可以是民族的；可能形诸文字，也可能口耳相传；它们或是人为创造，或是自然生成，相沿成习；或者有明确的规则，或者更多表现为富有弹性的规范；其实施可能由特定的一些人负责，也可能依靠公共舆论和某种微妙的心理机制……依其形态、功用、产生途径及效力范围等综合因素，大体可以分为民族法、宗族法、宗教法、行会法、帮会法和习惯法几类"。① 龙大轩教授则从法文化的角度，"以家族习惯法、民族习惯法为民间法的典型代表，来考察、分析其与国家法之间的文化和合"。② 谢晖教授则强调不应仅仅从文化角度理解民间规范，还主张从现实立场上理解民间规范（民间法），将其定义为"包括习惯规则、家族规则、行会规则、乡规民约、宗教规则、社团纪律以及（规范化的）官方非正式经验等在内"③ 的规则范畴。对于民间规范的概念界定的不同，显现了民间规范的复杂面相，也使得学者对其产生了不同的态度。在法教义学者看来，"民间法"或者"民间规范"并不存在规范性，其充其量只是一种外部行为，而以"民间规范"为基础的研究混淆了行为与规范的区别。因此，不应将民间习惯、家族规则等客观社会行为称为"规范"或者"法"④；在法律多元论者看来，国家强制性以

---

① 梁治平：《清代习惯法：社会与国家》，中国政法大学出版社，1996，第 36 页。
② 龙大轩：《和合：传统文化中的国家法与民间法》，《西南民族大学学报》2007 年第 6 期，第 70 页。
③ 谢晖：《民间规范与人权保障》，《求是学刊》2004 年第 6 期，第 90 页。
④ 参见雷磊《法教义学的基本立场》，《中外法学》2015 年第 1 期，第 213 页。

及理性建构并非定义"法"的必要因素,"法"以其社会有效性而存在;有强制力的法律若无人遵守或违法者不得规制,其就不能称为真实存在的"法",而无国家强制力的民间规范若对社会行为产生实际作用,就应被视为"法"。因此,多元主义者"强调的是规则本身对社会生活发生的实际作用和影响"[①],承认民间规范的真实存在及其合理性,认为当下中国受多元规范的制约调整,已形成一种"多元互动"的秩序格局[②]。但需要指出的是,多元主义者容易忽视中国法治建设的现实状况,陷入"自说自话"的想象性建构。法治现代化建设已是大势所趋,国家正式规范等"外部规则"在此过程中,必然会牢牢占据行为规范的主导地位;即使存在其他类型的行为规范,二者也必然处于不平等的地位,继而很难将其称为多元秩序。但无论采取何种立场,学界都在最低限度上承认了民间规范在规则体系中存在的真实性,同时也从不同的概念界定中显现出民间规范所具有的自发性、抽象性以及目的独立性。

对于民间规范的特性以及规则定位的理解,借助哈耶克"内部规则"这一概念更为容易。哈耶克将社会规则整体上分为"外部规则"与"内部规则"[③] 两类,且"两类独特的规则或规范分别对应于内部秩序或外部秩序,其间的要素必须遵守它们以型构出相应的秩序类型"。[④] 在哈耶克看来,法律是自由秩序的基础,自由是法律之下的自由(liberty under the law)。而真正的"法律"并非人类理性所建构出的国家制定法,而是社会自发形成的"内部规则"。国家制定法属于"外部规则"类型,是一种仅适用于特定个人或组织的命令性规则,其存在的意义在于实现特定目的,因而并不具备建构普遍秩序的一般性,无法应对人类社会不断变化的复杂情形。与"外部规

[①] 郑永流:《法的有效性与有效的法——分析框架的建构和经验实证的描述》,《法制与社会发展》2002年第2期,第23页。
[②] 参见徐曼、廖航《关于少数民族习惯法与国家法之冲突与互动的思考》,《河南大学学报》(社会科学版)2004年第4期。
[③] 哈耶克对"内部规则"和"外部规则"这一组概念的使用并非一以贯之,有时他也使用"私法"与"公法"、"自由的法律"与"立法"等术语来表达相同的含义。
[④] 〔英〕哈耶克:《法律、立法与自由》(第一卷),邓正来等译,中国大百科全书出版社,2000,第28页。

则"不同,"内部规则"并不是特定组织或个人的命令,也不指向特定的目的,而是经由人类社会长期的文化发展而形成的抽象规则。"内部规则"的目的独立性与抽象性是型构内部秩序的必要特性。民间规范在形成与发展的过程中,尽管存在某些权威主体影响规则形成,但总体而言,往往是在社会生活中通过长期重复性行为自发形成,属于前现代的制度形态,在现代社会中的主要表现形式为少数民族聚集区的习惯法、城市的社区公约、农村的乡规民约等。这些规则的产生背景各有不同,但总体而言并无明显国家力量介入的痕迹。因而,民间规范在形成机制上具有自发性。此外,民间规范在规则内容上具有抽象性。"外部规则"由于本质上是由人建构出来的,其往往局限于眼前的事物关系,而无法"适用于无数的未来情势"。① "内部规则"产生于分散而全面的知识,自然容易涵盖更为广泛的抽象关系,可以认为其是一种"一劳永逸"的命令,针对的不是具体的哪个人、哪种具体情况,而是可能发生的任何情况。② 以民间规范中的乡规民约为例。明朝南赣乡约文本共分15项,包括本区域内居民饮食、放债收息、劝谕新民、丧葬办理、集会礼仪等诸多事项,规则内容繁杂多样,并不针对某一具体特定事项,而是基于某种所要弘扬的道德品质,而设立抽象的规则内容。这些规则内容所规定的权利义务并不明确,根据具体事项的不同而发生变化,但在总体上应当符合一种抽象的精神。③ 另外,规则目的观不同。"内部规则"生成机制上的渐生性与自发性以及内容形式上的抽象性,必然带来目的上的独立性(end-independent)。"内部规则"在复杂的扩展过程中,必然吸取众多群体的意志以及目标,进而逐步摆脱其对所有特定目的的指涉。"内部规则"之所以能够完成自发扩展,关键在于接受该规则体系人群的壮大,而想要推进这一人群的扩大,"内部规则"则须保持其抽象性以及目的独立性,允许人们在尽可能大的范围内追求各不相同的目标。正如哈耶克所言,"那种惟有通过某些抽象

---

① 〔英〕哈耶克:《法律、立法与自由》(第一卷),邓正来等译,中国大百科全书出版社,2000,第188页。
② 参见〔英〕哈耶克《自由宪章》,杨玉生等译,中国社会科学出版社,2012,第214页。
③ 参见杨开道《中国乡约制度》,商务印书馆,2015,第112页。

特征才能够得到界定的秩序,会有助益于人们追求各种各样的不同目的"。①总而言之,与"外部规则"相比,"内部规则"是自发生成的、形式内容上更为抽象的、目的上更为分散的规范。在哈耶克看来,"内部规则"与"外部规则"会长期共存于人类社会之中,彼此协调,共同发挥秩序建构的作用。但是,这并不代表二者的地位与作用居于同一层次。"外部规则"只不过是权力机构所制定颁布的组织性规则(rules of organization),其被设计的目的是实现不同机构的特定命令。尽管"外部规则"是保障秩序形成的重要工具,能够将"内部规则""从它的逐渐进化过程所可能导向的死胡同中解救出来"②,但这也仅仅是一种工具性的完善作用,并不能在本质上代替定位为"自由法律"(law of liberty)的"内部规则"。

民间规范概念上的含混反映出其在规则变迁意义上的"后现代性",即反对统一性的规则,强调规则的多元性,本质上是一种"反对任何下定义的努力"。③尽管规则上的多样性可能影响其稳定性与明确性,但民间规范所具有的自发性、抽象性、目的独立性,对于消解我国法治建设中所出现的高成本、对抗性等负面问题有着重要意义。

民间规范的存在场域为社会,国家法的存在场域为国家。二者在日常生活场景中的互动展开,横跨国家、社会两个场域。跨场域的两类性质不同的规则既可能促进彼此发展,也可能产生冲突。因而,其对于秩序的建构维系也可能产生双重作用。

首先,民间规范为地方立法提供了"地方性知识"的支撑。民间规范作为民间风俗与自治逻辑的表现形式,对于地方立法的事实论证、特色体现、理念提升有重要的作用。与司法审判中的案件事实类似,立法事实不等

---

① 〔英〕哈耶克:《法律、立法与自由》(第二、三卷),邓正来等译,中国大百科全书出版社,2000,第5页。
② 〔英〕哈耶克:《法律、立法与自由》(第二、三卷),邓正来等译,中国大百科全书出版社,2000,第160页。
③ Andreas Huyssen,"Mapping the Postmodern", in Linda J. Nicholson, ed., *Feminism/Postmodernism*, 1990, pp. 234-236. 转引自信春鹰《后现代法学:为法治探索未来》,《中国社会科学》2000年第5期,第59页。

于社会客观事实。立法事实的确定需要以立法目的为标准，对社会客观事实予以判断、分类、提炼、论证；确定立法事实并不能仅仅依据纯粹的理性建构，必须进行实证调研，积累丰富的立法材料。地方立法尤为强调地方特殊性，民间规范作为最为典型的立法材料，对其进行恰当的利用，可以促成立法事实的认定以及立法质量的提高。其次，地方立法可以规制民间规范。由于民间规范生成机制上的自发性，其规则内容存在缺乏逻辑性、指向含混不明的情况。地方立法作为理性建构的规则体系，可以对其予以修正、补充、规制，并引导民间规范向规范方向发展。[1] 最后，地方立法与民间规范相互提供效力性支撑。地方性法规作为一种"外部规则"，其效力依靠外在强制力支撑。但法律在社会中的实际运行证明，存在法律无法调整的对象，法律效力有其"失灵"的一面，在基层这一现象尤甚。对于这一外部效力失灵的现象，往往通过法律体系内部调整予以解决。但当法律体系内部无法解决其本身的效力性问题时，则需要向外部寻求规范资源予以救济，民间规范自然是外部规范资源中的一类。[2] 与之相对，随着地方乡土结构的变化和法治建设的推进，民间规范的内生型效力也发生了动摇；民间规范也需要地方立法的巩固与塑造。[3]

当然，民间规范与地方立法的互动并非只对秩序建构产生正向作用，其也可能对秩序建构产生"负外部性"。"外部性"是制度经济学的重要概念，指"经济主体之活动，对与该活动无直接关系的他人或社会所产生的影响"[4]；"负外部性"则是指经济主体对其他社会成员所造成的负面影响。借助于这一经济学概念，可以较为清晰地看出规则互动在发挥正向秩序作用的同时，可能对地方法治产生额外的负面影响。

首先，两类规则互动可能异化为规则竞争。社会本身作为一个秩序空

---

[1] 参见石佑启、谈萧《论民间规范与地方立法的融合发展》，《中外法学》2018年第5期，第1257页。
[2] 参见谢晖《大、小传统的沟通理性——民间法初论》，法律出版社，2019，第295页。
[3] 参见杨桦《论地方立法对民间规范的吸收与规制——基于制度性事实理论的分析》，《法商研究》2019年第5期，第108页。
[4] 刘笑平、雷定安：《论外部性理论的内涵及意义》，《西北师范大学报》2002年第3期，第72页。

间,需要不同规范予以支撑维护,并遵循"规范有限性"规律。这一规律体现在两个方面。其一,特定区域内可接受的规则数量是有限的。不同性质的规则在同一秩序空间中,相当于不同的制度产品,彼此之间可能形成竞争排斥关系。若"外部规则"在某一社会关系领域占据主导地位,则"内部规则"的调整规范作用会逐渐降低,甚至退出该社会关系领域。其二,规则体系遵循边际效益原理,即地方立法在与民间规范互动的过程中,"边际效益先因巨大的成本支出而从一个较低的水平上升,达到最高点以后再持续下降,呈倒'U'型"。① 换句话说,地方立法与民间规范在互动过程中,其所产生的正向效应从较低水平逐渐上升,在达到最高点后转而下降,甚至存在产生负效应的可能性。因此,在"地方"这一秩序空间中由于所能容纳的规则体系有限,地方立法与民间规范必然处于竞争态势。国家理性所建构的地方性法规越为密集,则作为自发秩序的民间规范生存空间越小;同样地,民间规范的规则有效性若在现代性的背景下不降反升,则地方立法的合理性会受到质疑。当然,二者之间的互动并非必然是"零和博弈",其存在治理效益最大化的最优点。通过科学的地方立法规划、发挥民间规范的独立价值,有可能破解竞争格局进而实现二者治理效益的"帕累托最优"。

其次,两类规则互动可能导致规则权威消解。理性建构型秩序是现代法治的重要特征,但理性建构与社会自发之间的张力使规则权威存在消解风险。民间规范作为"内部规则",强调规范权威的多元化格局,认为确定性的规则存在理性不及的现象。但多元化的规则格局意味着价值标准的虚无,国家朝向现代法治发展的动力被阻隔了,因为在多元论者看来,法治目的本身不能成为价值而只是工具。法治在多元规范的干扰下,无可避免地陷入了工具论的虚无主义。民间规范的发展以其秩序有效性为前提,若法治规则无法定分止争、建构较为稳定的社会秩序,就不可苛责社会选择其他规范作为社会秩序的建构工具。这在某种意义上成为地方法治的现代性挑战,也应激起地方立法者的危机意识。地方立法文本的优劣可能会间接影响民间规范的

---

① 黄少安:《关于制度变迁的三个假说及其验证》,《中国社会科学》2000年第4期,第38页。

发展趋向。从这个角度上而言,民间规范的存在与发展可能具有消解法治权威的"负外部性"。当然,民间规范的"负外部性"并非不可控。民间规范与地方法治构成二元相互影响格局,若地方法治完成现代化秩序建构,后现代多元规范的生存空间自然会被压缩。

最后,规则互动可能加大形成稳定秩序的难度。民间规范存在模糊性、封闭性等固有缺陷,与现代社会生活存在不相调适之处。但由于民间规范强大的生命力及其规则惯性,其无法于自身内部解决与现代社会的调适问题。地方立法与民间规范的关系密切,借助其打破规则惯性是较为可行的选择。因此,民间规范的负面效应可能成为地方治理的"历史包袱",加大地方治理的难度。最为典型的例子是民间规范中的土葬以及彩礼制度。随着城市化进程的推进,传统土葬制度成为地方治理的一大难题。地方立法作为国家力量介入这一民间规范的过程中,既须发挥秩序整合的作用,又须平衡民间情感诉求,不得不投入更多的立法资源平衡二者之间的张力。在立法资源有限的情况下,民间规范与现代社会的不协调成为地方治理的巨大挑战。

总而言之,民间规范的复杂面相所带来的结果是民间规范对于地方立法的影响也是复杂的。因此,对于二者互动关系的研究不应仅限于理论研究,而更应在实证研究中分析二者的具体互动关系。超越价值判断的束缚,采取一种规则价值证成与规则内容协调的二分法立场可能是更为合理的。这里借用了拉兹意义上规范性独立于内容的证立[①],即抽象意义上民间规范的存在价值不因其具体规则内容的变化而变化;相应地,在处理民间规范的具体规则内容与地方立法协同问题时,地方立法者也应秉持价值无赦的立场,尽量摆脱固有价值偏好的影响。

三 民间规范与地方立法互动的现状

如上文所言,民间规范的概念是抽象且复杂的,其在地方立法实践中主

---

① 参见〔英〕约瑟夫·拉兹《法律体系的概念》,吴玉章译,商务印书馆,2018,第284~289页。

要表现为三种类型——习俗文化类、行业规范类、社会管理类，三类与民间规范互动的法规都有一些常见的表达方式。习俗文化类用语主要为风俗习惯、习俗、伦理，行业规范类则是准则、惯例等，而社会管理类则通常涉及乡规民约、居民公约，例如《山东省养老服务条例》《辽宁省消费者权益保护条例》等地方性法规的相关规定（见表1）。

表1 民间规范主要表达方式及法条例证

抽象概念	表达方式	法条例证
民间规范	风俗习惯、公序良俗、传统习惯等	《山东省养老服务条例》第34条规定："养老机构应当按照有关服务标准、规范以及养老服务合同约定，提供符合食品安全要求和民族风俗习惯，适宜老年人食用的膳食。"
	行业规范、行业规则、行业准则、惯例	《辽宁省消费者权益保护条例》第5条规定："行业协会、商会等行业组织应当建立健全行业经营自律规范、自律公约和职业道德准则，规范会员行为。鼓励行业协会、商会等行业组织制定发布产品和服务的行业规则，引导经营者提高商品和服务质量，保障消费者的合法权益。"
	乡规民约、居民公约	《河北省农村扶贫开发条例》第26条规定："县级以上人民政府及其有关部门应当加强社会主义精神文明建设，普及理想、道德、文化、法制等教育，发挥乡规民约积极作用，创建文明村镇、文明家庭，树立脱贫典范，提高贫困人口综合素质。"

截至2020年4月13日，全国颁布的有关民间规范的地方性法规共计2202部。[①] 其中，省、自治区、直辖市人大及其常委会制定1005部，占比为45.64%；设区的市人大及其常委会制定632部，占比为28.70%；单行条例和自治条例504部，占比为22.89%；经济特区条例61部，占比为2.77%（见图1）。从上述有关民间规范的地方立法情况来看，有关民间规范的地方立法绝对数量已然不小，这既从侧面验证了民间规范与地方立法互

---

① 以上述民间规范常见的表达方式进行检索，数据皆来自北大法宝数据库。

动的必要性,又显示了有关民间规范的地方立法将会是未来一段时间各地人大较为重要的立法方向。同时,省级和设区的市地方性法规占比较高,意味着有关民间规范的地方立法并不限于自治区、自治州的单行条例和自治条例,其他地方人大及其常委会已然认识到民间规范对于地方法治可能存在的价值与意义,并积极推动相关方面的立法。按照立法类型对有关民间规范的地方立法进行划分,习俗文化类共1273部,占比为57.81%;行业规范类共575部,占比为26.11%;社会管理类共354部,占比为16.08%(见图2)。从这一数据统计可以看出,有关民间规范的地方立法主要集中在习俗文化类,地方立法者更倾向于将民间规范作为一种"法文化"或者民间风俗进行处理。总而言之,有关民间规范的地方性法规在数量和类型上呈现发展趋势。不过,在积极发展的过程中,民间规范与地方立法的互动实践也出现了不少问题。

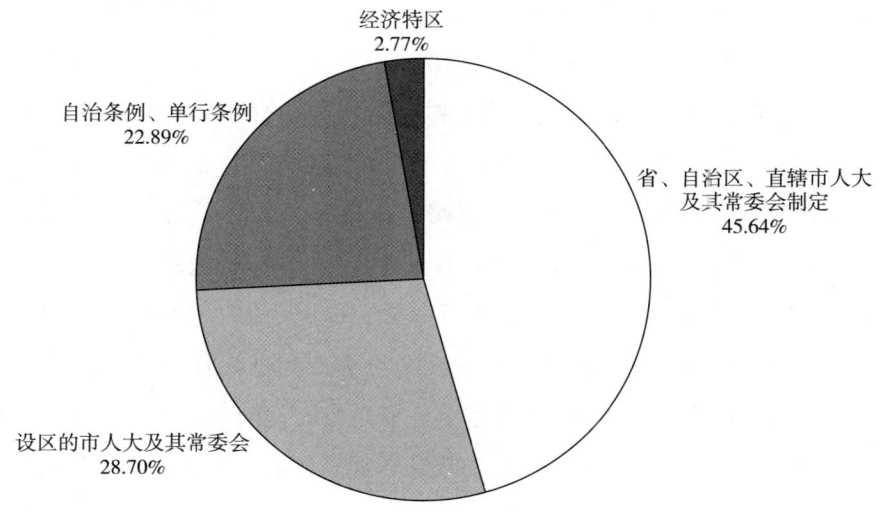

图1 各类主体制定地方性法规比例

其一,民间规范在地方立法中的有关表达同质化严重,缺乏地方特色,二者互动浮于表面。民间规范本来最能体现地方立法特色,但各省市有关民

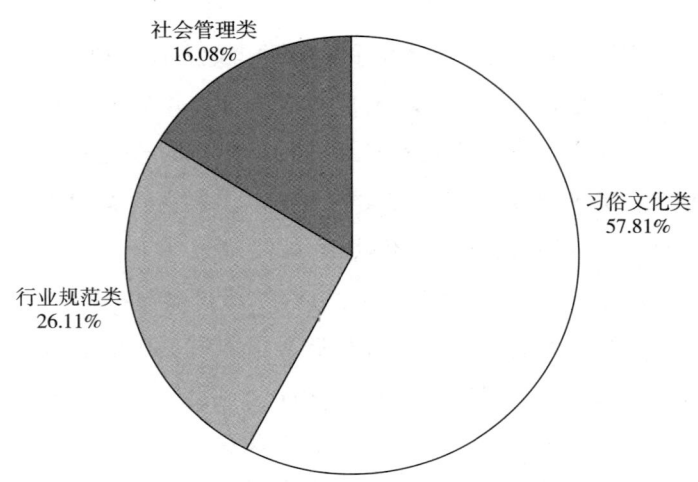

图 2　有关民间规范的地方性法规各类型占比统计

间规范的地方立法却出现结构相似、条文雷同的问题。以集中表现这一问题的各省市的《文明行为促进条例》为例。从甘肃省、贵州省、杭州市、深圳市、宿迁市、长春市、郑州市共7省市的《文明行为促进条例》的结构来看（见表2），各省市基本遵循了同样的立法思路和立法结构。首先，各省市大致遵循了"大而全"的立法思路，即开篇"总则"、中间部分为条文主要内容、结尾为"附则"的整体结构，力求法规结构完整。其次，各省市在促进文明行为的路径上，也保持了一致，即鼓励提倡文明行为—设置保障措施—明确法律责任。当然，鉴于文明行为作为现代社会的共同价值追求，各地法规存在某些共识性的重复属正常现象。但问题在于，各省市少有结合本地实际情况作出有地方特色的规定，似乎各地风俗习惯和文明程度都是相同的（见表3）。在这种立法思路的指导之下，民间规范与地方立法之间并无实质性的互动，各地文明促进条例中关于民间规范的相关条文，也仅仅是一种道德性的呼吁，缺乏对于具体民间规范的查明以及与地方立法之间的互动。

表2　部分省市文明行为促进条例立法结构对比

法规名称	第一章	第二章	第三章	第四章	第五章	第六章	第七章	第八章
《甘肃省文明行为促进条例》	总则	行为规范	倡导鼓励	监督管理	法律责任	附则		
《贵州省文明行为促进条例》	总则	文明行为	鼓励与促进	保障与监督	法律责任			
《杭州市文明行为促进条例》	总则	文明行为基本规范	文明行为的鼓励与促进	职责与实施	保障措施	检查与监督	法律责任	附则
《深圳经济特区文明行为促进条例》	总则	文明行为规范	工作职责	促进措施	法律责任	附则		
《宿迁市文明行为促进条例》	总则	文明行为倡导	不文明行为禁止	激励与保障	执法与处罚	附则		
《长春市文明行为促进条例》	总则	倡导与鼓励	约束与治理	推进与保障	监督与检查	法律责任	附则	
《郑州市文明行为促进条例》	总则	规范与倡导	实施与保障	法律责任	附则			

表3　部分省市文明促进条例中有关民间规范条款比较

法规名称	相似条文
《甘肃省文明行为促进条例》	居民委员会、村民委员会、小区业主委员会应当组织实施居民公约、村规民约、业主公约,引导文明行为,劝阻不文明行为,宣传文明先进典型。
《贵州省文明行为促进条例》	各级人民政府及有关部门、精神文明建设工作指导机构应当指导、支持行业协会、基层自治组织、住宅小区等,依法制定服务规范、自律章程、村规民约、业主公约等自律自治规范,推动相关单位、行业和基层文明行为促进工作。
《杭州市文明行为促进条例》	促进文明家庭建设,培育良好家风,倡导邻里和睦。家庭成员做到尊老爱幼、男女平等、相互尊重、相互帮助、平等相待。
《深圳经济特区文明行为促进条例》	社区居民委员会应当制定社区文明公约,或者将文明行为规范纳入相关居民公约,并进行社会公德、职业道德、家庭美德和个人品德等文明行为规范宣传教育。
《宿迁市文明行为促进条例》	鼓励和支持村民委员会、居民委员会组织制定完善村规民约、居民公约,建立村民议事会、道德评议会、红白理事会等文明乡风管理机制,开展移风易俗活动,倡导节俭、健康、向上的文明新风。

续表

法规名称	相似条文
《长春市文明行为促进条例》	鼓励和支持开展文明单位、文明村屯(社区)、文明校园、文明家庭等精神文明创建活动。 鼓励和支持国家机关、企事业单位、社会组织、社区、村民委员会制定文明行为公约,引导职工、居民(村民)参与文明行为促进活动。
《郑州市文明行为促进条例》	公民应当自觉遵守市民文明公约、社区居民文明公约、村规民约、学生守则以及行业规范等,遵循公序良俗,积极参与文明行为促进工作。

其二,民间规范与地方立法之间可能形成价值观念的对立冲突。以2020年3月31日通过的《深圳经济特区全面禁止食用野生动物条例》为例。该条例第2条规定,"禁止食用用于科学实验、公众展示、宠物饲养等非食用性利用的动物及其制品"。第3条规定,"可以食用的动物包括:国家畜禽遗传资源目录所列的猪、牛、羊、驴、兔、鸡、鸭、鹅、鸽、鹌鹑以及该目录所列其他以提供食用为目的饲养的家禽家畜;依照法律、法规未禁止食用的水生动物"。简言之,狗既有宠物性用途,又未出现在我国农业部制定的《国家畜禽遗传资源目录》当中,实质上被排除在深圳市可食用的动物范围之外。深圳市人大常委会法工委负责人就禁止食用猫狗等宠物的立法目的进行了说明,"主要考虑到这些非食用性利用的动物有其特殊的饲养目的和饲养方法,在检验检疫标准上与供食用的动物不同;同时,猫狗作为宠物,与人类建立起比其他动物更为亲近的关系,禁止食用猫狗等宠物是许多发达国家和香港、台湾等地区的通行做法,也是现代人类文明的要求和体现"。① 也就是说,深圳市人大常委会禁止食用猫狗基于两点考量。其一,保障食品安全。《国家畜禽遗传资源目录》中规定的畜禽一般而言具有严格完善的检疫检验程序,以其作为依据可有效保障食品安全。其二,彰显文明社会的要求,破除传统陋习。在深圳市人大立法工作者看来,猫狗作为与人

---

① 《深圳市立法禁止食用猫狗》,深圳市新闻网,https://mp.weixin.qq.com/s/P1H9hfvXxfuA7XYKxxm8RA,最后访问日期:2020年4月16日。

亲近的宠物，禁止食用是现代社会的广泛共识，应当通过立法予以明确。但问题在于，这一论断是一种价值判断，与民间传统习俗存在冲突。我国不少地区存在食用狗肉的民间传统，甚至部分地区以狗肉作为地方特产。因此，在这些地区的价值观念中，食用狗肉与文明并不相关。深圳市通过地方立法所确立的价值引导与民间规范产生了张力。尽管《深圳经济特区全面禁止食用野生动物条例》属于地方性法规，效力仅限于深圳市，但其所带来的示范性效应却给存在食用狗肉传统的省市人大带来了难题。这些地区若借鉴深圳市的立法则会与本地民间规范产生冲突，进而导致地方立法难以执行；若采取与深圳市截然不同的立法态度，则可能产生各地方人大之间的立法"隔阂"，并引起社会对地方性法规的激烈争论，进而影响地方立法的制度作用与地方性法规的活力。对于这一张力问题，最为直接有效的解决方式应当是在国家层面的立法上予以明确。但这一方式只能解决规范层面的问题，价值判断上的冲突仍无法弥合。因此，对于地方立法发展中出现的与民间规范的价值冲突问题，仍可采用上文所提及的价值与规则二分法。具体来说，深圳市人大通过细化解释条例内容，将禁止食用狗肉的范围限定为宠物性用途，而专门饲养用以食用的狗类则不加限制。这一细化的规则内容既能满足现代性法规价值宣扬的要求，又能弥合与民间规范之间的张力，进而避免各地方人大之间关于同一议题的立法出现截然相反的对立。

四 二元秩序平衡互动中的法治发展

民间规范与地方立法分别代表了国家、社会的秩序力量，而如何处理二者的关系不仅关系民间规范的存在价值，更影响国家法治建设的实施效果。哈耶克的二元秩序理论与我国制度语境无法调适，但不影响其提供一个有益的思考框架，确立处理两类规则关系的基本立场和原则。

首先，二元秩序理论在知识理论层面承认了民间规范作为"内部规则"的有效性。哈耶克尽管推崇"内部规则"的价值，但其理论目标并非否定"外部规则"的存在，其仍认识到仅靠"内部规则"无法建构起稳定的社会秩序，"外部规则"有其不可替代的作用与价值。在现代法治国家，作为"外部规则"的国家制度法律成为主导性规则，但与哈耶克二元秩序理论契合的部分在于，整体秩序的建构仍无法仅依靠单一规则类型，地方立法的发展也需要民间规范的支撑。因此，处理两类规则的基本立场是，承认任何一类规则的真实存在和其独立价值，避免"法律帝国主义"的出现。

其次，在建构性法律成为主导性规则的前提之下，明确各自的调整范围、平衡协调二者的关系，促进二者发挥秩序建构的正向作用。单一制国家的法制统一特性与民间规范的多样性之间存在天然隔阂，无法形成直接的互动。地方立法由于与民间规范在调整事项和调整范围上的重合，具有了相互影响的互动基础。但问题在于，在地方立法日渐强势、成为区域内主导性规则的情形下，二者基于规则互动所产生的秩序建构作用，似乎转变为民间规范结构于正式秩序的方式。尽管诸如"国家立法的认可和授权""地方立法及其变通""通过法律渊源的法律执行"等民间规范作用于正式秩序的方式，是两类规则互动的重要形式①，但这类互动形式仅确认了"内部规则"之于"外部规则"的价值与意义，并没有体现"内部规则"独立的地位与价值。若仅仅关注此类规则互动方式，其所导向的仍是一种自上而下的单向"互动"，而非真正意义上的二元秩序互动。在地方立法权扩容的背景之下，赋予相对弱势的民间规范独立的适用空间，在两类规范之间实现一种看似分离的互动，才能发挥民间规范独特的价值作用。地方立法权的扩容是推进国家法治现代化的重要举措，也是促进地方立法与民间规范良性互动的重要机制。但地方立法的扩张并非只发挥正向作用，也可能侵蚀民间规范的独立性，破坏整体性的法治秩序。② 换句话说，地方立法如何扩容不仅关系中央与地方的立法权配置问题③，也关系到民间规范与地方立法的调适互动。因

---

① 谢晖：《民间法结构于正式秩序的方式》，《政法论坛》2016 年第 1 期，第 11 页。
② 参见张静《基层政权：乡村制度诸问题》，社会科学文献出版社，2018，第 315 页。
③ 参见周尚君、郭晓雨《制度竞争视角下的地方立法权扩容》，《法学》2015 年第 11 期；梁西圣《地方立法权扩容的"张弛有度"——寻找中央与地方立法权的黄金分割点》，《哈尔滨工业大学学报》（社会科学版）2018 年第 3 期。

此，地方立法应从立法事项、互动方式两方面尝试消解地方立法的负面影响。其一，在立法事项上应明确两类规则的范围，克制地方立法作为"外部规则"所具有的天然扩张性，不轻易进入由民间规范调整的社会事项，促使地方立法者采用简约主义（simplicity）的治理理念①，对立法的必要性进行深入论证，避免地方立法数量和立法范围的过度膨胀。其二，地方立法在吸收、转化、改造民间规范的过程中，应尽量保有民间规范原有的规则特性，采取较为抽象的立法条文设计，为地方立法和民间规范的调适平衡留有空间。

总而言之，在地方立法权扩容、推进法治建设的背景之下，作为"外部规则"的地方立法已在二元互动中占据主导地位。然而，实现二者的良性互动、促进其对秩序建构的正向作用，民间规范必须在互动中保持独立的地位与存在空间。同时，地方立法须克制自身的扩张性，以避免国家正式规范完全统摄代替"内部规则"，在平衡中实现整体性法治的发展。

---

① 参见任剑涛《国家治理的简约主义》，《开放时代》2010年第7期，第74页。

B.6 立法与改革互动实践探析[*]
——以厦门经济特区为例

郑伟华[**]

摘　要： 立法与改革存在互动关系，对厦门经济特区立法引领推动改革进行实证分析，着重研究具有全国首创意义的法规在实施过程中的社会改革实效问题具有重要的价值。当前，厦门经济特区存在"一市两法"影响仍未消除，授权立法存在滥用风险，立法重要领域引领作用发挥仍显不足，立法失位、错位等立法不适应改革实践需要等问题。因此，如何完善立法与改革决策衔接机制至关重要。立法与改革的衔接取决于具体举措。立法与改革的关系背后，体现着法律与社会变迁的关系；中国立法体制体系本身也处于为了适应改革开放实际发展需要而不断改革的过程；经济特区肩负的神圣使命在于运用特区立法权进行立法试验，推动制度创新，打造立法与改革相衔接的"示范模板"；立法是法治的起点，以立法推动改革，实现重大决策法治化日趋重要。

关键词： 立法改革　先行先试　经济特区立法

---

[*] 本文为重庆市地方立法研究协同创新中心2019年度地方立法研究资助成果。
[**] 郑伟华，重庆市地方立法研究协同创新中心、西南政法大学立法科学研究院研究人员，研究方向：法学理论、立法学。

法者，治之端也。① 一个国家的现代化转型过程必然是一个制度化、再制度化的过程，而制度的内核和中枢，在于以宪法为根本的法律规范体系。作为中国立法体系和体制的重要组成部分，地方立法是全面依法治国在地方的实践探索，"四个全面"战略布局的落实离不开地方立法。中国在确立社会主义市场经济体制之后积极推行法治的行动，正是改革开放时代制度变迁的必然逻辑。② 全面依法治国是国家治理的一场深刻革命，党的十九大报告强调，要推进科学立法、民主立法、依法立法，以良法促进发展、保障善治。③ 现阶段，从中央层面来看，在全面依法治国过程中，我国已经形成了较为完备的法律体系；然而，从地方法治发展情况来看，作为国家法律体系有效补充的地方立法质量仍有待进一步提高。

中国的改革往往始自地方，而经济特区是其重要窗口和实验平台。事实证明，地方一直是改革开放的创新源泉，也是推动全国性改革的重要引擎。从经济特区立法和改革之间的互动观察中国的法治问题，是一个不容忽视的研究视角。

一 经济特区立法引领推动改革实证分析

2011年，时值厦门经济特区建设30周年，国务院批准实施《厦门市综合配套改革试验总体方案》。该方案授权厦门"全面推进先行先试，加快海峡西岸经济区建设"，为发展新时代中国特色社会主义创造新鲜经验，厦门再次成为中国改革的重要试验田。④ 新一轮改革，从经济体制、行政体制、社会管理、金融体制等方面综合布局协同推进，为厦门的发展带来了新的生

---

① 《荀子·君道篇》第十二。
② 吴敬琏、马国川：《重启改革议程——中国经济改革二十讲》，生活·读书·新知三联书店，2013，第301~302页。
③ 习近平：《决胜全面建成小康社会 夺取新时代中国特色社会主义伟大胜利——在中国共产党第十九次全国代表大会上的报告》，人民出版社，2017，第38~39页。
④ 贺国强：《在厦门经济特区建设30周年庆祝大会上的讲话》，《人民日报》2011年12月27日，第3版。

机。先行先试,是厦门经济特区立法发展迅速的重要原因。一些在全国具有开创性的法规,正是在这种精神的引导下产生:率先形成知识产权"三合一""多合一"系统保护体系;率先将环境保护总体规划、生态文明建设规划和土地利用总体规划纳入"多规合一";率先出台地表水水质考核办法;率先对城市生活垃圾分类进行立法;率先推进厦台融合发展;① 2009 年 1 月 7 日,通过全国第一部规定保障性住房的地方法规《厦门市社会保障性住房管理条例》;2011 年 4 月 1 日,通过全国第一部覆盖城乡基层卫生服务的地方法规《厦门经济特区基层卫生服务条例》;等等。

　　立"经济法"引领重大改革:《厦门经济特区商事登记条例》创设了先照后证的商事登记新模式,大大激发了市场活力,被国家工商总局在全国推广;在全国率先出台《厦门经济特区多规合一管理若干规定》,破解审批改革中所面临的制度性障碍,促进政府职能转变。立"社会法"推动文明进步:制定《厦门经济特区多元化纠纷解决机制促进条例》,开创我国关于此项工作的立法先例;制定《厦门经济特区促进社会文明若干规定》,坚持正向激励与反向约束相结合,为厦门取得全国文明城市"五连冠"发挥法治的引领、教育和规范作用。立"生态法"坚持绿色发展:《厦门经济特区生活垃圾分类管理办法》是全国对生活垃圾分类运输处置全链条做出全面系统设计的地方法规;《厦门经济特区生态文明建设条例》实行最严格的源头保护制度、损害赔偿制度和责任追究制度,奏响生态保护最强音。立"民生法"保障民生改善:制定《厦门市最低生活保障办法》,在全国率先将低保覆盖到城乡,让农村贫困群众也共享改革开放的成果;《厦门市社会保障性住房管理条例》为全国创新保障房建设和管理模式创造了厦门经验,住有所居成为现实的幸福。概言之,从规范意义上讲,厦门市地方立法先行先试经验有利于全国普适性制度创新;从地方立法运用于司法层面上讲,厦门市地方立法作为司法裁判的依据嵌入社会治理,解决社会纠纷,实现社会控

---

① 蔡茂楷:《劈波斩浪　砥砺前行——厦门经济特区改革开放发展纪实》,《农业日报》2018 年 6 月 30 日,第 1 版。

制；从社会治理角度讲，广土众民国情下多样化治理格局的形成需要厦门市地方立法参与。①

立法先行先试是国家授权立法的法定职责，是新形势下特区深化改革的必然要求。国家对经济特区从赋予特殊政策到特别立法，目的就是希望经济特区敢闯善创。从这个意义上来讲，先行先试是特区立法肩负的神圣使命，是职责所在，是特区立法工作的法定要求。厦门市人大及其常委会立足改革开放前沿阵地和对外窗口实际，前后先行先试开展创制性立法48部，在厦门现行有效的地方性法规中的占比高达47.06%，其中多部系全国首创，举例如下。

（一）自贸试验片区立法先行先试

2015年4月21日，为了深化改革创新，加强两岸经济合作，福建自贸试验区厦门片区正式挂牌成立。作为福建自贸试验区最大片区，厦门片区不断探索自身特色，发挥先行先试、敢闯敢试的体制机制优势。挂牌至今，厦门自贸片区工作有条不紊地进行，进行了30多项全国首创的制度创新，如率先为企业提供全方位"一站式"服务，实施"一照一码"获得国家有关部门肯定并在全国复制推广，设立国际贸易"单一窗口"做到一次申报、一次办结，等等。

国家暂时调整实施有关法律法规，准许自贸试验区改革开放先行先试，为其"开绿灯"，具有深远法律意义。② 2014年12月28日，全国人大常委会再发授权决定，支持福建自贸区先行先试。③ 2016年8月31日，《厦门经济特区促进中国（福建）自由贸易试验区厦门片区建设若干规定》获得通过，其立法基础得益于厦门片区改革创新的工作实践与成功经验。该条例是

---

① 徐娟：《地方治理中的地方立法功能及局限》，朱景文、沈国明主编《地方立法的理论与实践》（2017年辑），法律出版社，2018，第203页。
② 刘华：《管理创新、"法律绿灯"与地方先行立法》，《东方法学》2014年第2期，第125页。
③ 2014年12月28日，第十二届全国人民代表大会常务委员会第十二次会议通过《全国人民代表大会常务委员会关于授权国务院在中国（广东）自由贸易试验区、中国（天津）自由贸易试验区、中国（福建）自由贸易试验区以及中国（上海）自由贸易试验区扩展区域暂时调整有关法律规定的行政审批的决定》。

为改革开放而制定，自然离不开创新。全文涉及"创新"的条款总共有七个，包含政策支持、金融监管、金融保险业务、保税货物监管、政府管理模式、通关机制等。其中，具有典型改革创新意义的是明确提出"建立宽容改革失误的工作机制"，为改革创新者撑腰。然而，免责的前提条件具有约束性，要考虑如下条件：有没有经过民主决策？工作程序是否合法合规？有没有偏离改革方向？工作人员或单位是否存在牟取私利现象？工作人员或单位有无恶意串通，破坏公共利益？也就是说，免责的例外情形比较严谨。在政府管理模式创新方面，厦门自贸片区管委会既可以统一行使有关行政审批事项，也可以交由市相关行政部门行使，提出实行权力、责任和公共服务三种清单，缩短办事流程，持续简政放权，加大政府信息公开力度。通过立法为人才引进创造虹吸效应，试行遴过聘任制公务员、政府特聘专家等引才形式引进人才。促进产业升级和"一带一路"建设方面，结合厦门市实际，同时吸收借鉴其他自贸试验区先进经验。此外，该条例还有一个特点是原文许多法律条款中"探索"两字的使用，这是厦门自贸试验区片区立法在为将来的改革实践决策预留空间。正如立法专家强调，立法应当具有一定前瞻性，在某些属于"探索"的领域，需要立法为改革发展预留空间。[①]

彭真在阐释改革实践对立法的重要性时曾指出，"实际是母亲，实际产生法律。法律、法理是儿子。法要有自己的独立的体系，有自己的逻辑，但要从实际出发，受社会实践检验"。[②] 新实践、新成果、新经验需要通过新立法总结，上升到法治层面，为自贸区厦门片区进一步发展提供良好的法治环境。该条例除了注重同《中国（福建）自由贸易试验区条例》相衔接外，还立足于自身特色化建设、差异化发展需要。与上海、天津、广东等地自贸区立法相较而言，相同之处在于该条例依然是针对管理创新、金融财税创新、监管等方面作出规定，不同之处在于其针对闽台交流与合作方面出台了一系列规定。当然，深化两岸经济合作是厦门地方立法特色所在，也是其制

[①] 乔晓阳：《处理好立法与改革的关系》，《中国人大》2014年第20期，第18页。
[②] 彭真：《发展社会主义民主，健全社会主义法制》，《法学杂志》1982年第5期，第6页。

度创新体现。条例第五章专门对两岸经贸合作作出规范,包括引入台湾地区经济类基金会、设立两岸青创基地、厦金合作等。例如,在两岸关检合作方面,探索实施第三方检验结果采信制度,符合采信要求的,试行快速验放,实现两岸快速通关和执法合作。

(二)推动多元化纠纷解决机制建设

过去遇到纠纷,人们常常第一时间想到去打官司,然而,诉讼往往会消耗当事人大量的时间、精力、财力,也会浪费不少社会和司法资源。事实上,解决纠纷,除了打官司,还有调解、仲裁、行政裁决、行政复议等更多更便捷的选择。2015年4月1日,厦门市人大常委会审议通过了《厦门经济特区多元化纠纷解决机制促进条例》,当年5月1日起正式实施。这是全国第一部促进多元化纠纷解决机制建设的地方法规,随着厦门经济特区多元化纠纷解决机制促进条例的加速落地落实,矛盾纠纷大调解体系基本形成,厦门的多元化纠纷解决机制也成为全国典范、立法标杆。最高人民法院和中央综治办评价:该条例为推进中国建立科学系统的纠纷解决体系建设带来了新面貌,为国家和其他地方涉及该领域立法提供了良好参考。该条例的很多内容是在现有法律框架下进行创新:对多元化纠纷解决机制进行法律定义,首次确立纠纷解决分层递进理念,首次明确多元化纠纷解决机制建设的组织实施;整体规划和协调各种纠纷解决途径,着力培育和发展各类调解组织,全面规范协商和调解程序,强化行政解决纠纷功能,首次确立多元化纠纷解决机制建设的保障机制。① 早在2005年,厦门就出台《厦门市人民代表大会常务委员会关于完善多元化纠纷解决机制的决定》,十多年前就已经提出多元化纠纷解决机制这一概念和制度安排。十多年来以实践为立法基础,厦门已经基本形成多元化纠纷解决体系,在畅通纠纷解决路径、便利群众寻求

---

① 李明哲:《多元化纠纷解决机制的地方立法探索——以厦门为样本》,《法律适用》2015年第7期。

权利救济、缓解社会和诉讼的压力等方面,效果日益凸显。① 法律的生命力和权威关键在于实施,显然,该条例的具体落实情况对保障社会改革与发展影响深远。

以厦门思明区法院为例,作为福建省民事案件量最大的基层人民法院,案多人少、送达难和执行难等问题严峻,年均案件量约4万件,平均每位法官年办案400件,法官工作量大大超过负荷。为了使法官可以专注于审判核心业务,从而提高司法效率,按照《厦门经济特区多元化纠纷解决机制促进条例》内容和精神,厦门鹭江公证处与思明区人民法院以问题为导向,以降低成本、方便群众为原则,于2016年11月创建全国首个诉讼与公证协同创新中心,探索了公证参与调解、集中送达、调查保全等审判辅助业务管理信息化建设工作,发挥了公证机构在预防和化解社会矛盾方面的独特作用。截至2017年5月底,诉讼与公证协同创新中心累计分流司法调解案件255件,调解成功40件,成效显著。厦门市人大及其常委会不断总结成功经验,查找存在问题,督促政府及其相关部门、法院、检察院和海事法院采取更加有力的措施,鼓励和引导当事人优先选择非诉讼方式解决纠纷,将大量矛盾纠纷化解在诉前诉外,全面贯彻该条例的各项要求,推动多元化纠纷解决机制进一步有序运行。

良法是促进社会和谐稳定的基础保障。在厦门取得良好矛盾纠纷化解成绩的背后,是该条例不断发挥立法引领改革和保障善治的作用。同时,基于该条例的指导引领,不断创新构建起调解网络和平台。目前厦门6个区全部建立了人民调解中心,38个镇街、496个村居和94个企事业单位都建立了人民调解组织,畅通了群众参与矛盾纠纷预防和化解渠道。此外,推动建立了51家个人工作调解室,294个行业性、专业性调解组织,覆盖医疗、卫生、道路交通、劳动争议和港口航运等30多个行业领域。在推进多元化纠纷解决机制建设进程中,为给整个机制不断造血带来生命力,厦门创新了一

---

① 李明哲:《厦门市构建多元化纠纷解决机制的探索与实践》,载张卫平、齐树洁主编《司法改革论评》(第8辑),厦门大学出版社,2008,第221~231页。

系列举措。比如，率先在福建省成立劳动争议仲裁院和涉台物流知识产权专业仲裁中心，推动律师事务所设立调解室，实现了"一村居一法律顾问"全覆盖。又如，成立了全国首个自贸区案件审判庭和福建省首个自贸区法庭。再如，鼓励适应互联网时代，发展新型在线纠纷解决机制，利用信息化手段打造网络便民平台，构建高效便捷灵活开放的调解网络。

从厦门的总体实践情况来看，当前多元化纠纷调解工作发展仍然不够平衡。有些部门对《厦门经济特区多元化纠纷解决机制促进条例》的认识还不够；有些部门虽然建立了纠纷化解组织和工作平台，但仅仅停留在发文件、挂牌子的形式上，调解功能作用发挥不明显，解决纠纷的能力也较弱；有些部门把化解矛盾纠纷工作看成是个别机构和个别人的事；有些部门在多元化纠纷调解应该如何深入开展、宣传推广方面比较被动，工作有所欠缺。例如，根据该条例的规定，应当在医疗卫生、劳动争议和消费者权益保护等纠纷集中的领域，推进建立一站式纠纷解决服务平台，但是，目前物业管理和环境保护领域的一站式纠纷解决平台进展不大。

厦门在完善多元化纠纷解决机制建设上先行先试，让人民群众真切体验和获得了改革创新带来的"红利"。从2015年至今，由厦门经济特区先试先行开始，一些条件成熟的地方，例如山东省、黑龙江省、四川省、安徽省等，也先后开启综合性立法或单项立法进程，探索制定多元化纠纷解决机制促进条例等地方性法规。[①] 例如，2016年7月22日，山东省出台《山东省多元化解纠纷促进条例》，这是第一部在省级层面涉及该方面的地方性法规。推动多元化纠纷解决机制法治化，最重要的成果是完善立法、健全制度。但是，目前还缺少一部在全国层面进行综合性规划设计的法律。因此，当下趋势是要在更多的地方开展立法探索基础上，推动多元化纠纷解决机制全国立法。对现行有关法律作出适当修改完善，推动制定一部集各地区、各方面探索经验之大成的多元化纠纷解决机制综合性、全国性法律。[②]

---

① 龙飞：《"多元化纠纷解决机制"正铺开宏伟画卷》，《人民法院报》2017年10月17日，第2版。
② 胡仕浩、龙飞、马骁：《多元化纠纷解决机制的中国趋势》，《人民司法》2018年第1期。

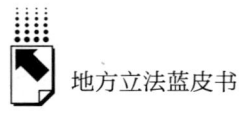

（三）促进社会文明

法安天下，德润人心。连续5年获得"全国文明城市"称号，厦门有基础也有必要通过立法来提升社会文明。如果仅有政策宣传引导而缺乏法规刚性约束，那么文明养成谈何容易。社会文明立法是一项系统工程，无法一蹴而就。因此，《厦门经济特区促进社会文明若干规定》通过立法提升社会文明程度，将社会文明规范上升至地方法规层面，特色在于决定采用"若干规定"立法形式，成熟、管用几条就立几条，兼顾当前与长远，统筹考虑立法的价值取向和现实情况。① 新加坡社会文明建设良好，很大程度上在于其拥有一系列的文明立法做保障。厦门要更好地与国际接轨，成为"高素质"的国际化城市，就不得不重视社会文明立法。基于此，厦门市人大及其常委会注重总结在全国文明城市创建中取得优异成绩和成功经验的基础上，结合上级有关规定，② 找准立法与促进社会文明的结合点，通过立法提升城市社会文明程度、促进市民文明行为习惯养成。

顾名思义，《厦门经济特区促进社会文明若干规定》是为促进社会文明而立的法，实行文明行为记录和文明积分制度，重点治理违规横穿马路、乱扔垃圾、在公共场所吸烟、不文明旅游等九项不文明行为。③ 这九项不文明行为是通过调查问卷、报纸征求市民意见等民主立法方式最终确定下来，属于比较普遍、人民群众讨厌的问题。众所周知，城市文明风尚方面做得比较好的地方，国外有不用担心口香糖污染的新加坡，国内则有机动车礼让行人蔚然成风的杭州。基于此，厦门对标国际先进城市新加坡、国内文明城市杭

---

① 厦门市人大法制委员会：《精准立法促进社会文明的厦门实践与探索》，中国人大网，http://www.npc.gov.cn/npc/lfzt/rlyw/2017 - 09/13/content_ 2028841.htm，最后访问日期：2018年8月14日。
② 中共中央办公厅、国务院办公厅印发《关于进一步把社会主义核心价值观融入法治建设的指导意见》。
③ 《厦门经济特区促进社会文明若干规定》第二十九条："下列不文明行为列入重点治理清单：（一）驾驶机动车不按规定避让行人；（二）行人通过路口或者横过道路不按规定通行；（三）违规停车；（四）乱扔垃圾、随地吐痰；（五）在公共场所吸烟；（六）不文明旅游；（七）占道经营；（八）携带犬只户外活动违规；（九）违禁燃放烟花爆竹。"

州先行先试,针对陋习,使出立法这一"撒手锏"。

厦门率先精准立法,促进社会文明,初衷在于用法治手段解决道德领域的突出问题。通常,一些沿袭已久的社会陋习之所以普遍,原因在于大家认为"法不责众"。因此,在法规中设置视不同情节进行区分的处罚尤为必要,不能让法律成为橡皮图章或者无齿之虎。虽然,过去也有相关的法律规定,如《道路交通安全法》对机动车不避让行人的处罚和《公共场所禁止吸烟规定》对违法者的处罚等,然而,之前这些法律实施的社会效果并不显著。而《厦门经济特区促进社会文明若干规定》最大的区别在于细化法律实施规定,根据不同的行为模式产生的社会危害程度规定对应的法律责任。法规规定了警告、罚款、用劳动替代、举报奖励制度,以及信用平台记录制度。当然,社会的良好治理需要健全的信用体系作为前提和基础。其中,效果最严厉的当属"一年内被处罚五次以上,且情节严重的,将依法列入社会信用信息共享平台",这意味着如果违法,不仅会被罚款,还会被列入个人信用黑名单,可能影响今后求职、贷款等活动。

立法的目的不是处罚,而是使大家尊法学法守法用法,养成文明意识,提高文明尺度。良法可以使人心生敬畏,做文明人。通过立法,使原本的自律上升为他律,进而缩短社会文明进程。① 事实上,《厦门经济特区促进社会文明若干规定》除了设置违法责任处罚外,还规定了相应的鼓励和奖励措施。例如设置爱心服务点,弘扬见义勇为,鼓励志愿者、慈善活动,实行文明积分制度等。此外,为了提高法规可执行性,法规要求城市管理、公安、工商、卫生、旅游等行政执法部门健全联合执法机制,开展联合执法。

(四)督促老字号保护发展

通过立法规范对老字号进行管理,不仅具有历史价值,也有其现实意义。《厦门老字号保护发展办法》有两个全国"首创"。其一,全国首部督促老字号保护发展立法。在全国对老字号企业并无专门立法前例、没有相应

---

① 李龙:《良法论》,武汉大学出版社,2001,第105页。

上位法规定的情况下，厦门率先在立法层面对老字号的认定与管理、保护与发展、继承与创新等方面出台规范，可对其他地方甚至国家层面老字号立法起到标杆作用。其二，全国首部由代表联名提出并列入常委会议程审议的地方性法规。人民是国家的主人，体现人民意志的法律应当由人民制定，"立法权是属于人民的，而且只能是属于人民的"。[①] 该法规从提立法议案到承担立法调研，再到提交立法草案以及立法草案说明，每一步都完全由人大代表自己完成，这在我国的立法过程中极其少见，充分发挥出代表主体作用，对探索代表如何参与立法，履行代表职能，保障代表直接行使立法权进行了有益尝试，提供了可供推广的经验。

二 厦门经济特区立法与改革困境剖析

厦门市经济社会目前存在实体经济发展水平有待提高，发展不平衡不充分问题尚未解决，社会治理能力有待增强，政府职能转变和体制机制创新效率不高等问题。[②] 与之相对，厦门地方法规当前也存在如下问题。

第一，"一市两法"影响仍未消除。拥有双重立法权，既是厦门经济特区的立法优势，也给其带来了"一市两法"难题。2010年以后，虽然厦门经济特区范围已经扩大至全市行政区范围，然而，实际上，厦门"一市两法"难题依然一定程度上存在，体现在以下两方面。

一方面，何种情况选择何种立法没有明确标准。经济特区授权立法因性质来源特殊，拥有独特的变通、创新和优先适用功能，由此，其立法范围和权限大于设区的市的立法。此外，经济特区授权立法无须经过省级人大及其常委会批准，立法流程少和耗时短，立法效率一般都高于设区的市的立法。因此，实践中，在本适用区域范围内，经济特区授权立法的数量远多于设区的市的立法。或许，有人会认为设区的市立法的作用完全可以由经济特区立

---

① 〔法〕卢梭：《社会契约论》，何兆武译，商务印书馆，1982，第75页。
② 庄稼汉：《政府工作报告——2018年1月6日在厦门市第十五届人民代表大会第二次会议上》，《厦门日报》2018年1月22日，第4版。

法取代。但是，事实上，厦门现行有效的地方法规中设区的市立法仍然占29.41%，可见其仍有存在意义和价值，这点无须赘述，关键在于需要确定立法标准，分清在何种情况下该立何种类型的法。例如，2012年1月经修改后施行的《厦门经济特区道路交通安全若干规定》和2003年3月施行的《厦门市海上交通安全管理条例》就可以作出一定区分。虽然两部法规的内容都是针对交通安全，适用范围是整个厦门市且都是实施性立法，但是，前者以"若干规定"命名表明还有一些内容以后会逐渐完善，同时，前者突破上位法《道路交通安全法》规定的并处的行政处罚额度，由5000元提高至10000元，这点后者就无法做到，属于经济特区授权立法；而后者只能在上位法《海上交通安全法》立法范围内进行细化，属于较大的市（设区的市）立法。

另一方面，无法直接明确区分经济特区立法和设区的市立法。通常，经济特区法规名称中带有"厦门经济特区"字样，由厦门市人大常委会通过即可；而设区的市立法则带有"厦门市"字样，必须经福建省人大常委会批准才能生效。但是值得注意的是，有些法规名称中表述为"厦门市"，而实际上属于经济特区立法，这些法规还为数不少，如《厦门市人民代表大会议事规则》、《厦门市人大常委会关于加强对司法工作监督的决定》、《厦门市国民经济和社会发展计划审查批准监督条例》、《厦门市人民代表大会代表议案提出和处理办法》、《厦门市禁止燃放烟花爆竹规定》和《厦门市人大常委会讨论、决定重大事项的若干规定》等。与之对应，《厦门经济特区历史风貌保护条例》在名称上让人觉得是经济特区法规，实际上却是设区的市立法。对于大多数普通群众而言，他们不懂得如何区分两者。

第二，授权立法存在滥用风险。《立法法》修改以前，我国主要进行的是全国人大因实际管理需要和特区经济发展需要，对经济特区的授权立法决定以及一些法条授权，通常都没有对授权目的、事项范围、时限以及权力行使的条件、方式、程序等予以明确而严格的限定，致使被授予的立法权限过大、授权范围过宽、授权时间长，继而造成被授权力的无限扩张与滥用。如果地方立法机关滥用立法权，或立法质量低劣引发民众抱怨，却仅仅向上对授权机关负责，是否合理？另外，从深层次看，地方立法权若最终源于最高权力机关所承载的全体人民意志，意味着每一部地方立法都关涉人民整体的福祉，而实践告诉我们，大多数地方立法仅影响本地人民，外地民众并不关心，也不轻易牵涉其中。客观上，纵使授权决定规定得再完善，倘若被授权机关没有按照授权决定的要求来进行立法，授权立法仍然可能会被滥用，这就需要回归到授权立法的事后规控上，如全国人大及其常委会对授权立法的裁决、撤销、备案等立法监督机制和司法审查机制。然而，当前我国关于授权立法事后规控的体制机制有待健全和提高执行效率。

第三，立法引领作用发挥仍显不足。当前，虽然厦门经济特区前瞻性立法逐步增加，地方特色得到越来越多的体现，但是在一些重要领域，立法引领作用发力仍然不够。其根本原因在于立法与改革决策的衔接机制方面出现问题，顶层设计有待加强。

我国多年来的立法实践，长期存在"先改革后立法"指导思想，并且较重视法律对改革成果的确认作用，而忽视法律对改革的引领推动作用。[①]由此导致立法主动适应改革的意识不够强，立法预测不足导致立法存在被动性。同时，立法路径和办法较单一，经济特区立法的试验性和创新性作用没有得到充分发挥。例如，在社会公共治理体制中起主导作用的经济特区政府职能改革还未从管理转向治理，因此，其治理体制仍然是强政府、弱社会，导致一些涉及社会治理体制的改革性法规出现难题："政府改革不到位，立法难进行，改革没办法、立法没法办。"

此外，经济特区人大自身的立法机制和立法能力还不能达到发挥引领作用所需的要求。具体而言，一是当前人大及其常委会与政府部门在立法中的作用有待进一步区分，一个起主导作用，一个起基础作用。强调人大及其常委会的主导作用，目的之一在于防止立法过程中出现部门利益法制化问题。二是人大主导立法的机制还有待完善。对一些改革急需、群众关注的法规，

[①] 陈建华：《立法与改革衔接机制研究》，中国社会科学院博士后研究工作报告，2018年7月，第95页。

在综合协调、组织起草方面做得还不够；对改革发展的内在规律认识不够，立法调研工作还需进一步深入；对一些新出现的改革性事务，没有现成经验可学，缺乏立法所需的基础思路，难以把握立法的走向。① 三是有些法规的立法周期较长，不能及时、主动地回应改革对立法的需求。另外，经济特区立法还存在和其他地方立法共同面临的问题，比如，立法审议环节存在会议议程实际决定权偏移、统一审议中委员会功能放大和议事成员实际议事功能较弱的问题，② 立法部门利益化的问题，立法失位、错位等立法不适应改革实践需要的问题，等等。

上述问题在一定程度上可以归结为厦门地方立法与改革衔接机制有待进一步完善，立法质量有待继续提高。宋方青指出，立法质量的判断标准应当包括价值性、合法性、科学性、融贯性和技术性这 5 个标准。③ 厦门市人大及其常委会在上述几个标准上仍需加强。究其本质而言，在于其缺乏地方立法的灵魂性条件，只是为立法而立法，就得付出"牺牲"立法质量的代价。当前，我国已经进入"后立法时代"。"良法善治"所追求的不再是立法的数量而是质量，追求如何立好法、如何让已经制定的法提高质量。在此基础上，科学立法的内涵应做更为广阔的理解，不仅限于制定法律法规，而且应包含"二次立法"即法律法规的解释、修改与废除。

三 完善立法与改革决策衔接机制的路径设计

"从某种意义上讲，国家的变迁也就是法律的变迁。"④ 改革与法治成为当代中国国家变迁中的两大主题和两种不同思维方式，两者辩证统一、相互交织、共同推进。同理，作为法治两重含义之一的立法与改革之间也相互依

---

① 熊菁华：《北京市地方立法与改革的实践分析》，《人大研究》2018 年第 4 期，第 52 页。
② 宋方青、王翔：《论我国人大立法审议机制的功能与优化》，《厦门大学学报》（哲学社会科学版）2018 年第 6 期，第 117 页。
③ 宋方青：《立法质量的判断标准》，《法制与社会发展》2013 年第 5 期，第 43 页。
④ 〔法〕莱昂·狄骥：《公法的变迁 法律与国家》，郑戈、冷静译，辽海出版社，1999，第 7 页。

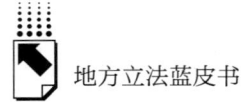

存，可以达成平衡，存在对立统一的辩证关系。厘清立法与改革的关系之后，针对当前立法与改革衔接机制有待进一步完善、立法质量有待继续提高的问题，为了有效发挥立法与改革良性互动、立法为改革提供科学指引的作用，如何实现立法与改革决策机制"无缝对接"变得至关重要。

第一，保障民主立法，拓宽公民参与途径。卢梭的"人民主权"和"主权在民"学说强调，应该由人民自己行使立法权。他说："立法权是属于人民的，而且只能是属于人民的。"① 习近平强调，民主立法的核心，在于立法要为了人民、依靠人民。② 对有争议的法规草案条文实行逐条审议、逐条表决制度。表决几条立几条，使制定的法规条款更具实用性。鼓励法规草案辩论，辩论双方意见应当向社会公开并书面存档。重大立法审议过程全程网络直播。立法决策与改革决策一致，不仅需要符合改革要求，更要发挥整个立法程序的完善监督制约作用。③ 要把地方立法的整个程序过程转化为普及法律教育的过程，努力把立法的过程变成一部法律法规普及宣传教育的过程，有计划有针对性地通过各个层面的征求意见、座谈、论证、讲解、宣传，让日后要成为执法主体和执行相对人的群体，了解为什么要制定这部法规，有关条款为什么这样规定，不同的意见为什么没有采纳，法规条款有哪些主要内容，违反这部法规的各种情形要承担什么样的法律责任，等等，使这一过程既体现民主立法，又提前普法，做到立法与普法、制定法律与培育法治理念相互协调、相互促进。

第二，坚持科学立法，优化立法内容质量。地方立法需要追求真善美，通过科学立法来求真，通过立法程序的公开透明和公众参与来求善，通过立法文本形式的结构精细和语言准确来求美。④ 科学立法内容的科学性即制度设计的科学性，就是要求建立科学的立法权限划分、立法主体设置和立法运

---

① 〔法〕卢梭：《社会契约论》，何兆武译，商务印书馆，1997，第75~76页。
② 习近平：《关于〈中共中央关于全面推进依法治国若干重大问题的决定〉的说明》，《人民日报》2014年10月29日，第2版。
③ 乔晓阳：《处理好立法与改革的关系》，《中国人大》2014年第20期，第18页。
④ 宋方青：《论地方立法的真善美及其实现》，《学习与探索》2010年第1期，第88页。

行体制，充分尊重社会和立法自身的发展规律，做到立法工作的合情（国情、民情）、合理（法理）和正当性、公平性的统一。① 要实现立法内容科学性，具体应当做到以下四个方面：其一，实现权利与义务的一致性；其二，实现法定义务与法律责任的对应性；其三，实现权利和权力的平衡性；其四，实现程序规范和实体规范的协调性。② 科学立法的核心在于体现和尊重客观规律，具体来说，经济特区科学立法应重点做好以下方面。首先，以制造业转型升级为契机，进一步创新市场经济管理方面立法。比如，企业开设方面，参考新加坡、我国香港地区等地做法，实现注册登记便利化，并探索建立法人承诺制等信用机制。又如，企业税负方面，既要降低企业负担，又要进行税制改革，特别要注意国地税部门机构改革合并后引发的新问题。再如，产权保护方面，同国家层面即将颁布实施的《民法典》等上位法相衔接，结合特区实际，作出大胆创新，同时，加快教育、科研体制改革。其次，对外开放方面，除了加强与台合作立法外，还要针对服务业准入限制、供给总量欠缺、质量较低和效率偏差等问题进行立法规范，加快服务业开放步伐，倒逼特区服务行业与企业改革发展，对标国际服务贸易规则，制定更加开放透明的服务贸易负面清单。③ 最后，加强体制机制创新。当前，改革的主要内容集中在经济体制，但是真正的关键障碍却在于政治体制领域。因此，党的十九届三中全会通过党和国家机构改革决定的作用就是深化政治体制领域改革，简政放权，以"放管服"改革转变政府职能，推动经济、文化、社会和生态等领域的进一步改革发展。例如，城乡二元户籍改革、农民土地财产确权、扩大市场决定资源配置等，在这些方面经济特区都可先行先试进行立法探索。

第三，严格依法立法，完善立法权限划分。依法立法可以保障科学立法、民主立法。经济特区依法立法需要按照法定立法权限、立法程序立法，

---

① 邓世豹主编《立法学：原理与技术》，中山大学出版社，2016，第62页。
② 徐向华：《立法学教程》，上海交通大学出版社，2011，第77~80页。
③ 迟福林：《在新时代改革开放中继续走在前列》，《人民日报》2018年9月2日，第8版。

完善立法备案审查和监督制度，切实开展合宪性审查和合法性审查。① 根据授权法的法理，在作出授权时应阐明授权的理由、禁止空白授权以及明确规定对授权的监督与控制程序，这是对授权法内容的基本要求。② 我国授权立法的监督控制存在诸多问题，尤其是权力机关的监督控制缺乏制度性、系统性手段。为改变这种局面，应当进一步完善我国的授权立法备案制度，保留批准制度，规定程序保障、审查形式和实质内容，并建立委员会审查制度。③ 经济特区授权立法变通的范围、方式等还缺少明确的法律依据。此外，经济特区授权立法与法律、地方性法规的关系也有待进一步明确。当前，可考虑在《立法法》对授权立法作出已有监督的基础上，制定专门的授权程序法，使监督审查有据可依。另外，授权机关对经济特区法规作备案审查，应如何具体落实，也需要通过立法明确。④

第四，完善地方立法项目征集和立法规划编制，加强重点领域地方立法。立法资源是有限的，在加大资源投入的同时也要注意资源的有效利用。因此，从立法项目和规划这一源头入手，统筹兼顾各领域立法需求，精力相对集中地投入条件较成熟且较关键的立法项目中显得尤为必要。彭真曾提出，各级人大的立法工作，"应该、也有条件考虑基本的、重大的、长远的问题，进行系统的调查研究"。⑤ 立法项目的确定要以满足全面深化改革需求为出发点，一般而言，某些立法项目自身即改革任务或者包含了改革的内容与要求。有学者从立法形式、必要性、可行性等方面提出地方性法规立项论证标准，比如要有草案文本、有调研报告、论证听证、满足群众利益需求等。⑥ 换言之，确定地方立法项目和编制立法规划的论证要点在于：一是需要是否迫切；二是特色是否显著；三是与上位法是否抵触；四是与上位立法

---

① 张鸣起等：《学习十九大报告重要法治论述笔谈》，《中国法学》2017年第6期。
② 陈伯礼：《授权立法研究》，法律出版社，2000，第162~163页。
③ 陈伯礼：《论权力机关对授权立法的监督控制》，《法商研究》2000年第1期，第80页。
④ 朱力宇、叶传星主编《立法学》（第4版），中国人民大学出版社，2015，第234、237页。
⑤ 彭真：《论新中国的政法工作》，中央文献出版社，1993，第366页。
⑥ 柯旭、吴章敏：《地方性法规立项论证若干问题研究》，《地方立法研究》2017年第4期，第114页。

活动是否协调；五是实际是否可行、可操作。

厦门特区可根据2018年9月7日公布的《十三届全国人大常委会立法规划》要求，立足厦门市情，针对乡村振兴、数据安全、房地产税、外国投资、社会救助以及学前教育等方面，突出城市规划立法、民生保障立法、生态环境保护立法和将社会主义核心价值观融入地方立法等，从人民群众反映强烈的矛盾和问题入手，抓紧完善社会、民生、环境、财税以及规范各级机关组织运行方面的经济特区法规，切实提高地方立法的及时性、系统性、针对性和现实性，大力发挥立法的引领推动作用，提高地方立法质量，避免重复立法，做到立法与厦门市社会经济发展实际相适应。

四 立法与改革互动演进小结

法律是治国之重器，良法是善治之前提。① 作为经济特区和自贸区试点片区，厦门担负了许多项国家及省部级改革试点任务，这些改革都涉及制度体制层面的问题。这就要求，一方面，要把改革中的成熟经验上升为地方性法规；另一方面，要通过地方立法从制度上进行系统谋划、顶层设计和综合配套。面对新形势新要求，要确保地方立法更好地服务改革发展大局，就必须充分发挥地方人大在立法过程中的主导作用，为深化改革注入强劲动力。立法变通权是经济特区立法权的根本特征，虽然先行先试不是经济特区立法区别于其他地方立法的独有特点，但是运用特区立法权先行先试，进行立法试验，推动制度创新，打造立法与改革相衔接的"示范模板"，正是特区的价值和功能所在。厦门市在我国政治、经济、文化、社会等方面具有举足轻重的地位，厦门地方法规也在一定程度上影响着我国整个地方立法体系的建设、发展和完善。随着城市化进程的加快与中国经济政治体制改革的深入，厦门拥有经济特区与设区的市双重立法权，作为中央和地方之间权限划分的

---

① 《中共中央关于全面推进依法治国若干重大问题的决定》，《十八大以来重要文献选编》（中册），中央文献出版社，2016，第266页。

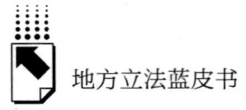

关键环节,在新一轮改革开放中的杠杆支点作用会愈加显现。

"立法先行""科学立法"是建设新时代中国特色社会主义法治体系所秉持的基本理念。在我国立法体制中,地方立法扮演了重要角色,地方立法在效力上虽不及中央立法高,但数量庞大,且最贴近群众生活,所规定的事项与广大群众切身利益密切相关,可以说极为重要。改革开放40多年来,地方立法对建设中国特色社会主义法治国家、推进国家治理体系和治理能力现代化发挥了重要作用。地方立法是改革开放历史新时期的产物,伴随着改革开放全过程,地方立法的主要作用是服务改革发展大局的现实需要。40多年来,上到中央立法,下到地方立法乃至经济特区立法都发生了许多明显变化。整个中国立法体制体系本身也处于为了适应改革开放实际发展需要而不断改革的过程。具体体现在:立法思路方面,由"先改革,后立法"到"边改革,边立法"再到"凡属重大改革都要于法有据";① 立法理念方面,起初更多的是单纯追求立法数量和速度,现如今,已经将重点置于提高立法质量上;立法重心方面,原先主要是将国家特殊的优惠政策优势转化成经济、综合行政领域法规,立法存在较多的单一性和失衡性,现如今,已经转为注重社会、民生和生态等各领域发展,强调立法的多元性和均衡性;立法内容方面,初期存在较多的照搬照抄和粗糙宽泛立法,现如今,已经开始追求精细化立法,加强法律的可执行性、可操作性和地方特色创新;立法形式方面,最初偏向于制定法律,现如今,开始强调立、改、废、释、编、授等多管齐下;立法过程方面,最初存在立法公开不均衡、有限开放、公众意见建议和人大常委会反馈意见的公开程度有待提升等问题,现如今,地方立法工作信息公开进步明显,立法程序和立法计划公开情况较好,人大及其常委会立法主导作用发挥越趋显著。

毫无疑问,立法与改革的关系背后体现着法律与社会变迁的关系。立法的过程实际上是社会走向法治的渐变过程,没办法一蹴而就,也无法仅靠一部法规的出台就指望解决所有问题。因为,法律在具体执行过程中会出现各

---

① 胡健:《改革开放四十年立法工作的七个转变》,《中国法律评论》2018年第5期。

种各样的新问题新情况，所以，法律需要与时俱进，因时因势因事而立法。改革作为当代中国最为鲜明的时代主题，同时也是当代中国立法不可绕过的重要背景条件。40多年来，中国的立法进程一贯同改革进程紧密联系，立法的任务、重难点、推动力与阻力以及调整的社会关系往往受制于改革的目标与进程。党的十八大以前，改革与立法的关系呈现为鲜明的"主客关系"或"目的—手段"关系，立法工作要么被动地确认改革的成功经验，要么积极围绕改革展开。立法受制于改革决策，被当作改革保驾护航的一种手段。党的十八大以后，立法与改革的关系得以全新界定，"立法适应改革"模式正在被"立法引领改革"模式所代替。改革的办法就是立法的内容，做到立法与改革主动衔接，以立法推动改革，实现重大决策法治化开始成为各级立法部门工作的重中之重。具言之，立法推进改革可归结为两点：一是坚持立法先行，先行先试，鼓励改革创新，但需明确重大改革要于法有据，为深化改革提供法治保障；二是通过立法推进政府简政放权目标落地，主要是对现有的法律法规和政府规章等进行清理、修改，保证其适应改革需要。

习近平指出，创新是改革开放的生命，实践发展永无止境，解放思想永无止境。[1] 在全面深化改革和全面依法治国背景下，加强创制性立法成为地方立法工作的重要内容。整体而言，当前我国地方立法中创制性立法占比依然较小，这无法满足有效发挥地方立法在改革开放中的功能和作用的需要，同时，亦无法与中央权力下放、地方立法主体扩容、增强地方立法自主性的精神相匹配。时代是思想之母，实践是理论之源。既往改革开放和分权实践证明，未来我国发展进步的力量主要蕴含于地方和基层，尤其是具有革新意义和试验功能的经济特区。因此，需要不断推动以经济特区为代表的地方立法工作与时代同步，与改革同频，与创新共振。[2]

2019年2月25日，中央全面依法治国委员会第二次会议强调，要以立

---

[1] 习近平：《在庆祝改革开放40周年大会上的讲话》，《人民日报》2018年12月19日，第2版。
[2] 栗战书：《推动地方立法工作与时代同步伐与改革同频率与实践同发展》，《人民日报》2018年9月16日，第1版。

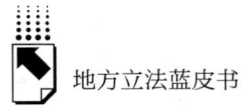

法高质量发展保障和促进经济持续健康发展。① 在全国上下都特别重视立法工作的今天，各地应重点加强立法创新，特别是经济特区。此外，强化人大在立法中的主导作用，加快立法体制创新，进一步突出立法的地方特色，继续围绕社会热点民生问题、知识产权保护、生物安全等方面的立法项目进行重点领域立法，立改废释并举。改革开放提出的立法需求有很多，需要具体问题具体分析。② 我国各地区经济社会处于非均衡性发展状态，这一现实社会矛盾要求立法工作必须充分发挥中央与地方两个积极性。整体而言，立法已经从原来的供给导向转向社会需求导向，从应景性、应急性立法转向科学性、规律性立法。

立良法于天下则天下治，立善法于一国则一国治。③ 立法是法治的起点，法治必然以完备而优良的法律为前提和标准，完备而优良的法律必然以科学民主的立法为基础。当前中国经济面临从数量型经济向质量型经济的转变，立法也面临同样的转变。基于法治原则和"立法引领改革"要求，先行先试改革应当以合法性为前提条件，防止出现违法改革破坏法治秩序、误导改革方向、影响改革成果，不能为了创新而创新，避免为了立法而立法，我们现在不缺立法的数量，缺的是可行的高质量立法，需要审慎科学的立法，需要完善立法与改革衔接机制。

---

① 《习近平主持召开中央全面依法治国委员会第二次会议强调　完善法治建设规划提高立法工作质量效率　为推进改革发展稳定工作营造良好法治环境》，《人民日报》2019年2月26日，第1版。
② 沈春耀：《在新的起点上推动地方立法工作与时俱进完善发展》，《法制日报》2018年9月25日，第9版。
③ （宋）王安石：《临川先生文集》，中华书局，1959，第678页。

立法调研与评估

Legislative Investigation and Evaluations

B.7
以区域协同立法助推成渝地区双城经济圈建设*

——以成都市的立法需求为视角

成都市人大常委会法工委课题组**

摘　要： 以高质量地方协同立法推动成渝地区双城经济圈建设整体成势、行稳致远,对于加快川渝两地深度融合、相向而行具有重要的现实意义。在学习借鉴京津冀、长三角、粤港澳大湾区等国内主要城市群和英伦城市群、日本太平洋沿岸城市群、美国东北部大西洋沿岸城市群等协同立法样本的基础上,本文以成都市的立法需求和立法权限为协同立法的视角,聚焦

---

* 数据为课题组调研数据,可参见本书附录1-4。
** 课题组负责人:巫敏,成都市人大常委会副主任,成都市委全面依法治市委员会立法协调小组副组长。课题组成员:陈春建、汪海莹、陈川、熊明、孟甜甜、舒岚、杨璧赫,研究方向:地方立法实务。

"重要经济中心、科技创新中心、改革开放新高地、高品质生活宜居地"战略定位的地方立法需求,积极探索协同立法的重点领域和着力方向。为此,成渝地区协同立法需要遵循"建立协同立法机制—搭建协同立法平台—确定协同立法内容—优化协同立法程序"的基本路径,建立健全强有力的协同立法保障,构建与协同发展相互支撑、相互促进的协同立法机制。

关键词: 协同立法　成渝地区双城经济圈　协同立法机制

2017年,党的十九大提出了推进区域协调发展的国家战略。2020年,习近平总书记在中央财经委员会第六次会议上指出,要推动成渝地区双城经济圈建设,在西部形成高质量发展的重要增长极。因而,高标准谋划成渝地区双城经济圈建设、推动成渝地区实现更高质量一体化发展体现了国家意志,具有重大现实意义。"这需要地方立法为区域协调发展提供制度性保障,做到政策导向和立法决策统一衔接,改革和法治相互促进、相得益彰。"①

一　区域协同立法对成渝地区双城经济圈 建设的重要意义

协同立法为适应协同发展战略而被提出,体现了新时期党中央和国家对区域法治建设的新希望和新要求。② 建设成渝地区双城经济圈是新时代继京

---

① 虞浔:《立法协同推动区域协调发展(金台锐评)》,《人民日报》2019年1月17日,第19版。
② 参见李杰《京津冀区域协同立法问题研究》,硕士学位论文,河北大学,2018。

津冀协同发展、长三角一体化和粤港澳大湾区建设后又一个重要的区域发展战略,赋予了成都服务国家战略全局的时代使命,创造了成都走向世界、面向未来的战略机遇,必将进一步提升成渝地区在全国大局中的战略地位,深刻改变成渝地区战略位势、区域能级和发展格局。站在成渝地区高质量发展新的战略起点,以高质量地方协同立法推动成渝地区双城经济圈建设整体成势、行稳致远,对于加快两地深度融合、相向而行具有重要的现实意义。

第一,两地协同立法是促进成渝地区一体化发展的重要保障。立法工作是政策制度化、法律化的基本途径和保障方式。"协同立法既能完整表达双方或多方主体的意志,最终形成一致的区域规则,又没有改变现有的行政区划等法律制度及框架,是实际解决区域立法难题的方式。"[①] 因而,加强成渝地区协同立法,有利于充分发挥立法工作对成渝地区一体化发展的保障、规范、引领、推动作用,着眼于成渝相向发展打破地区分割,以重大战略协同为统揽、以成渝相向共兴为引领、以毗邻地区合作为突破,协同开展规划编制、协同实施重大项目、协同建设重大平台、协同深化重大改革、协同完善推进机制,实现政策导向和立法决策相衔接,推动成渝地区双城经济圈建设的战略要求转化为战略行动。

第二,两地协同立法是推动成德眉资同城化发展的重要指引。成德眉资同城化发展是服务成渝地区双城经济圈建设的支撑性、先导性工程。[②] 而加强成渝地区协同立法,有利于落实"抓两核、带中间"总体思路,促进资源要素在双城经济圈自由流动,引领产业和人口向优势区域集中,带动成德眉资共建跨区域产业生态圈、要素市场体系和产业政策生态,加快推动成渝地区双城经济圈建设在川开局起势。

[①] 张瑞萍:《京津冀法制一体化与协同立法》,《北京理工大学学报》(社会科学版) 2016 年第 4 期,第 134 页。

[②] 2020 年 1 月 16 日,四川省委书记彭清华同志在成都主持召开成德眉资同城化发展推进会并讲话,强调要深入学习贯彻习近平总书记在中央财经委员会第六次会议上的重要讲话精神,进一步提高政治站位,切实把成德眉资同城化发展作为服务成渝地区双城经济圈建设的支撑性工程、作为实施"一干多支"发展战略的牵引性工程,下好先手棋,聚力抓落实,加快推动成渝地区双城经济圈建设在川开局起势。

第三,两地协同立法是探索成渝地区双城经济圈法治化发展的重要支撑。"只有将区域协调发展纳入法治化轨道,才能为区域协调发展战略的顺利实施提供最为充分的保障。"① 当前,成渝两地立法工作现状与双城经济圈建设的法治保障需求之间还存在不相适应的问题。在立法供给上,重庆和成都现行地方法规体系还不能精准覆盖"一极两中心两地"战略和七大重点任务推进需求,地方立法结构还有较大完善空间;在立法权限上,成都市仅能对城乡建设与管理、环境保护、历史文化保护等事项制定地方性法规,两地立法空间还有较大差距;在立法协同上,成渝协作水平还明显滞后于规划编制、交通建设、平台打造、机制完善等方面。两地亟须积极推进立法工作的机制协同、项目协同、标准协同、技术协同,为成渝地区双城经济圈建设提供法治保障。

二 国内外城市群协同立法的经验启示

从全球城市化进程来看,以一体规划和协同立法方式保障城市群的可持续发展已逐渐成为共识。通过分析京津冀、长三角、粤港澳大湾区等国内主要城市群和英伦城市群、日本太平洋沿岸城市群、美国东北部大西洋沿岸城市群等协同立法样本,其协同立法的依据、机制、项目以及模式为成渝地区协同立法提供了经验启示。

(一)将确立立法依据作为区域协同立法的重要前提

城市群中各大城市的立法需求、立法权限、立法技术、立法标准不统一且立法主体复杂化、多元化,需要通过制定区域协同立法依据来保证协同立法的正当性。北京、天津、河北共同出台了《关于加强京津冀人大立法工作协同的若干意见》,长三角地区三省一市通过了《关于支持和保障长三角地区更高质量一体化发展的决定》,通过规范协同立法的机制、领域和标准为协同立法提供依据。英国议会出台《绿带法》《新城法》《地方政府法

---

① 徐文东、华国庆:《中国区域协调发展立法体系研究》,《大连大学学报》2009 年第 5 期。

案》《规划与强制收购法》,为英伦城市群的协同发展提供法律依据。① 法国议会通过立法打破行政区划限制,根据地域发展需要设立都市圈并实行统一规划。② 日本政府在区域协同领域出台《地方自治法》《首都整备法》等相关法律,为城市协同发展奠定了法律基础③;日本太平洋沿岸城市群在《国土形成规划法》的引导下,成立"广域地方规划协议会",运用立法引导城市群在特定领域的协同。④

(二)将完善协同机制作为区域协同立法的重要基础

京津冀、长三角、粤港澳大湾区均建立了区域间的联席会议机制,定期对区域协同立法重要事宜进行讨论,商定出台区域治理的专门文件,协调城市群协同立法程序,确保协同立法的效果达到立法预期。长三角地区三省一市通过签订《关于深化长三角地区人大常委会地方立法工作协同的协议》,进一步完善决策层、协调层和工作层立体推进的立法协同机制,明确规划、环保、产业、营商环境等立法协同重点领域。《京津冀人大法制工作机构联系办法》对信息通报和学习走访作出制度规定,进一步促进立法资源和研究成果的共享。美国在20世纪60年代即通过签订州际协定建立区域法治协调机制,推动以法治方式实现州际合作、解决州际争端。⑤ 英国通过《大伦敦政府法》等法律法规建立跨区域协同机制,促进大伦敦城市群常态化协同合作机制逐步完善。⑥

(三)将攻坚重点项目作为区域协同立法的重要牵引

区域协同立法需要对立法资源和推进时序进行合理配置,聚焦协同发展

---

① 参见洪庆明《西欧城市群发展的区域协同体系》,《中国社会科学报》2019年2月26日,第5版。
② 参见章昌裕《巴黎都市圈形成的特征》,《中国经济时报》2007年1月18日,第4版。
③ 参见王涛《东京都市圈的演化发展及其机制》,《日本研究》2014年第1期。
④ 参见蔡玉梅等《日本六次国土综合开发规划的演变及启示》,《中国土地科学》2008年第6期。
⑤ 参见何渊《州际协定——美国的政府间协调机制》,《国家行政学院学报》2006年第2期。
⑥ 参见韩慧《大伦敦都市圈生态文明建设及对中国的启示》,《世界农业》2015年第4期。

的紧迫任务、短板瓶颈，实现协同立法重点领域、重点项目率先突破，以此形成辐射带动效应。《京津冀协同规划纲要》把交通和环保产业作为京津冀协同发展的重点领域。长三角一体化发展聚焦规划对接、市场统一、生态保护、共建共享等重点领域开展协同立法。《粤港澳大湾区发展规划纲要》提出，粤港澳政府要共同编制科技创新、基础设施、产业发展、生态环境保护等领域的专项规划或实施方案并推动落实。伦敦市政府制定了《大伦敦规划》，"蓝丝带网络"规划成为大伦敦地区滨水空间建设立法的重要依据。①德国鲁尔区将绿道建设和工业区改造相结合，整合17个县市的绿道并对绿道系统进行立法，推动传统老工业区向服务业中心和旅游目的地转型。

（四）将构建协同模式作为区域协同立法的重要保障

《京津冀人大立法项目协同办法》规定，立法协同项目草案拟定后，由三方同步调研、同步论证、同步修改，对涉及的难点、重点、焦点问题联合攻关，探索出区域立法同步制定、协同起草、同步审议通过、同步实施的协同立法新模式。长三角城市群的协同立法以共同商定的示范性文本为基础，结合各行政区划内的个性化差异，形成在不同行政区划内施行的立法文本。英伦城市群成立了伦敦政府办公室和专门区域发展机构，负责跨行政区域的协同合作事务。② 2004年颁布《规划与强制收购法》，要求地方政府制定开发文件必须符合大伦敦空间战略要求。③ 美国东北部大西洋沿岸城市群一体化发展多依靠由政府、民间组织、市场主体等组成的半官方性质的管理机构（如纽约新泽西港务局、纽约移民联盟）推进协同工作。④ 1965年，美

---

① 参见周玉娟《城市滨水区再开发规划控制研究——以浦江北岸为例》，硕士学位论文，同济大学，2007。
② 参见鞠立新《由国外经验看我国城市群一体化协调机制的创建——以长三角城市群跨区域一体化协调机制建设为视角》，《经济研究参考》2010年第52期。
③ 参见陈成、张丽君《英国区域空间战略及对我国的启示》，《国土资源情报》2012年第1期。
④ 参见杨爱平、张吉星《纽约—新泽西港务局运作模式对粤港澳大湾区跨境治理的启示》，《华南师范大学学报》（社会科学版）2019年第1期。

国国会通过了《阿巴拉契亚地区发展法》，成立阿巴拉契亚区域委员会，负责制定地区发展总体规划，通过财政援助和技术支持等途径促进地区经济发展。①

三 成渝地区双城经济圈协同立法的着力重点

区域协同立法是在现有区域公共政策和行政协议基础上，直接针对区域重点发展领域的规范阙如或冲突问题主动开展的立法新样态。② 因此，成渝地区双城经济圈协同立法工作要围绕服务国家战略全局和区域发展大局，聚焦"一极两中心两地"战略定位和七大重点任务，从四个方面加快重点领域的协同立法，助力加快建设高质量发展重要增长极和动力源的战略目标。

（一）围绕打造西部经济中心开展协同立法，促进区域发展融合共兴

以建设具有全国影响力的重要经济中心为导向加强协同立法，顺应区域经济分化和动力极化新趋势，开创成渝地区高质量发展新局面。

1. 以协同立法推进区域经济地理重塑

加强东部新区立法保障。着眼于把东部新区建设成为国家向西向南开放新门户、成渝地区双城经济圈建设新平台、成德眉资同城化新支撑、新经济发展新引擎和彰显公园城市理念新家园，以立法保障东部新区高起点规划、高标准建设、高质量发展、高水平治理。制定《成都东部新区条例》，对东部新区的管理体制、职责权限、建设任务等重大问题进行立法规范，加快完善"1+6"法治保障体系。加强成德眉资同城化发展立法保障。在川渝毗邻地区开展先行立法，探索经济区和行政区适度分离，为优化区域空间结构、形成功能互补的经济空间、实现生产空间高效集约贡献法治力量。地方

---

① 参见曾轶《论林登·约翰逊政府对阿巴拉契亚地区的开发》，硕士学位论文，湖南师范大学，2015。
② 参见宋保振、陈金钊《区域协同立法模式探究——以长三角为例》，《江海学刊》2019年第6期。

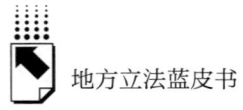

在落实成德眉资同城化发展战略中,围绕"三区三带"先行示范区建设的法治保障开展专题立法研究,加强协调联动,放大比较优势,推动区域内产业供需适配和本地替代,形成具有高度协同性和融合性的城市集群。加强区域城乡融合发展立法保障。依托重庆、成都国家城乡融合发展试验区建设,加强城乡要素流动、公共资源合理配置、乡村经济多元化发展和城乡公共设施联动发展等方面的立法研究,助推城乡基础设施统一规划、统一建设、统一管护,为培育发展城乡产业协同发展先行区提供地方立法引领和制度支持。

2. 以协同立法推进现代产业体系构建

为产业布局分工协作提供立法支撑。围绕成渝联动建设国家级承接产业转移示范区和国家外贸转型升级示范区,加强对推进成渝地区产业布局一体化的法治研究,为两地高效开展电子信息、智能制造等优势领域的产业链合作创造良好的法治环境。为产业承载空间拓展提供立法支撑。协同推进产业生态圈建设,探索建立跨区域产业协作与利益共享机制,围绕成德临港经济、成眉高新技术、成资临空经济产业协作带发展进行联合立法,推进产业功能垂直升级和水平融合,实现城市群内经济空间错位发展和优势互补。为产业功能区提质增效提供立法支撑。以机构法定试点为牵引建设产业功能区,在符合国家法律法规和机构编制规定的基础上,通过立法性质的人大决定,为开展产业功能区法定机构设置试点、探索员额制管理提供法治支持,释放产业功能区建设的制度活力。

3. 以协同立法推进区域共建共治

加强规划引领推动基础设施互联互通。共同争取国家编制成渝地区双城经济圈多层次轨道交通体系规划,围绕强化成渝城际交通主轴,加快推动干线铁路和城际铁路规划建设,加强立法研究和配套制度建设,促进交通基础设施互联互通,提升联运组织效率和运输服务一体化水平,满足成渝地区双城经济圈内同城化发展需求。加强制度共建推动通勤交通有效衔接。及时清理修订成渝两地城市轨道交通管理领域的地方性法规,完善轨道交通建设相关配套制度,为推动干线铁路、城际铁路、市域铁路、城市轨道交通"四网融合"和"同城同网"扫除不相适应的制度机制障碍。加强标准统一推动区域公交运营管理一体化。围绕成渝地区双城经济圈城市间交通同环、收费同价、道路同网、标准同等的法治需求，推动制定相关管理条例，依法推进铁路动车公交化运营改造及近郊班线公交化，规范区域公共交通一卡通、铁路票制结算机制、信息发布共享渠道等服务标准，形成一体化交通运营管理网。将成渝地区交通一体化发展要求通过适当程序转化为制度机制，在前期立法后评估基础上，修改《成都市城市公共汽车客运管理条例》，推动跨区域、跨方式客运公共交通服务的共建共享。

（二）围绕打造西部科技创新中心开展协同立法，增强协同创新发展能力

围绕完善创新体系、发展数字经济开展协同立法，为加快建设具有全国影响力的科技创新中心、形成区域协同创新体系提供法治保障。

1. 以协同立法深化源头创新机制改革

实施协同立法服务国家创新驱动发展战略。立足积极争创综合性国家科学中心和天府国家实验室，助推中国西部（成都）科学城加快建设，制定《成都市推进科技创新中心建设条例》，巩固扩大近年来在科技创新平台建设领域的改革创新成果，为构建区域协同创新共同体提供有力法治支撑。完善《成都国家自主创新示范区条例》配套制度性规定，着力发挥成都高新区对外开放合作平台功能，推动建设创新驱动发展引领区、开放创新示范区，协同共建西部地区新的增长极和动力源。实施协同立法促进科学技术源头创新。在国家《科学技术进步法》法制框架下，川渝地区同步开展《科学技术进步条例》修订（制定）工作，开展新型研发机构等创新主体培育、大型科学仪器设施共享等方面的专门性立法研究，围绕促进科学技术研发应用、激发创新主体活力，为增强创新策源能力、加快新旧动能转化提供制度保障，打造全国重要的创新策源地，加快构建高质量发展动能体系。

2. 以协同立法深化创新体系建设

强化科技成果转化制度供给。完善《四川省促进科技成果转化条例》配套制度规定，推动成渝地区双城经济圈、成德眉资联合开展科技成果对

接，吸引更多科技成果异地转化；协调共建技术转移服务平台联盟，打造一体化的技术交易市场，助推建设"一带一路"科技创新合作区和国际科技转移中心。提升知识产权保护制度能级。以修订《成都市专利保护和促进条例》为契机，推动成德眉资立法协同，加强知识产权保护和产权激励，深化职务科技成果所有权或长期使用权改革试点，探索重点领域自主知识产权市场化运营，创新知识产权运营服务体系，建立市场化社会化的科研成果评价制度，充分发挥知识产权对科技创新的支撑作用。夯实军民融合发展专项制度保障。紧跟四川省军民融合促进立法的进程，将深化军民科技成果转化协同创新纳入法治化轨道，积极推进成渝地区国家军民融合创新示范区、成德绵军民深度融合发展示范区建设。

3. 以协同立法深化数字经济创新发展

加快推进数字经济发展立法步伐。贯彻关于建设国家数字经济创新发展试验区重大战略，围绕数字产业集聚发展重点方向，加强体制机制创新和地方立法探索，推动构建形成与数字经济发展相适应的政策体系和制度环境。坚持数字经济领域综合性立法先行。川渝两地协同制定数字经济促进条例，围绕信息基础设施、数据资源利用、数字产业发展、产业数字化转型、数字化治理、智慧社会建设等强化综合性、基础性、一体化制度保障，加快基础数据跨区域交换共享、开发利用，推动与重庆市国家数字经济创新发展试验区协同共振、融合共兴。加强超大城市智慧治理立法护航。围绕发展智能生活服务业、培育智能化生产、建设智慧城市大脑以及政务数据、公共数据、社会数据等大数据创新应用、融合共享、安全管理等领域积极开展立法研究，着力推进西部数据资源中心建设，打造数字经济融合发展新引擎。

（三）围绕打造内陆改革开放高地开展协同立法，共同推进体制创新

地方立法主动服务"一带一路"建设，聚焦营商环境改善、自贸区建设、对外通道互联互通等重点领域，加强法治引领保障。

1. 以协同立法助力国际一流营商环境建设

通过制度完善推动双城经济圈打破市场壁垒。建议川渝两地协同出台

《关于支持和保障成渝地区双城经济圈更高质量一体化发展的决定》，及时修改或废止有碍市场统一的规定，加快破除行政区划壁垒、市场壁垒和制度障碍，不断完善区域一体化制度保障体系，实现区域合作成本共担、利益共享。通过制度落实推动双城经济圈投资环境优化。在国家《外商投资法》法制框架下，紧跟四川省优化营商环境立法的进程，清理成都市不利于营商环境建设的地方性法规，及时制定《成都市优化营商环境条例》，坚持竞争中性原则，降低市场准入门槛，着力构建公正有序的法治环境、清晰透明的市场环境、高效便捷的政务环境，推动形成精准化的营商环境法治保障体系。通过制度创新推动双城经济圈政务服务协同。将国家深化"放管服"改革的精神融入地方立法之中，推动区域政务服务水平一体化和均等化，为实施市场监管、深化商事制度改革、共建信用信息共享平台等区域协同提供地方立法支持，进一步推动规则统一、标准互认、要素自由流动，构建与国际接轨的法治化贸易投资环境体系。

2. 以协同立法助力开放平台建设

为国家级新区协同开放提供法治供给。以成都天府新区、成都高新区、重庆两江新区、重庆高新区为重点打造内陆开放门户。积极主动配合《四川天府新区条例》立法，在产业、创新、开放、公共服务等方面加强与重庆的合作，实现优势互补、共同提升。为自贸试验区制度创新联动提供法治供给。围绕建设川渝自贸试验区协同开放示范区，共同探索建立对标世界先进水平、接轨国际通行规则的制度体系，在管理体制、政务服务、投资促进、贸易便利、金融创新等方面，与重庆自贸试验区建立协同开放机制，推动制度对接、产业协同、平台共建。为金融会展行业一体共融提供法治供给。共同建设西部金融中心，共同向中央争取先行先试金融政策，推动金融监管信息依法共享。制定《成都市会展业促进条例》，为提升本土展会国际化、专业化水平，搭建优势互补会展平台提供法治保障，努力建成"一带一路"会展门户城市和具有全球影响力的国际会展之都。

3. 以协同立法助力提升链接全球的通道功能

助推对外开放陆海统筹。积极与重庆共建共享国际战略大通道，为多式联合快速集疏系统的加快完善提供川渝协同立法支持，围绕合力推进国际铁路及铁海联运通道、加密中欧班列（成都）、东盟铁海联运班列和中亚班列等开展立法研究，助推两地通道优势互补、口岸开放共享。助推重大枢纽节点建设。为探索共建国际多式联运综合试验区提供川渝协同立法支持，助推深化国家供应链体系试点，依托国际空港、铁路等枢纽设施，围绕加快建设"一带一路"国际供应链中心和节点城市开展立法研究，构建以成都为枢纽的覆盖世界经济中心城市的国际供应链体系。助推重要贸易渠道畅通。在成渝两地现有的自贸区地方性法规框架下，完善以国际班列为载体的贸易规则和运输标准体系，推动运行标准逐步统一，不断提升市场化运营水平，为融入全球经济体系提供开放通道。

（四）围绕打造高品质生活宜居地开展协同立法，强化公共服务共建共享

围绕生态环境共保、美丽宜居公园城市建设、社会协同治理、巴蜀文化融合发展加强区域协同立法，为建设幸福和谐、宜居优美的现代化都市圈提供法治保障。

1. 以协同立法推动区域生态共建环境共保

推进成渝地区常态化协作机制建设。率先在践行生态文明思想提升城市可持续发展力上走在前列、作出示范，健全实施跨流域、跨区域生态保护合作和跨界污染协同治理的立法保障，协同两地保护标准，健全联合开展生态综合补偿试点的制度机制，助推川渝森林、生物多样性和三峡库区水源涵养水土保持等生态功能区共建。推进水污染协同防治制度建设。完善《四川省沱江流域水环境保护条例》配套制度规定，强化沱江生态产业带建设的区域协同，合力开展沱江流域水体联防联控、水环境综合治理和沱江生态廊道建设，探索生态价值创造性转化路径，构建生态系统生产总值核算体系，共同推进长江上游流域生态保护与生态修复。推进大气污染协同防治制度建设。落实《深化川渝两地大气污染联合防治协议》相关要求，制定《成都市大气污染防治条例》，统一区域重污染天气应急启动分级标准，保障大气

环境信息共享、预警预报、环评会商、联合执法工作法治化。

2. 以协同立法推动公共服务共建共享

强化人力资源协同发展制度建设。以协同立法优化公共服务在成渝两地的合理配置，探索成渝两地居民户籍便捷迁徙、居民证互通互认制度和两地人才柔性流动机制，推动服务供给和人口流动迁徙、区域功能疏解精准匹配、动态平衡。强化养老服务一体化制度建设。在《四川省老年人权益保障条例》法制框架下，修订《成都市养老服务促进条例》，为成德眉资在养老服务供给方面开展区域合作提供法治保障。强化教育服务深度融合制度建设。制定《成都市学前教育服务与保障条例》，助推成渝地区学前教育等优质基础教育资源合理配置和共建共享。

3. 以协同立法推动社会治理体系健全完善

健全社区治理的法规规范。制定《成都市社区发展治理促进条例》，以社区发展治理为基础构建特大城市现代治理体系，引领成德眉资社会治理联动创新，努力实现区域城市发展与治理良性互动、秩序与活力融合共生。健全违法建设治理的法规规范。围绕"统筹社治和城管力量、综合治理、系统治理"的要求，制定《成都市违法建设治理条例》，为成德眉资违法建设治理提供法治引领，为违法建设治理上升为省级立法积累基层经验。健全应急管理的法规规范。研究重大公共安全联防联控法治需求，针对成渝地区双城经济圈和成德眉资重大公共卫生事件、自然灾害、重大安全事故等区域协同需求，以《成都市社会急救医疗管理规定》修订为契机，推动建立区域预警机制、信息通报和共享机制、应急物资生产和调配统筹机制。

4. 以协同立法推动文化事业繁荣兴盛

加强对文化产业的立法引领。大力发展与创新巴蜀文化，制定《成都市文化产业促进条例》，推动成都动漫、游戏等产业与巴蜀文化相结合，促进文化产业优质内容供给，为打造优势文化产品和形成具有地域民族文化特色的区域整体品牌提供立法支撑。加强对文旅融合的立法引领。围绕促进文商旅体融合发展开展立法研究，推动相邻区域文化旅游资源整合，激发生态文化价值转化，为巴蜀文化旅游走廊建设提供法治保障。加强对历史文化保

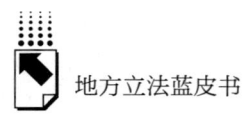

护的立法引领。在《四川省非物质文化遗产条例》法制框架下，健全川剧、川菜、川酒、川茶、蜀锦蜀绣、石刻等成渝地区同根同源非遗项目保护机制。深化区域历史文化保护交流与合作，制定《成都市大遗址保护条例》，推进成都片区大遗址保护的法治化，厚植巴山蜀水的人文底蕴。

四 成渝地区双城经济圈协同立法的机制保障

"立法本就要求兼顾各方利益诉求，在突破原有行政体制的这样一个区域内，更要求统一性和协调性，而达到这种目的就需要区域内的各立法主体进行立法协同。"[①] 成渝地区协同立法应加强顶层设计和统筹协调，遵循"建立协同立法机制—搭建协同立法平台—确定协同立法内容—优化协同立法程序"的基本路径，充分发挥地方法、行政决定、行政协议等多途径的立体化功能，建立健全强有力的协同立法保障，构建与协同发展相互支撑、相互促进的协同立法机制。

（一）建立协同立法机制

成渝地区双城经济圈各地要签订合作协议、制定工作办法，既遵循各自立法权限，又最大限度地挖掘协同立法潜力，建立协同立法主体、立项会商、运行同步、定期互访、信息共享等机制，构建成渝地区双城经济圈、成德眉资协同立法框架，为后续协同立法提供明确指引。探索建立协同立法多元主体参与机制，确立公众、社会组织等多元主体参与协同立法的权利、标准和程序等，最大限度地凝聚社会共识，寻求最大公约数。

（二）搭建协同立法平台

编制立法协作方案，川渝两地需要签署协同立法的框架协议。建立协商沟通机制，在法律法规或者公共政策制定层面，通过程序性规定协同立法规

---

① 李杰：《京津冀区域协同立法问题研究》，硕士学位论文，河北大学，2018。

划、立法计划编制和实施，聚焦相同主题的立法动态和重要制度设计，保持和谐统一，避免立法冲突。建立信息共享机制，依托信息平台及时分享各自制定的地方性法规，交流各自的立法工作情况和重要立法信息，讨论研究地方立法工作中的重要问题。建立交流学习机制，定期交流协同立法经验和问题，共同探索协同立法；依托成渝两地高校资源共同开展协同立法理论和实践研究，为开展协同立法提供理论支撑。

（三）确定协同立法内容

积极寻求协同立法的着力点，本着"先急后缓"原则，在事关区域利益的重大立法事项上优先开展立法合作，实现重点领域联防联控，形成共建共享共赢的协同态势。在编制立法规划过程中，积极寻求协同立法交汇点，开展立法论证和立项评估，将共同的立法规划项目上升为协同立法计划。重点法规项目协同需要遵循优先原则和吸收原则，即按照优先原则选定协同立法项目，按照吸收原则对协同立法项目的立法内容进行深度协商，达成共识，并体现在各自的立法规范中。

（四）优化协同立法程序

在法规起草和审议阶段，就协同立法项目，采取联合起草、分别审议、协同推进方式进行联合攻关，探索建立在特定领域的执法主体、程序、结果及法律责任等互认合作机制。在法规实施阶段，以成渝地区双城经济圈和成德眉资同城化法治建设需求为导向开展立法协同清理，对区域内城市立法限制性管控措施和数据指标、处罚标准等进行重点关注，力求形成比较统一的制度规范，实现区域联建、联防、联治；建立协同立法评估机制，选择关系公众重大利益或具有普遍关注度的协同立法项目，开展立法后评估工作。

B.8
论地方立法中加强人大主导的制度设想

——以设区市人大的地方立法实践为视角

熊 明*

> **摘　要：** 人大主导立法是落实党的十八届四中全会精神的重要要求，是完善国家治理体系、提升治理能力的应有之义，有明确的政策、法律依据。地方立法中加强人大主导，是在社会主义国家政治体制要求下，完善党对立法工作领导、地方立法权规范行使以及科学分配利益的机制与程序。只有在党的领导下，人大主导整个立法程序及立法活动的推进，并围绕党委领导、人大主导、政府依托、各方参与四个维度构建制度框架，才能不断完善和补充地方立法程序，用好用活地方立法权，进而促进全面依法治国在地方法治实践中不断深化。
>
> **关键词：** 地方立法　人大主导　立法程序　立法制度机制

党的十九届四中全会明确提出了"完善立法体制机制，坚持科学立法、民主立法、依法立法，完善党委领导、人大主导、政府依托、各方参与的立法工作格局"。"人大主导立法就是指在我国立法过程中，应由人大把握立法方向，决定并引导立法项目、立法节奏、立法进程和立法内容、原则与基本价值取向。它是一项立法原则，同时也指立法体制和机制。"[①] 当前，地

---

* 熊明，成都市人大常委会法制工作委员会三级主任科员，研究方向：地方立法实务。
① 李克杰：《"人大主导立法"原则下的立法体制机制重塑》，《北方法学》2017年第1期。

方人大主导本级立法已经成为提升地方立法质量，实现科学、民主、依法立法的重要途径和方式，其更是将党的意志和本地群众的意愿通过法定程序转化为"法"的制度保障。

理论界和实务界亦对"人大主导立法"的概念、作用、模式等进行了深入的研究，也有部分省市进行了实践探索。这为地方人大通过完善地方立法相关制度，加强本级立法主导提供了清晰的现实路径。在融合理论与实践的基础上，积极总结并形成完备的地方人大主导本级立法的制度机制，将会更好地实现《立法法》赋予设区市地方立法权的初衷，也是深化全面依法治国，完善国家治理体系、提升治理能力的重要措施。

一 关于"人大主导"的理解与认识

（一）地方立法中人大主导的主要依据

首先，"人大主导"来自有立法权的各级党委、政府的政策要求。党的十八届四中全会发布的《中共中央关于全面推进依法治国若干重大问题的决定》提出了人大主导立法，明确规定了"健全有立法权的人大主导立法工作的体制机制，依法赋予设区的市地方立法权"。该决定也为地方党委出台关于地方人大主导本级立法的具体实施政策提供了依据，之后部分省市的政策性文件对"本级人大主导地方立法"作出了规范，例如，中共深圳市委印发的《关于进一步发挥市人大及其常委会在立法工作中主导作用的意见》、山西省人大常委会主任会议通过的《关于发挥人大及其常委会立法主导作用的意见》，以及《中共成都市委关于加强党领导立法工作的实施意见》、中共成都市委全面深化改革委员会印发的《关于完善地方立法机制进一步提高立法质量的实施意见》等。

其次，"人大主导"来自法律法规的授权。2014年10月，党的十八届四中全会首次提出了"健全有立法权的人大主导立法工作的体制机制，发挥人大及其常委会在立法工作中的主导作用"。之后，"人大主导立法"被写入2015年新修正的《立法法》。但是，地方人大主导立法并没有上位法的直接依据，《立法法》第51条也只规定了全国人大及其常委会在立法中的主导作用，"很大程度上仅限于'全国人大及其常委会'的工作目标与要求"。① 因而，有的地方通过制定关于规范本级人大立法程序的法规，明确要求"发挥在地方立法工作中的主导作用"，例如《成都市地方立法条例》。然而，不是每一个城市都在其地方性法规中明确规定了"人大主导本级立法"，15个副省级城市中明确规定本级人大及其常委会"主导立法"的有西安市、成都市、杭州市、大连市、厦门市、宁波市等6个城市；其他城市，例如上海、深圳、威海、咸阳等，在关于规范自身立法程序的法规中也作出了明确规定。

最后，"人大主导"来自国家政治体制的制度本源。立法工作必须体现和维护人民代表大会制度作为根本政治制度的要求。② 全国人大主导国家立法，有立法权的地方人大主导本级立法，就是从制度上制衡长期以来形成的政府及其部门立法。然而，新中国成立以来，政府及其部门立法对完善我国社会主义法律体系有重大贡献，即使现在，绝大部分法律法规也是政府及其部门起草的。我们现在强调人大主导立法，并不是排斥政府及其部门在地方立法中的作用，而是通过构建完备的制度和程序，让部门的立法冲动或利益驱动在人大主导下推进，最终实现国家利益与地方利益、全局利益与局部利益、部门利益与群众利益的融合统一。

（二）关于"主导"的理解

根据汉语词义解释，主导是指决定并引导事物向某方向发展，或者起主导作用的事物。③ 首先，人大主导的首要前提就是要求明确党委决策涉及立

---

① 封丽霞：《人大主导立法之辨析》，《中共中央党校学报》2019年第10期。
② 参见全国人大常委会法工委《中华人民共和国立法法释义》，法律出版社，2015，第161页。
③ 参见中国社会科学院语言学研究所词典编辑室编《现代汉语词典》（第6版），商务印书馆，2012，第1699页。

法工作的本意。准确把握人大主导与党委领导的关系，就要充分认识到：党的领导具有宏观性、方向性，人大主导立法则是具体微观上的操作与执行。例如，地方党委针对某个领域的工作提出了原则性的预期目的，也明确提出要通过地方立法保障重要政策的实施。那么，人大主导立法就应当在制定具体的法规时，按照立法程序要求围绕党委意图与要求设计、修改、调整法规草案的具体内容与框架结构，用具体的条文规定来保障和实现党委的意图。

其次，人大主导就是要正向引导政府部门和社会各界参与下的立法向着党委的要求和人民利益保护的方向发展。为了确保立法预期目的能够准确围绕党委的决策部署来考虑，具体法规内容需要与党的路线、方针、政策保持一致，而政府及其职能部门的具体工作就是对党的意志的落实，地方立法要找到切入点，就需要从政府的工作和现实的地方立法机制着手。依靠政府的资源和能力，在社会广泛参与中把党的主张通过法定程序转变为人民群众的共同意志，最终让整部法规的立法目的和法治保障措施更好地服从与服务党的政策。"对立法机关而言，生硬地强迫政府接受自己的意见经常会受到抵制，最有力的行动是诉诸民意，以此来抵消政府不合理的意图"，[①] 因此，加强人大主导，更要立足于完善社会公众或者组织参与立法的机制和程序。

最后，人大主导还要处理好上级人大与本级党委之间立法认识或意见的关系。实践中，确实存在党委的视角和上级人大的视角对同一立法问题的不同认识，双方信息掌握不对称导致了阶段性分歧。虽然不存在根本利益冲突，但是需要通过人大主导下的工作协调、问题解释、专题汇报，让不同方面都能达成共识。而为了从多个维度、多个渠道让上级人大、本级党委在法治的要求中对具体立法事项或者制度设计达成共识，既要人大常委会党组主动向本级党委、人大常委会主任会议成员带领专门委员会向上级人大汇报专项立法工作，又要人大常委会党组大力支持人大相关专门委员会、常委会法制工作机构在不同层级开展的沟通协调工作。

---

① 王爱生：《立法过程：制度选择的进路》，中国人民大学出版社，2009，第108页。

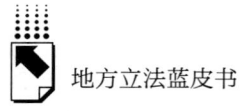

(三)关于"加强"的认识

首先,要正视政府主导立法的弊端。当前的地方立法中,"部门起草法规"现象仍然客观存在,"部门利益法律化"、法规草案"政府文件化"等倾向性问题,严重影响了人大主导立法的作用发挥。其次,共享政府及其职能部门的立法资源。根据《立法法》第73条对地方立法权限范围的规定,地方立法的事项绕不开政府及其职能部门的工作范围,即使个别法规起草不依靠政府,法规的实施也必须依靠政府以及职能部门。因此,要完善地方立法机制和程序以加强人大主导,在依靠政府的立法资源的同时有效排除部门利益的干扰。最后,必须坚定人大主导的立场。实践中,人大主导与政府主导必然是"强与弱"的动态过程,如若不加强,必然会让政府主导地方立法占据强势。根据前文对"主导"的辨析,以及当前地方立法的现实情况,人大主导的作用和效果必须进一步加强,通过制度构建避免"政府代替人民行使权力",进而在立法过程中实现党委意志与人民意愿表现形式的协调一致。

二 从立法程序完善的维度审视"加强人大主导"

立法程序是有权的国家机关,在制定、认可、修改、补充和废止"法"的活动中,所遵循的法定的步骤和方法。① "在立法过程中,程序表现为立法活动按顺序进行的规则性,意味着某一个环节是前一个环节的后续,是下一个环节的前提。"② 据此,完善"人大主导"的程序就是指:在既定立法程序中,不断完善人大主导立法的工作程序,它既是对以《立法法》和地方立法条例等为基础建立的地方立法程序体系的补充和细化,又是对立法过程或者立法活动规范、限制、调整和引导的措施,其本质是确保地方立法程序建设的制度化、规范化、科学化。

---

① 参见周旺生《立法学教程》,北京大学出版社,2006,第238页。
② 王爱生:《立法过程:制度选择的进路》,中国人民大学出版社,2009,第47页。

（一）完善党对立法工作领导的程序运行

"党的政策要经过国家的形式而成为国家的政策，并且要把实践中证明是正确的政策用法律的形式固定下来。"① 从我国社会主义法治的实践来看，党对立法工作的领导是通过出台立法政策，对立法工作的方向作出部署，而不是要求地方党委对具体立法环节和每一道流程全程参与、全面控制。只有通过完善地方人大主导本级立法的机制和程序，才能更好地确保党的意志快速有效通过法定的正当程序转化为全体市民共同遵循的制度。

地方立法实践中，如何将党委提出的立法建议或者立法政策及时有效转化为具体的立法项目或者法规内容，这考验着人大主导的能力和质量。在进行制度设计时，要考虑立法规划计划及立法过程中的重大事项应及时向市委请示报告，该报告程序契合立法过程分前后两个阶段，一是在法规起草时由主要起草责任单位党组报告有关制度设计和重大政策调整的内容，二是在提请人大表决前，由人大常委会党组向同级党委报请审定法规草案。如此，才能做到立法决策与党委决策协调同步，确保党的政策意图在立法中得到充分实现。可见，地方人大主导本级立法就是以党的领导为立法活动的前提和基础，并促进人大立法主导机制和程序的完善，通过立法规划计划专项报告制度、重大事项请示制度的具体落实，让党委全面而准确地掌握地方立法的信息，为重要决策的出台提供完整的参阅信息，进而实现地方党委意志和人民群众意愿的协调统一。

（二）地方立法权规范行使的程序规制

"地方立法程序是体现立法公正公平、限制立法机关滥用立法权力的途径和方法。"② 然而，近年来有的地方"在立法层面为破坏生态的行为'放水'"，造成了恶劣影响，究其原因主要是被不当利益群体所裹挟，没有从

---

① 《彭真传》编写组编《彭真传》（第四卷），中央文献出版社，2012，第1573页。
② 汤唯等：《地方立法的民主化与科学化构想》，北京大学出版社，2002，第157页。

机制和程序上保障人民依法行使立法权，没能守住"人大主导立法"的制度底线。这让我们认识到，"立法权作为保障社会及其成员利益的重要国家权力之一"①，应当受到更加科学而严谨立法程序的约束，防止其被滥用后给经济与社会秩序造成的不可逆转的破坏。立法程序贯穿于整个立法活动过程中，虽然《立法法》等上位法系统集中地规定了立法权行使的法定程序，地方人大也通过地方性法规对地方立法的具体程序作出了细化，但是，与规范行使地方立法权的更高要求和地方法治发展的现实需求相比，地方立法程序还需要在人大主导方面对详尽的步骤与恰当的方法予以补充、完善、优化。

因此，地方人大正不断加强主导本级立法的程序建设，对中央的要求和上位法的规定作了进一步的细化实施。通过对法定立法程序作出重要补充，将"法律规范的立法过程"转化为"事实行动的立法过程"，进而为地方立法权更加规范高效地运行提供了程序规制。同时，为了增强这类立法工作程序的权威性和执行力，就需要以党委的名义出台关于"加强人大主导立法"的规范性文件。如此，保障了地方立法权更加规范地行使，进一步减少了地方立法权沦为少数利益集团牟利工具的可能性。

（三）以地方立法分配利益的程序补充

立法目的在于谋取大多数人的最大幸福。② 从此意义上理解，立法的过程就是多方利益平衡的过程，其表达了两层含义：第一，人的幸福应当与利益联系起来，通过立法分配利益并反映和维护社会公共利益，进而使人民群众获得最大幸福；第二，这样的利益分配应当考虑大多数人的整体利益需求，而不是某一个人的具体利益诉求。实践中，个人或单个群体针对具体法规内容提出的意见建议可能既合理正当又合法有效，但能否最终成为公众的

---

① 主张国家立法权是统一的，属于最高国家权力机关，但不等于说我国行使立法权的机关和从事立法活动的机关也只有一个。参见蔡定剑《中国人民代表大会制度》（第4版），法律出版社，2003，第264页。
② 参见周旺生《立法学教程》，北京大学出版社，2006，第47页。

共同意志,并代表广泛的利益诉求,需要用客观公正的程序让各方都接受利益平衡之后的最终结果。

例如,在成都市城市轨道交通建设管理的立法中,该法规草案中关于禁止携带自行车上地铁的一条规定,引起了社会的广泛关注。在共享单车尚未普及推广的背景下,一位来自华西医院的教授级医生参加人大组织的立法听证会时提出,他是代表全科室的年轻医务工作者而来,只有允许自行车带上地铁才能保障众多年轻人下班后及早回家的权利。在人大主导下,经过对主要问题深入研究,查阅了国内外相关立法资料,充分评估了市民出行"最后一公里"的交通保障方式,预判了城市交通发展趋势,之后在出行安全和出行便利的价值冲突中按程序作出了客观公正的抉择。最终,当年该项立法也并未引发深层次的社会问题。由此可见,通过规范的制度建设,把社会主义法治的应然要求和地方实践中的立法经验固化下来,作为立法各方参与主体的共同遵循,把那些干扰人大主导立法的因素限定在人大立法可以预判、控制、引导的范围内很有必要。这些制度机制的规定,就如同一个个地方立法程序的"补丁",为人大主导的立法程序高效运转提供了重要支持和保障,把利益分配和平衡放到了客观公正的具体程序中予以实现,也实现了对市民利益从抽象到具体的保障。只有通过不断完善让每一位城市居民都能够了解、参与并信任地方立法的程序,利益分配才能最大限度地接近这个"大多数"群体的"最大幸福"。

三 人大主导立法的制度架构设想

地方立法中加强人大主导,就是人大通过主动争取党委支持,对整个立法活动和地方立法程序推进的主导,包括主导立法规划、计划的编制,以及对一部法规的立项、起草、调研、听证、论证、审议等不同环节的主导。在把握立法动态过程的基础上,可以考虑具体围绕党的领导、人大主导、政府依托、各方参与等四个维度进行制度规范,对地方立法程序作出完善和补充。

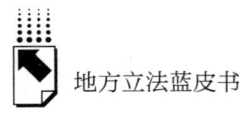
地方立法蓝皮书

(一)立法充分体现党的意志需要在制度与程序中实现

立法的过程在很大程度上就是执政党政治纲领的法律化过程。① 我们几十年的立法主要是党领导的,这特别表现为党是立法的主要决策者。② 坚持党对立法工作的领导,就是维护公众利益、提高立法质量、促进经济社会高质量发展的根本保证。在人大主导下的地方立法更好地体现和坚决贯彻党委的意志,关键是做到以下两个方面。

其一,严格落实立法重大事项请示报告制度。实践中,地方立法的请示报告制度,立足于对地方党委的决策部署予以落实,法规具体内容与党的政策内容契合。例如,需要具体规范向党委请示报告的主体、时间、内容范围等事项,要求对立法规划计划编制、立法规划计划变更、涉及重大制度设计和重大政策调整进行报告。其二,以法规的刚性约束有效推动党委决策部署落实。例如,在年度计划发布前,由人大和政府党组报请党委审定。这为党委统筹安排年度工作提供了参考,也把人大立法工作纳入全市重点工作予以统筹安排,进而推动了立法决策与党委决策的协调同步。实践中,党委的许多重要安排也直接转化为地方立法的具体项目和内容。例如,近年来,成都龙泉山城市森林公园保护、都江堰灌区成都范围内的保护、成都三岔湖水环境保护等法规就是对该市"市委全会"决定事项的落实,其也较好地实现了地方立法与政策实施的同步推进。

(二)把握人大主导立法的重要环节

加强人大对立法工作的主导,是地方立法引领和保障城市经济社会加快发展的基本前提。最重要的是把握以下四个关键环节。

一是加强对立项环节的主导。"地方立法立项是地方立法准备阶段的重要环节,是加强立法规划性以明确立法重点,加强立法科学性以提高立法质

---

① 参见王爱生《立法过程:制度选择的进路》,中国人民大学出版社,2009,第100页。
② 参见周旺生《立法学》,法律出版社,2009,第100页。

量，加强立法的实质性以节约立法资源，加强立法的体系性以保障法制统一的主要措施。"① 通过健全人大与司法行政部门的立项沟通机制，及时协商处理各方提出的立项建议。针对准备纳入年度立法计划的项目、准备写入法规内容的重要制度等内容，组织人大代表、政协委员、行业组织、专家学者或者委托专业机构对涉及的专业性、基础性、综合性问题进行专题论证。为了保证立项论证的价值和成效，从制度上要求提请人大常委会审议的法规草案应同时提交论证报告，人大的有关专门委员会应适时指导和监督起草单位完成论证报告。

二是加强对起草环节的主导。法规的起草应当有专家学者、人大相关专门委员会、牵头部门等多方参与，人大有关专门委员会要在部门起草法规案环节提前介入，指导和协调解决法规案起草中的重难点问题，督促按时提出符合要求的法规草案。对地方党委关注的重大立法项目，人大专门委员会要主动介入牵头起草部门的计划安排、前期调研、组织起草、论证分析等工作环节，及时掌握工作动态和信息，共同研究法规涉及的重要问题和关键制度，把主要问题解决在法规进入人大审议之前。例如，可以探索建立重大立法项目推进领导小组的"双组长"制度，由人大和政府分管领导作为组长，共同研究解决重难点问题，督促同步推进不同立法环节的有效衔接。

三是加强对法规预审的主导。在现行地方立法程序中，创造性地将司法实践中的刑事诉讼预审制度引入地方立法中，按照一定标准对准备提请人大审议的法规草案进行提前审查。预审制度的建立有助于从立法程序上倒逼牵头起草的政府部门提高起草质量，严格遵循起草工作制度；即使准予进入人大审议的法规草案，也为人大常委会法制工作机构明确法规草案修改方向与常委会审议重点提前做足了准备。通过建立预审制度，对能否进入人大审议的法规草案进行甄别，并明确认定法规草案进入常委会审议的基本条件，由人大专门委员会在人大常委会主任会议上提出建议，经集体讨论决定是否进

---

① 秦前红、徐志森：《论地方人大在地方立法过程中的主导作用——以法规立项和起草的过程为中心》，《荆楚学刊》2015年第3期。

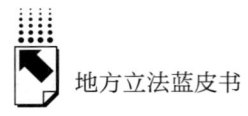

入人大常委会审议。

四是加强人大审议环节的主导。"人大能不能主导立法,主导立法的质量如何,从根本上说,取决于审议和表决的质量。"① 为了提高审议效率和质量,在完善常委会审议制度时,首先,将法规草案及相关材料呈送常委会组成人员的时间应当在制度设计中予以明确,需要给予相关人员一周以上的审查准备时间。其次,从保障会期和议程科学安排角度,明确规定由主任会议决定法规草案审议的保障时间,并适当增加审议次数。最后,探索建立重要事项引入第三方评估机制,对调整范围、主要制度和重要规范的必要性、可行性及重要法律概念的含义等方面争议较大事项进行评估;通过建立常委会组成人员立法助理制度,为审议法规提供专业咨询,还能引导人大代表、常委会委员围绕主要矛盾、关键条款和难点问题进行相对集中的审议,避免审议偏离主题。

(三)政府职能部门利益的正向引导

实践中,绝大多数法规都是直接由政府相关职能部门组织起草的,法规的最终实施也是以政府的相关职能部门为主。"行政部门在起草法律过程中,容易渗透部门利益,注重扩张部门权力。"② 因而,在法规草案中进行制度设计和设定处罚措施时,不可避免地存在牵头起草部门主要从自身管理便利和部门利益出发,减轻工作负担、推卸责任、扩张权力等情形。如果人大主导作用不能加强,就会导致地方性法规存在回避急难关键问题、鼓励倡导性规定增多、不同部门重复管辖、公民权益保障不到位等诸多弊端。

为了从制度上把政府职能部门的利益诉求引入立法程序的正轨,最核心的是需要对职能部门的立法起草工作进行引导。需要进一步完善或落实立项论证机制、起草听证评估制度、立法协商机制、基层立法联系点制度等。而为了使地方立法获得全面认可、保障社会利益,首先需要对一定时期、特定

---

① 刘松山:《人大主导立法的几个重要问题》,《政治与法律》2018年第2期。
② 王利民:《立法应去部门化》,《民主与法制时报》2014年8月11日。

社会群体的实际需要和各种要求进行调查，将其作为立法制度设计的重要依据。"显然，政府部门立法的显著优势在于能够随时发现和解决各种新问题，能够把握时机、迅捷灵活、因时因地因事制宜地处理各种立法需求。"①因此，政府提出的立法项目建议被要求形成论证报告同步报送人大，对立法必要性、可行性和实效性进行详细论证；明确了政府的起草部门开展听证和评估的必要情形，并将社会稳定风险评估报告等作为法规草案附件报送人大；为了加强人大主导，人大有关专门委员会和人大常委会法制工作机构应当提前参与政府部门组织的法规起草及其论证评估活动。

（四）各方参与的价值选择与实现途径

"人大在立法中代表民意行使审议和表决的职权，并不等于它就是民意的唯一代表机关，其他的立法参与主体在不同的立法环节中，也从不同的侧面代表和反映民意。"②因此，通过系列制度建设引导各类市场主体、行业协会、人民团体、政协委员、人大代表、无党派人士等不同背景和身份的群体或者个人参与地方立法，在人大统筹社会立法资源力量过程中，实现了各方立法势力的相对均势和力量平衡，最终让地方性法规贯彻落实党委决策部署，体现人民意愿，并在保护社会公众权益的基础上，推进整个经济社会的高质量发展。

建立多方参与立法的程序构造的落脚点在于实现坚持人民主体地位的立法，要求我们的立法体制保证人民群众拥有主体地位。③为此，可以对人大代表参与制度、基层立法联系点制度、立法咨询专家制度、社会普通公众参与制度等实践内容进行归纳总结，把代表不同利益诉求的立法参与主体纳入立法活动中，为各类群体充分地表达意见提供制度支撑。立项、起草和修改法规，应当征求基层立法联系点意见，并要求制定出台基层立法联系点工作

---

① 封丽霞：《人大主导立法的可能及其限度》，《法学评论》2017年第5期。
② 刘松山：《人大主导立法的几个重要问题》，《政治与法律》2018年第2期。
③ 参见陈小君《人大主导立法的路径选择与制度保障——基于地方立法实践》，《人大研究》2015年第11期。

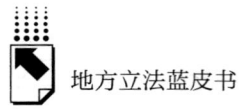

办法；同时，还可以将人大实施的立法咨询专家制度、人大智库制度、政府法律顾问制度等实践经验纳入规范，以制度让各类专业人士在人大主导之下参与地方立法。最终，拓宽了公民及社会组织有序参与地方立法的途径，广泛凝聚了社会的共识，努力推动用制度和程序将地方立法过程建设成为倾听民意、体现民情、汇聚民意、集中民智、深得民心的过程。

B.9
以国家层面社会信用法促进信用法律体系协调发展

吴佳悦*

摘 要： 在中央层面立法机关出台国家层面的社会信用法前，地方立法机关已经开始进行相关信用立法活动。通过对已出台的地方信用法规的梳理以及内容的考察与分析，发现地方信用立法活动中存在立法体系不融贯、信用信息泛化、条块分割法制不统一的问题。这些问题存在的部分原因是地方立法者在进行信用立法活动时缺乏统一的上位法规制。因此，有必要适时出台一部国家层面的社会信用法。国家层面的社会信用法应对相关制度和规则进行统一设计，以规制和整合地方信用立法活动，从而增强整个社会信用法律体系的融贯性，促进社会信用法律体系协调发展。

关键词： 信用立法 信用法律体系 国家立法 地方法规

在我国中央层面立法机关制定国家层面的社会信用法之前，地方立法机关已经开始进行地方信用立法活动。地方信用法规在一定程度上确实填补了国家信用立法的空白，起到了一定的规范作用。但在地方的信用立法过程中，也存在一系列的问题，如信用立法体系不融贯、信用信息范围的泛化、条块分割法制不统一的问题。而这些问题的存在原因很大部分可以归结为国

---

* 吴佳悦，重庆市地方立法研究协同创新中心、西南政法大学立法科学研究院研究人员，研究方向：法学理论。

家层面的社会信用核心立法缺失,下位法立法者在立法时缺乏统一的上位法依据。对此,本文试图提出并论证这样一个观点:适时出台一部国家层面的社会信用法,通过国家层面社会信用法统一的制度与规则设计,对地方的信用立法活动进行规制和整合,增强社会信用法律体系的融贯性,促进社会信用法律体系的协调发展。

为展开论证,本文第一部分,从宏观上对地方信用立法的现状进行梳理。第二部分,通过对地方信用立法内容的进一步考察,厘析目前地方信用立法存在的问题。在此基础上进一步提出,地方信用立法存在的问题大部分可以归因为地方立法者在进行信用立法时缺乏统一的上位法依据对其立法活动进行规范。因此,适时推进国家层面的信用立法是十分必要的。第三部分,针对地方信用立法过程中存在的问题,对国家层面的社会信用法的相关制度与规则设计提出立法上的建议,通过国家层面信用法的出台规制地方信用立法活动,纠正地方信用立法过程中存在的错误倾向。最后,本文在结语部分,提出在国家层面的信用法出台后要进一步形成央地两级信用法的良性互动格局,以实现信用法律体系的融贯性。

一 地方社会信用立法现状的梳理与考察

通过北大法宝数据库检索发现,至 2020 年 7 月 1 日,我国各地区出台的直接以"信用"为标的的地方性法规共计 14 部,其中省级地方性法规有 9 部,市级地方性法规有 5 部①(见表 1)。

表 1 我国信用地方性法规

立法省市	地方性法规名称	实施日期
海南省	海南省人民代表大会关于加强信用建设的决定	2004 年 2 月 28 日
广东省	广东省企业信用信息公开条例	2007 年 10 月 1 日
陕西省	陕西省公共信用信息条例	2012 年 1 月 1 日

① 本文数据均来自北大法宝数据库,最后访问日期:2020 年 7 月 17 日。

续表

立法省市	地方性法规名称	实施日期
湖北省	湖北省社会信用信息管理条例	2017年7月1日
上海市	上海市社会信用条例	2017年10月1日
河北省	河北省社会信用信息条例	2018年1月1日
浙江省	浙江省公共信用信息管理条例	2018年1月1日
福建省	厦门经济特区社会信用条例	2019年6月1日
辽宁省	辽宁省公共信用信息管理条例	2020年2月1日
河南省	河南省社会信用条例	2020年5月1日
江苏省	泰州市公共信用信息条例	2016年10月1日
江苏省	无锡市公共信用信息条例	2016年3月1日
江苏省	宿迁市社会信用条例	2019年3月5日
江苏省	南京市社会信用条例	2020年7月1日

各地方立法机关除了以整部法规形式对"信用"进行立法外，在相关地方法规中，对涉及"信用"的相关事项，以条文形式对其单独进行规定。通过北大法宝数据库检索发现，至2020年7月1日，已有1900余部地方法规对"信用"以条文的方式进行规定，主要是在涉及食品安全、生产安全、环境保护、医疗卫生、经济金融、城市文明建设方面的地方法规对"信用"以及相关事项以条文的方式进行规定。这些条文按规定方式大致可以分为五类：一是信用建设型规定；二是信用记录型规定；三是信用奖惩型规定；四是信用使用型规定；五是其他类型（见表2）。

表2 条文式信用法规类别划分

类型	规定方式	举例
信用建设型	规定某一主体应在某方面建立、完善信用信息体系、信用评价机制	《昆明市客运出租汽车管理条例(2019)》第7条、《衢州市物业管理条例》第33条
信用记录型	规定某一主体的某一行为应纳入信用记录系统中	《菏泽市文明行为促进条例》第15条、《朔州市大气污染防治条例》第11条
信用奖惩型	规定某一主体的某一行为应纳入信用记录系统中，并且条文中明确了对该行为采取信用奖惩措施	《武汉东湖风景名胜区条例(2019修订)》第49条、《肇庆市文明行为促进条例》第31条

续表

类型	规定方式	举例
信用使用型	规定主体的信用情况应作为其获得相关资格、资质、荣誉称号的条件之一	《山西省警务辅助人员条例》第10条第3项、《湖北省土壤污染防治条例（2019修正）》第52条第2款
其他类型	条文仅对与信用相关事项作原则性或者模糊性的规定，如要求主体应遵守诚实信用原则或是关于信用保险、信用贷款等的规定	《抚顺市促进民营经济发展条例》第24条第5项、《深圳经济特区高新技术产业园区条例（2019修正）》第14条

二 厘析地方信用立法存在的问题

在从宏观上对我国各地信用法规进行梳理与考察后，本部分将从微观层面分析地方信用立法中存在的问题。

（一）信用立法体系结构融贯性不足

我国地方层面的社会信用立法体系融贯性不足主要体现为必要制度节点缺失和规制主体不够全面。①

1. 必要制度节点缺失

社会信用立法是一个由多个制度节点组成的系统性范畴，应该涵盖信用信息归集、公共信用信息平台权责、信用主体的权益保护、信用奖惩和信用救济等关键制度。然而，一些地方的信用法规，存在关键制度空白或者是规定笼统、可操作性不强的问题。比如，许多地方的信用法规对于信用主体的权益保障不够周密。信用主体应有权知悉自己信用信息的变动状态，负面信用信息在报送公共信息平台前应以书面方式通知信用主体，在实施失信惩戒前应以书面方式告知信用主体依据、理由与救济途径，但许多地方的信用法规并未对此作出规定。同时，法规对于一些制度的规定较为粗糙，实践中可操作性并不强。尤其是在信用奖惩制度方面，一些地方的信用法规或是与信用奖惩制度相关的条文，

---

① 宋芳青、李佳飞：《论设区的市信用立法的问题与路径》，《东南学术》2019年第5期。

对信用奖惩制度的规定过于笼统,仅粗略规定"对守信行为进行激励,对失信行为实施信用惩戒",缺乏细致配套的奖惩措施。以《无锡市公共信用信息条例》为例,该条例第 27 条规定:"对信用状况良好的自然人、法人和其他组织,在同等条件下给予优先、优惠等待遇;对有失信记录的,视其情节可以采取限制、禁入等惩戒措施。"① 该规定十分含糊与笼统,实践中可操作性并不强。清晰性是法律合法性的一项基本要素②,法律的清晰性会直接影响到一部法律在实践中的可操作性,而可操作性是衡量一部法律优劣的重要指标之一。清晰且可操作性较强的法律法规,一方面,可以减少法律实施过程中的随意性,限制公权力机关的自由裁量权,有利于信用主体权益的保护;另一方面,在清晰且可操作性较强的法律法规的指导下,信用主体能对自己行为后果有着较为明确的预测。

2. 规制主体不够全面

目前我国出台的地方信用法规所规制的信用主体范围有一定的局限性,有 93% 的地方信用法规规定的主体范围仅包括私权利主体,忽视了对公权力主体的信用规制(见表 3)。不仅如此,地方信用法规所规制的私权利主体的范围也不够全面。

表 3 各地信用法规规制主体范围

信用法规名称	信用主体范围
《海南省人民代表大会关于加强信用建设的决定》	政府、企事业单位、公民
《广东省企业信用信息公开条例》	企业
《上海市社会信用条例》	具有完全行为能力的自然人、法人、其他组织
《宿迁市社会信用条例》	
《南京市社会信用条例》	
《河南省社会信用条例》	
《辽宁省公共信用信息管理条例》	
《厦门经济特区社会信用条例》	
《浙江省公共信用信息管理条例》	
《河北省社会信用信息条例》	

---

① 参见《无锡市公共信用信息条例》第 27 条、第 30 条、第 31 条等规定,"北大法宝:法律法规库",http://www.pkulaw.cn/fbm/,【法宝引证码】CLI. 10. 1146273,最后访问日期:2020 年 7 月 17 日。

② 〔美〕富勒:《法律的道德性》,郑戈译,商务印书馆,2009,第 75 页。

续表

信用法规名称	信用主体范围
《湖北省社会信用信息管理条例》	自然人、法人、其他组织
《泰州市公共信用信息条例》	
《无锡市公共信用信息条例》	
《陕西省公共信用信息条例》	

首先，由表3可见，在我国目前出台的地方信用法规中，规制主体范围较为全面的是《海南省人民代表大会关于加强信用建设的决定》。① 该法规将政府、企事业单位、公民都纳入信用主体范围。其信用主体范围所映射的主体信用行为范围，与国务院发布的《社会信用体系建设规划纲要2014—2020》中的社会信用范围——"政务诚信、商务诚信、社会诚信和司法公正"较为吻合。而其他地方的信用法规所规制的主体仅局限于自然人或是具有完全行为能力的自然人、法人和其他组织。在信用主体具有一定局限性的情况下，其所映射的信用行为范围、规制的信用领域也有局限性，这些地方的信用法规没有将公权力机关纳入规制对象中，自然也没有将政务诚信、司法诚信建设纳入其所规制的范围，不利于社会信用法律体系与社会信用建设的全面发展。其次，《上海市社会信用条例》等八个地方信用法规的规制主体在自然人方面仅限于"完全行为能力人"，限制行为能力人的信用法律规制仍处于空白状态。最后，即使《湖北省社会信用信息管理条例》等四个地方信用法规规制主体在自然人方面没有限定，但具体条文中，并没有进一步区分"完全行为能力人"与"限制行为能力人"在信用法律规制方面的区别。

（二）信用信息范围泛化

在各地的社会信用立法过程中，存在信用信息泛化的现象，似乎所有与

---

① 参见《海南省人民代表大会关于加强信用建设的决定》，"北大法宝：法律法规库"，http://www.pkulaw.cn/fbm/，【法宝引证码】CLI.10.50988，最后访问日期：2020年7月17日。

公民"文明""道德"相关的行为记录都可以被纳入信用档案。在《上海市社会信用条例》立法过程中有人大代表提议，将中小学阶段学生作弊行为记入信用档案①；浙江省拟将多次跳槽纳入征信体制，频繁跳槽会记入个人信用档案；一些地方的立法机关在信用立法的过程中，甚至直接将"文明"与"守信"相等同，将公民参加文明行为活动受到表彰的信息纳入公共信用信息系统，而将"不文明"行为与"失信"直接挂钩，如《山西省禁止公共场所随地吐痰的规定》第16条规定，"设区的市、县（市、区）人民政府应当建立公共场所随地吐痰行政处罚记录制度，依法将违法行为纳入公共信用信息系统，并可以公开曝光"。②《龙岩市文明行为促进条例》第24条规定，"市人民政府应当建立本市社会信用信息共享平台，实行不文明行为记录制度，建立不文明行为记录档案，完善诚信激励和失信惩戒机制"。③这些规范，有名为提高社会诚信，实则加强法律实施之嫌。

实际上，"文明"与"信用"是两个不同的概念。"文明"是社会发展到较高阶段表现出来的状态，表现为物质生活、精神生活不断丰富，社会制度不断完善的状态，文明行为是促进社会不断朝文明状态发展的行为；而信用是指人与人之间建立起来的以诚实守信为基础的践约能力④，守信行为指的是主体诚实、言行如一、遵守自己的承诺。因此，不能简单地将"文明"与"信用"相等同，这样容易导致信用信息的泛化，以至于"社会信用档案"演变成"道德档案"。"失信"不是新时代的口袋罪，不能一味地将不文明行为、道德禁止性行为或是轻微违法行为纳入信用与失信的范畴。法律与立法应保持谦抑性，社会的冲突并不必然通过法律制度或是立法来解决，立法有其自身的限度。对于一些不文明行为、道德禁

---

① 罗培新：《社会信用法：原理·规则·案例》，北京大学出版社，2018，第39页。
② 参见《山西省禁止公共场所随地吐痰的规定》第16条规定，"北大法宝：法律法规库"，http：//www.pkulaw.cn/fbm/，【法宝引证码】CLI.10.1596051，最后访问日期：2020年7月17日。
③ 参见《龙岩市文明行为促进条例》第24条规定，"北大法宝：法律法规库"，http：//www.pkulaw.cn/fbm/，【法宝引证码】CLI.10.1476010，最后访问日期：2020年7月17日。
④ 李新庚：《社会信用体系运行机制研究》，中国社会出版社，2017，第4页。

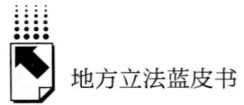

止性行为要以道德自身的方式对其进行负面评价,其他法律部门能解决的事情,也不应由信用法来插足。如果将不道德的行为和违法行为统统计入失信,最终受到伤害的也是整个信用系统,甚至可能导致信用系统毫无公信力。与此相对应地,对于一些文明行为、道德上表现为善的行为,是否能以信用对其进行激励或表彰尚需进一步考量。

(三)法制不统一、条块分割现象存在

由于缺乏国家层面的信用法,各地在分别进行信用立法过程中,对相关概念的界定和相关行为评价缺乏统一的标准,从而导致各地的信用法规在相关概念的界定和相关行为评判标准方面参差不齐,不利于国家的法制统一。比如,各地信用法规普遍对信用信息进行分级管理,一般分为"良好信息""一般失信信息""严重失信信息"三个等级。然而,由于各地的划分级别标准不一致,这就可能导致同一行为在甲地只被认定为一般失信行为,在乙地却直接被认定为严重失信行为,需要从重适用惩戒措施,或者是需要采取联合惩戒措施。下文罗列出《上海市社会信用条例》、《厦门经济特区社会信用条例》与《河南省社会信用条例》三个法规文本关于"严重失信行为"的标准,并对其进行比较分析。

表4 "严重失信行为"标准比较

《上海市社会信用条例》	行政机关根据信息主体严重失信行为的情况,可以建立严重失信主体名单。信息主体有以下行为之一的,应当将其列入严重失信主体名单: (一)严重损害自然人身体健康和生命安全的行为; (二)严重破坏市场公平竞争秩序和社会正常秩序的行为; (三)有履行能力但拒不履行、逃避执行法定义务,情节严重的行为; (四)拒不履行国防义务,危害国防利益,破坏国防设施的行为。①
《厦门经济特区社会信用条例》	社会信用主体有下列行为之一的,应当纳入严重失信名单,从重适用惩戒措施: (一)严重损害公众身体健康和生命安全的行为; (二)严重破坏市场公平竞争秩序和社会正常秩序的行为; (三)有履行能力但拒不履行、逃避履行生效法律文书确定的义务的行为; (四)拒不履行国防义务,危害国防利益的行为; (五)国家规定的其他严重失信行为。②

续表

《河南省社会信用条例》	信用主体的下列行为属于严重失信行为： （一）严重危害人民群众身体健康和生命财产安全的行为； （二）严重破坏市场公平竞争秩序和社会正常秩序的行为； （三）严重侵害消费者、投资者合法权益的行为； （四）严重违背教育和科研诚信的行为； （五）拒不履行生效法律文书，并被人民法院纳入失信被执行人名单的； （六）拒不履行国防义务，拒绝、逃避兵役，拒绝、拖延民用资源征用或者阻碍对被征用的民用资源进行改造，危害国防利益，破坏国防设施等行为； （七）通过网络、报刊、信函等方式，诋毁、破坏他人声誉、信誉，造成严重后果的行为； （八）市场主体作出公开信用承诺而不履行，造成严重后果的行为； （九）伪造公文、证件、印章等方式提供虚假资料骗取行政许可、行政奖励、行政给付、社会保障等严重失信行为； （十）法律、行政法规规定的其他严重失信行为。③

资料来源：①参见《上海市社会信用条例》第 25 条规定，载"北大法宝：法律法规库"，http：//www.pkulaw.cn/fbm/，【法宝引证码】CLI.10.1284133，最后访问日期：2020 年 7 月 17 日。
②参见《厦门经济特区社会信用条例》第 21 条规定，"北大法宝：法律法规库"，http：//www.pkulaw.cn/fbm/，【法宝引证码】CLI.10.1520312，最后访问日期：2020 年 7 月 17 日。
③参见《河南省社会信用条例》第 33 条规定，"北大法宝：法律法规库"，http：//www.pkulaw.cn/fbm/，【法宝引证码】CLI.10.1554471，最后访问日期：2020 年 7 月 17 日。

对以上三个文本进行分析比较，发现各地信用法规对于"严重失信行为"的认定有一定的相同点，但仍然有较大差别。首先，对于有能力但拒不履行生效法律文书、逃避法律义务的行为，在上海市，需要达到一定严重情节，才能被认定为"严重失信行为"；然而在厦门市，只要信用主体实施了有能力但拒不履行生效法律文书的行为，其就直接被认定为"严重失信主体"。其次，对于严重侵害消费者、投资者合法权益的行为，严重违背教育和科研诚信的行为，通过网络、报刊、信函等方式，诋毁、破坏他人声誉、信誉，造成严重后果的行为在河南省可以直接被认定为"严重失信行为"，作为列入失信联合惩戒对象名单的依据。但在其他两地，在没有法律、行政法规规定的前提下，这些行为只被认定为一般失信行为，适用一般的惩戒措施。不同地方的信用法规对不同当事人的同一种行为作出不同评价，显然有悖于公平原则，也不符合法制统一的要求。

另外，我国是单一制国家，市场主体可以在国内不同区域间的市场进行自由交易，跨区域的经济行为十分普遍，而地方信用法规仅在其行政区域范围内发生效力，不利于信用信息的统一与流通，可能对跨区域经济行为信息获取设置一定的障碍。比如，外地的信用主体在本区域内进行经营活动时无法收集到有效的信用信息。在没有统一上位法规制的情况下，各地信用立法过程中甚至可能出现地方保护主义倾向，加剧信用领域的立法条块分割现象，不利于全国市场的统一。① 这些现象都与建设全国统一市场的要求相悖，信用法律体系的建立应与建设全国统一市场的要求相适应，在全国统一市场的基础上才能形成公正、有效的社会信用法律体系。

三 适时出台国家层面的信用法

本文第二部分总结的地方信用立法中现存的三点问题，问题的来源很大一部分是由于各地立法机关在信用立法活动过程中缺乏统一的上位法规制，各地在进行社会信用立法活动时无上位法可依，大部分的制度与规则必须根据当地实际情况进行创制性立法。因此，有必要适时出台一部国家层面的信用法，对下位信用法规进行统率与引导，以增强信用法律体系自身的融贯性，促进整个信用法律体系协调发展。纵向上，促进国家各阶层法律协调统一发展；横向上，尽量减少地方信用立法中条块分割的现象，保障国家法制统一。为了达到这个目标，本文针对国家层面的社会信用法的制度与规则设计提出以下四点建议。

（一）重新定位社会信用体系建设范围与目标

我国社会信用体系建设覆盖面十分广泛，国务院发布的《社会信用体系建设规划纲要 2014—2020》要求社会信用体系建设必须覆盖"政务诚信、商务诚信、社会诚信、司法公信"四个大方面，在四个大方面下又可

---

① 李支：《论我国社会信用地方立法质量的提升》，《佳木斯职业学院学报》2016 年第 5 期。

以细分为许多行业和领域，我国社会信用体系建设如同一张网，遍布整个社会（见图1）。

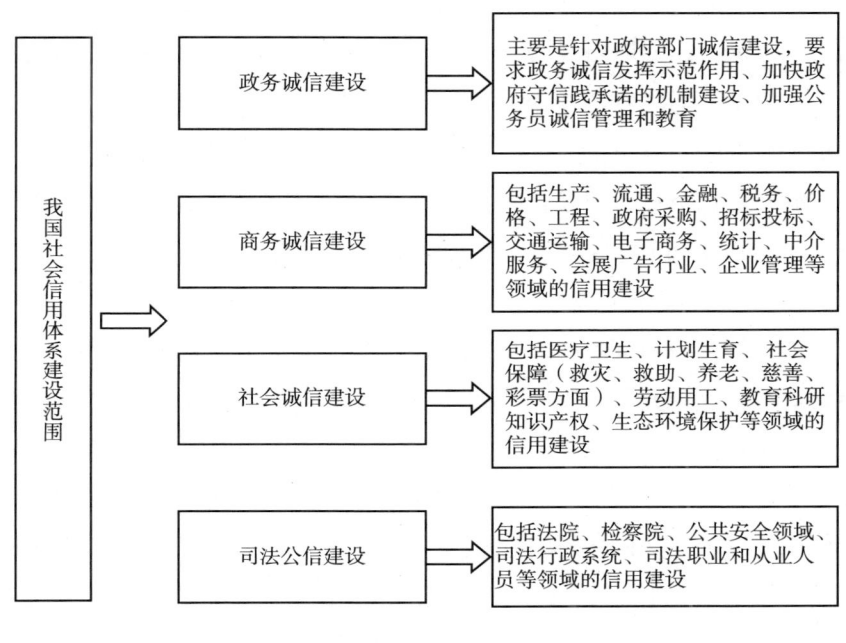

图 1

在这样的社会信用体系建设范围下，我国社会信用体系的建设目标越发偏近于乌托邦式的"完人社会"。然而，社会信用体系的建设目标不是建立一个没有任何诚信瑕疵的完人社会，任何一个国家、社会也不可能达到这种理想秩序。对此，国家层面的信用立法过程的第一步，是必须重新定位我国社会信用体系的建设范围与目标。我国社会信用法律体系建设应侧重于规制重点领域、重要行业（如医疗卫生和食品安全、生态环保等领域）以及严重侵犯公众法益的行为，重点目标在于减少一些重要领域的重大违法行为或是减少较为严重的损害他人利益或者损害共同体声誉的失信行为，从而在"重要领域方面"提高诚信水平，加强法律实施。①

---

① 沈岿：《社会信用体系建设的法治之道》，《中国法学》2019 年第 5 期。

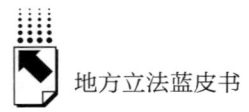

在重新定位信用体系建设的范围与目标后，通过对与信用相关的概念在法律上进行界定，纠正国家各机关、社会成员对于相关信用概念在法律上的错误理解，也能更好地将信用体系建设目标贯彻到具体规范中，落实到实践生活中。比如，国家层面的信用法通过对"社会信用""失信"的概念进行法律上的界定，为"社会信用""失信"与其他相近概念划清界限与范围，以避免下位法的立法者将许多"不文明""不道德"的行为纳入"失信"行为范畴。在这个过程中需要注意的是，国家层面的信用法在对相关概念进行界定时，切不可做扩大化的理解与界定。当前我国各地的信用法规对"信用"一词的界定，虽然在用语上不尽相同，但可以总结为"社会信用是信用主体在社会和经济活动中遵守法定义务或者履行约定义务的状态"。这显然是对"社会信用"一词进行了扩大化的界定，因而，在一些法规条文中难免会出现将仅与"文明"和"道德"相关的行为纳入信用信息范畴的现象，一定程度上导致信用信息范围的泛化、失信行为的泛化。国家层面的社会信用立法在对相关法律概念进行界定时，可以借助立法法理学中的"可替代性原则"进行论证，可替代性原则要求严格审视外在限制的必要性，外在限制只能作为社会交往失败的替代物。① 换言之，通过对该原则的论证，重新审视并进一步厘清"社会信用"以及相关法律概念必要的规制范围，一方面，为国家机关、社会成员阐明"社会信用"以及相关概念的具体含义与范围；另一方面，可以有效防止下位法中对"信用"作扩大化解释，尽量避免信用档案演变为道德档案的倾向出现。

（二）实现立法体系的融贯性

本文第二部分第一小节中指出，地方社会信用法规中存在"信用立法体系结构融贯性不足"的问题。国家层面的信用立法活动应在总结地方立法经验的基础上，实现立法体系的融贯性。

---

① 〔比利时〕卢卡·温特根斯、王保民：《作为一种新的立法理论的立法法理学》，《比较法研究》2008年第4期。

首先，国家层面的信用立法要全面涵盖信用法中应有的各项制度，包括但不限于：信用的收集与公开制度、信用奖惩制度、信用信息主体的权益保护制度、信息披露时限制度、信用信息修复制度、对信用服务行业的规范。同时，对各项制度不仅要作出实体性的规定，还要进行程序性的规定，各项规定在实践中要具有可操作性。尤其是对在地方信用立法过程中经常性受到忽视而又与公民权利和义务息息相关的信用主体权益保护和信用奖惩制度两个方面进行细致的制度设计。另外，立法过程中需注意各项制度之间的衔接要有内在逻辑性。比如，信用惩戒制度与信用修复制度衔接的内在逻辑性，有些失信行为发生后可以通过信用修复机制对其进行补救，然而，一些在发生后无法整改与纠正的失信行为是无法进行信用修复的。因此，在进行信用修复制度的设计时，要与失信的类型与信用惩戒的类型有逻辑性地衔接。①

　　在规制的主体方面，国家层面的社会信用法应进一步完善规制主体的范围。首先，要将公权力机关纳入信用主体的范围，政务信用和司法公信力是社会信用的重要方面，如《社会信用体系建设规划纲要2014—2020》所言，政务诚信是社会信用体系建设的关键，对其他社会主体诚信建设发挥着重要的表率作用。政府守信可以给社会带来良好的示范作用，反之政府失信不仅导致自身公信力下降，还可能使社会主体争相效仿，导致信用危机。其次，要进一步完善私权利信用主体的规制范围，将限制行为能力人纳入规制主体范围内。自然人包括无行为能力人、限制行为能力人和完全行为能力人，而许多地方的社会信用法规只将完全民事行为能力人纳入规制范围。我国《民法总则》第19条规定了限制民事行为能力人可以实施与其年龄、智力相适应的民事法律行为，换言之，限制行为能力人应对其实施的与其年龄、智力相当的法律行为负责。因此，限制行为能力人实施的与其智力、年龄相适应的法律行为属于信用信息范围的，也应记入信用档案。最后，国家层面

---

① 罗培新：《信用修复务必与信用惩戒的法律依据相衔接》，《中国市场监管报》2019年12月10日，第4版。

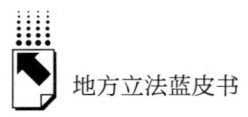

信用法在将限制行为能力人纳入其规制主体后,要对其与完全行为能力人在一定程度上进行区别规范。

(三)统一信用信息的分类与分类标准

如本文第二部分第三小节所分析的,各地立法机关在信用法规中采取了对信用信息分级管理的方法,但由于缺乏统一的分级评判标准,根据不同地方的信用法规对同一信用行为进行评判得出的结果可能不一致,不利于国家的法制统一,也不利于实现整个信用法律体系的融贯性。一个融贯的信用法律体系要求尽量减少内部法律规范的冲突,尽可能避免同样的情形受到不同的评价。[①] 因此,信用法律体系的融贯性要求国家层面的社会信用法应统一信用信息的分级标准。

首先,国家层面的社会信用法可以在区分信用主体的基础上对信用信息进行类型化的设计。具体而言,即对完全行为能力人、限制行为能力人、法人和其他组织、公权力机关的信用信息分别进行类型化设计。由于信用主体的差别,信用信息类型化的设计也会不同。比如,对完全行为能力人的信用信息分为"基本信息、中性信息、一般失信信息和严重失信信息";而对限制行为能力人的信用信息按其主体行为能力有限的特性只分为"基本信息、中性信息和一般失信信息"。其次,在进行信用信息类型化设计的基础上,分别对各类主体信用信息分类的标准进行统一的界定。目的是统一各个信用信息所属的类型与级别,尽可能地避免出现同一行为受到不同评价的情形。

(四)着重对信用奖惩制度进行规范

信用奖惩制度是社会信用法律制度最重要的"部件"之一,其作用是维护社会经济活动中守信者的利益,使其有条件地享受各种便利和优惠;让

---

① 雷磊:《融贯性与法律体系的建构——兼论当代中国法律体系的融贯化》,《法学家》2012年第2期。

失信者得到惩罚和警诫，使其不敢轻易违法或违约。由此可见，信用奖惩制度与公民的权利与义务息息相关，然而我国目前并没有一部中央层面的立法对该制度进行系统性的规定。地方信用法规在缺乏上位法依据的前提下对信用奖惩制度进行构建，容易产生信用奖惩制度构建的合法性和正当性不足的问题。因此，国家层面的信用立法应着重对信用奖惩制度进行规范，特别是信用联合奖惩制度。

首先，国家层面的立法可以对信用奖惩制度按照奖惩措施实施主体进行类型化的区分。信用奖惩制度从实施主体上可以分为四大类：由行政机关作出的行政性奖惩或监管性奖惩；由司法机关作出的司法性奖惩；由行业协会、各类社会机构作出的市场性奖惩；由社会公众作出的社会性奖惩（见表5）。

表5 奖惩措施实施主体类型化区分

实施主体	奖惩制度类型	具体措施
行政机关	行政性奖惩	黑名单、不良记录
	监管性奖惩	记录、警告、处罚、取消市场准入、依法追究责任
司法机关	司法性奖惩	追究失信者民事或刑事责任
行业协会、各类社会机构	市场性奖惩	给予优惠便利或是限制交易
社会公众	社会性奖惩	道德评价

在进行类型化调整的基础上，对各类奖惩制度分别进行体系化的规定。对市场性的惩戒，应注意与民商事、征信等法律制度或是相关行业章程相衔接；社会性的惩戒应与现行法律中与信息公开、社会参与相关的法律制度相衔接。国家层面的信用立法尤其要对来自行政机关和司法机关的信用奖惩进行规制，在国家层面的信用法上明确公权力机关可采取的信用奖惩措施、信用奖惩的法定标准、信用奖惩程序等各方面制度，进而实现信用惩戒机制的法治化、规范化和程序化，使社会成员对于守信、失信有合理的法律预期，强化了法律的安定性，同时也减少了公权力机关在信用

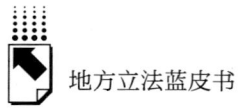

奖惩方面的权力寻租空间。①

其次，国家层面的信用法要重点规范信用联合奖惩机制。信用奖惩制度按照实施方式可以分为单独信用奖惩制度和信用联合奖惩制度。信用联合奖惩制度，即对某一守信行为或失信行为进行跨地区、跨部门、跨领域的信用奖惩。信用联合奖惩制度涉及的规范制定主体和实施主体众多，容易导致联合奖惩制度在规则设计和执行两个方面违反公平原则情况的出现。比如，一些地方将拒服兵役同困难补助、保障性安居工程、职业资质相挂钩，对拒服兵役者的困难补助和职业资质申请进行限制，这很难说是正当联结。② 对此，在国家层面信用立法过程中有必要将行政法中的比例原则和关联原则引入信用联合奖惩机制当中。比例原则，即失信行为要与惩戒措施"罚责相当"，信用惩戒措施应当与失信行为的性质、情节社会影响程度相适应；关联原则，即失信行为与失信惩戒措施有合理的关联。甲场合发生的失信行为若要在乙场合受到负面限制，甲乙场合就必须有一定的关联性，不能因为失信行为人在交通违章的负面信用记录而限制行为人的贷款或是限制行为人进入相关市场。③ 信用法领域的过度处罚、奖惩机制的滥用是给公民的日常生活套上了"无形枷锁"，有悖于依法治国的原则。

四 结语

适时出台一部国家层面的社会信用法，在一定程度上能够纠正当前地方信用立法活动中存在的错误倾向，解决地方信用立法过程中存在的问题。但整个信用法律体系的构建不是单靠出台一部国家层面的信用法就能完成的，虽然国家层面的社会信用法出台可以对下位信用法规起到一定的整合与统率

---

① 王伟：《失信惩戒的类型化规制研究——兼论社会信用法的规则设计》，《中州学刊》2019年第5期。
② 张栋：《"一处失信，处处受限"应慎行——沈岿教授访谈》，《团结》2019年第3期。
③ 李振宁：《信用惩戒的特性及对地方立法的启示》，《中共南京市委党校学报》2018年第2期。

作用，但整个信用法律体系的构建需要各阶层的信用法律法规相互支持、彼此融贯、协调一致。因此，在出台国家层面的信用法后，地方信用法规要根据国家层面信用法的规定对相关地方法规进行法律清理活动；同时，根据地方实际情况，在现实有需要、有必要的前提下，进行与信用相关的地方立法活动。进一步形成央地两级信用法的良性互动格局，实现信用法律体系的融贯性。

B.10
地方性法规实施效果评估的实践探索＊
——以《成都市城市公共汽车客运管理条例》为例

成都市公共汽车客运管理条例立法后评估项目组＊＊

摘　要： 立法后评估既是检验立法质量的重要手段，又是促进立法不断趋于完善的重要方式。当前各地立法后评估一般包括文本质量评估和实施效果评估，存在文本评估占比较高而忽略实施效果评估、实施效果评估以介绍成就居多而分析问题及其成因较少等现象。立法后评估的目的在于检验法规在社会实践中的运行，《成都市城市公共汽车客运管理条例》立法后评估即是以实施评估为导向展开的一次有益尝试。在对《条例》文本进行评估之后，着重就其实施的总体情况、各项重点义务履行情况、实施中存在的问题及成因进行了分析。在此基础上，得出修改完善《条例》文本、加强《条例》实施的评估结论，并从完善法规体例结构、细化法律责任设置、明确主管部门职责权限、落实运营企业职责等方面提出具体建议。

关键词： 立法后评估　实施效果评估　立法质量

＊　本报告涉及数据为课题组实地调研数据，具体情况可参见附录1～3。
＊＊　项目组负责人周祖成，项目组成员杨惠琪、张琼、王海燕、郭秉贵、郑伟华。

一 《成都市城市公共汽车客运管理条例》的评估背景

公共汽车客运为社会公众提供基本的出行方式，是关乎社会公众切身利益的民生服务和民生工程。2003年3月1日起实施的《成都市城市公共汽车客运管理条例》（以下简称《条例》），为加强城市公共汽车客运管理、规范市场秩序、提高客运服务质量及保障乘客和运营企业的合法权益提供了重要依据。

截至2018年底，成都市全市共有城市公共汽车17700台，运营企业33户，驾驶员人数20802人，年完成客运量17.5亿人次，中心城区"5+1"区现有公交线路489条，公交线网密度3.35km/km^2，公交日均客运量379万人次。公共汽车客运成为城市公共交通的重要组成部分，为社会公众日常出行提供基础的运输服务保障。成都市长期重视城市公共交通发展，始终把优先发展公共交通摆在突出位置，持续加大投入力度，公共交通发展位列全国特大城市前列。交通运输部科学研究院联合高德地图、北京航空航天大学交通科学与工程学院发布的《中国主要城市公共交通大数据分析报告》显示，2016年成都常规公交综合排名仅次于"北上广深"，列全国第5位，2017年成都公共交通出行服务指数居特大城市第4位，仅次于超大城市中的深圳、广州、上海。随着社会经济的不断发展及城市建设的逐步加快，成都市公共汽车客运车辆、线路、客流量大大增加，公共汽车客运的管理水平、服务水平、安全程度等对人们日常生活的影响也越来越大，公共汽车客运管理中出现了一些新的问题：人们的生活质量不断提高，对于安全出行、便利出行、畅通出行的要求也不断提高；运营规模和运营范围的扩大使公共汽车客运管理变得更加复杂，监管力度有待进一步加大；开设公交的区域逐步向城乡、城镇延伸，中心城区与周边区域发展不平衡，不同区域乘客难以享受同等优惠；日常运营安全保障、应急保障和公共安全保障要求不断提高；等等。这些给城市公共汽车客运的健康发展带来一定挑战。

近年来，公共汽车客运行业政策环境变化较大，对公共汽车客运发展提

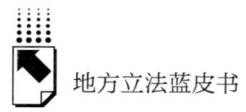

出了新的要求。习近平总书记在北京视察时指出，发展公共交通是现代城市发展的方向。2012年12月，《国务院关于城市优先发展公共交通的指导意见》确立了城市公共交通优先发展战略。李克强总理在《2016年政府工作报告》中强调，要完善公共交通网络，治理交通拥堵等突出问题。《中华人民共和国国民经济和社会发展第十三个五年规划纲要》（以下简称《纲要》）明确提出，实行公共交通优先，加快发展城市轨道交通、快速公交等大容量公共交通，鼓励绿色出行。2017年交通运输部颁布《城市公共汽车和电车客运管理规定》，对城市公共汽车规划建设、线路运营权授予、企业运营服务、从业人员规范、监督检查、法律责任等作出了明确规定。2018年10月，重庆万州公交坠江事件之后，客运安全问题引起了社会广泛讨论和关注，公共交通安全保障问题成为当下国家层面法规政策较为看重的内容之一。

近年来，成都市加快建设"美丽宜居公园城市"和"公交都市"的步伐，优先发展公共交通成为重要内容。2017年四川省交通运输厅对成都市公交都市创建实施方案进行了批复，确定成都市公交都市创建主题为"建设西部一流、全国领先的现代绿色立体公共交通系统""打造公共交通引导城市发展模式的典范，构筑'双核共兴、一城多市'新型城市群"，实施公交快捷提速、枢纽场站支撑、网络结构优化、服务品质提升、智能公交升级、低碳慢行重塑、需求管理引导、拥堵节点改善、特色示范主题等9项工程。发展公共交通，建设绿色立体公共交通系统，提高管理智慧化水平，成为成都市建设现代城市的一个重要发展方向。

促进城市公共汽车客运的可持续发展，推动提供更加安全、高效、便捷的客运服务，需要有力的法治保障。为贯彻落实行业最新法律法规、政策的要求，及时回应成都市经济社会发展的实际需求及社会公众安全出行、绿色出行的期待，对《条例》进行检视，结合成都市实际不断完善《条例》内容，为当前成都市公共汽车客运的发展提供法治保障。截至2019年3月1日，《条例》已实施16年，为了全面客观评价《条例》的立法质量和实施效果，考察立法的社会效用及《条例》能否适应当前成都市经济社会发展现状，特开展《条例》的立法后评估工作。评估工作从2019年4月开始到2019年12月结束。

二 《条例》实施情况评估

（一）《条例》实施的总体情况

《条例》政策性强、涉及面广、影响范围大，经过多年的实践，成都市结合本市实际，坚持不断创新，在实践中探索出一些行之有效的经验和做法，公共汽车客运管理工作不断走上规范化管理的轨道。问卷调查显示，65%的政府及相关部门人员认为《条例》在加强城市公共汽车客运管理、规范市场秩序等方面发挥了明显作用；此外，有64%的被调查者认为《条例》的实施有效地预防和解决了行车难、准点率下降的问题；《条例》的实施效果方面，83%的被调查者表示满意。根据评估工作组的实地调研，管理部门积极推进公交优先发展，健全公共汽车客运规章制度，逐步理顺了公共汽车客运运行体制；运营企业建立从业人员岗位培训考试制度、星级驾驶员制度等，加强从业人员职业道德建设，促进服务质量的稳步提升。通过以上务实举措，推动了《条例》具体内容的实施，72%的被调查者表示管理部门在加快交通基础设施建设、优化公交线网、着力改善交通民生工作中做得比较好，公交集团的运营服务水平不断提升，规范化服务程度明显提高，工作成效得到了大众的认可。

1. 公共交通优先发展取得良好成效

《条例》第5条规定，应当坚持公共交通优先发展的原则。问卷调查中，77%的被调查者认为本地区政府对《条例》的贯彻实施比较重视，政府对公共交通优先发展重视程度较高。《条例》实施后，成都市政府将优先发展城市公共交通作为成都市城市发展与交通发展的重大战略决策，积极贯彻落实国务院、建设部等关于公交优先的各项方针政策，加大对城市公交发展的支持力度，公交出行分担率大幅提高，公交优先发展取得长足进步。管理部门通过大力整合公交市场主体、科学实施线网优化、实施公交卡惠民票制改革、提升公交车辆性能等级、积极开辟公交专用道、大力推进公交智能化建设等措施，中心城区地面公交实现了线网统一规划布设、车辆档次全面提升、公交一卡通行，广大市民已享受到安全、便捷、经济、舒适、优质的城市公交出行服务。2016年至2019年的报告显示，乘客对成都公交的服务质量非常满意，每年的平均分均在90分以上，2017年成都公共交通出行服务指数位居特大城市第4位。整体而言，成都市公共交通优先发展取得了较好成效。

2. 公共汽车客运规章制度不断完善

为进一步贯彻实施《条例》，在城市公共汽车客运管理方面，成都市先后研究出台《成都市城市公共交通优先发展战略（2015—2025年）》，印发了《关于进一步促进常规公交发展的实施意见》《关于进一步完善成都市常规公交财政补贴和考核办法的通知》《中心城区公建配套公交首末站建设设计要求》《关于进一步加强公交营运安全管理加快公交事业发展的通知》等政策文件，编制《成都市中心城区公交线网优化规划》和《中心城区公共汽车成本规制定额补贴实施方案》，统筹修编《成都市中心城区公交场站规划》，各区市县均编制完成公共交通发展规划及公交场站布局规划，促进公共交通优先发展的政策保障框架体系逐步形成。

《条例》在第二章经营权管理、第三章客运管理中规定了多项制度促进运营企业和从业人员提高服务质量。成都公交集团制定了《驾驶员星级管理办法（试行）》《星级驾驶员考核细则》《星级驾驶员培训及考试管理办法（试行）》等多项管理制度，为驾驶员星级管理制度的推进提供了基本遵循。2013年，公交集团制定了《服务投诉处理管理制度》，2018年制定了《投诉处理管理及考核办法（试行）》，保障乘客投诉、建议渠道的畅通性，及时反馈受理结果。此外，还配套了《驾驶员违法违规记分及里程考核细则》《车辆安全技术管理制度》等，规范驾驶员安全行车行为，通过车辆保养和维修，保证其处于良好的营运服务状态。

以上各项规章制度的建立，为建立完善的城市公共汽车客运管理体制、全面推进公共汽车客运管理工作制度化和规范化奠定了坚实基础。

3. 公共汽车客运运行机制逐步理顺

《条例》第3条规定了公共汽车客运的管理部门，明确了城市公共汽车客运的管理制度与工作机制。2005年成都市设立交通委员会，将原成都市市政公路局承担的城市公共交通行业管理、公共汽车营运路线专营权管理等市场化配置职能划归交通委员会管理，形成由市交通运输局负责中心城区"5+1"区域公交线路的特许经营管理和安全生产监管工作，市级财政局和成都高新区财政负责企业亏损补贴；其他区市县政府负责各属地区域内公交线路的特许经营管理和安全生产监管工作，属地财政负责归口企业亏损补贴；跨区线路由市交通运输局统筹规划，公交企业所属地政府实施跨区公交线路的特许经营管理和安全生产监管工作的管理体制。

《条例》第10条规定了特许经营制度。2006年之前，成都市中心城区有16家公交企业，其资本构成复杂、线路相互交叉、利益相互交织，线网优化调整难度大。为此，处于成都市公交行业主体地位的成都公交集团，按照"特定区域公交单一市场主体"发展思路，开始了公交运营主体的整合工作。在成都市交委的组织协调下，通过大力整合公交市场主体，成都公交集团对民营公交企业进行主营业务资产的收购，10余家民营公交全部退出成都市中心城区公交领域，成都市完成了公交行业的产业结构升级，为中心城区公交线网的全面优化与公交行业的优先发展创造了良好的外部环境。

4. 公共汽车客运服务水平不断提升

《条例》第7条规定了方便乘客、规范服务的原则。公共汽车客运管理部门主要履行特许经营协议实施监管及运营企业的日常运营监管职责，保证提供规范服务。交委投诉处理中心及时回复投诉处理情况，按照公交行业相关分类标准进行分析，通过对乘客诉求内容的梳理，查找公交路线、站点、车辆、场站等设施设置及运营服务中存在的问题，以促进公交服务改进。2018年"5+1"区域公交年投诉总件数5571件，服务质量投诉率为4.6件/百万人次，低于目标值。2015年以来，管理部门对市公交集团在"5+1"区域内的线路运营情况进行了服务质量考核。2019年起，联合市财政局、市国资委、市审计局制定了《中心城区5+1区域公交运营指标考核试行办法和公交服务质量考核试行办法》，作为"5+1"区域公交运营、服务考核新的标准，督促运营企业按新标准改进服务。

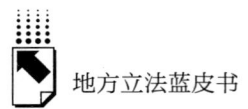

《条例》第 21 条规定了经营企业应当严格执行客运服务标准。公交集团在执行《条例》规定的同时，参照《成都市公共汽车客运服务规范》以及国家标准 GB/T 22484—2016《城市公共汽电车客运服务规范》等相关文件对驾驶员、乘务员进行服务质量培训，取得了优异的成绩，在 2018 年市交通运输局对企业服务质量的考核中，驾驶员、乘务员规范化服务达标率达到 98.8%。问卷调查显示，认为公交集团投诉处理效率较高的被调查者占比为 75%，运营企业在处理投诉方面得到了乘客的肯定。自 2015 年推行星级驾驶员评定工作后，服务投诉数量有所下降，群众满意度提高，各类表扬增加，截至 2019 年 6 月，在岗驾驶员人数共计 12356 人，星级驾驶员 11048 人，占 89.41%。

绝大多数从业人员熟悉《条例》与其岗位相关的规定，对《条例》规定的行为规范认可度较高，培训制度落实较好，62.5% 的从业人员通过企业培训知晓了《条例》内容。此外，公交车内显示驾驶员服务证信息、投诉方式，张贴乘客乘车规则，方便乘客监督。随着互联网的发展，公交集团开始提供社区巴士、定制公交、夜间公交等多样化服务，为乘客带来更舒适、便捷的乘车体验。

5. 公共汽车客运公众认可度不断提高

评估工作组通过访谈得出公众对成都市公共汽车客运的认可度不断提高。访谈内容集中于社会公众对公交线路、站点设计的认可度，公共汽车安全环境和卫生环境的认可度，驾驶员规范行为和驾驶行为的认可度，向公交（集团）投诉以及其回访的认可度，政府监管以及处理突发事件的认可度，公交法治环境以及执法力度的认可度等方面。以锦江区、武侯区、金牛区、青羊区、成华区和龙泉驿区不同街道为访谈地，分别在各区任意选择 15～20 人进行访谈。访谈人员共 93 人，其中女性 53 人，男性 40 人，年龄分布在 18～80 岁，皆以公共汽车为主要出行交通方式。

访谈过程中，绝大多数被访谈者对成都市公交服务表示满意，与管理部门组织的社会满意度调查得分结果相吻合。随着驾驶员职业培训的完善和监督机制的完善，公交驾驶员抽烟、说脏话、甩客、开车斗气等行为已属于少见现象，司乘人员的服务满意度较高。访谈中，部分公众从自身经历出发，提出为驾驶员设立表扬信箱、表扬热线等途径传达乘客的谢意，发扬驾驶员的友善关怀精神。公众诉求表达方面，以 2019 年 6 月公交投诉分析结果为例，最多的是对"公交设施"的投诉，投诉率为 40.4%；其次是"线路优化""站点优化"方面的建议，分别为 24.8%、20.5%；"规范化服务"投诉及"服务水平"建议相对较少，分别为 11.4%、2.8%。总体来看，乘客关注的问题既包括硬件设施，也包括管理、服务、制度等软性措施。

《条例》颁布实施以来，虽然较过去而言取得了良好成效，但由于法规制定的时间较早，随着经济社会的发展及城市公共汽车客运现实情况的变化，受到多种因素的制约和影响，《条例》实施过程中仍存在一些问题需要引起重视：《条例》的宣传力度需要加大，社会公众以公交方式出行的意识有待继续提高；《条例》规定的规划建设职责需要进一步落实，目前公交场站资源仍然不足，对公交线路深度优化形成制约；《条例》未规定财政补贴制度，未建立公交长效财政补偿机制，公交企业长期处于亏损状态，可持续发展缺乏资金保障；成都市区际公交发展不平衡，影响成都市城乡一体化整体建设进程；公众公交出行的"获得感"有待进一步提升等。

（二）《条例》中各项重点义务履行情况

1. 管理部门履行《条例》各项重点义务情况

《条例》第 3 条规定："市交通行政主管部门负责本市公共汽车客运管理工作和本条例的组织实施；区（市）县交通行政主管部门或者当地县级人民政府确定的其他部门负责当地公共汽车客运管理工作。"主管部门作为公共汽车客运的管理者和《条例》的组织实施者，对公共汽车客运发展起直接推动作用，管理部门的职责落实评估重点在于城市公共汽车规划建设、运营管理、服务规范、运营安全监管等方面。

（1）编制公共汽车客运规划，推进公交设施建设

《条例》第 6 条规定了市公共汽车客运管理部门编制本市公共汽车客运发展规划、公共汽车线网规划、场站建设规划并组织实施职责，第四章规定

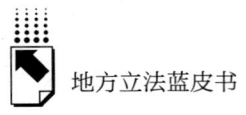

了公交设施的建设和管理职责。

总体而言，公共汽车客运管理部门落实《条例》规定的编制、实施规划及公交设施建设与管理等方面具体职责的情况较好。市交通运输局开展中心城区常规公交线网优化和公交场站修编工作，于2018年底前编制完成《中心城区公交线网优化方案》和《中心城区公交线网优化导则》，为公交优化提供符合成都发展需求的阶段性科学方案，并明确线路设置的原则、标准、条件，为提高线路布设的科学性、规范性提供依据，编制了《成都市中心城区公交线网优化规划》，统筹修编《成都市中心城区公交场站规划》，印发了《中心城区公建配套公交首末站建设设计要求》，各区市县均编制完成公共交通发展规划及公交场站布局规划。

成都市公共汽车客运管理部门积极推进公交设施建设，目前中心城区"5+1"区域规划落实70座公交场站，在原有22座老场站基础上，新建场站18座，新增停车泊位1229标台；在建场站项目6个，建成后将再新增停车功能1054标台，将在一定程度上缓解区域内公交进场停车难问题，24块用地正实施拆迁和供地。火车东、南、西、北站基本实现枢纽功能。中心城区"5+1"区域以外各区市县，均采取公交和客运混合使用场站运营模式。中心城区"5+1"区域公交中途站点共计5600余个，其中，公交站亭1800余个，独立式站牌3800余个，电子站牌1200余个。《条例》第32条规定设置公交专用道，落实情况较好，公交专用道高峰时段保障情况较好。目前，中心城区共设置公交专用道799.45km（双向），专用道网络基本形成。在保障常规公交专用道的同时，成都市结合本地实际进行创新，在四川大学华西医院区域新增全国首条中小街道公交专用道，最大限度地满足就医群众乘车需求，获得了央视的报道。

（2）落实运营管理职责，保障公共汽车客运持续发展

《条例》第7条规定了兼顾社会效益和经济效益的原则，第10条规定公共汽车线路营运必须取得专营权。

总体而言，在公交定价、运营成本核算和补偿、补贴落实方面，管理部门职责落实情况较好。管理部门制定《关于进一步完善成都市常规公交财政

补贴和考核办法的通知》《中心城区公共汽车成本规制定额补贴实施方案》等，健全运营亏损财政补贴机制。目前成都市中心城区公交市场采取国有主导的运行机制，公交基准票价已统一为2元一票制。中心城区"5+1"区域实施成人次卡5折、学生次卡2折、次卡2小时免费换乘3次的优惠政策。此外，社区巴士刷卡免费，新开线路前两个月免费，所有线路早5点到7点免费，70岁以上老年人免费。自2009年以来，成都市的公交企业一直处于亏损状态，而且亏损额逐年大幅增加，基本所有的公交企业都处于负盈利的状态。为了保障公交的公益性，成都市政府运用财政补贴的方式购买公交服务，不断加大财政补贴力度，2018年补贴额达到36.53亿元，以保障公众利益，实现优先发展公共交通的目标。此外，管理部门通过建立成本规制，出台《成都市中心城区"5+1"区域公交运营成本规制及定额补贴标准测算试行办法》，鼓励公交企业提高运营效率，开拓市场、创新服务，通过建立公交企业服务质量和运营服务的绩效考核机制，积极推进城市公交考核和补贴工作，并于2016年、2017年均纳入对各区市县的年度目标考核中，把考核同财政补贴资金、国有企业负责人经营业绩考核结合起来，加强运营管理和提高服务水平。但近郊部分市县在执行补贴和考核时存在机制不完善、工作未完全落实到位等问题。

(3) 落实运营服务监管职责，提升公共汽车客运服务水平

《条例》第三章规定了客运管理内容，公共汽车客运管理部门主要对运营企业的日常运营及服务质量进行监管和考核。

整体而言，管理部门运营服务监管职责履行较好。公交投诉情况主要结合交委投诉处理中心投诉回复处理情况，按照公交行业相关分类标准进行分析，通过对乘客诉求内容的梳理，查找公交路线、站点、车辆、场站等设施设置及运营服务中存在的问题，以促进公交服务改进。2018年"5+1"区域公交年投诉总件数5571件，服务质量投诉率为4.6件/百万人次，低于目标值；管理部门积极落实《条例》具体规定，在《条例》对有些规定例如提供定制公交、夜间公交、社区巴士等多样化服务未作出明确规定的情况下，管理部门也按照《城市公共汽车和电车客运管理规定》及相关政策稳

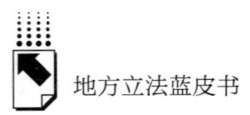

妥推进，确保运营企业提供优质的、稳定的、持续的服务。

（4）加强监督检查，保障运营安全

《条例》第22条规定了经营企业应当保障运营安全的义务，第38条规定了管理部门对运营安全的监管职责。

按照市交通运输局的统一安排，建立了相关安全保障机制。由专门的处室负责市级城市公交客运企业发生群伤或死亡1人以上，以及县级城市公交客运企业发生较大及以上事故现场的协调与上报工作，并按照职能制定本部门的应急管理措施；督促并指导市公交集团建立健全应急管理制度，规范应急处置行为，在市应急管理部门的统一指导安排下，做好安全生产应急演练的配合工作；加强日常安全隐患排查整改，针对重点时段（安全敏感期、环保督查期、汛期等）开展专项督导检查、抢险预案工作；开展日常部门应急管理会议及培训工作。管理部门督促并指导市公交集团制定及实施《应急救援预案和应急体系管理制度》，对市公交集团的常规公交安全生产进行考核，开展专项督导检查等。2018年执法总队共出动执法人员检查公交车辆1212台次；2019年1月至6月，共出动执法人员检查公交车辆606台次，近年来发生重大安全事故情况较少，管理职责履行较好。

2.企业履行《条例》各项重点义务情况

运营企业及相关从业人员是承担城市公共汽车客运的重要主体，是提高客运服务质量、保障客运安全的直接责任主体。《条例》对运营企业及从业人员的规定主要分布在第二章、第三章及第五章。第二章规定了经营企业取得专营权的方式、经营专营权的行为规范、企业必须具备的条件和对相关工作人员的培训；第三章涉及了企业在客运服务质量、运行安全方面的义务以及相关从业人员的行为规范；第五章前8条对运营企业及相关从业人员违反《条例》规定的法律责任进行了规定。本部分将以客运服务质量、客运安全、智能化和信息化建设等角度为切入点，对《条例》在规范运营企业和相关从业人员行为方面的实施效果进行评估。

（1）落实各项制度，提升公共汽车客运服务质量

《条例》为了保障乘客的合法权益，在第二章经营权管理、第三章客运

管理中分别从不同角度构建了多项制度全方位地促进企业和从业人员提高服务质量，比如：要求企业建立从业人员岗位培训考试制度，设置从业门槛，加强职业道德建设和服务质量管理；明确驾乘人员、调度员的具体行为规范；规定企业具有接受乘客监督、受理乘客投诉的义务。

岗位培训考试制度。《条例》第17条要求企业必须承担岗前培训责任，对驾驶员、乘务员、调度员进行上岗培训，建立岗位培训考试制度，对经培训考核合格的，发给相应的服务证。从业人员执证上岗，设置了从业人员的准入门槛，保障了专业素质，为提升行业整体服务能力、安全运营能力创造了条件。目前，驾驶员入职前有集团公司、分公司、车队三级培训，全市驾驶员人数20802人，均持证上岗，服务证相关信息显示在车厢内部供乘客了解、监督。《条例》第25条、第26条专门就驾乘人员、调度员的行为规范进行了列举，以更好地指引从业人员的服务行为。对驾乘人员和调度员的调查问卷统计结果表明，绝大部分驾乘人员和调度员熟悉《条例》与其岗位相关的规定或全部规定，并且对运营企业、驾乘人员、调度员的行为规范认可度较高。此外，62.5%的受访者是通过企业培训知晓《条例》内容，可以看出企业岗位培训制度的落实情况较有成效，但仍需加强培训。

职业道德建设和服务质量管理制度。《条例》第22条第3款规定企业具有加强职业道德建设和服务质量管理、不断提高职工素质和服务质量的责任。为落实相关责任，成都公交企业分别制定了《驾驶员星级管理办法（试行）》（成公交〔2014〕425号）、《星级驾驶员考核细则》（成公交〔2014〕426号）、《星级驾驶员服务标识管理办法（试行）》（成公交〔2015〕103号）、《星级驾驶员培训及考试管理办法（试行）》（成公交〔2015〕306号）等4项驾驶员星级管理制度，对职业道德、培训及考试、安全行车、营运规范、服务规范等内容进行规定，以提升公交驾驶员队伍整体的职业道德水平、业务技能和服务质量，完善服务管理模式。自2015年推行星级驾驶员评定工作后，服务投诉逐年下降，群众满意度提高，各类表扬增加，截至2019年6月，在岗驾驶员人数共计12356人，星级驾驶员11048人，占比89.41%。对公交企业管理人员的调查问卷统计结果显示，98%的被调查者了解企业客

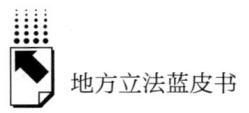

运服务标准。可以看出，企业在职业道德建设和服务质量管理制度方面的落实情况较好。

乘客投诉处理制度。《条例》第22条第6款规定企业具有接受乘客监督、受理乘客投诉的义务。成都公交企业在处理投诉方面进行不断的尝试、更新，例如公交集团2013年制定了《服务投诉处理管理制度》，2018年制定了《投诉处理管理及考核办法（试行）》，并对公交热线受理的投诉从回复态度、回复满意度等方面进行回访，同时征求乘客意见。公交集团在2018年1月至2019年6月对公交热线受理的需要回复的投诉进行了回访，乘客满意度较高。乘客投诉处理的制度化，有利于保障乘客投诉、建议渠道的畅通性，提升客运服务质量，促进和谐驾乘关系。

规范化服务制度。《条例》第25条对驾驶员、乘务员的营运服务标准作出具体规定，要求提供规范化服务。公交集团在执行《条例》规定的同时，参照《成都市公共汽车客运服务规范》以及国家标准GB/T 22484—2016《城市公共汽电车客运服务规范》等相关文件对驾驶员、乘务员进行服务质量培训，并取得优异的成绩。在2018年市交通运输局对企业服务质量的考核中，驾驶员、乘务员持证上岗，着装统一、仪表整洁，文明用语，解答询问，主动照顾老幼病残孕等特殊人群；按照规定开启空调，按照规定线路和站点运营，无擅自改道行驶、越站甩客、无左转需求不频繁变道，车辆进站停靠规范；出站关门起步、无骤停骤启现象，工作时无吸烟、打手机、聊天等现象，车辆行驶无超速、违规超车、抢道行为。规范化服务达标率达到98.8%。

除了对上述制度的落实，成都公交在车辆标明营运收费标准、线路名称及经营企业名称、张贴乘客投诉电话号码、色彩和标志符合公共汽车客运管理部门的统一要求等方面，以及驾驶员、乘务员按照核准的收费标准收费并出具有效等额票据、正确使用电子报站设备等方面，体现了对《条例》第23条、第25条相关内容的落实。在车内运用电子显示屏提示路线、站名和驾驶员服务证信息等内容，张贴乘客乘车规则等方面也比较规范。除常规公交服务之外，还提供社区公交、定制公交、夜间公交等多样化服务，以便为乘客带来更舒适、便捷的乘车体验。

（2）强化客运安全管理

《条例》在运营企业的安全生产方面所作的规定并不多，较为零散地分布在第二章经营权管理和第三章客运管理中，可以提炼为"三要求"：一是要求建立行车安全管理制度，二是要求建立营运车辆和设施的保修制度，三是要求加强安全教育。安全乃企业生产的重中之重，成都公交运营企业采取了很多配套措施深入贯彻执行，并建立以董事长、总经理为安全工作第一责任人的安全生产责任制度以及以安全生产投入保障、应急救援预案和应急体系管理等内容为中心的安全生产管理制度，从而强化客运安全管理。近十年，企业贯彻落实相关安全制度成果显著，在中心城区常规公交2018年安全生产及运营服务质量考核中，2018年市公交集团未发生较大安全事故，未发现安全未达标情况，亿公里死亡人数为1.58人，低于3人/亿公里的目标值，运营车辆月平均交通违章率为0.55次/百辆，低于0.8次/百辆的目标值。

行车安全管理制度。《条例》第12条第5款规定经营企业必须具备健全的行车安全方面的管理制度，企业制定了《驾驶员违法违规记分及里程考核细则》，列举出驾驶员违法违规的具体行为，按不同等级进行记分和扣减安全行车里程，考核结果与绩效挂钩，很好地规范了驾驶员安全行车行为。为了监管驾驶员的在岗行为，企业通过车载视频对所有在岗驾驶员在行车过程中的精神状态、操作技能、安全文明驾驶等情况进行监控，确保在司机出现异常行为时及时处理。此外，企业还建立安全行车班组制度，将安全行车班组作为行车安全预防管理的落脚点和最基层单位，鼓励职工参与安全行车管理，并制定相关管理、考核制度，落实安全班组在行车安全中的岗位责任，强化行车安全管理。在实际操作中，企业通过签订安全生产责任书、进行绩效考核、责任追究、召开季度安委会和每月行车安全例会、开展安全检查与督导、开展阶段竞赛活动等方式落实行车安全管理制度。

营运车辆和设施保修制度。《条例》第22条第5款规定企业应当按规定对营运设施进行保养和维修，保证其处于良好的营运服务状态，第23条

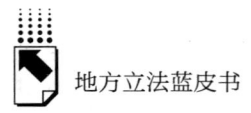

进一步规定企业具有加强车辆保养和维修的责任，同时对营运车辆的状况进行了多方面的明确。为了保障主要营运设施车载电子设备的正常工作，企业对车载 IC 卡刷卡机、GPS 车载机、车载视频监控的使用和维护作出了详细规定，明确管理责任。企业在车辆保修方面制定了《车辆安全技术管理制度》，严格执行车辆一、二、三、四级维护，车辆修理或保养必须进行三级检验，根据实际车型的更替制定了对应的车辆各级维护作业标准，并建立车辆维修、保养档案。在对从业人员的问卷调查中，96%的从业人员反映企业至少每周开展一次安全检查或保养维修，24%的从业人员反映企业每天一次安全检查或保养维修。

安全教育制度。《条例》第 22 条第 4 款规定企业具有加强安全教育的责任。企业建立安全生产教育培训管理考核制度，对从业人员展开多种方式的安全教育培训，比如：每年对安全管理人员进行安全生产专项培训并取得《成都市安全生产培训合格证书》；每月对驾驶员进行日常培训，主要内容包括《安全生产法》《公共交通驾驶员安全操作规范》等法律规定及应急处置措施；每年组织开展各项应急演练等。调查问卷显示，10%的受调查者反映企业每周进行一次安全管理和教育培训，65%的受调查者反映企业每月进行一次安全管理和教育培训，公交企业落实安全教育制度情况较好。

安全生产责任制度。为了切实加强客运安全工作，落实安全工作责任，成都公交集团建立了安全生产责任制度。设立以董事长、总经理为安全工作第一责任人的安全生产委员会，负责对安全生产监督管理和协调工作的领导，下设 11 个专业委员会，各自职责明确。企业把管理人员是否认真履行安全生产管理职责作为考核的重要内容，对工作失误、失察或不认真履行安全生产管理职责的，给予批评、教育，情节严重的，追究其责任。

安全生产管理制度。为了更好地保障生产安全，企业建立了比较完善的安全生产管理制度。除了《条例》所涉及的行车安全管理、营运车辆和设施保修、安全教育三大制度，该安全生产管理制度还在安全生产目标管理、安全生产投入保障、安全生产检查及安全隐患排查、整改、安全事故报告和调查处理、安全值班及台账管理、驾驶员准入退出管理、安全生产告诫警示谈话等方面进行了制度构建，从资金、人员、机构、制度等方面予以保障，以加强安全生产管理，控制风险，降低事故发生率。

在《条例》规定之外，企业制作了相关的宣传片在公交车上滚动播放，对乘客开展公共汽车安全应急知识宣传教育活动，提醒乘客遵守规则、文明乘车，鼓励乘客参与公共汽车运行安全保障；为了维护驾驶员安全运营环境，公交企业加强车辆动态运行管控，确保公交车内监控设备的正常使用；车辆按标准配置了安全锤、灭火器以及一键连接总控室的装置，方便处理突发应急事件。

（3）智能化建设取得良好成效

《条例》第 5 条虽然规定"提倡在公共汽车客运的经营和管理领域应用先进的科学技术和管理方法"，但《条例》中并未涉及智能化和信息化的相关规定。随着科学技术的不断发展，社会生活各领域智能化程度越来越高。为了满足人民群众日益发展的出行需要，2008 年成都市开启全面建设城市智能公交系统的步伐，成都公交企业将物联网、大数据、云计算等新信息技术应用到公交客运管理及服务方面，成都公交的智能化、信息化得到了快速发展。2009 年成都市建成全国首批现代公交智能调度系统，全面覆盖原中心城区所有公交线路。2010 年全面建成了智能监控系统、企业信息化管理系统、实时公交信息服务系统、IC 卡电子收费系统等公交智能管理和服务系统。近年来，电子站牌及场站触摸屏查询系统建设，显示和传输乘车到站信息，大大便利了市民候车；全面完成场站智能调度中心建设，实现集中调度；加大新购车辆高新技术应用，提高车辆驾驶可操作性、安全性及舒适性；全面建成应用物联网系统，打造"绿色智慧公交"。经过多年发展，成都公交智能化、信息化建设取得良好成效。

三　《条例》实施中存在的问题

（一）《条例》出台时间较早，难以充分适应社会发展现状

《条例》于 2003 年实施，虽然在 2006 年进行了修正，但距离目前已经

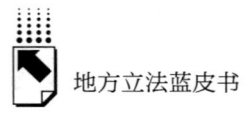

十余年，随着经济的发展，已难以充分适应成都市社会发展现状。首先，《条例》中的部分规定已过时。例如，《条例》第10条"专营权"的表述，现在已统一使用"特许经营"的表述；《条例》法律责任部分规定的行政处罚金额已经与现如今经济的快速增长不相适应，对于法规的实施效果产生了一定影响。其次，《条例》滞后于社会发展需要。例如，随着互联网的发展，人们对公交提供多样化服务的需求越来越强烈，网约公交、定制公交、夜间公交逐渐兴起，移动支付的需求产生，由于《条例》中没有相关规定，管理部门亟须法律法规赋予相应的管理职能，运营企业开展服务亦需要相应的法治保障。最后，《条例》缺乏一些重要制度的设计，难以适应当前公共汽车客运管理需求。例如，对客运安全生产的责任主体未作出明确规定，没有突发事件应急预案的制定和演练、应急处置相关要求，未规定危害城市公共汽车运营安全的禁止性行为等，难以充分适应当前社会发展现状及出现的新情况、新问题。

（二）《条例》宣传力度有待进一步加大

评估工作组经过实地调研发现，在《条例》实施过程中，交通系统内部的工作人员对《条例》较为熟悉，但仍然有部分群众对该法规不知晓或者已经知晓但理解不甚清楚。其中，在有效回收的针对交通部门的调查问卷中，有38%的受众表示只有少数人了解和掌握《条例》内容。在访谈、座谈过程中，部分受访者、公交司机、人大代表、执法人员均表示是第一次听说《条例》。造成这一情况的主要原因是《条例》出台时间较早，主要通过报纸和官方网站的形式发布，受众面不广，社会公众阅读量相对来说并不大，通过上述渠道进行对外公开宣传力度不够，导致宣传的针对性、有效性不足。建议采取更为切实可行的措施推动宣传工作，提高《条例》的公众知晓率。

（三）公共汽车客运社会效益与市场经济效益关系需要厘清

近年来，成都市不断开展"公交便民""便民交通"等民生工程，公交公司存在较为严重的经济亏损现象,妨碍了公交客运长期稳定发展。随着定制公交、网约公交等新兴出行方式的兴起,市民对开展个性化、多样化、品质化的公交衍生服务的需求日益增长,且多有低票价的期望。城市公共汽车客运服务面临过度公益化的困境,成都市财政压力日益增加,中心城区"5+1"区域年补贴金额达30亿元,市民出行票价仅0.83元/次。考虑到城市公共财政的承担能力和城市公共交通持续健康发展,需要进一步明确城市公交的基础公共服务范围,划分公交公益服务和市场化服务的边界,合理制定票制票价,明确公共财政资金应该补贴的公交服务范围,厘清政府与社会组织及个人在购买公交服务中的支付责任。

(四)区际公共汽车客运发展不平衡

成都市中心城区公交已由公交集团统一经营管理,实现了线网统一规划布设、车辆档次全面提升、公交一卡通行,广大市民已享受到了安全、便捷、经济、舒适、优质的城市公交出行服务。但对于成都市周边圈层而言,目前公交服务水平仍相对落后,难以满足城乡居民的出行需求,影响到成都市城乡一体化整体建设进程。受现有公交"二元"结构的管理体制限制,部分周边区市县的管辖区域深入三环周边与绕城内的线网调整都存在体制障碍;票制票价不统一,定价和调价机制尚不健全,成都市二、三圈层公交企业发展水平参差不齐,各区市县公交市场经营主体多且散,线网密度低,运力投入不够,车辆质量较低,服务质量不高,区县财政扶持力度各异等,影响公交行业的可持续发展。

(五)管理部门之间的职责权限有待理顺

城市公共汽车客运管理涉及部门较多,存在相关部门之间衔接不顺畅、职责模糊等问题,导致其运作的有效性和可操作性不强。在问卷调查中大部分受众认为交通行政主管部门与政府相关部门在公共汽车客运工作方面的职责权限划分明确,但是只有49%的人认为城市公共汽车客运管理措施具有针对性和可操作性,另分别有17%和16%的人认为"一般"和"需要完

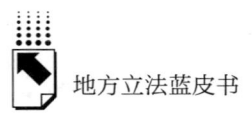

善"。因此，仍需在现有管理体制机制的基础上，进一步理顺相关体制机制。具体存在以下几个方面的问题。

在基础设施的管理和维护方面，部门之间的职责权限需要进一步厘清。《条例》第31条规定了基础设施的建设和维护。公交领域涉及城市管理的方方面面，特别是基础设施维护方面，城市公交站台、站亭在城市市政设施的范畴之内，公交站站台地面改造和维护职责界限模糊，存在一些边界不清问题，对于由谁来对设施进行管理维护容易产生推诿和扯皮。公共汽车客运管理部门相关负责人认为如果《条例》能将其纳入城市建设和发展的整体，纳入城市总体规划，从市政设施维护整体进行考虑，职能职责会比较清晰。

在特定事项处罚权的行使方面，公共汽车客运管理部门与其他部门之间的权限需要理顺。《条例》第45条规定，其他机动车在规定时段驶入公共汽车专用车道和停靠站由公共汽车客运管理部门责令改正，处2000元以上2万元以下的罚款。执法人员反映适用《条例》过程中与交管部门的职责划分存在界限比较模糊的地方。例如《条例》第35条规定保障公交专用道，禁止其他车辆在规定时间内驶入公交专用道和停靠站，处罚由公共汽车客运管理部门进行，执法人员反映无论是从职能还是执法实践来看都很难做到，主管部门与交管部门的权限需要进一步厘清。

此外，《条例》中未体现出各级政府在公共汽车客运管理中的职责，政府在公共汽车客运发展中扮演重要角色，特别是在对公交优先发展战略实施的领导、财政补贴等方面，有必要明确其主要职责所在。

（六）规划制定及设施建设有待进一步推进

目前，公共汽车客运管理部门编制实施规划方面仍然存在一些问题。第一，跨区域公交线路设置。在区域融合的情况下，公共汽车客运管理部门需要会同规划部门做好规划。第二，随着城市轨道交通的快速发展，编制、修改城市公共汽车线网规划，应当科学设计城市公共汽车线网、场站布局、换乘枢纽和重要交通节点设置，注重城市公共汽（电）车与其他出行方式的衔接和协调，特别是在规划中需要加强与地铁及快速公交接驳。第三，由于公共汽车客运管理部门未提供具体材料，编制规划过程中是否广泛征求相关部门和社会公众意见、是否经过科学论证等程序性要求的落实有待进一步明确。

由于新规划公交场站用地获取较慢、场站建设周期较长等，成都公交场站缺乏的问题在短期内仍难以解决。第一，场站自有率待提高。市公交集团以租赁方式获取场站用地的情况较为普遍，由于租赁场站缺乏稳定性，线路运营生产难以得到长效保障，公交场站的自有率有待提高。第二，场站规模严重不足。目前车辆总体进场率不足40%，占道停车问题严重，容易导致安全隐患。第三，场站布局与城市发展需求不匹配。既有场站数量少，分布不均，造成线路优化受限，不利于轨道成网背景下接驳线路调停。外围区公交场站基本无独立占地，主要通过客运站调停公交，缺乏乡镇公交场站，保修场严重不足，核心区保修场用地面积缺口约60%。第四，公交场站设施建设落实不够，公交场站建设整体较为迟缓。

（七）管理部门监管力度有待进一步加大

管理部门需要进一步加强对运营企业的监管，维护公共汽车客运秩序。问卷调查中，超过50%的受众认为监督力量薄弱是影响公共汽车客运管理的主要因素。评估工作组发现《条例》第10条及相关内容曾被当地多起民事诉讼判决所引用，基本案情均是当事人同有专营权的企业签订了合资经营合同，约定以合伙或股份制共同经营线路，最后却产生了利益分配纠纷。共有15例当事人诉双流第一运业有限责任公司合同纠纷案，均被驳回诉讼请求。以上民事诉讼的出现一定程度上说明管理部门在落实运营管理职责过程中还存在一定问题。如果允许合伙或股份制共同经营线路这种情形的存在，以后可能还会产生大量类似的民事诉讼案件。

《条例》第18条规定，公共汽车客运管理部门应当加强对公共汽车客运市场的管理，及时查处无证经营行为，维护客运市场秩序。调研中发现目前仍然存在无资质营运的情形，执法实践中，从事非法营运的主体大多是社会低收入者，违法车辆也通常是价值几千元的二手轿车，车辆运营安全难以保证。

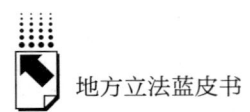

《条例》第28条规定公共汽车客运服务设施用地、未经公共汽车客运管理部门和规划部门同意,任何单位和个人不得侵占或者改变用途。问卷调查中分别有22%和21%的被调查者认为站点附近没有停放自行车的地点、站点附近环境不好,座谈会中相关人员也提及了站点附近停放共享单车等影响站台秩序的问题。因此,管理部门在维护站点秩序方面仍需要进一步加强监管,加大执法力度。

驾驶员的行业准入监管有待加强。从事公共汽车客运的驾驶员直接影响着客运服务质量和客运安全,其从业资格、身体健康状况、犯罪记录(含吸毒史)、交通守法记录、驾驶员操作技能等情况都应作为准入的考察对象。调研中发现,驾驶员的流失比较严重,在本次对驾驶员工龄的问卷调查中,20%的驾驶员工龄在一年以内,57.5%的驾驶员工龄在2~5年。《条例》对驾驶员的准入只设置了岗位考试的要求,对其进入公交企业之前的工作或安全驾驶情况、有无吸毒前科等信息亦需要予以了解,避免给从事公共汽车客运服务带来隐患。

(八)公共汽车客运服务评价机制需要进一步完善

管理部门对运营企业服务质量评价机制较为单一,第三方评估的作用有待进一步发挥。目前的第三方评估更侧重于客观数据的统计分析,例如,委托神鸟数据咨询有限公司调查2018年公交客运乘客总体满意度,对2018年公交规范服务达标率、电子站牌正常使用达标率进行智能分析等,但对于实践中存在的影响客运服务的具体问题、社会舆情、实时服务质量未能实现综合评价,第三方评估作用有待进一步发挥。

对运营企业进行考核尚未形成稳定、常态标准。2015年,在总分120分的基础上扣2.5分,市公交集团得117.5分(折合30分总分基础上得分29.4分)。2016年,在总分126分的基础上扣3分,市公交集团得123分(折合30分总分基础上得分29.3分)。2017年,在总分120分的基础上扣1.2分,市公交集团得118.8分(折合30分总分基础上得29.7分)。2018年,基础分在80分总分的基础上扣4.1分,基础分得75.9分,附加分得13

分，市公交集团总得分合计为88.9分。可以看出，每年考核的总分及基础分较不稳定，最终得分计算方式也不同，说明尚未形成一套稳定的、常态的考核体系，管理部门仍有必要不断完善考核指标、体系。

管理部门处理投诉建议的效率有待提高。在问卷调查中，21%的人认为投诉处理效率低，以交委投诉处理中心2019年6月的投诉数据为例，二次投诉及返回重办件占总数的21.9%，管理部门仍需不断提升工作质量，提高投诉处理的效率与质量。

（九）公共汽车客运运营安全问题需要重视

当前，人们对安全出行的要求不断提高，对公共汽车客运运营安全责任的落实提出了更高的要求。针对主管部门工作人员的问卷调查中，在城市公共汽车客运安全风险管控问题上，52%的受众所在单位建立了风险管控机制，41%的受众表示不清楚单位是否设置风险管控机制，客运安全管控意识还需进一步提升，相关部门仍需继续引导。虽然主管部门制定了应急预案和召开安全应急管理相关会议，但还未建立一套完备的危机管理机制，在多部门综合危机应对机制方面还需进一步加强，努力建立长效的联勤联动应急机制及会议机制，快速应对突发应急事件。《条例》关于"客运安全"的规定只是分散在各个章节，没有专章设置，更未明确企业在安全生产中的主体责任，企业所建立的相关安全制度缺乏法治保障和支撑，影响其执行力及具体执行效果，难以保障安全主体责任得到有效落实。

安全隐患排查存在漏洞。《条例》中未涉及安全隐患排查的相关规定，从《安全生产事故隐患排查治理暂行规定》中可知，安全隐患是指生产经营单位违反安全生产法律、法规、规章、标准、规程和安全生产管理制度的规定，或者因其他因素在生产经营活动中存在可能导致事故发生的物的危险状态、人的不安全行为和管理上的缺陷。虽然成都公交集团制定了安全隐患排查整改制度，但是该制度并没有对隐患类别、内容及其处理方式作出规定，可操作性并不强。在调研中发现，一些公交线路存在车况不佳、地形复杂、道路破损、树荫遮挡、照明缺失、防护设施缺乏等安全隐患，容易导致

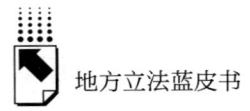

安全事故的发生。例如：2009年6月5日上午，一辆9路公交车因乘客携带汽油故意纵火发生燃烧造成27人遇难74人受伤；2013年8月25日晚，一名男子在42路公交车上用刀捅伤多人；2014年12月17日，一辆71路公交车突然失控，从公交车道和站台之间的非机动车道冲过，撞上候车乘客，造成2人死亡6人受伤，事故原因被初步认定为驾驶员踩错刹车，据悉，因当班驾驶员请假，该驾驶员是临时从37路公交车调度过来将车从维修场站开回。因此，企业在安全隐患排查方面仍需要加大力度，确保运营安全。

调研中相关人员反映存在一些小区周边树冠较低的情形，使得公交车难以靠边行驶，阻挡其他车辆的行驶，一定程度上造成了安全隐患；一些线路存在车辆抛锚、故障的情形。《条例》第34条虽然规定了禁止损坏公共汽车营运设施和配套服务设施，主管部门执法人员提出实际中还存在一些危害城市公共汽车运营安全的行为，例如携带违禁物品、宠物、非法拦截或者强行上下城市公共汽电车车辆、乘客妨碍驾驶员的正常驾驶等，《条例》中未作出规定，一定程度上导致缺乏相应的执法依据。

（十）公共汽车客运从业人员权益保障有待进一步加强

公交客运从业人员遇到突发事件紧急处置的权利有待明确。驾驶员、乘务员通过参与车辆运行了解行车安全的第一手信息，调度员通过GPS系统和车内视频监控了解车辆运行的实时状况，他们面对风险时的处理方式直接影响着乘客的生命财产安全，所以明确他们的权利义务非常重要。在问卷调查中发现从业人员认为影响驾驶员安全运营最重要的三大因素是乘客干扰、临时调度、道路所处地理环境复杂，这三个因素的占比均在55%以上，同时还有35%的受访者认为道路照明、防护设施不满足实际需要和车况不好是影响行车安全的重要因素。公交客运立法中有必要明确驾驶员等从业人员面对乘客干扰、临时调度、路线条件、车况问题时可以行使的紧急处置权，以便更好地对突发状况进行及时反应。

驾驶员身体检查和心理疏导机制有待进一步完善。驾驶员身体和心理健康状况是影响运营安全的重要因素。通过沟通了解驾驶员健康情况、家庭状况、个性特点、生活习惯等评估驾驶员的工作状态,防止出现驾驶员带病开车的情况,加强对驾驶员心理健康管理,及时干预影响驾驶员安全行车的负面心理情绪,降低"人的不安全状态"导致的风险,能有效地从源头上预防重特大道路交通事故的发生。在本次调查问卷中,关于驾驶员身体检查和心理疏导问题,27.5%的受访者认为有必要每年进行一次体检和心理疏导,17.5%的受访者认为每月需要进行一次心理疏导,5%的受访者认为企业从未组织过体检和心理疏导,驾驶员体检和心理疏导问题需要引起重视。

(十一)社会公众公交出行获得感有待进一步提升

公共汽车客运的目标是让人们出行更加安全、便捷、舒心,优化公交基础设施、提供更多选择、提升乘车体验等是公众公交出行获得感的重要体现,成都公交在实现由"便于行"向更高层次"享于行"的转化升级方面有待进一步提升。

公交站点命名不易于辨识。成都公交站名存在"站名长""不易懂""不好找"等难以区分、容易混淆的现象。例如,成洛大道上出现的"槐树店路站、槐树店站",137路公交车途经站点出现的"西三环路四段中外侧站、西三环路四段北外侧站、西三环路四段南外侧站",类似站名很多,相邻站点间仅一字之差,大量站名由路名、桥名、路口名加"东南西北""内外侧""一二三四段"等方位名词组合而成,站点名称太复杂、拗口、不易区分,难以在短时间内进行辨别,导致乘客下错站的情况频出,降低乘客体验感,影响乘车满意度。

站点服务设施需优化。分析投诉建议情况可知,对"公交设施"的投诉率为40.4%,占比较高。调研中发现在站点服务设施方面仍存在一些问题,超60%的受访者认为站点服务设施需要进一步优化,例如部分被调查者反映电子站牌数量太少,独立式站牌牌面破损、有污渍、信息显示不清晰等;部分站台两端距离太长导致看不清靠后的车辆,部分站台太小影响排队等候;站亭灯箱不能正常使用,座椅残缺;站点地面坑凹、沉降、破损等。

乘车便利度和舒适感有待继续提升。问卷调查中,受访者对于班次不

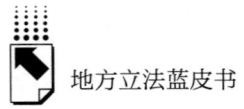

地方立法蓝皮书

够、乘车拥挤问题十分关注，提出此问题的占比高达53%。分析2019年6月成都公交投诉建议情况可知，即使在中心城区也仍然存在部分公交服务薄弱区域，增加发车频次是该区域投诉建议的主要问题之一。从中心城区常规公交2018年安全生产及运营服务质量考核得分表来看，最大发车间隔保障率未达标，8路、240路和1157路最大发车间隔大于最大发车间隔要求，发车频次不足，在导致乘车拥挤的同时影响了公交的舒适性和便捷性。此外，乘客反映导致乘车拥挤的另一个原因是某些新能源车结构不太合理，整体车型太小，厢内座位很少，导致车厢容纳量减小，乘车拥挤。

（十二）公共汽车客运智能化、信息化程度有待继续提高

《条例》中没有智能化、信息化建设的相关规定。发展公交智能化、信息化，既能拓展公交服务的领域，提高公交出行的吸引力，有效缓解甚至解决城市交通拥堵的难题，又能加强监控，及时发现安全隐患，为企业的安全生产作业保驾护航。此外，还能为智慧城市提供数据，是智慧城市的重要组成部分。智能化、信息化是现在以及未来城市公交现代化的重要发展方向，《条例》中没有对该发展方向的相关规定，无法从法规层面保障智能化、信息化建设发展的良好环境，这是成都公交智能化、信息化建设的重要瓶颈，对于公交现代化建设产生了一定影响，难以充分保障企业管理和服务的融合，智能化、信息化的整体效益和规模效益难以充分发挥作用。

智能化、信息化发展程度不够。成都市公交智能化、信息化虽然取得了一定成绩，但是仍有继续进步的空间。比如，电子站牌覆盖不全面，部分候车站点缺少公交车辆的实时动态信息，等车乘客不能准确掌握车辆到站时间；出行信息服务不够精准全面，少数公交线路动态信息不准确，车辆定位不准或无法定位，App上没有显示车辆拥挤程度，没有实时准确的车辆到站预报；现有的公交信息管理平台信息采集和处理上不完整，不能为公交线路规划、运营、实时动态等提供大数据支持，导致决策出现偏差；视频监控系统智能化程度有待提升，公交车上安装的摄像头只具有摄像功能，不具备灵活性和能动性，不能对司机疲劳驾驶、携带危险物品上车等情况进行预警；

智能安全系统不够完善，例如，2019年5月29日一辆68路公交车撞上红砖桥桥墩致6名乘客受伤，如果安全系统提前发出危险预警提醒驾驶员、车厢乘客和控制平台的话，可能会使损失大大减小。目前车载一键报警系统只连接了总控平台，未实现和公安局的联动，仍需要继续推进。

信息数据相对孤立，没有实现共享。以智能化、信息化为抓手，实现信息数据的交换与共享，有利于降低运营成本，提升管理水平，促进公交现代化建设。目前企业内部各信息化项目之间是相互独立的系统，系统之间缺乏互联互动，数据无法实现共享，难以汇总形成综合性报表全面反映情况，难以充分为管理者提供决策分析的功能；企业与企业之间出现信息孤岛现象，数据和信息相互孤立、缺乏共享机制，导致数据不能叠加产生价值，难以实现业务协同，沟通协调成本增加，信息服务能力降低；企业没有做到将数据实时传输至主管部门，目前所有数据基本是直接传输至企业平台，再由企业平台反馈给主管部门，没有实时传输，不利于主管部门准确地掌握情况从而进行有效管理。

（十三）其他问题

《条例》中缺乏授权性条款，导致政府部门在制定公共汽车客运管理相关细则时合法性依据不足，影响公共汽车客运管理职能的行使，例如公共汽车客运服务设施用地综合利用问题。按照综合开发建设公交场站的理念，用地性质需要在公共设施用地基础上满足兼容商业、金融业、住宅，收益用于城市公共交通基础设施建设和运营，目前缺少用地综合开发和管理的具体办法。此外，安全员配置问题、携带宠物问题等存在较大争议。

四 加强《条例》实施的建议

（一）适时修改《条例》，回应发展变化的社会实践

适时修改完善《条例》，回应成都市公共汽车客运管理实践。问卷调查

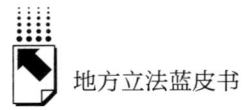

中，63%的被调查者认为《条例》是有必要修改的，其中20%的人认为很有必要。《条例》需要随着社会发展与变化进行相应的修订，唯有如此才能适应公共交通管理的需求和人民群众的需要。建议从以下几个方面进行完善。第一，清理过时规定及与最新出台的政策法规不符的内容。例如"专营权"的表述、其他机动车在规定时段驶入公共汽车专用车道由公共汽车客运管理部门责令改正进行处罚等。第二，修改《条例》中滞后于社会发展的内容。例如，根据当前的经济发展状况按最新出台的政策法规的要求重新确定罚款的数额。第三，增加《条例》缺失的一些重要规定，在完善《条例》的同时提高前瞻性。例如，增加提供多样化服务、移动支付的规定，明确安全生产的责任主体；规定危害城市公共汽车运营安全的禁止性行为；规定加强司乘人员心理疏导机制建设等，赋予管理部门相应的管理职能，为运营企业提供服务和加强企业管理提供法治保障，以便更好地对公共汽车客运服务进行管理。

（二）加强《条例》的宣传培训

为确保《条例》的实施有更好的舆论和社会环境，推进《条例》的顺利实施，仍有继续加大宣传引导力度的必要。一方面要加强法规的学习，让人们知晓、了解《条例》，特别是加强领导干部、执法人员、司乘人员对《条例》的理解和认知；另一方面要注重宣传形式多样化，超过50%的被调查者表示自己通过微信公众号学习《条例》及安全知识，通过报纸杂志、电视、网络学习的也占有一定比例。建议以电视广播为中心结合报纸杂志和网络以及新媒体，如微信公众平台等多样化的渠道，通过微信公众号推送、制作宣传片等多种方式进行深入宣传，实现公众对《条例》获知渠道的多样化。此外，需要将宣传工作常态化、特色化，形成长效宣传机制。最后，可以考虑在《条例》中增加"公交日"规定，在不断完善公交服务、提升公交出行吸引力的同时，从公共宣传教育、社会关系网推动、信息服务、发展公共交通等方面引导公众选择公共交通出行，增大"公交日"的影响力与宣传效应，使公众产生正面心理取向。

（三）综合考量公共汽车客运社会效益与市场经济效益

在贯彻落实《条例》的过程中，需要明确政府和运营企业的职责所在，进而厘清公共汽车客运社会效益与市场经济效益的关系。政府在公共汽车客运发展中扮演重要角色，特别是在对公交优先发展战略实施的引领、财政预算、票价确定、落实补贴等方面。在落实公交优先战略上，将城市公共交通主管部门置于本级政府的领导下，配合其他相关主管部门共同做好公交优先战略相关政策措施的落实工作。通过经济、政策等手段适度控制小汽车出行量；继续推进公交专用道建设、连线成网，推进城市快速路网实施大容量快速公交系统建设，进一步提高公交出行效率；创新公交场站建设模式，切实保障公交运营需求，对公交场站规划用地实施综合开发，解决场站建设资金来源，完善公交自身造血机制；通过制定公交行业车辆投入机制与成本规制等措施，切实解决公交政策性亏损问题，以促进公交企业的可持续发展。

鼓励运营企业提供市场化服务，在提供多样化服务的同时增加经济效益；大力发展绿色便民公共交通，加快推动新能源车辆在公共交通领域的应用，促进公交行业节能减排和结构调整，实现公交行业健康、稳定发展。

（四）促进城际公共汽车客运均衡发展

在落实公交优先战略的同时，政府及相关部门需要会同运营企业共同促进城际公共汽车客运均衡发展，推进城乡一体化建设，改善出行条件。出台统一优惠政策，推动优惠政策的均衡实施；加快道路交通基础设施建设，合理设置和建设城乡公交站场，根据城乡公交车发展需要，不断完善城乡公交枢纽站、中转换乘站、港湾式停靠站、沿途简易停靠（招呼）站、终点站回车场等站场；合理规划，形成完善的道路客运网络；创新发展模式，鼓励城乡公交客运规模化、集约化经营；进一步完善公交定价和调价机制、补贴机制，提升公交信息化服务水平等。通过这些措施，努力实现全市公交一体化和城乡客运基本公共服务均等化，为全市人民提供更加高效便捷、安全舒适、经济可靠、绿色低碳的公交出行服务。

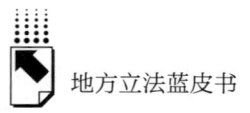

（五）理顺管理部门之间的职责权限

首先，有必要在《条例》中明确政府职责。政府通过制定城市交通发展战略，集中指导和推进体制改革、统筹集资融资等城市公共交通建设工作，把现有城市公共交通管理机构与规划、物价、财政、税务、土地等部门的职能与职责协调好，明确规定职责与权利范围。

其次，明确部门职责。公交基础设施建设和维护涉及城市管理的方方面面，评估工作组认为当前正处于机构调整时期，机构名称及职责会发生一定调整，建议《条例》中以《城市公共汽车和电车客运管理规定》及相关政策的规定为指导，对部门职责作出原则性、概括性规定，地方性法规不宜作出太细规定，在实际操作过程中由市政府或者公共汽车客运管理部门加强协调，结合成都市的具体实际，按照目前实际运作的惯常做法，例如目前由管理部门管理站亭、站台管理，建委负责建设，企业管理广告牌等，进一步按职责细化分工。

最后，《城市公共汽车和电车客运管理规定》中已经明确规定，违反规定进入公交专用道运营企业应当报当地公安部门依法处理，《条例》第45条需要作出相应修改，厘清在该事项上公共汽车客运管理部门与公安交管部门的职责，保障执法工作的顺利开展。

（六）加强科学规划，推进公共汽车客运基础设施建设

完善《条例》内容为履行规划建设职责提供支撑。例如，增加"公共汽车跨区域运营的，跨区域运营内容应当分别纳入相应区域的公共汽车客运规划"条款，同时需要明确公共汽车客运规划与其他交通运输方式相关规划相衔接；明确公共汽车客运服务设施建设单位，按照公共汽车客运专业规划要求，配套建设相应的公共汽车客运服务设施，并与主体工程同步规划、同步设计、同步建设、同步竣工、同步交付使用；增加"公共汽车客运停车场、首末站应当配建供公共汽车客运从业人员工间休息的基本用房和相关设施"等条款，保障公共汽车客运从业人员的基本休息场所。

贯彻落实公共汽车客运管理政策法规要求。《城市公共交通"十三五"发展纲要》（以下简称《纲要》）提出："对公交都市建设城市，各有关省份和城市交通运输主管部门应当将城市公交重要基础设施建设项目纳入交通固定资产投资计划。"公共汽车客运管理部门需要进一步加强部门沟通，积极推动公交都市建设，将城市公交重要基础设施建设项目纳入城乡建设主管部门的年度建设计划。在《条例》进行修改完善明确城市公共汽车线网规划编制、修改的工作程序和具体要求之后，公共汽车客运管理部门可以结合《条例》及相关政策法规完善配套建设客运服务设施标准及相关细则，提高公共汽（电）车通行效率、优化城市公共交通线网；注重利用先进的科学技术调整城市公交线网，加强多种方式网络的融合衔接，提升公共交通网络通达深度。

持续推进公共汽车客运基础设施建设。由于涉及主体较多，在推进公共汽车客运基础设施建设过程中需进一步加强沟通协调，在实际工作中确定主要负责部门及协作部门，可由市规划局牵头，市交委、市公交集团配合，在配套类专项规划中同步规划建设公交停车位；市交委配合规划部门协调指导，各区政府具体负责实施，按照《成都市中心城区公交场站规划修编》中各区用地需求及布局，落实规划地块的控规工作；各区加快推进统筹规划新增公交场站用地征供地保障工作；建设单位和各区按照《成都市中心城区公交场站规划修编》建设相关内容，加快推进公交场站建设工作，在明确各自职责的基础上形成合力推进公共汽车客运基础设施建设落实落地。

（七）加大监管力度，维护公共汽车客运秩序

完善《条例》内容为加强监督管理提供支撑。例如，《条例》第11条增加"不符合招投标条件的，由城市公共交通主管部门择优选择取得线路运营权的运营企业"；第14条第1款建议修改为"城市公共汽车线路运营权实行无偿授予，城市公共交通主管部门不得拍卖城市公共汽电车线路运营权。运营企业不得转让、出租或者变相转让、出租城市公共汽车线路运营权，不得将线路经营权交与其他单位或者个人经营"；修改第36条中未经

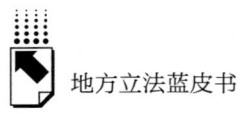

许可从事公共汽车客运或者出租汽车客运的罚款数额,与最新政策法规保持一致。

加大监管力度,维护客运市场秩序。公共汽车客运管理部门需要加强对运营企业经营权行使的监管,严格落实"运营企业不得转让、出租或者变相转让、出租城市公共汽车线路运营权"的规定,加强公共汽车客运市场准入、程序规范、监督检查,严格查处转让、出租或者变相转让、出租城市公共汽车线路运营权的行为,防止因利益分配而产生的大量诉讼。同时,及时查处无证经营行为,按照过罚相当的原则给予相应处罚,维护公共汽车客运市场秩序。此外,在执法方面,问卷调查中认为存在人情执法的被调查者较多,占32%,执法的公平性与人民对执法部门的信任感仍需提升。需要进一步加强公共汽车客运执法能力建设,注重机制和制度的健全,加强执法基础设施建设和保证足够的人员配备,建立联合执法机制,增强监管实效。

维护公共汽车客运场站秩序、制止违法行为。公共汽车客运管理部门需对在车站规定路段内停放非公共交通车辆、设置摊点、堆放物品,遮盖、涂改、污损、毁坏或者擅自迁移拆除公共汽车客运站牌,影响公共汽车及客运设施正常、安全使用等损害公共汽车客运设施或者妨碍公共汽车客运正常运行的行为加大执法力度,维护公共汽车客运场站秩序。

增加乘客权利义务的设定。综合来看,《条例》的管理对象以公交集团和驾驶员为主,而忽视了对乘客的管理,全文仅第27条规定乘客购票乘车的权利和义务且对乘客应当遵守的规则指示不明,对乘客的行为规范以及购买车票获得的合法权益未做规定。从公众访谈中可以知道,乘客的行为亟待规范,由于公民素质存在差异,乘客出现不支付车费、随地扔垃圾、车内吸烟、携带高度危险的宠物、车内奔跑嬉闹、行车中探身车外、不到站要求下车、殴打驾驶员等严重妨碍司机驾驶的不文明、高危行为。此类典型行为尚无法律约束,导致驾驶员或者公交集团难以约束乘客的恣意性。只有乘客造成实际严重的损害才能依据治安管理法或者刑法进行惩处。因而,建议新修订《条例》对典型不文明行为进行列举式禁止立法。

（八）完善公共汽车客运服务评价机制

完善投诉建议处理机制。在处理投诉建议问题上，管理部门一是要进一步完善投诉处理机制、拓展多元投诉渠道，倾听市民意见，切实提高投诉处理效率；二是梳理公交服务薄弱区域，进一步优化线路及站点设置、线网规划，有针对性地解决乘客反映的实际问题，提高日常出行便捷性；三是针对其他各区反映的实际问题，优化调整与主城区对接线路的设置，完善各区公交固定设施，切实解决实际问题。

完善考核评价体系。管理部门需要结合《中心城区"5+1"区域公交运营指标考核试行办法和公交服务质量考核试行办法》，进一步完善考核评价的指标、评分项目等，形成稳定的、常态化的考核体系。管理部门在进行公交经营监审及对公交企业实施经营评价及管理层绩效考核的同时，可以考虑引入公交服务质量第三方评价机制。例如，武汉市实行公交服务质量第三方监控，通过网上数据实时监控及人工智能分析、志愿者实地暗访及调查问卷等方式全面了解每个月公交服务质量情况，定期形成公交服务质量第三方监控分析报告向社会公布，取得了良好的社会效果。

（九）加强公共汽车客运运营安全保障

完善《条例》内容，建议设"运营安全"专章，就运营安全主要事项作出详细规定：明确禁止携带违禁物品乘车，对安全检查和保卫作出规范，为执法提供依据；增加"道路绿化建设应当有利于公共汽车的安全通行"的有关规定，保障公交通行安全；明确处置危害城市公共汽车运营安全的禁止性行为；明确城市公共汽车客运突发事件应急预案的制定和演练、应急处置要求；等等。管理部门加强对运营企业的监管，监督运营企业检修维护制度的制定，明确车辆报废条件，每年定期进行审验，考核车辆的故障率，核查检修记录、数据，加强安全监管工作。此外，管理部门需会同运营企业坚持"问题导向、预防为主"的原则，加快推进完善城市公交车安全驾驶防护措施工作。在摸底调研的基础上，联合当地公安交警等部门制定城市公交

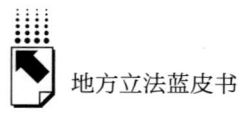

车驾驶区域安全防护隔离装置安装改造实施方案;加强宣传,提升乘客安全乘车意识,培养乘客安全乘车法治观念,提醒乘客遵守规则、文明乘车;积极督促公交企业强化应急培训、演练等措施,全面加强成都市城市公交车运营安全管理等。

建议在《条例》中明确运营企业是客运安全生产责任主体。作为客运安全生产责任主体,运营企业需要不断健全安全生产管理体系、安全生产责任体系、安全生产检查体系以及事故应急救援体系等,优化安全生产责任制度和安全生产管理制度,明确安全经费投入、安全检查、隐患排查、应急预案等内容规定;在出现自然灾害、突发事件、客流积压、设施设备运营故障等情况时,企业应当在主管部门的指导下及时采取相关措施,切实保障运营安全。同时,为防止安全事故发生,公交企业应加强安全巡查制度建设,选派安全巡查员在重点路线或重要时间段对重要站点或车厢进行安全巡查,并建立安全巡查台账,及时排除发现的事故萌芽,消除安全隐患,预防事故发生,保障客运安全。调研过程中了解到,企业开展了多种形式的培训工作,公交集团未提供开展安全培训及考核的相关资料,因此对培训的实际效果和受培训人员的接受效果难以作出全面评价,建议在以后的培训工作中企业对从业人员的安全培训及考核进行建档管理,记录培训内容、次数、学时等信息,并作为考核内容,促进培训工作规范化、制度化,减少培训工作的随机性、随意性。

强化安全隐患排查。运营企业是安全事故隐患排查、治理和防控的责任主体,应当逐级建立并落实从主要负责人到每个从业人员的隐患排查治理和监控责任制,预先排查、治理可能导致事故发生的物的危险状态、人的不安全行为和管理上的缺陷。企业应当采取技术、管理措施,及时发现交通事故频发路段、公交场站或者道路配套设施存在的公交客运安全隐患,并消除安全隐患,如实记录安全隐患排查治理情况,并向从业人员通报;企业在新增线路、大范围改道线路开行前,必须及时进行实地考察,开展安全隐患专项排查与治理,并将包括人、车、路、环境四要素在内的防范措施告知线路涉及的每一位驾驶员;公交车驾驶员上车前应当对车辆安全技术性能进行认真检查,不得驾驶安全设施不全或者机件不符合技术标准等具有安全隐患的车辆上路;从业人员发现安全隐患或者其他不安全因素,应当立即向现场安全生产管理人员或者本单位负责人报告,同时还有权提出解决建议,接到报告的人员应当及时予以处理;企业应采取措施发动人民群众就发现的影响城市公共汽车客运安全的隐患向企业反映或提供线索,实现企业与社会协同,共同排除和治理安全隐患。

《条例》未规定应急预案的制定和执行,建议增加相关规定。现实中的应急状况较为多样且具有不可预测性,涉及公众财产和人身安全。因而,新修《条例》可以规定公交集团制定应急预案的义务并且强调预案的现实可执行性。同时,可以规定对司机进行应急培训,着重培训对突发情况的应对和处理措施。例如,行驶中公交车抛锚,司机在确认无法马上修理的情况下应当联系公交调度室委派其他公交车来接替,以确保公众乘车便利;公交车内遇到盗窃行为的处理措施等。如果司机按照应急预案操作,应当适当减免司机的责任,确保司机在突发状况中勇于作出应急反应。

(十)加强公共汽车客运从业人员的权益保障

保障驾驶员权益,增设表扬途径。《条例》以管理为目标,对驾驶员设定了较为全面的着装、行为和驾驶义务,却缺乏对驾驶员权益的保障。建议增加对驾驶员超额工作奖励的保障、对纠纷的申诉权利的保障等,实现权利和义务的对等。《条例》可以增设表扬途径,激励驾驶员的正向行为。

赋予公交司机紧急情况下的正当防卫权。实践中,公交公司鼓励公交司机在服务的过程中,骂不还口,打不还手,甚至还有地方设置了"最委屈公交司机奖"。"骂不还口,打不还手"的要求,是应该在公交车上的局面还能够得到控制,公交司机的人身安全还可以得到完全保障的前提下才能坚持的原则。在公交司机人身安全无法得到切实保障的紧急情况下,公交司机的正当防卫,应该得到公交公司的肯定和支持。公共汽车客运从业人员的权益保障是公共汽车客运管理中的薄弱环节。行车过程中,驾驶员被扰被打的情形时有发生,为了避免造成安全事故,除了提高公共安全意识之外,需要在《条例》中作出禁止性规定或由管理部门尽快出台相关措施,切实保障公交驾驶员行车过程中不被打扰的权利。同时,推进设立司机独立驾驶室、

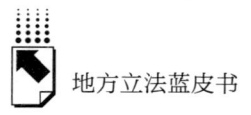

安装驾驶座防护栏、添置紧急报警装置等工作,保障司机安全驾驶。

探索建立公交驾驶员心理疏导机制。公交车驾驶员的身心健康,直接关系到人们的生命财产安全。因此,汽车驾驶员的心理健康水平是应予以高度重视的问题。乘客不理解、不支持、不配合,受了委屈无处诉……这些都使驾驶员的心理压力增大、情绪控制不当。心理专家指出,公交驾驶员的职业具有特殊性,超过50%的驾驶员因为劳累、压力存在这样或那样的心理问题。访谈过程中很多司机反映压力确实较大,由于精神长期处于高度紧张状态,驾驶疲劳显著加重,呈现躯干化,即心理压力带来了生理上的不舒服,身体和心理健康受到严重影响。建议在《条例》中增加"建立公交驾驶员心理疏导机制"相关内容,指导运营企业通过设立心理咨询室、减压活动室等多种方式对驾驶员进行及时的心理疏导,做好驾驶员的心理调适,避免和降低危险系数,把驾驶员的心理健康作为重要的工作内容抓好抓实。

(十一)不断提升社会公众公交出行的获得感

管理部门和运营企业需要不断提升社会公众的参与度、优化公交服务设施、提升乘车舒适度、及时回应社会公众的需求等,在增强公交吸引力的同时提升社会公众公交出行的获得感。首先,管理部门需要进一步完善站点设置、距离、命名相关规定。以方便乘客出行及换乘为原则,在广泛征求市民意见的基础上,结合相关技术标准确定站点位置、站点距离,以《成都市中心城区公交站点命名管理办法》关于公交站点命名的规定为基础,合理提炼站名,方便乘客辨识和出行。其次,企业提高客运服务质量不能单打独斗,需要集中民智汇合多方面的意见和建议。企业可以采取多样化的沟通形式,通过官方网站、公众号、微博等平台,广泛收集市民关于公共汽车客运的意见和建议,采纳合理的意见和建议回应公众,以便企业更好地提高服务质量,提供让乘客满意的服务。在《条例》立法后评估过程中,社会公众主要从提升公众参与、回应公众需求、享受便利服务等方面提出建议。

城际优惠力度不一。在金牛区,公众对城市公交的整体满意度较高,但是由于该区与郫都区接壤,部分公众居住于郫都区而在武侯区工作,日常需要搭乘公交车往来于郫都区和金牛区。但是，两区公交分属不同的公交公司，搭乘郫都区公交车无法享受金牛区内公交半价、两小时内免费换乘三次的优惠，导致公众产生城乡区别的感知。因而，建议成都市城区内实现公交城乡优惠的一体化，惠及更多公众。该问题也出现在龙泉驿区。但是，该问题涉及不同公交集团之间的协商、成都市对公交集团的补助情况等，并非一个纯粹的法治问题，因而不建议纳入《条例》修改中，而应从政策层面予以解决或者对公众进行解释。

增加乘客文明乘车义务，增设司机表扬途径。在访谈中，公众讲述多个乘客不文明乘车现象甚至转嫁责任于司机的案例。乘客不文明行为主要表现在如下方面。第一，乘车不买票。在人流密集时，少数乘客搭乘公交车不主动买票。司机为了其他乘客利益在几次催促后只能继续行驶，难以制止无票乘客。第二，老年人、残疾人强行要求让座。部分老年人、残疾人自恃为弱势群体，要求其他乘客无条件让座。第三，推卸责任于司机。部分乘客因为自身原因，如未坐稳、站稳导致摔伤等，将责任推至驾驶员从而获得公交公司的补偿。第四，车上嬉闹，部分家长纵容儿童在公交车上玩吊环或者在车上跑闹，司机制止有时无效。此四类行为可以在《条例》修改中作为乘客禁止行为进行罗列。访谈中，部分公众从自身经历出发，提出为驾驶员设立表扬信箱、表扬热线等途径传达乘客的谢意，发扬驾驶员的友善关怀精神，建议纳入《条例》修改中或者由公交集团负责落实。

区际连通，建立具体应急预案。龙泉驿区属于成都市非核心区域，以桃花、农家乐作为旅游吸引物成为成都市其他区居民周末短途旅游的景点。但是，现有公交供给多为龙泉驿区与五大核心城区之间的交通，城郊区市县之间直接往来的公交线路较少，导致旅游资源较为丰富的区市县之间不能直接往来，而需通过主城区换乘到达，增加游客的交通成本。建议公交系统增加城郊区之间的直接线路。此条建议可以吸收进《条例》修改中，以鼓励条款促进公交集团之间的互通。

明确公交定义，公交票价听证制度化。青羊区访谈主要提出两方面建议。一方面，法规条文中关于城市公共交通的定义需要明确。尤其是偏远城

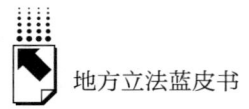

区，到底是长途客运，还是公共交通。如果是公共交通，政府应当协调各地区公交的连通以及打破地区间的优惠差异。建议《条例》参照《城市公共汽车和电车客运管理规定》明确城市公共汽车客运的定义。另一方面，现有制度较为注重经营权的管理，而忽视公众作为社会主体对公交管理的参与权。公共交通票价上涨应当按程序举行听证会，邀请公众参加并发表意见，公交集团应当说明涨价理由并接受质询，听证会通过后方能涨价。

投诉渠道多元化，维护车载设备功能。虽然公交车上载明投诉电话，但是多数公众都未留意，不知道应该如何进行投诉。建议可以拓展投诉渠道，在电话投诉的基础上，设立投诉箱（方便老年人）或者增加网络投诉渠道（方便青年人）等。部分公交车的设备较为老化或者已经损坏不能正常发挥作用，如电子显示屏不能显示公交信息或者车载电视处于关闭状态，导致乘客接收公交信息的渠道有限甚至错过公交站点下车，建议加强车辆的检查维修，及时维护车载设备。

（十二）加强智能化、信息化建设

完善《条例》内容，明确公交智能化、信息化的发展方向。《条例》需要增加关于加强城市公共汽车客运智能化、信息化建设，推进智能化、信息化技术在运营管理、客运服务、客运安全等方面应用的相关内容。《条例》并无智能化和信息化的规定，但在实践中，成都公交的智能化和信息化建设取得了明显成效，缓解了成都市的交通拥堵问题，为建设智慧城市和数字城市创造了良好的环境，在提高公交科技水平、服务质量、客运安全等方面取得了良好成效。随着5G技术的成熟和人工智能技术的发展，公共汽车客运管理工作遇到了信息化和智能化升级的新问题，为了适应新时代产业升级的需要，创造更加安全、便利和舒适的交通环境，建议《条例》对公交智能化、信息化的发展方向加以明确。

保障资金和人才的投入。资金投入是企业发展智能化、信息化的物质基础和根本保障，只有充足的资金才能更新公交车车载设备、普及电子站牌、升级线路调度终端设备，畅通数据采集渠道，提高服务信息的准确性和及时性，促进服务质量提升；企业应该重视智能化、信息化技术人才投入，充足的资金可以吸引人才，寻求技术支持，实现公交车各项数据的自动化采集、信息资源的整合、基础数据的管理，建成多个专门性的数据库，为运营调度、场站管理、公众服务、安全监管提供数据支撑；企业应该有目的地培养智能化、信息化管理人才，针对智能化、信息化所需的知识，对管理和使用人员展开专项培训，为信息技术人员提供制度化的深造机会，从而提高其知识水平、业务技能，培养一批符合行业智能化、信息化发展要求的管理人才，带动企业智能化、信息化建设。

建立信息共享、协调联动机制。企业不同部门之间及不同企业之间实现信息共享、协调联动是智能化、信息化技术价值叠加、资源整合、优化效益，节省成本的有效手段，有利于提高企业管理效率，优化企业服务，强化安全监管，最大化地实现节能减排、绿色环保。强有力的技术支撑是建立信息共享、协调联动机制的基础，发展较好的智能化、信息化技术可以实现信息数据的联通。完善的配套制度是信息共享、协调联动机制建立的制度保障，不同部门特别是不同企业要实现充分沟通、协调需要完善的制度予以保障和规制。

（十三）其他建议

建议《条例》中设置授权性条款。《条例》中设置一定的授权性条款方便地方根据实际制定具体的管理细则及具体标准，为制定行业管理规范提供依据。

关于设置安全员问题，争议较大。在《条例》修改时，对于如何设置安全员以及安全员的职责可能还需要进行更深入的调研与讨论。

科学地设定携带宠物的规定。尽管公交规则明确规定禁止携带除导盲犬以外的一切宠物，但是公众普遍认为此规定过于武断，应当给予宠物饲养者一定的缓冲空间。《条例》的修订可以采取更为柔和的方式。首先，应当明确宠物这一基本概念的指涉范围；其次，可以把危害程度作为宠物是否能够乘车的标准；最后，应当明确宠物主人的法律责任。

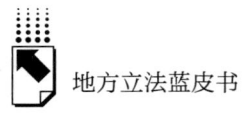

附录1 《成都市城市公共汽车客运管理条例》立法后评估问卷调查数据分析报告（一）

（主管部门）

根据成都市人大常委会的立法工作安排，课题组对2003年施行的《成都市城市公共汽车客运管理条例》（以下简称《条例》）进行评估，目的在于，对该《条例》的立法质量、实施效果等情况进行全面调查和综合评价，为决策机关提出修改、完善《条例》以及改进监管、执法等工作的对策建议。课题组共回收99份调查问卷，有效的调查问卷95份。

本次调查问卷为课题组的立法评估工作提供了丰富的一手资料，现将调查问卷相关数据分析如下。

1. 您对目前成都市公交车运行整体状况感到？

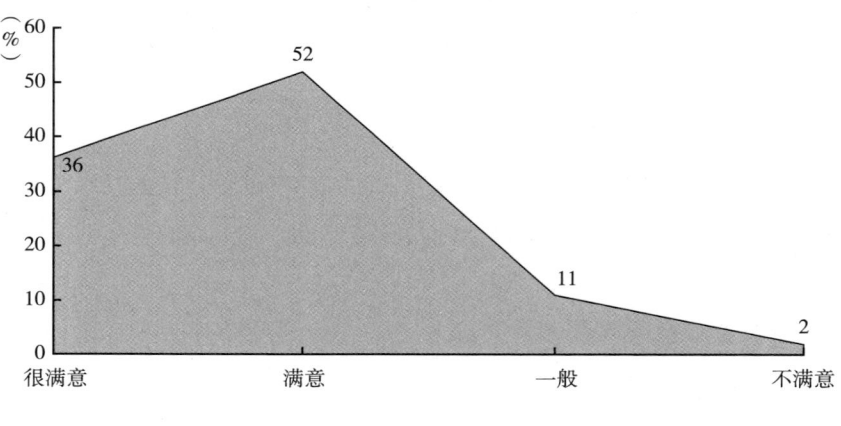

图1

分析说明：本次调查的受众中，有36%的受众对公交车运行整体状况表示很满意，52%表示满意。这说明，成都市的公交运行状况比较受群众认可。但是，仍有11%的受众表示一般，2%表示不满意，这表示，成都市的公交运行状况仍需要进一步改善。

2. 您认为目前路况、道路交通拥堵预警提醒、公交车到达时间告知等信息的发布是否及时？

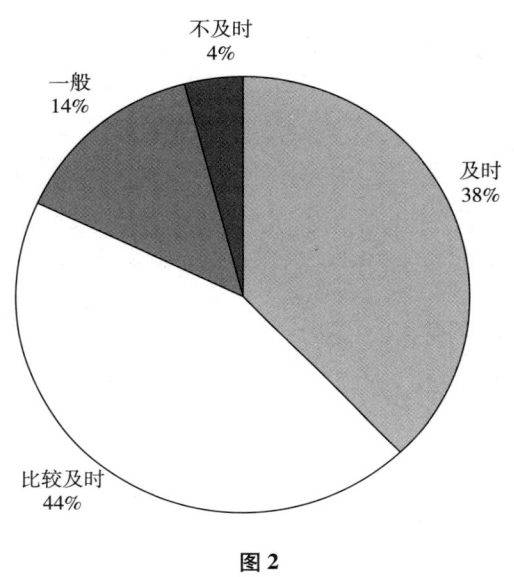

图 2

分析说明：对于路况与道路交通拥堵预警提醒及公交车到达时间告知等信息发布是否及时的问题，38%的受众表示及时，44%的受众表示比较及时，这说明，成都市公交系统信息发布较为及时。但是，仍有14%的受众表示一般，4%的受众表示不及时，因此，说明成都市公交系统信息发布工作仍有待提高。

3. 您认为当前公交车存在的最大问题是什么？

分析说明：首先，对于班次不够、乘车拥挤问题群众反映强烈，提出此问题的受众占比53%；其次，公交路线覆盖率低、站距过长及换乘不便，这两个问题也受到群众关注，受众占比分别为15%和25%；另分别有15%和5%的人提出车辆陈旧和司乘人员服务态度差的问题。这说明，增加班次改善乘车拥挤状况是重中之重，改善公交线路设置也不可忽视，另外，更新车辆、提升车内环境及司乘人员服务质量的问题也需要注意。

4. 您认为公交站点的规划设计还有哪些需要改进的地方？

分析说明：在公交站点规划设计问题上，40%的受众认为站牌的指示信

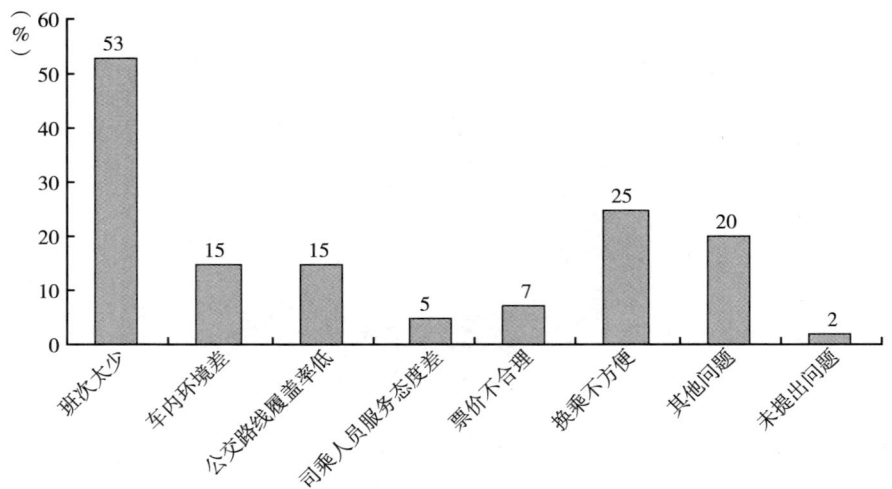

图 3

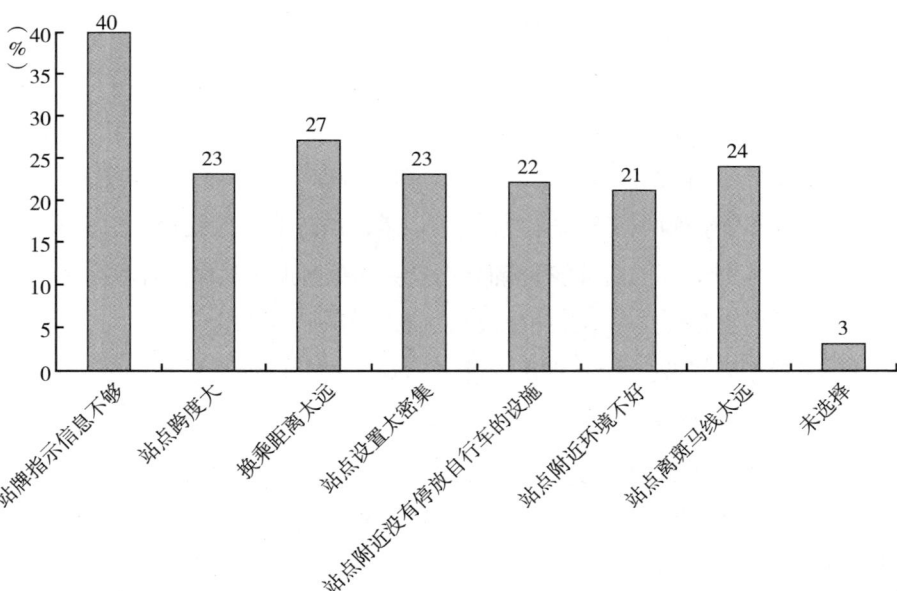

图 4

息不够，这说明，增加指示站牌的设置是较为紧迫的问题；另有一些群众认为，公交换乘距离远、自行车停放地点缺乏、站点附近环境不好的问题也存在；同时，站点设置不合理的问题也需要重视，站点设置太密集频繁停车浪费了出行时间，而站点设置距离太长又导致看不清靠后的车辆，因此，改善站点设置的密度和将站点距离合理化的问题也不可忽略。

5. 您认为当前乘客投诉的频率及处理投诉的效率如何？

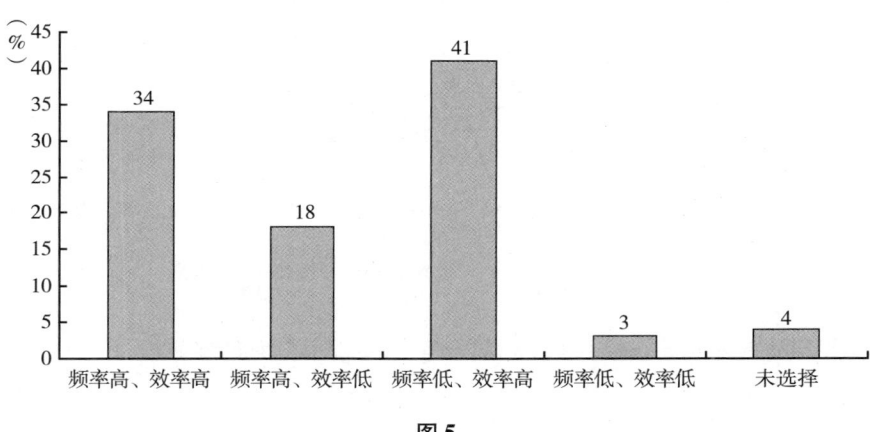

图 5

分析说明：对于乘客投诉的频率与效率问题，41%的乘客认为投诉提出的频率低、效率高，34%的乘客认为投诉频率高、效率高。这说明，乘客对于投诉处理的效率还是相对满意的。但是仍有21%的人认为处理效率低，这说明，相关部门仍需提升工作质量，力求降低投诉频率，同时提高投诉处理的效率与质量。

6. 您对提升成都市公交服务水平的建议（可多选）：

分析说明：对于提升公交服务水平问题，大部分受众表示应该增加路线与班次，这与上述调查反映的问题是一致的。这说明，增加班次确实是提升公交服务质量的关键。另有一些群众认为应完善服务设施、延长服务时间、提高速度、减少换乘次数等问题，提出这些问题的受众比例均匀，这说明，欲提升服务质量必须多管齐下，全方位多角度地完善公交服务工作。

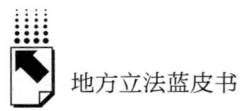
地方立法蓝皮书

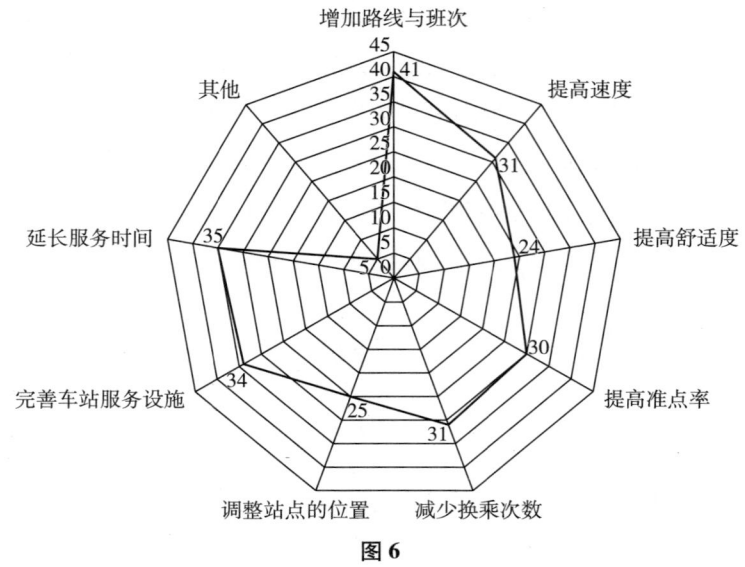

图 6

7. 您认为公交车站点、车体图案等有必要突出城市形象吗？

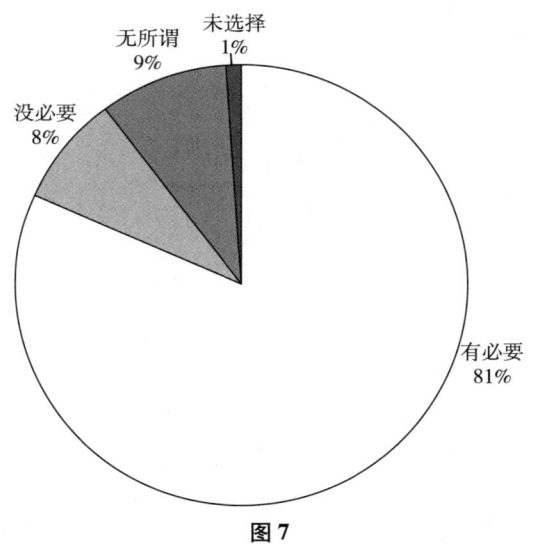

图 7

分析说明： 在公交车站点、车体图案是否能展示城市形象的问题上，81%的受众认为二者呈正相关关系。这说明，公交车站点及车体的外观设置对城市形象的提升和特色的展现至关重要。

8. 您认为未来公交在整个城市交通体系中将起到什么作用？

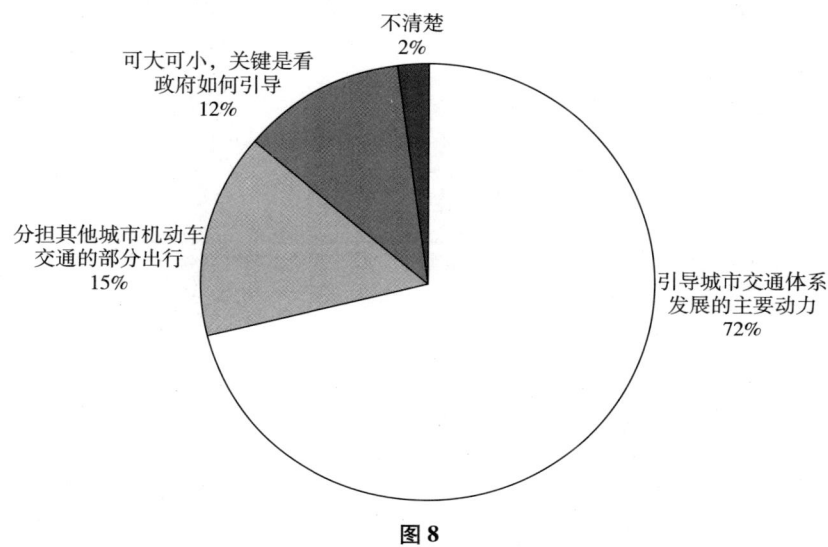

图 8

分析说明：关于公交在城市交通体系中的作用问题，72%的受众认为公交是交通体系发展的主要动力。这说明，公交对交通体系的发展至关重要，要加强建设与政府引导。

9. 您所在单位是否制定了城市公共汽车客运监督检查计划并按计划实施？

分析说明：超过一半的受众所在单位制定了城市公共汽车客运监督计划并按计划实施。另有41%的受众不清楚是否有计划。另有少部分人的单位未列出计划或未实施计划。这说明，制定客运监督检查计划及实施计划的工作仍需要进一步推动。

10. 您所在单位是否建立了城市公共汽车客运安全风险管控机制？

分析说明：在城市公共汽车客运安全风险管控问题上，52%的受众所在单位建立了城市管控机制，43%的受众表示不清楚单位是否设置了风险管控机制。这说明，群众及所在单位的客运安全管控意识还需进一步提升，相关部门仍需继续引导。

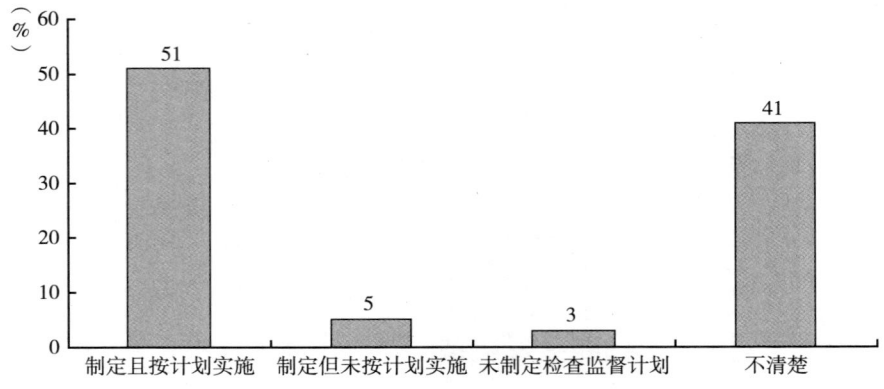

图 9

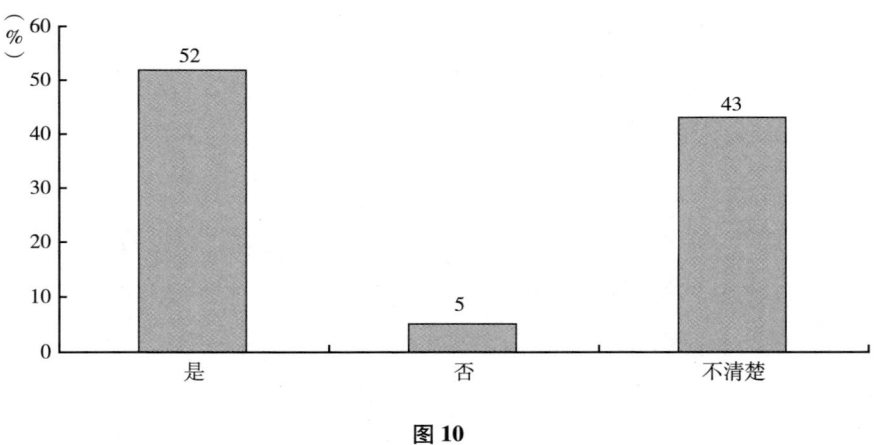

图 10

11. 您所在单位是否召开会议或在重要工作会议上强调抓好公共汽车客运应急管理、应急预案编制等方面的工作？

分析说明：44％的受众表示其所在单位经常召开关于公共汽车运营应急问题相关会议，23％的人表示有时召开，27％的人表示不清楚，这说明，单位对于公共汽车客运应急管理的相关工作仍需进一步加强。

12. 您对市交通局加快交通基础设施建设、优化公交线网、着力改善交通民生的评价是？

分析说明：48％的受众表示交通局在交通设施的提升与民生改善工作中

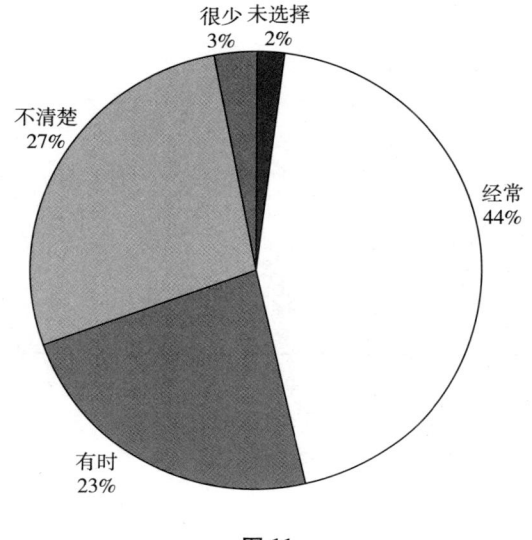

图 11

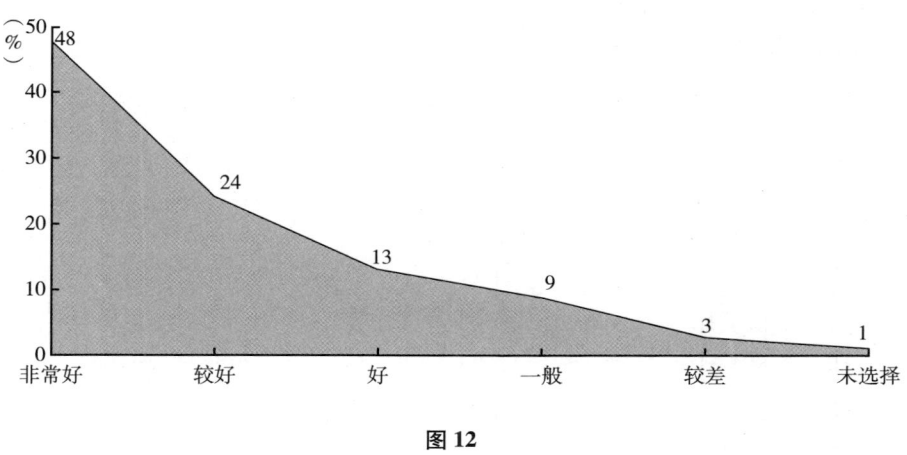

图 12

做得非常好，这说明，交通局的该项工作质量得到了群众的认可。但是，仍有 9% 和 3% 的人选择一般和较差，这说明，该项工作仍有进一步提升的空间。

13. 您所在单位采用何种方式贯彻宣传《条例》及安全知识？(多选)

分析说明：近半数受访者表示自己会通过微信公众号学习《条例》及安全知识。同时，近半数受访者会通过政府门户网站进行学习。这说明，政府及有

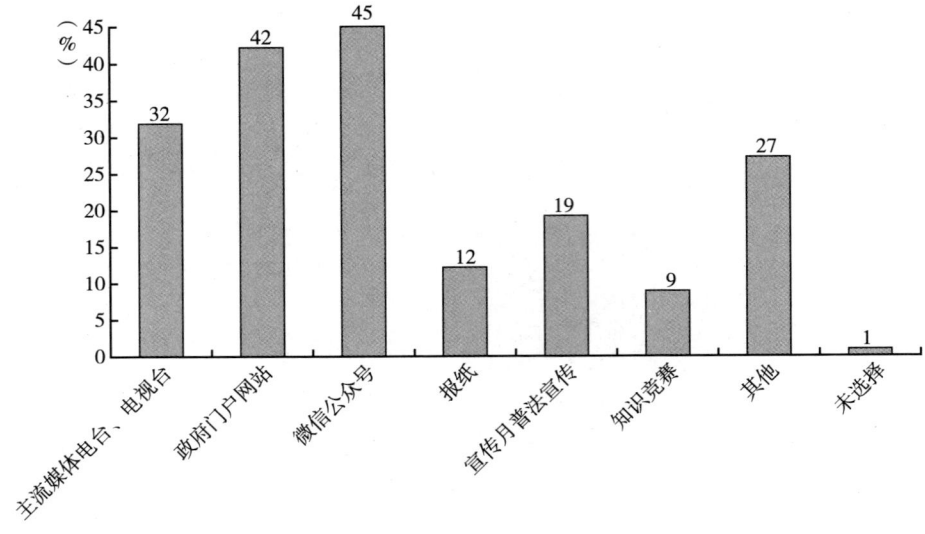

图 13

关部门可以侧重上述两个渠道的建设。同时，加强主流媒体等渠道的宣传工作。

14. 您认为本单位、本系统公职人员是否了解和掌握《条例》的规定？

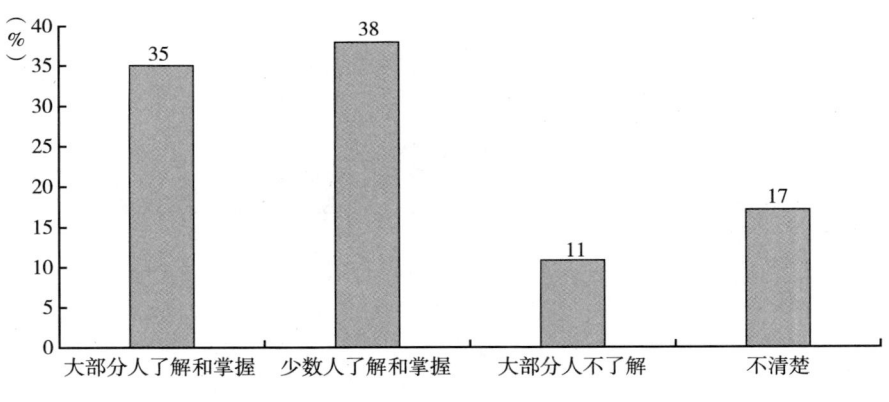

图 14

分析说明：在《条例》的了解和掌握问题上，35%的人表示单位中大部分人了解和掌握《条例》内容，38%的人表示少数人了解和掌握《条例》内容，此外还有11%的人表示大部分人不了解。这说明，《条例》内容的推广与学习仍需要加强。

15. 您认为《条例》在"加强城市公共汽车客运管理，规范市场秩序，提高服务质量"等方面是否发挥了明显作用？

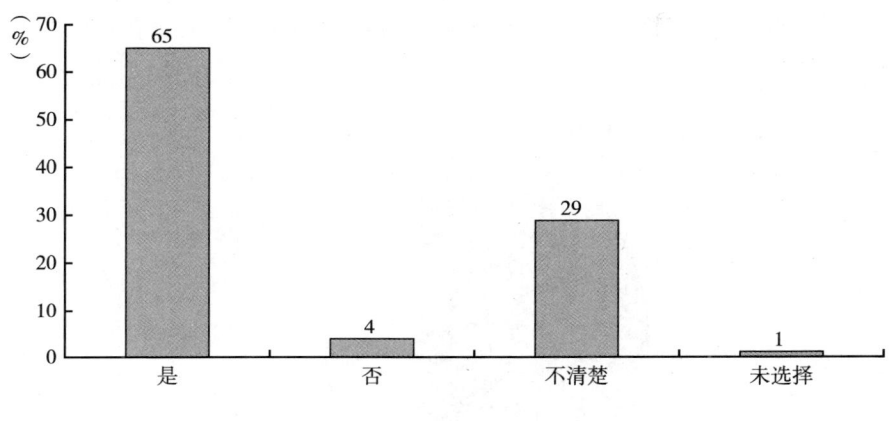

图 15

分析说明：65%的人认为《条例》在加强城市公共汽车客运管理、规范市场秩序等方面发挥了明显作用。这说明，《条例》的制定推动了公共交通客运体系的建设，规范了市场秩序，但是，仍需要继续优化加强。

16. 您认为《条例》实施以来公共汽车客运行车难、准点率下降、运营线路调整频繁等问题和现象是否得到了比较明显的预防和控制？

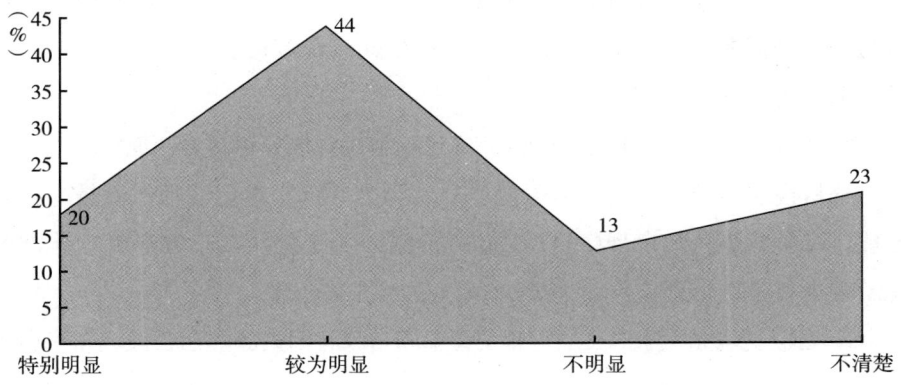

图 16

分析说明：在《条例》的实施效果上，64%的受众认为《条例》有效地预防和控制了行车难、准点率下降的问题。但是，仍有13%的人认为效果不明显。这说明，《条例》在该问题的改善上效果明显，但仍需继续推进。

17. 您认为《条例》规定的城市公共汽车客运管理措施是否具有针对性和可操作性？

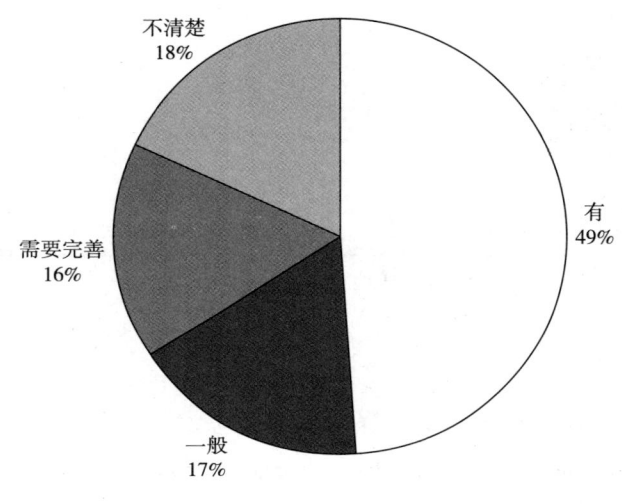

图17

分析说明：在《条例》的内容规制上，49%的人认为其所规定的城市公共汽车客运管理措施具有针对性和可操作性。另分别有17%和16%的人认为一般和需要完善。因此，《条例》在公共汽车客运管理中的作用较为明显，但是需要继续提高。

18. 您认为《条例》规定的公共汽车客运管理体制是否科学合理？

分析说明：数据显示，47%的受众认为公共汽车客运管理体制较为科学合理，32%认为科学合理。这说明，《条例》关于公共汽车客运管理体制的规定较为科学，但仍应继续完善，争取更为科学合理。

19. 您认为《条例》对交通行政主管部门与政府相关部门在公共汽车客运工作方面的职责权限划分是否明确？

分析说明：《条例》在客运工作的职责权责划分方面规定得较为明确。

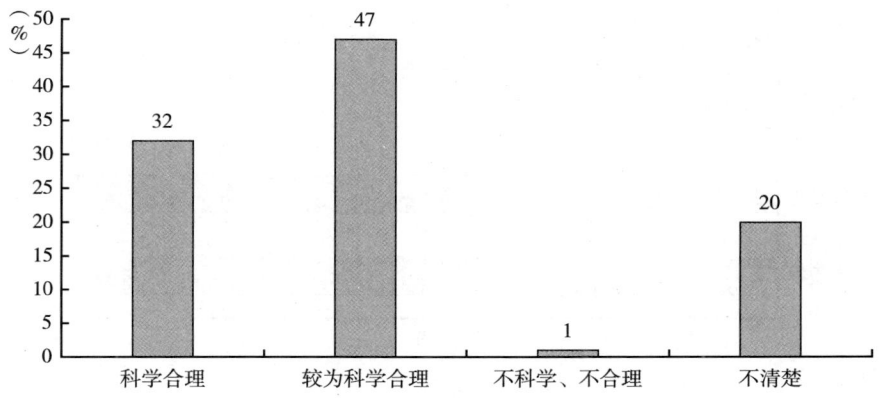

图 18

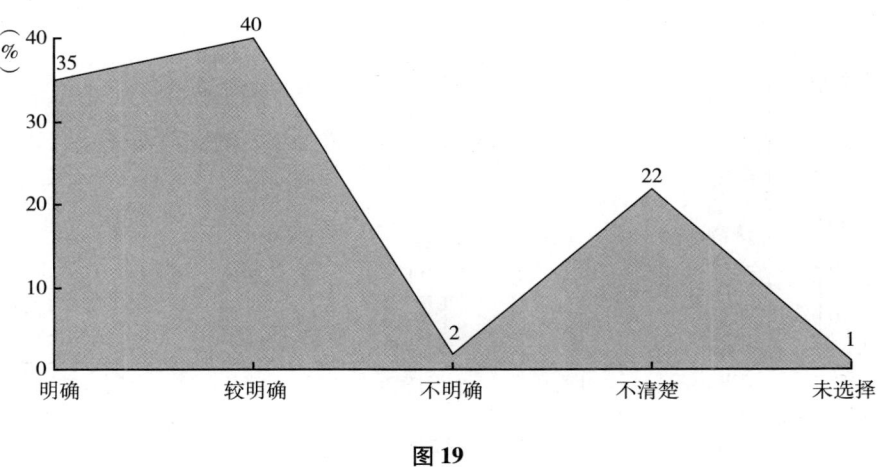

图 19

其中，有35%的受众选择明确，40%的受众选择较明确。这说明，《条例》权责划分的科学性和明确性受到大众认可，但仍需继续改善。

20. 您认为本地区政府及相关部门对《条例》的贯彻实施是否重视？

分析说明：大部分受众认为本地区政府重视对《条例》的贯彻，其中，37%的人选择非常重视，40%的受众选择比较重视。这说明，政府对此项工作的重视程度需要在原有基础上继续加强。

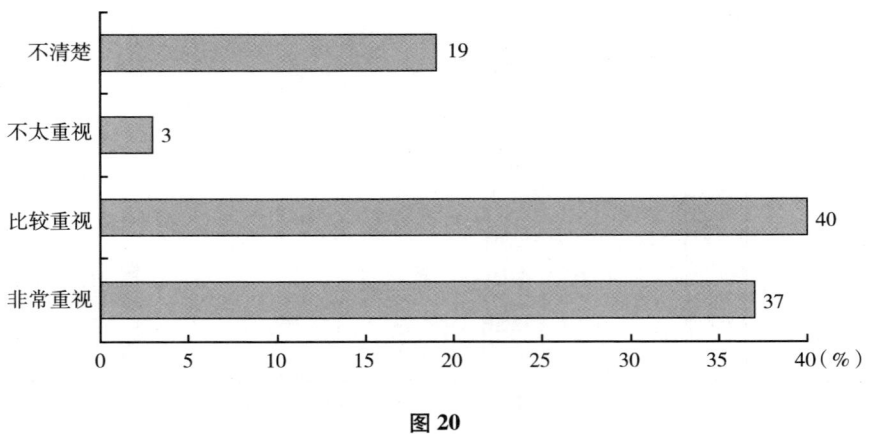

图20

21. 您认为《条例》规定的对违法行为的处罚轻重程度是否适当？

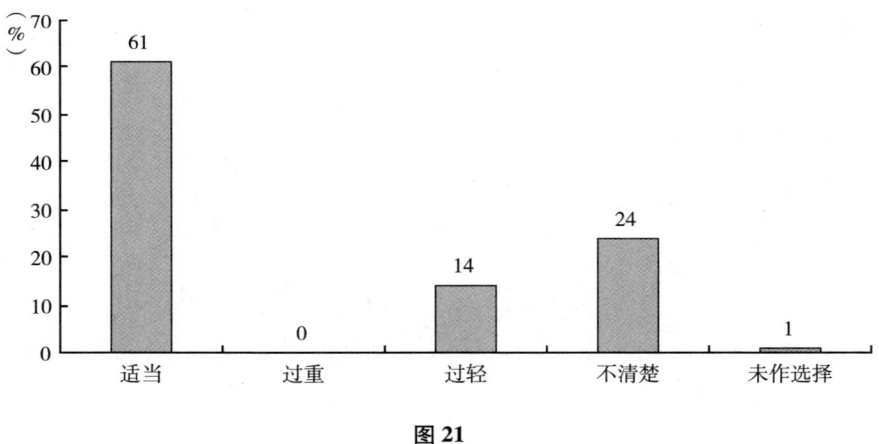

图21

分析说明：在《条例》所规定的违法行为处罚程度问题上，61%的受众认为轻重适当，另有14%的群众认为过轻。这说明，在违法行为的处罚上仍需适当调整，适应社会发展与社会治安的需求。

22. 您认为在交通行政执法中，执法人员在哪些方面可能滥用自由裁量权？

分析说明：在执法人员滥用自由裁量权的问题上，担心人情执法的受众较多，占比32%，其余各项比例较为平均。这说明，执法的公平性与人民

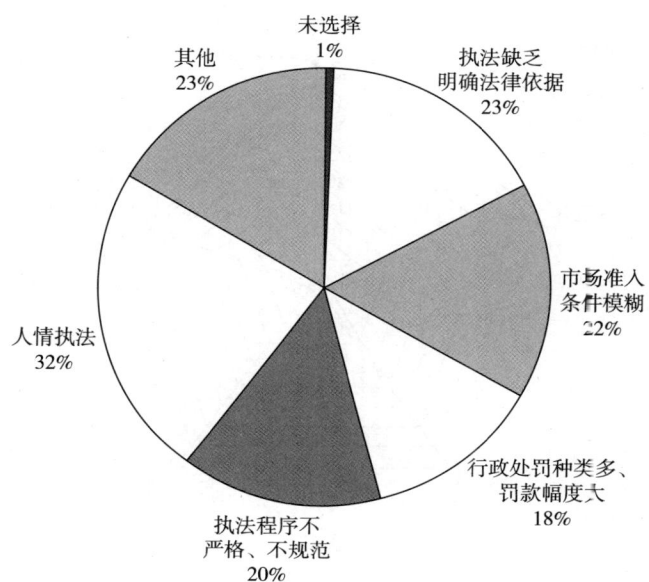

图 22

对执法部门的信任感仍需提升,另外,也需加强法律依据、市场准入条件、程序规范等方面的制度设计。

23. 您认为企业和个人自觉遵守和执行《条例》的情况如何?

分析说明:数据显示,43%的人认为企业和个人自觉遵守和执行《条例》的相关规定,另有32%的受众选择遵守与执行状况一般。这说明,《条例》的执行与遵守力度仍需加强。

24. 您认为影响公共汽车客运管理实效的主要因素有哪些?(多选)

分析说明:数据显示,超过50%的受众认为监督力量薄弱是影响公共汽车客运管理的主要因素。另有一些受众认为法律体系不完善、管理体制不健全、监管执法难度大、经费保障不足等也是较为关键的影响因素。这体现出加强监督是提升管理质量的重要条件。此外,也需要重视法律体系和管理体制的构建和监管。

25. 您对《条例》施行效果的整体评价是?

分析说明:在对《条例》的施行效果方面,83%的受众表示满意,其

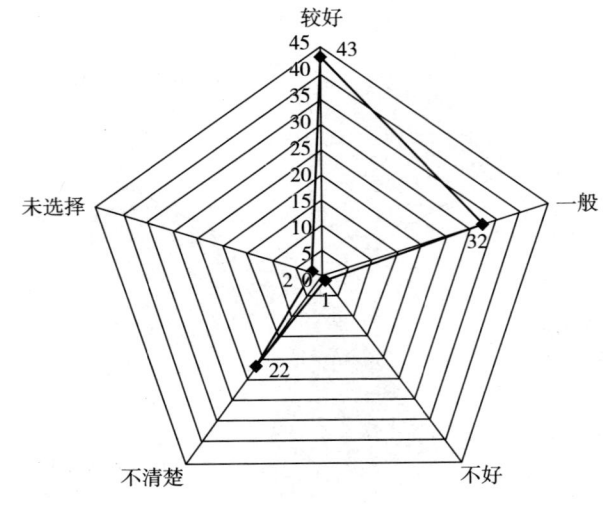

图 23

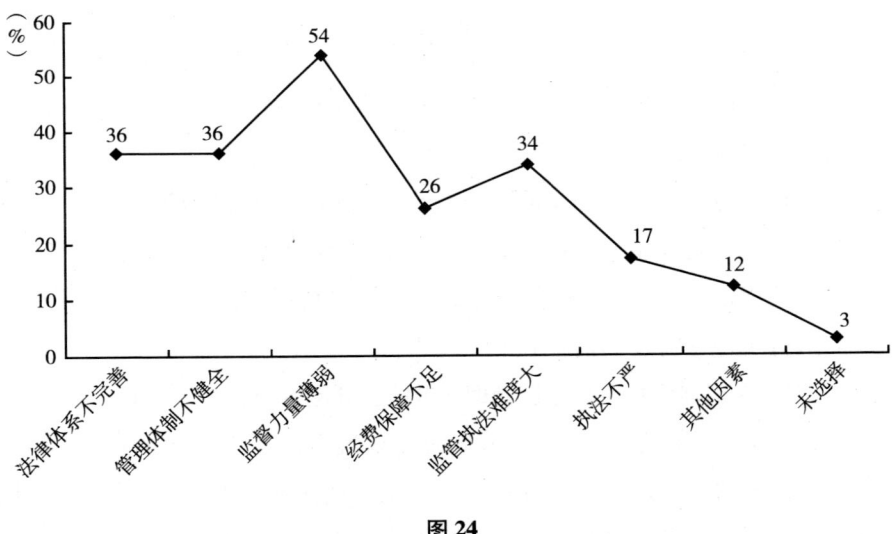

图 24

中，24%的人表示效果非常好。这表明，《条例》的实施效果受到了受众的认可。但是，对《条例》有高度评价的受众并不多，这说明，《条例》的实施质量仍需继续提高。

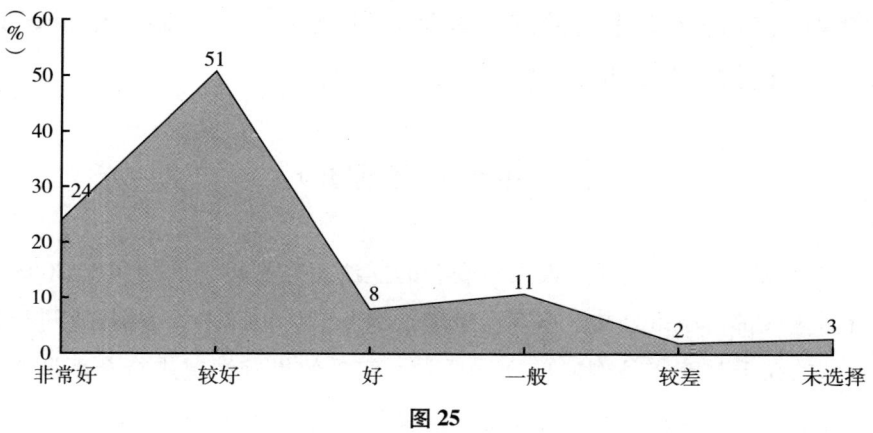

图 25

26. 您认为《条例》有无修改的必要?

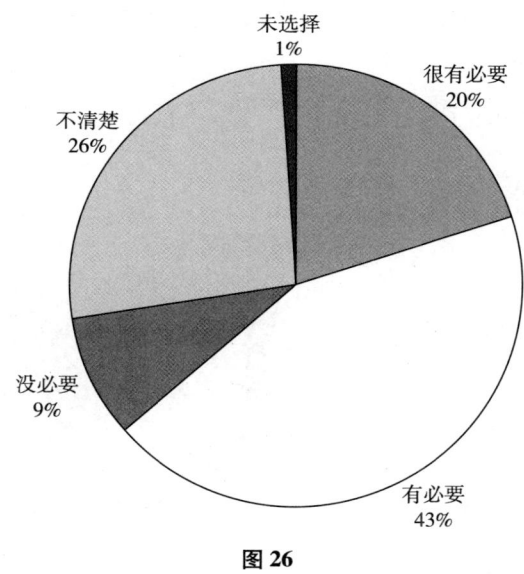

图 26

分析说明:数据显示,63%的受众认为《条例》是有必要修改的,其中20%的人认为很有必要。这说明,《条例》是需要随着社会发展与变化不断修订的,唯有如此,才能适应公共交通管理的需要和人民群众的需要。

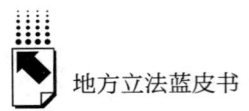

附录2 《成都市城市公共汽车客运管理条例》立法后评估问卷调查数据分析报告(二)

(适用于公交集团)

情况说明：根据成都市人大常委会的立法工作安排，课题组对2003年施行的《成都市城市公共汽车客运管理条例》（以下简称《条例》）进行评估，目的在于对该《条例》的立法质量、实施效果等情况进行全面调查和综合评价，为决策机关提出修改完善以及改进监管执法等工作的对策建议。课题组通过调查问卷的形式，对公交企业管理相关人员进行调查，共回收115份调查问卷，有效的调查问卷110份，每份问卷中有13个问题。

本次调查问卷为课题组的立法评估工作提供了丰富的一手资料，调查问卷相关数据分析如下。

1. 您对《条例》的了解程度如何？

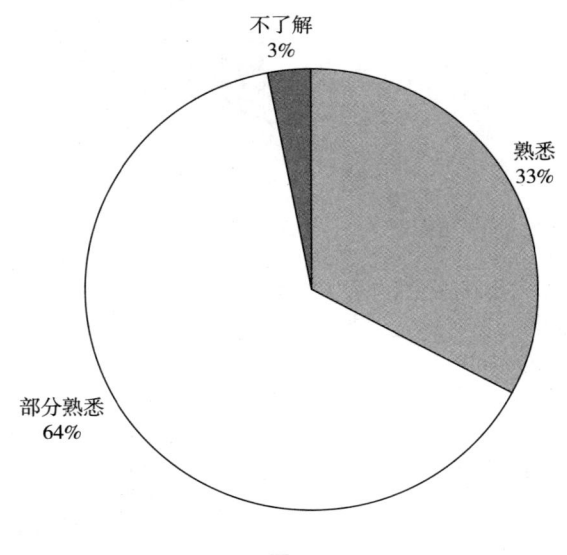

图1

分析说明：37人选择熟悉，占比33%；70人选择部分熟悉，占比64%；3人选择不了解，占比3%。

2. 您是从何种渠道了解《条例》的？（多选）

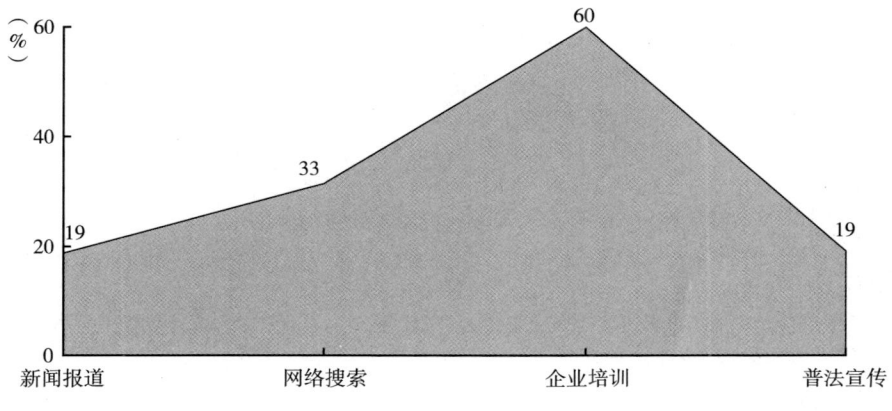

图2

分析说明：21人选择新闻报道，占比19%；36人选择网络搜索，占比33%；66人选择企业培训，占比60%；21人选择普法宣传，占比19%。

3. 您如何看待《条例》规定："鼓励多种经济成分的投资主体参与公共汽车客运投资、建设、经营"？

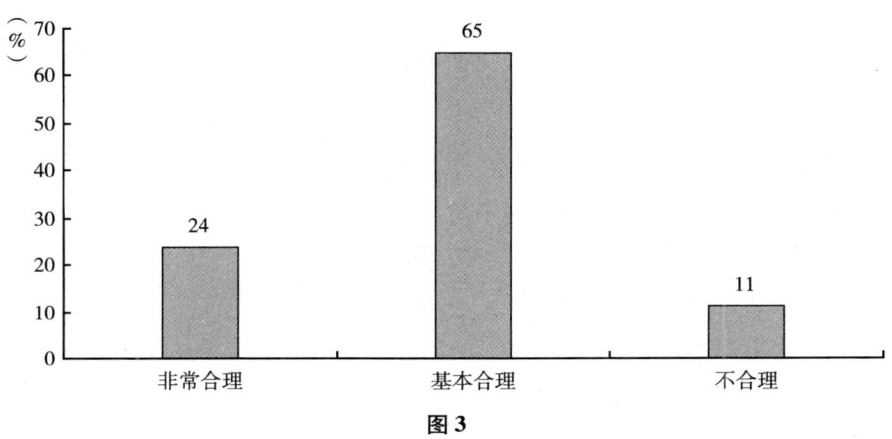

图3

分析说明：26 人选择非常合理，占比 24%；72 人选择基本合理，占比 65%；12 人选择不合理，占比 11%。

4. 您如何看待《条例》规定："通过公开招标等方式将公共汽车客运线路专营权授予经营企业"？

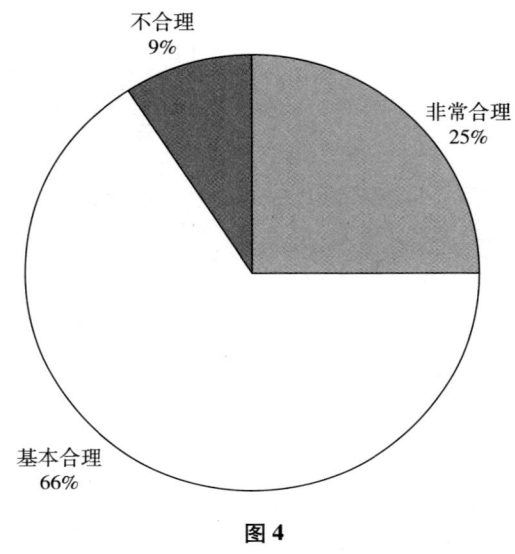

图 4

分析说明：27 人选择非常合理，占比 25%；73 人选择基本合理，占比 66%；10 人选择不合理，占比 9%。

5. 您如何看待《条例》规定："公共汽车客运管理部门应当每年组织对经营企业的营运服务状况进行评议，评议结果应当作为奖励、授予、收回线路专营权的依据之一"？

分析说明：37 人选择非常合理，占比 34%；69 人选择基本合理，占比 62%；4 人选择不合理，占比 4%。

6. 您如何看待《条例》对运营企业、驾乘人员、调度员的行为规范？

分析说明：68 人选择非常合理，占比 62%；42 人选择基本合理，占比 38%；无人选择不合理。

7. 您对本企业客运服务标准的了解程度如何？

分析说明：53 人选择熟悉，占比 48%；55 人选择部分熟悉，占比 50%；

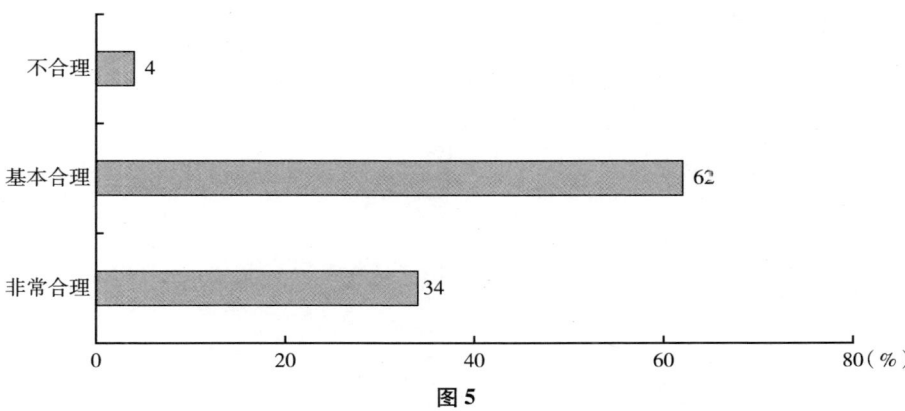

图 5

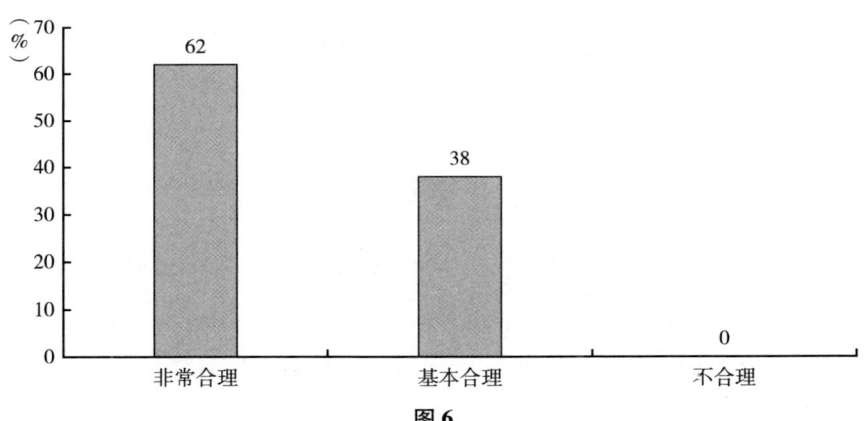

图 6

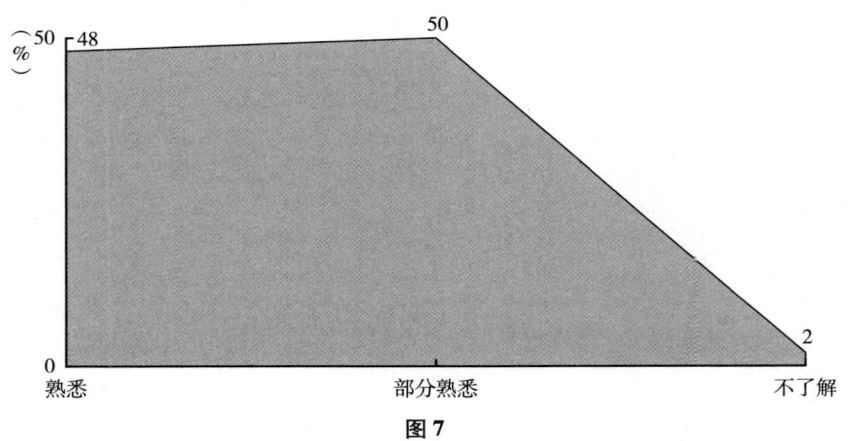

图 7

2人选择不了解,占比2%。

8. 您对本企业安全生产管理制度的了解程度如何?

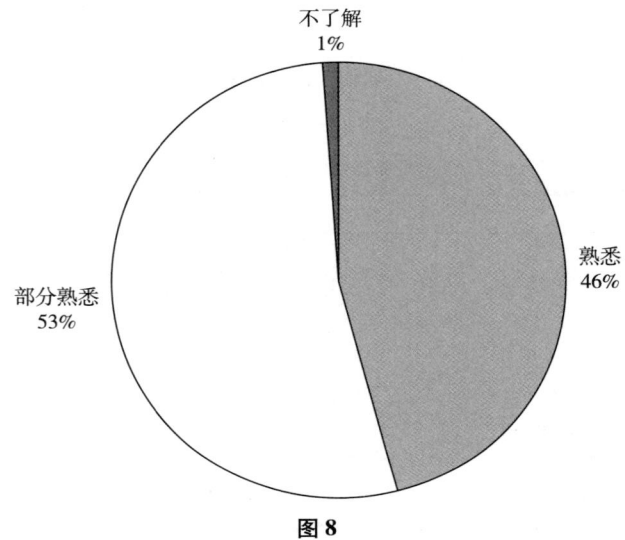

图8

分析说明:51人选择熟悉,占比46%;58人选择部分熟悉,占比53%;1人选择不了解,占比1%。

9. 企业多长时间对营运车辆进行一次安全检查或保养维修?

分析说明:40人选择每天一次,占比36%;66人选择每周一次,占比

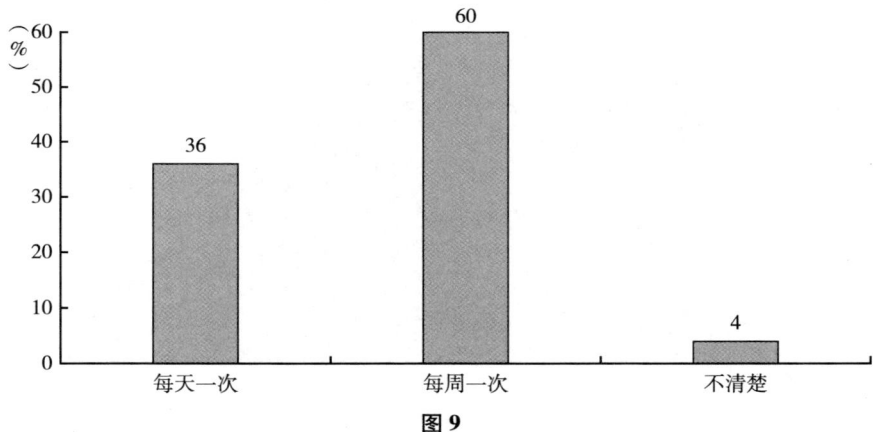

图9

60%；4人选择不清楚，占比4%。

10. 企业多长时间对驾乘人员开展一次安全管理和教育培训？

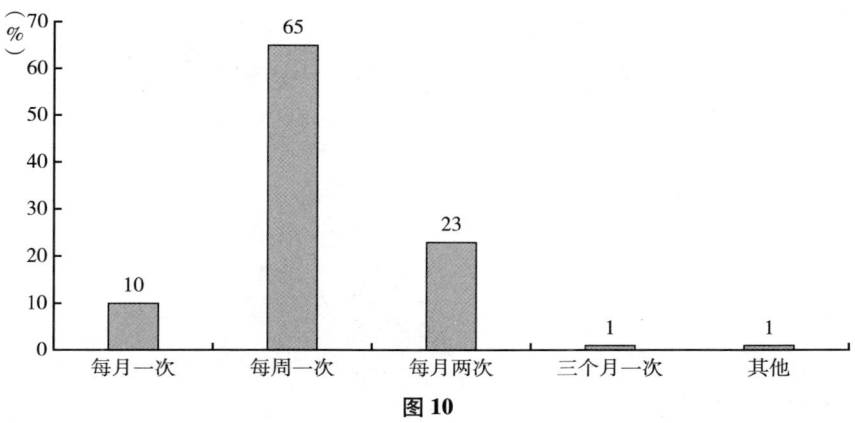

图10

分析说明：11人选择每周一次，占比10%；72人选择每月一次，占比65%；25人选择每月两次，占比23%；1人选择三个月一次，占比1%；1人选择其他，占比1%。

11. 企业多长时间对驾乘人员开展一次应急处置能力培训？

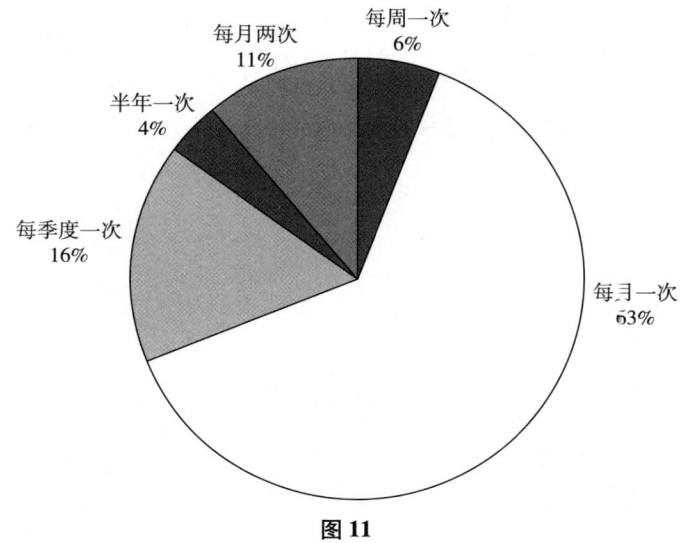

图11

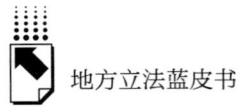

分析说明：7人选择每周一次，占比6%；69人选择每月一次，占比63%；18人选择每季度一次，占比16%；4人选择半年一次，占比4%；12人选择每月两次，占比11%。

12. 企业多长时间对驾乘人员开展一次身体检查、心理疏导？

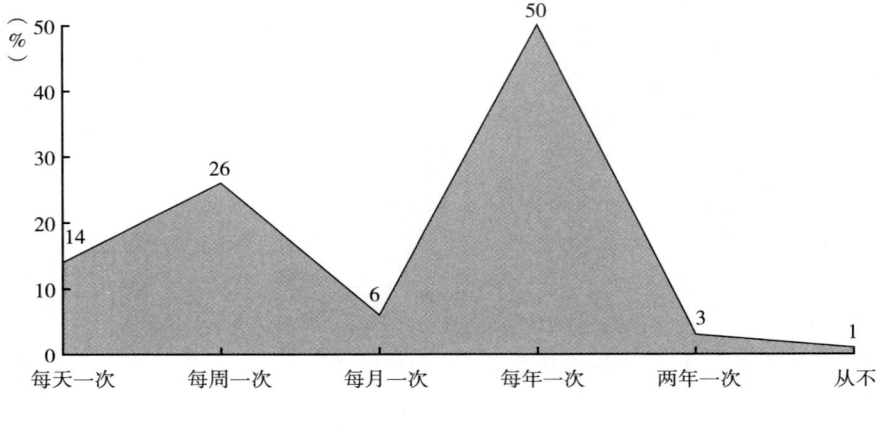

图12

分析说明：15人选择每天一次，占比14%；29人选择每周一次，占比26%；7人选择每月一次，占比6%；55人选择每年一次，占比50%；3人选择两年一次，占比3%；1人选择从不，占比1%。

13. 您如何看待现有的运营亏损财政补贴机制？

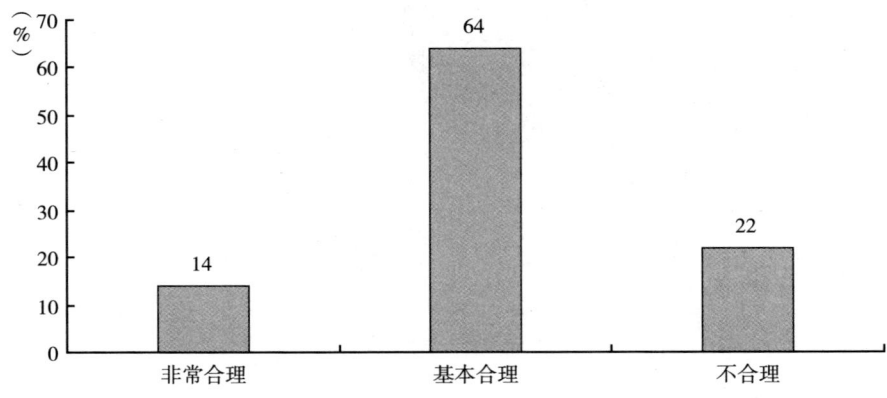

图13

分析说明：15 人选择非常合理，占比 14%；71 人选择基本合理，占比 64%；24 人选择不合理，占比 22%。

附录 3 《成都市城市公共汽车客运管理条例》立法后评估问卷调查数据分析报告（三）

（适用于司乘人员、调度员）

情况说明：根据成都市人大常委会的立法工作安排，课题组对 2003 年施行的《成都市城市公共汽车客运管理条例》（以下简称《条例》）进行评估，目的在于，对该《条例》的立法质量、实施效果等情况进行全面调查和综合评价，为决策机关提出修改完善以及改进监管执法等工作的对策建议。课题组通过调查问卷的形式，对公交司乘人员、调度员进行调查。共回收 126 份调查问卷，有效的调查问卷 120 份，每份问卷中有 17 个问题。

本次调查问卷为课题组的立法评估工作提供了丰富的一手资料，现将调查问卷相关数据分析如下。

1. 您对《条例》的了解程度如何？

分析说明：69 人选择熟悉，占比 57.5%；51 人选择只熟悉与工作岗位相关的规定，占比 42.5%；没人选择不了解。

2. 您是从何种渠道了解《条例》的？

分析说明：12 人选择新闻报道，占比 10%；24 人选择网络搜索，占比 20%；75 人选择企业培训，占比 62.5%；9 人选择普法宣传，占比 7.5%。

3. 您从事公交司机工作的工龄是？

分析说明：24 人选择 1 年及以内，占比 20%；69 人选择 2~5 年，占比 57.5%；15 人选择 5~10 年，占比 12.5%；12 人选择 10 年及以上，占比 10%。

4. 您如何看待《条例》关于运营企业、驾乘人员和调度员的行为规范？

分析说明：27 人选择非常合理，占比 22.5%；90 人选择基本合理，占比 75%；3 人选择不合理，占比 2.5%。

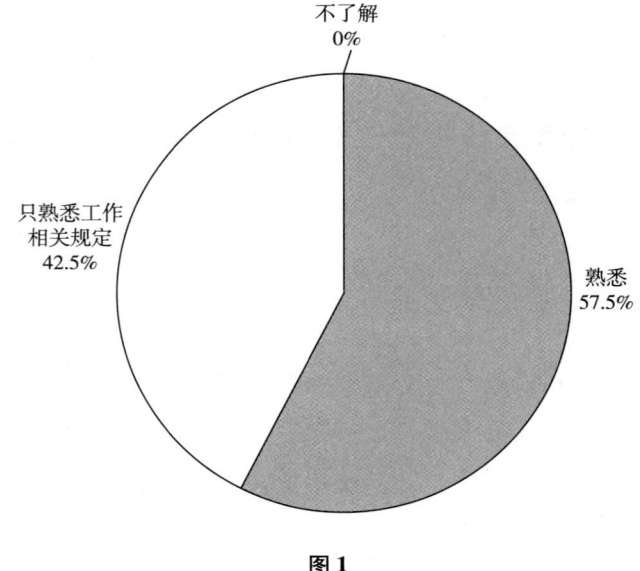

图1

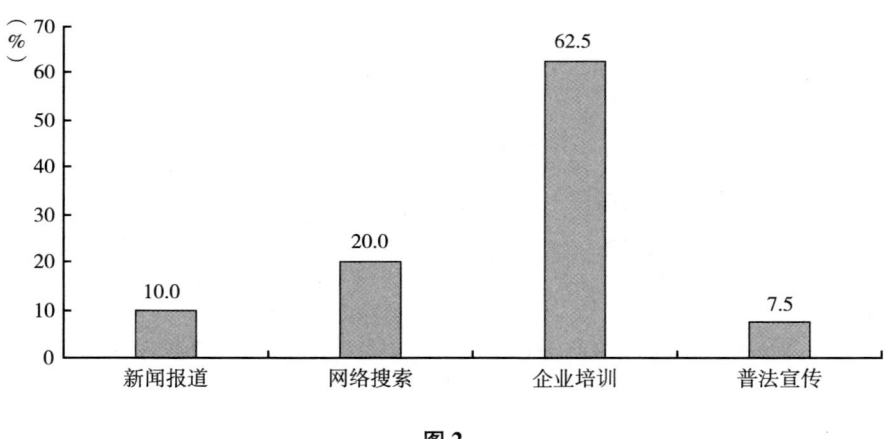

图2

5. 您如何看待《条例》规定:"鼓励多种经济成分的投资主体参与公共汽车客运投资、建设、经营"?

分析说明:21人选择非常合理,占比17.5%;90人选择基本合理,占比75%;9人选择不合理,占比7.5%。

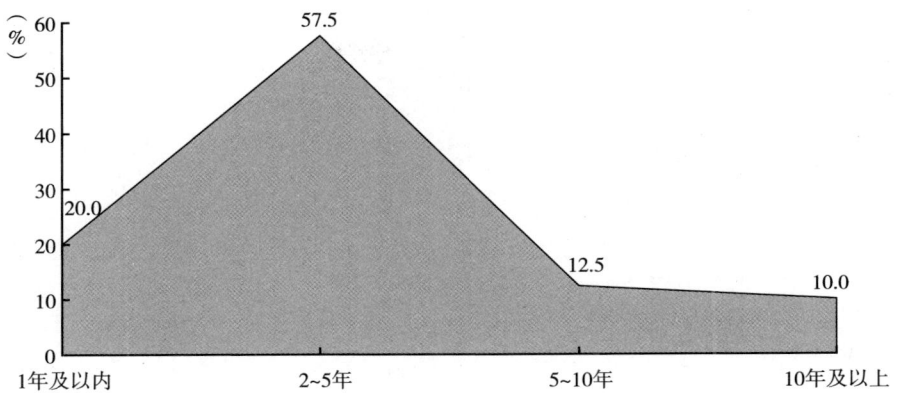

图 3

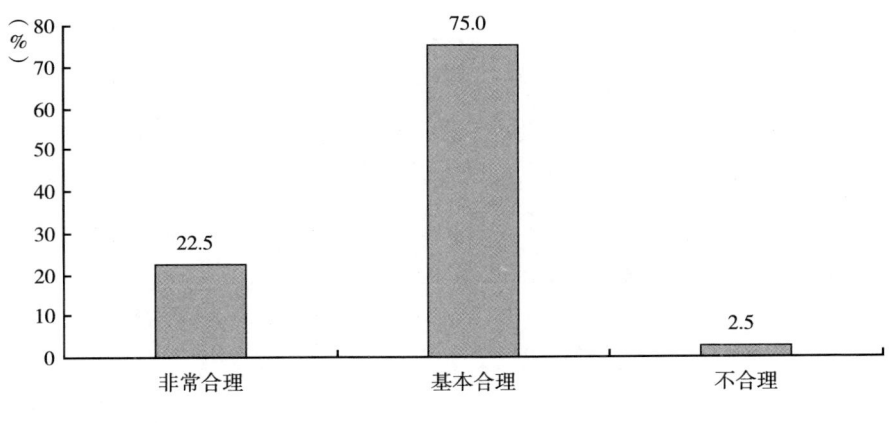

图 4

6. 您对公共汽车客运服务标准的了解程度如何？

分析说明：63 人选择熟悉，占比 52.5%；54 人选择部分熟悉，占比 45%；3 人选择不了解，占比 2.5%。

7. 您驾驶的路线道路拥堵状况如何？

分析说明：45 人选择经常拥堵，占比 37.5%；69 人选择仅在高峰时存在拥堵现象，占比 57.5%；6 人选择从不拥堵，占比 5%。

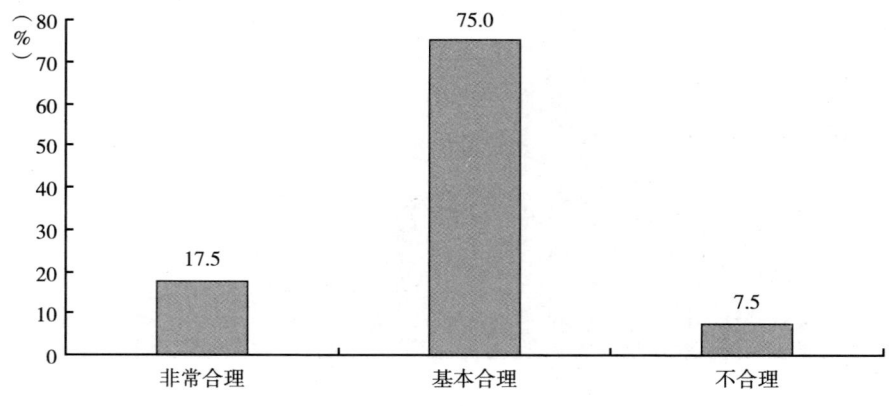

图 5

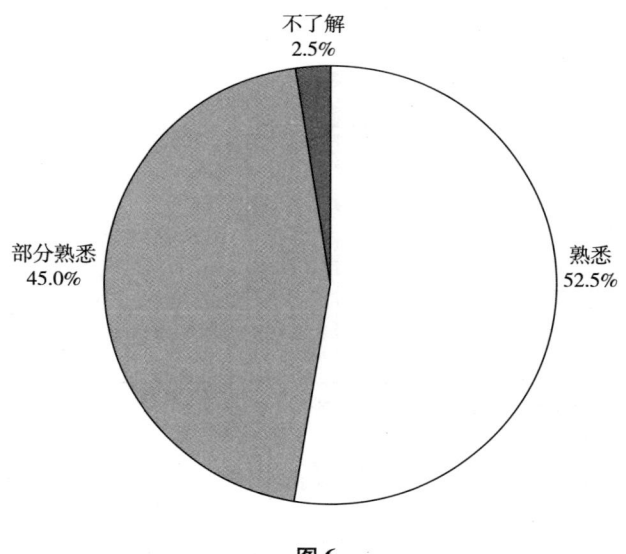

图 6

8. 您认为现有运力配置能否满足市民公交出行的"舒适"需求?

分析说明:81 人选择能,占比 67.5%;39 人选择否,占比 32.5%;无人选择不了解。

9. 您对公共汽车客运运营安全操作规程的了解程度如何?

分析说明:75 人选择熟悉,占比 62.5%;45 人选择部分熟悉,占比

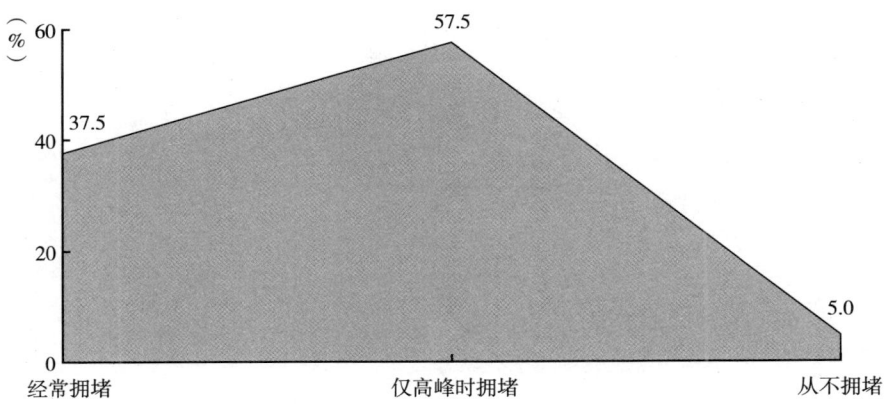

图 7

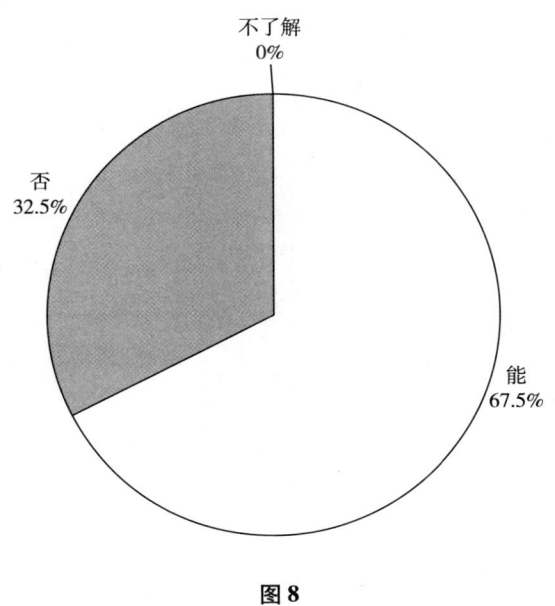

图 8

37.5%；无人选择不了解。

10. 企业多长时间对营运车辆进行一次安全检查或保养维修？

分析说明：15 人选择每天一次，占比 12.5%；99 人选择每周一次，占比 82.5%；6 人选择不清楚，占比 5%。

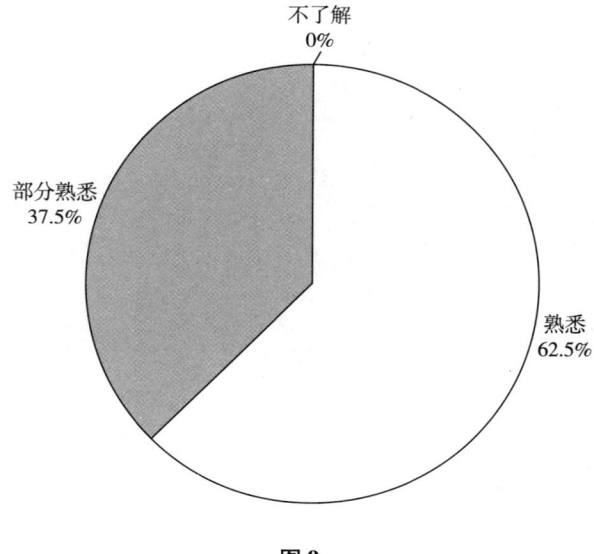

图 9

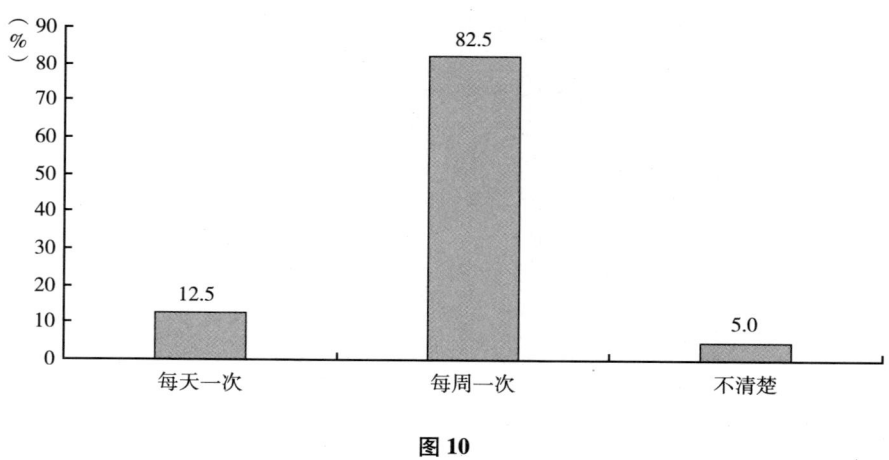

图 10

11. 企业多长时间开展一次安全管理和教育培训?

分析说明:6 人选择每周一次,占比 5%;81 人选择每月一次,占比 67.5%;33 人选择每月两次,占比 27.5%。

12. 企业多长时间开展一次应急处置能力培训?

分析说明:15 人选择每周一次,占比 12.5%;69 人选择每月一次,占

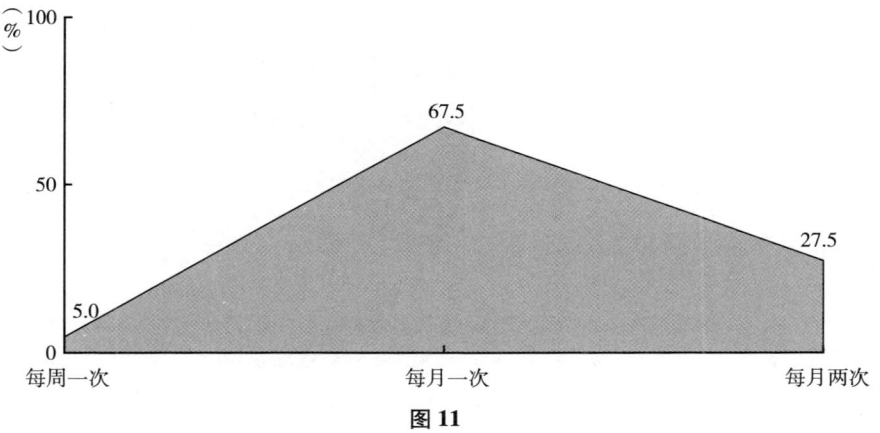

图 11

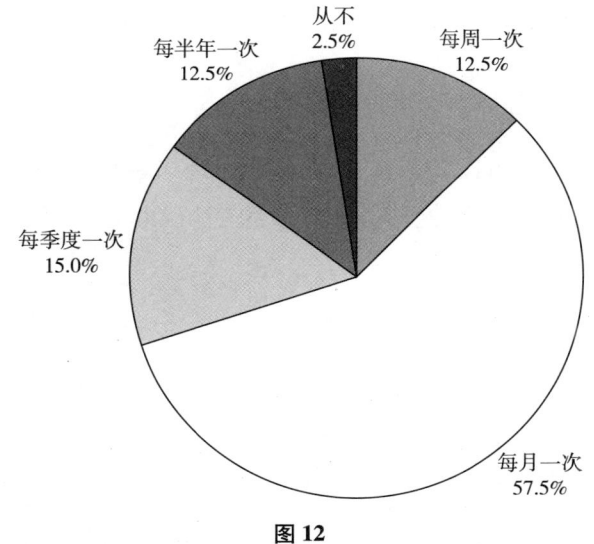

图 12

比 57.5%；18 人选择每季度一次，占比 15%；15 人选择每半年一次，占比 12.5%；3 人选择从不，占比 2.5%。

13. 企业多长时间开展一次身体检查、心理疏导？

分析说明：15 人选择每天一次，占比 12.5%；24 人选择每周一次，占比 20%；3 人选择两年一次，占比 2.5%；18 人选择每月一次，占比 15%；21 人选择每年一次体检每月一次心理疏导，占比 17.5%；33 人选择每年一

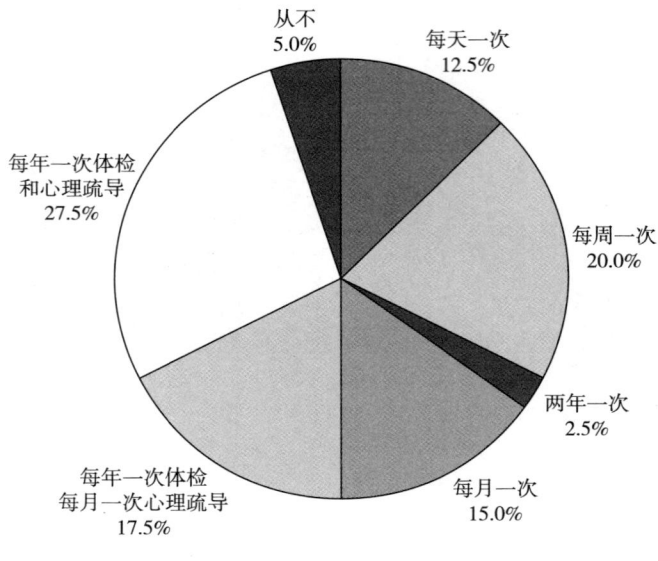

图 13

次体检和心理疏导,占比27.5%;6人选择从不,占比5%。

14. 您认为影响驾驶员安全运营最重要的三个因素是?(多选)

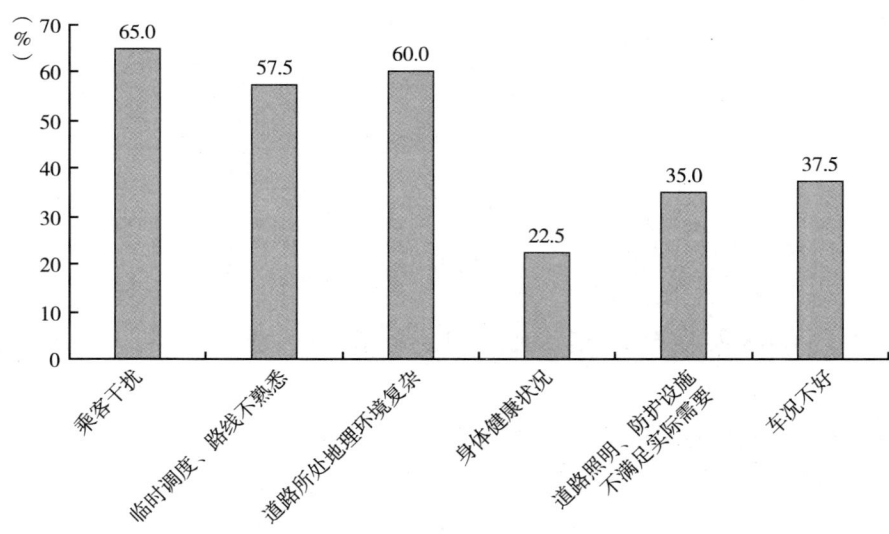

图 14

分析说明：78 人选择乘客干扰，占比 65%；69 人选择临时调度、路线不熟悉，占比 57.5%；62 人选择道路所处地理环境复杂，占比 60%；27 人选择身体健康状况，占比 22.5%；42 人选择道路照明、防护设施不满足实际需要，占比 35%；45 人选择车况不好，占比 37.5%。

15. 近十年，您被乘客投诉的次数是？

分析说明：27 人选择 1~5 次，占比 22.5%；21 人选择 5~10 次，占比 17.5%；3 人选择 10 次及以上，占比 2.5%；69 人选择 0 次，占比 57.5%。

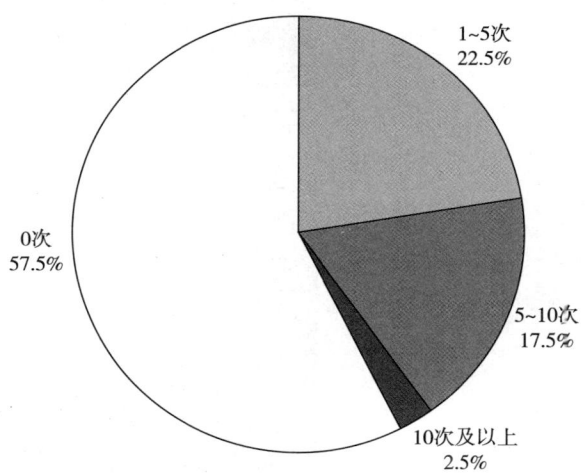

图 15

16. 近十年，您在运营中发生的违章次数是？

分析说明：39 人选择 1~5 次，占比 32.5%；21 人选择 5~10 次，占比 17.5%；3 人选择 10 次及以上，占比 2.5%；57 人选择 0 次，占比 47.5%。

17. 近十年，您在运营中发生安全事故的次数是？

分析说明：18 人选择 1~5 次，占比 15%；18 人选择 5~10 次，占比 15%；3 人选择 10 次及以上，占比 2.5%；81 人选择 0 次，占比 67.5%。

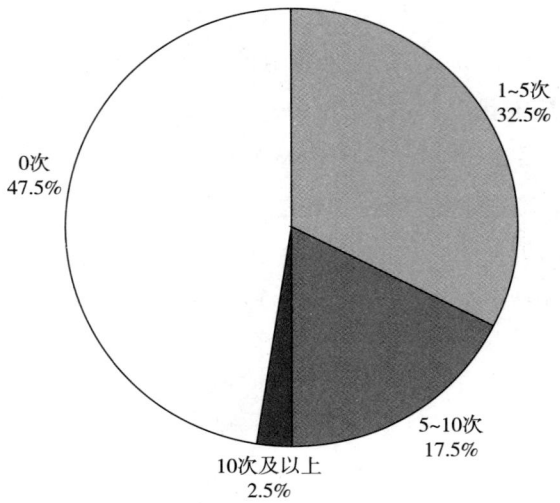

图 16

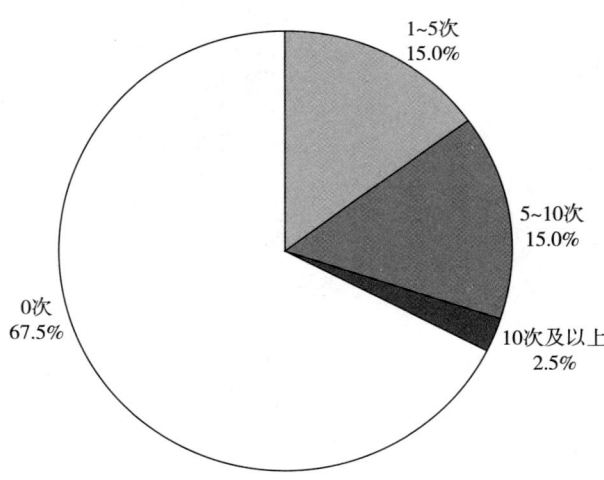

图 17

B.11
《秀山土家族苗族自治县梅江河流域水生态环境保护条例》立法调研报告

条例（草案）起草组*

摘　要： 秀山自治县位于重庆东南部，矿产资源特别是锰矿存量巨大，与湖南省花垣县、贵州省松桃县并称"中国锰三角"。梅江河是秀山自治县境内第一大河流，有秀山"母亲河"之称。由于过去一段时间，工业废水、生活污水、农业面源等污染防治不规范，水生态环境保护和治理不到位，梅江河流域水生态环境质量不断下降，一度出现恶化，群众反映强烈，社会高度关注。2016年以来，社会各方面强烈呼吁通过民族地方立法为保护秀山母亲河提供精准的法治保障。2018年，秀山自治县人大常委会启动该项立法，采取县内调研、县外考察等方式深入开展立法调研，全面梳理了梅江河生态环境保护的现状及存在的问题，并从实证的角度对梅江河流域水生态保护立法有关重大制度设计提出意见建议。

关键词： 梅江河　生态保护　民族地方立法

---

* 条例（草案）起草组简介：组长，任江河，秀山自治县人大常委会副主任；副组长，赵通庆，秀山自治县人大监察法制委主任委员；杨洪权，秀山自治县人大常委会城环工委副主任；成员，杨媚，秀山自治县人大常委会办公室副主任；万兴蓉，秀山自治县人大监察法制委副主任委员；陶继伟，秀山自治县人大监察法制委办公室副主任；熊颖亮，秀山自治县人大常委会办公室文秘科长。执笔人为杨媚、熊颖亮，研究方向：地方立法实务。

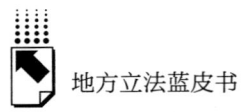

党的十八大以来，以习近平同志为核心的党中央高度重视生态文明建设，把保障水安全提升到实现中华民族永续发展的战略高度。秀山自治县人大常委会树立和践行好"绿水青山就是金山银山"的发展理念，积极回应广大人民群众对梅江河生态环境保护的期盼，决定开展梅江河水生态环境保护立法工作。2019年8月，《梅江河流域水生态环境保护条例（草案）》起草组成立后，结合工作实际，开展了立法工作专题调研。在为期三个月的专题调研中，调研组采取实地走访、查阅资料、召开座谈会、发放调查问卷等方式，先后实地调研走访23个乡镇街道、56个村居社区和32家重点企事业单位，召开各类座谈会10余次，查阅资料档案500余份，发放调查问卷2000余份，广泛征求县级有关单位、乡镇（街道）和企业负责人、部分人大代表、村干部和村民代表的意见、建议。同时，还赴浙江省杭州市富阳区、温州市龙湾区，福建省莆田市仙游县、宁德市霞浦县和广东省潮州市潮安区考察，学习三省五区县河流保护利用和水污染防治立法工作经验。现将调研情况报告如下。

一 梅江河流域水生态环境保护基本情况

（一）梅江河流域自然状况

梅江河是酉水一级支流、沅江二级支流，发源于秀山自治县钟灵镇云隘村杨柳山，由西南向东北方向流经钟灵镇、梅江镇、岑溪乡、石耶镇、平凯街道、中和街道、乌杨街道、官庄街道、龙池镇、妙泉镇、宋农镇、海洋乡、里仁镇、石堤镇，于石堤镇石堤居委会铁厂坳注入酉水河。干流全长137.8km，集雨面积2910km^2（其中秀山1879km^2），总落差697m，河口多年平均流量79.0m^3/s，河道平均比降5.18‰。地形以低山丘陵为主，兼有小部分平坝和中山。官庄街道鸳鸯嘴以上为流域上游，河道长85.82km，河段河谷开阔，滩平水缓，农田集中；官庄街道至石堤河口为流域中下游，河道长51.98km，多为峡谷。梅江河汇集了全县80%以上水系，是全县工农业生产的总动脉，是秀山县的母亲河。

梅江河地处武陵山二级隆起带南段，其地形以低山、丘陵为主，其次为平坝和中山。地势总体西南高、东北低，高低悬殊，山谷起伏，中部地势宽阔平坦。地貌结构近似为平行的三山夹两谷，其山脉与褶皱轴向基本一致，呈南西—北东向。三山自西向东排列是：桐麻岭、轿子顶高耸于西，平阳盖、木桶盖逶于中，川河盖峙立于东。两谷是溶溪河和梅江河两岸平行展布的槽谷、平坝，平坝与山地过渡地带丘陵分布。流域内河流呈树枝状，支流较多，流域面积大于 $50km^2$ 的支流有溶溪河、平江河、龙塘河、马路河、巴家河、平马河、中平河、皎白河、革里河、大溪河。

梅江河流域降雨充沛，多年平均降雨量为 1338mm，年内降雨量主要集中在汛期（4~10月），降雨量占全年降雨量的 82.3%，而 11 月至次年 3 月降雨量仅占全年降雨量的 17.7%。降雨年际变化较大，年最大降雨量 1754mm（1999 年），最小降雨量 919mm（2005 年），年最大降雨量是年最小降雨量的 1.91 倍[1]。

（二）主要污染源基本情况

1. 工业污染源

（1）锰矿开采。梅江河流域共有锰矿山企业 39 家（其中已关停 20 家），分布区域在溶溪—膏田片区和兰桥—钟灵—孝溪片区，具体分布情况是：溶溪镇 10 家、膏田镇 13 家、兰桥镇 3 家、钟灵镇 8 家、孝溪乡 5 家[2]。环境污染问题主要是部分锰矿山矿区和出入道路矿石粉尘、泥土粉尘进入水体，以及部分锰矿山外排矿井水总锰超标。另外，多数已关停锰矿山复绿工作滞后。

（2）锰冶炼加工。全县共有 19 家电解锰企业（其中已关停 12 家），分布于清溪场、孝溪、溶溪、膏田、溪口、官庄、龙池、妙泉、宋农、石堤等

---

[1] 秀山土家族苗族自治县水利局：《关于梅江河流域综合情况的报告》。
[2] 秀山土家族苗族自治县生态环境局：《关于梅江河生态环境保护条例立法调研报告》。

10个乡镇（街道）。恒丰、嘉源、武陵、三润、新峰、天雄、紫金等7家在产企业年生产能力约22万吨①。共有电解锰尾矿库23座（其中已停用17座），多数尾矿库防渗系统不健全，渗漏液污染水体问题比较严重，主要水污染物有总锰、六价铬、化学需氧量、氨氮、悬浮物。

（3）工业园区。目前已建成面积5.4km²，共有企业92家，其中工业企业80家。工业企业中，正常生产61家（医药企业8家、机电企业11家、食品企业12家、服装业7家、家居建材12家、文化用品7家、其他4家），无化工企业②。在园区企业中，食品、医药制造业有生产废水排放，但均有污水预处理设施，企业出厂废水经处理后，排入工业园区集中处理厂的污水收集管网。

（4）硫酸厂。共有硫酸厂4家（其中已关停2家），分布于梅江河干流中下游的中和、乌杨、妙泉等乡镇（街道）。③ 主要污染物有二氧化硫、硫酸雾和颗粒物。

2. 农业污染源

近年来，全县年均化肥纯用量154.2吨、农药用量2.74万吨、薄膜用量118吨，对土壤和水造成的面源污染比较明显。畜禽养殖场分布于农村各地，全县现存养殖场（户）620户，其中生猪存栏20头以上的养殖场共117家、生猪存栏200头以上规模场17家，存栏量1.1万头。2017年以来，已完成治理0.84万头生猪当量④。已划定畜禽养殖禁养区、限养区和适养区，正推进限养区、适养区畜禽养殖污染治理和禁养区畜禽养殖场（户）关停。

3. 生活污染源

（1）污水处理厂。全县常住人口48万人，其中城镇常住人口近20万人。生活污水日均量3万吨，污水收集率93%，建有1个县城污水厂、24个乡镇污水厂和13个村（居）污水处理设施，设计日处理规模合计57375吨⑤。主

---

① 秀山土家族苗族自治县生态环境局：《关于梅江河生态环境保护条例立法调研报告》。
② 秀山县工业园区：《关于梅江河生态环境保护条例立法调研报告》。
③ 秀山土家族苗族自治县生态环境局：《关于梅江河生态环境保护条例立法调研报告》。
④ 秀山土家族苗族自治县农业农村委：《关于梅江河生态环境保护条例立法调研报告》。
⑤ 秀山土家族苗族自治县住房城乡建委：《关于梅江河生态环境保护条例立法调研报告》。

要污染物为化学需氧量、氨氮、总磷、总氮，一般采用水解酸化、人工湿地、氧化沟、A/O厌氧、接触氧化等工艺进行处理。

（2）垃圾填埋场。全县生活垃圾日产生量280余吨，收集转运到县城垃圾填埋场每日平均约180吨。县城垃圾填埋场设计填埋量50万立方米，目前已达到42万余立方米。建有填埋场渗滤液处理厂，设计日处理规模120吨。填埋场渗滤液日平均产生量为80吨，主要水污染物为化学需氧量、生化需氧量、悬浮物、总磷、总氮、氨氮和铅汞镉铬砷等[1]。

（三）梅江河流域水生态环境保护与治理情况

近年来，全县围绕习总书记提出的"绿水青山就是金山银山"的绿色发展理念，以实现"河畅、水清、岸绿、景美"为目标，扎实推进梅江河流域综合治理，持续改善梅江河流域水生态环境，取得明显成效。

1. 全面推行河长制

自2017年开始，全面推行河长制，成立县、乡镇（街道）两级河长办公室，建立县、乡、村三级河长组织体系，编制完成县级河流"一河一策"实施方案。全县237条河流、195座水库（山坪塘）纳入河长制实施管理，设置县级河长19名、镇级河长145名、村级河长468名，聘请民间河长50名，招募青年志愿河长281名[2]。全县河长制工作以控源、减排、降污为重点，按照因地制宜的原则，通过签订目标责任书、分解下达任务等形式实施重点河流综合整治，着力解决河库突出问题。2017年6月以来，全县三级河长开展巡河9.2万余次，发现解决具体问题256个。

2. 组织编制相关规划

在《秀山县城乡总体规划（2015—2030年）》中，划定了包括梅江河在内的水域保护范围（蓝线），涵盖了取缔水源保护区内的直接排污口、防止养殖业污染水源、加强水源涵养区植被保护、强化水污染事故预防和应急

---

[1] 秀山土家族苗族自治县城管局：《关于梅江河生态环境保护条例立法调研报告》。
[2] 秀山土家族苗族自治县水利局：《关于梅江河生态环境保护条例立法调研报告》。

处置等内容；土地开发利用方面，加强梅江河干流及其主要支流岸线纵深100m范围内土地管控，严格控制梅江河沿岸私人建房及房屋开发行为。将水域保护、水污染防治等纳入《秀山土家族苗族自治县国民经济和社会发展第十三个五年规划纲要》、国民经济和社会发展年度计划报告。编制《秀山土家族苗族自治县生态文明"十三五"规划》，明确了"十三五"期间水污染防治的目标任务、工作重点和项目清单。

3. 锰污染治理

近年来，集中力量开展了锰行业环境集中整治，关停锰粉厂90余家，对39家锰矿山、19家电解锰企业实施全面整治。2012年后逐步实施电解锰企业重组整合，将电解锰企业整合为7家9个点，全面升级在产电解锰企业污染治理设施，17座停用锰渣场已完成封场整治13座，且均建有渗滤液收集处置设施。2018年以来，全县累计投入资金9900余万元用于18家电解锰企业历史遗留渣场环境整治和风险管控。2017年、2018年，主要河流出境断面水质稳定达到地表水环境治理Ⅲ类的考核要求。

4. 城乡生活污水治理

2017年以来，完成城市污水管网建设80.914km，乡镇污水管网建设191.65km。2019年城市生活污水集中处理率为94.21%，乡镇生活污水集中处理率为83.27%。城镇生活污泥委托西南水泥厂、酉阳九鑫水泥厂、黔江弘龙水泥厂采用水泥窑协同焚烧方式进行无害化处理，2019年共处理生活污泥3672.97吨，2020年第一季度处理生活污泥1188.55吨[①]。

5. 工业集聚区污水处理

建成工业园区内污水集中处理厂2座，日处理能力1万吨，工业园区入驻92家，其中工业企业80家，企业生产废水接入园区污水集中处理厂处理。对未入园区4家化工企业环境问题进行评估，制定整治方案。秀山德宏化工、重庆武陵兴旺已完成整治，秀山杰义化工已完成厂区设备拆除，秀山安泰化工已落实污染地块风险防控措施。

---

① 秀山土家族苗族自治县住房城乡建委：《关于梅江河生态环境保护条例立法调研报告》。

6. 矿山复垦复绿和石漠化治理

2017年以来，县财政累计投入资金554万元，对平凯街道小香炉山采石场、梅江镇欧家湾采石场等12个矿山实施复绿工程，复绿土地面积约9.56公顷。建立矿山地质环境治理恢复基金账户42个，缴存恢复治理基金340.34万元。"十三五"以来，累计投资8700万元用于石漠化治理工程，完成岩溶面积治理300km²。

7. 农业面源污染防治

化肥和农药利用率稳步提高，开展化肥零增长（减量增效）示范10118亩，完成10个测土配方施肥服务平台建设；畜禽粪污综合利用率提高到80%，水产养殖场管理制度及"三项记录"覆盖率80%。

8. 水土流失治理

持续强化生产建设项目水土流失"前端、中段、末梢"全程监管，加大对坡耕地集中区域、饮用水水源地、河流两岸和水库周边等生态敏感区域的水土流失综合治理力度。先后开展孝溪河、贵道溪、凉桥河、大溪沟小流域水土流失总治理，2017年以来，梅江河流域治理水土流失面积181.61km²，减少了入河入库泥沙总量。

9. 国土绿化和森林保护

积极实施国土绿化提升行动，在梅江河流域采取封山育林、人工造林、退耕还林等措施，"十三五"以来共新增森林面积22.4万亩，县境森林覆盖率达55%，促进了梅江河沿线的生态修护和环境巩固。

10. 梅江河水域清漂

开展固体废弃物排查整治等专项工作，对梅江河流域固体废物点位进行排查，加强垃圾堆放监管，完善垃圾收运设施，并落实河道清漂措施，采取与梅江河两岸居民和餐饮单位签订目标责任书、组织清漂船进行日常化清漂等方式，积极清理河面漂浮物。2018年以来，仅梅江河城区段水域及两岸就清理垃圾480余吨，县城区域河岸两侧纵深100m范围内没有不规范垃圾集中堆放的情况[①]。

[①] 秀山土家族苗族自治县城管局：《关于梅江河生态环境保护条例立法调研报告》。

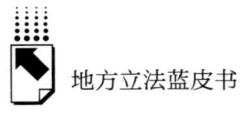
地方立法蓝皮书

二 外省市河流保护立法经验

浙江省杭州市、温州市，福建省宁德市、莆田市和广东省潮州市（以下简称五市）是我国具有多样性水资源形态、水环境较为复杂的典型地区，河流生态环境保护工作从20世纪70年代开始到现在已取得了很大的成绩，在实践中积累了丰富的经验，并以法规条文的形式将这些经验固定下来，为秀山县提供了借鉴。

（一）浙江省杭州市、温州市

1. 城市河道概况

杭州市地处长江三角洲南沿和钱塘江流域，世界上最长的人工运河——京杭大运河穿城而过，境内河流纵横，湖荡密布，仅市区绕城公路范围内就有河道470条，总长近1000km，是市民家门口的"绿水青山"①。温州市濒临东海，瓯江、飞云江、鳌江自西向东贯穿全境，市区水网密布，共有大小河道1104条，长度5650km，对城区防洪、排涝、航运、灌溉及生态平衡起着多方面的作用②。

2. 立法实践

杭州、温州坚持把城市河道保护纳入法治轨道，作为贯彻"五位一体"总体布局的重要措施。杭州市围绕城市河流保护，先后制定了《杭州市城市河道建设和管理条例》《杭州市西湖水域保护管理条例》《杭州市污染物排放许可、管理条例》等涉水地方性法规以及一批政府规章、规范性文件，不同层级的法律法规有效衔接，提升了水环境保护水平；温州市制定出台《温州市河道保洁管理办法》《温州市城市排水管理办法》《温州市楠溪江保护管理条例》，全面提升河道管理法制化、规范化、制度化水平。

---

① 浙江省杭州市富阳区人大常委会办公室参阅资料。
② 浙江省温州市龙湾区人大常委会办公室参阅资料。

3. 经验做法

为了推进城市河道的综合整治和保护开发，通过制定条例、办法，理顺城市河流管理体制，明晰职责分工，明确规定城市河流管理的原则和污染物排放许可等制度及水利、生态环境、城市管理等部门对河流保护所承担的具体职责。考虑到城市河道建设在生态环境保护、防汛排涝等方面的特殊要求，《杭州市城市河道建设和管理条例》对城市河道建设工程施工管理作了较一般市政工程更高的规定，强调对城市河道核心水资源的保护和管理；此外，杭州市还注重挖掘河道或水体的生态价值、文化价值、美学价值和游憩价值，打造以绿色廊道为外貌、以乡土文化为内涵、以市民游憩为功能的城市河道网络系统。温州市建立和完善河流清理保洁机制，在河流保护范围内实施垃圾分类管理，推行生活垃圾减量化、资源化、无害化。

（二）福建省莆田市、宁德市

1. 中小河流概况

莆田市、宁德市是福建省多河流地市之一，夏秋两季雨量丰沛，水位上涨较快，加之河流落差较大，中小河流综合治理难度较大。莆田市境内水系发达，集雨面积 $50km^2$ 以上的河流有 77 条，其中木兰溪是福建省内六大重要河流之一，干流总长 105km、流域面积 $1732km^2$[①]。宁德市中小河流众多，流域面积在 $200km^2$ 以上的河流有 34 条，河流总长达 2010km[②]。

2. 立法实践

横贯莆田市的木兰溪，是一条因洪水肆虐被接续治理 20 年的河流。习近平同志在福建工作期间亲自推动、规划并参与治理，当地干部群众接续奋斗，使莆田从"福建省内唯一一个洪水不设防的设区市"，跃升为"全国水生态文明建设试点城市"，木兰溪也呈现给世人一副水清、岸绿、景美、宜

---

① 福建省莆田市仙游县人大常委会办公室参阅资料。
② 福建省宁德市霞浦县人大常委会办公室参阅资料。

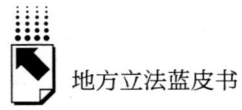

居的新面貌，成为新中国水利史上"变害为利、造福人民"的生动实践。2017年，木兰溪获评"全国十大最美家乡河"。由此，莆田市人大依法作出《关于深入贯彻落实习近平总书记治理木兰溪的重要理念打造人与自然和谐共生美丽莆田的决议》等3个决议，制定出台了《莆田市东圳库区水环境保护条例》《莆田市湄洲岛保护管理条例》，积极推进《莆田市木兰溪流域保护条例》《莆田市城市生态绿心保护条例》制定工作。宁德市牢固树立保护优先、从严管理的理念，制定了《宁德市霍童溪流域保护条例》，对维护河流生态环境、推进生态文明建设具有重要的现实意义。

3. 经验做法

莆田、宁德两市在条例中明确了市、县、乡三级政府在流域保护中的职责，设立流域保护专项资金并纳入财政预算，组织编制流域水生态环境保护规划提请市人大常委会批准，建立健全流域水生态保护补偿机制和制定具体补偿办法等。两市还要求政府每年向本级人大常委会报告河流生态环境保护情况。莆田市积极探索全民治水新模式、新思路，建立"行政河长、企业河长、民间河长"多元管理体系，把河长制这张网覆盖得更宽、更广、更全、更密。宁德市针对占用河道建设问题，推进河道岸线规划工作，建立河岸生态保护蓝线制度。

（三）广东省潮州市

1. 跨界河流概况

韩江是广东境内仅次于珠江的第二大河流，流经潮州市潮安区、湘桥区、枫溪区、饶平县和凤泉湖高新区，流域面积 $1242km^2$，是潮州市的母亲河①。韩江跨多个行政区域，以往各区市县各管一段，力度和进度不一，缺乏整体规划和协调，影响了治污的效果和力度。

2. 立法实践

潮州市围绕建设"水美潮州"，积极推进跨界河流保护立法工作，先后

---

① 广东省潮州市潮安区人大常委会办公室参阅资料。

制定《潮州市韩江流域水环境保护条例》《潮州市黄冈河流域水环境保护条例》，为韩江等跨界河流水环境保护工作提供了法制保障。此外，调研还发现韩江设有专门的流域管理局，负责编制流域综合规划和流域水资源保护、治涝、供水等与水利有关的专业规划并实施监督。

3. 经验做法

潮州市通过立法推动建立韩江流域水环境保护联席会议制度，每季度召开一次会议，研究、协调解决韩江干流河道、分支流水环境的综合整治；协调各部门、各县区之间的工作，加强与邻市之间的协调联动等重大事项，并明确联席会议日常工作由生态环境主管部门负责。此外，潮州市还注重水源涵养保护工作，创建了绿色发展示范区，严令禁止污染企业进入，为韩江水环境持续改善打下了坚实的法治基础。黄冈河流域水环境保护条例突出全流域水质保护，建立河流断面水质保护监测制度，强化饮用水水源保护区管理，加强环境及其他污染源的综合整治。

三 梅江河流域水生态环境保护存在的问题和困难

全县在梅江河保护中取得了较好成效，但也存在机制不健全、规划不完善、锰污染治理不彻底等问题。

（一）生态环保意识有待加强

一是少数领导干部对水资源的保护利用认识还不到位，重资源开发，轻治理保护，导致水资源浪费和污染问题。二是群众环保意识还不够强，居民随意往河道倾倒废水、垃圾的现象还不同程度地存在。三是部分企业法人社会责任心不强，偷排、漏排污水现象还时有发生。

（二）河流保护立法亟须制定

当前，现行与河流生态环境保护相关的法律、法规较多，有些规定比较原则，部分条款不够细化，实践中的运用效果受到影响，不能完全适应梅江

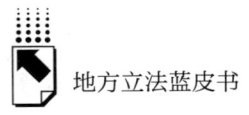

河生态环境保护工作的实际需要。因此，制定符合全县实际的河流保护条例，将为依法解决梅江河生态环境问题提供重要的法律支撑。

（三）统筹协调机制不够健全

一是梅江河流域的保护和开发利用是一个庞大的系统工程，随着经济社会发展加快，梅江河综合监督管理难度越来越大，部门履职与法律法规的要求还存在差距，在执法实践中存在多头治水、推诿塞责的现象。二是激励机制缺失，经费保障不足，没有设立专项资金用于梅江河流域的生态环境保护工作，相关单位河流保护工作经费缺乏稳定保障，使河流保护工作正常开展和落实河流保护工程措施受到制约。三是执法队伍建设与生态环境保护工作不相适应。人员偏少、配备不足，突发事件发生时，在行政执法上存在顾此失彼、疲于奔命的现象；专业性人员少、整体执法水平不高，专业能力素养还有待提高。

（四）规划编制不够完善

对梅江河流域的保护和开发利用缺乏整体性、系统性规划的指导和约束，在保护范围的划定上没有分级分类，同时，也缺乏河道功能区规划、河道保护利用规划、产业发展规划、岸线保护利用规划等专项规划，河流保护工作存在随意性。

（五）水污染治理任务艰巨

一是锰开采、电解锰加工及锰渣尾矿库处理三大板块污染源治理历史欠账大。由于过去锰矿开采"遍地开花"，加上重开发、轻修复，锰矿开采对河流的污染问题虽经治理有所好转，但仍然较为突出。电解锰加工生产废水量大，污水排放处理时跑、冒、滴、漏问题普遍。尾矿库绝大多数没有防渗系统，渗漏液污染水体问题尚未得到根治。二是由于污水管网建设资金缺乏、入户难度大，管网存在错接、漏接和混接现象，污水处理厂对生活污水的实际收集率不高，城市污水处理厂进水浓度COD低于100mg/L，雨污分流不彻底，部分农村聚居点未建集中式污水处理设施，餐饮、汽修等企业或个体工商户存在偷排、乱排现象等原因，部分未经处理的生活污水直排入河，造成河流污染物浓度较大。三是随着梅江河流域灌区的不断发展，有效灌溉面积逐年增大，有机化肥与农药使用量逐渐增多，农业面源污染有加重趋势，致使部分断面氨氮、总磷超标。

（六）水生态修复仍需加强

梅江河流域水电发展较快，截至2017年底，梅江河干流已建成钟灵水库坝后、钟灵水库秦岭坡、旺龙、永发、中和（已拆除）、群力、龙骨滩、马颈、热水塘、宋农、三角滩等11座水电站，总装机容量48.75MW，占干流理论蕴藏量的87.5%。梅江河支流（秀山境内）已建成丰岩、梨子坳、阳雀湾、长岗、上马墩、玉屏水边溪、孝溪水库坝后、玉屏、擒龙、擒龙二级等10座水电站，总装机容量3.67MW。[①] 已有水电开发对生态环境保护不够重视，部分时段下游河道枯期流量较小，削弱了河道的纳污能力，且大多数电站缺乏过鱼措施和增殖放流措施，改变了物种的生存条件，对生物多样性造成不良影响。

（七）水土流失防治任务较为艰巨

水土流失治理资金不足，治理标准较低，治理速度缓慢，不能满足水土流失治理的需要。水土保持专业技术人员较为缺乏，导致水土保持监督管理能力较为薄弱。生产建设项目水土保持监督管理难度不断增大，个别推动经济发展的重点项目在建设过程中，忽视了水土保持"三同时"制度的落实。流域内森林没有优势树种，林种结构较为单一，单位林木蓄积下降，涵养水源能力不足。

（八）水资源利用存在困难

水库大多库容偏小，缺乏骨干水利工程，供水保障能力低，水资源调蓄

---

① 秀山土家族苗族自治县水利局：《关于梅江河生态环境保护条例立法调研报告》。

能力差，难以抗御较大自然灾害。梅江河流域多年平均缺水量 3294 万 m³，缺水率 19%，工程性缺水问题较突出①。供水保证程度低，用水效率不高，梅江河流域有效灌溉率仅达到 28%，农业生产抗旱能力低；灌溉水利用系数 0.534，低于全国平均水平（0.542）；流域内供水管网漏损率约 16%，水资源浪费严重。水资源时空分布不均，枯水期有缺水情况，汛期 4～10 月径流量占多年平均径流量的 81.2%，枯水期 11 月至次年 3 月仅占 18.8%，易发生旱灾②。同时，梅江河流域防洪减灾基础设施较薄弱，每逢大洪水侵袭，洪涝灾害依然存在。

四 做好梅江河流域水生态环境保护立法的思考

（一）科学立法，夯实河流保护法治基石

梅江河保护立法必须在立足秀山实际、突出地方特色的基础上，借他山之石、攻秀山之玉，才能立管用之法、有效之法，发挥其对梅江河保护与开发的引领和推动作用。一是吃透涉水法律法规的精神和实质，对有关上位法没有规定或规定比较原则、不够明确的事项，从有利于管理、有利于保护河流的角度出发，在条例中进行明确规定。二是以解决梅江河生态环境保护中存在的规划编制、开发利用、考核管理、生态补偿等方面的重大问题为目的，因地制宜，逐项规范。三是根据上位法规定或者参照有关地方立法规定，对污染水体、破坏河道、破坏渔业资源等相关禁止行为及处罚作出具体规定。四是通过立法，及时将梅江河保护实践中行之有效的做法，上升为立法层面的制度，从而最大限度地凝聚共识。

（二）依法管理，构建水治理长效机制

一是明确保护职责。通过立法明确梅江河流域水生态环境保护中县政府、

---

① 秀山土家族苗族自治县水利局：《关于梅江河生态环境保护条例立法调研报告》。
② 秀山土家族苗族自治县政府办公室：《关于梅江河生态环境保护条例立法调研报告》。

部门、乡镇街道和村居社区的职责,建立健全领导体制和工作机制,加强对梅江河流域水生态环境保护的管理、组织、协调和监督。二是坚持建管并重。完善管水治水责任体系,分级分类划定保护区域,严格落实各项监管措施,依法规范各类涉水生产建设活动。发挥生态环境部门统一监管职能,畅通群众投诉举报渠道,加强生态环境、水利、规划、城管、农林等执法部门的协同配合,重点打击环境违法行为。三是强化要素保障。明确县乡政府应将梅江河流域水生态环境保护与修复所需经费列入预算管理,集中人力、财力、物力用于梅江河流域水生态环境保护建设;设立梅江河流域水生态环境保护公益基金,鼓励社会捐赠。正确处理生态环境保护与经济社会发展的关系,科学制定梅江河流域产业发展规划,做好产业发展布局和规划,建立吸引社会资本投入梅江河生态治理的市场化机制,撬动社会资本投资运作水环境建设项目。

(三)理念先导,加快完善治水规划体系

一是强化科学理念。要坚持"绿水青山就是金山银山"的理念,按照国家生态文明建设先行示范区的要求,加强城市水资源承载力、水环境容纳力和水景观呈现力系统性研究,统筹产业转型、环境保护、城市建设、民生改善等方面关系,科学谋划、系统推进城市水环境建设。二是强化规划修编。明确县政府应当编制梅江河流域水生态环境保护综合规划,并按照水岸同治、标本兼治、治管并举的要求,抓紧修改或编制城市水环境建设规划及防洪排涝、水资源保护、河道综合治理、污水管网建设、水景观水文化建设等专项规划,保障水资源可持续利用和防洪排涝安全、供水安全、水生态环境安全。三是强化规划执行。坚持总体布局、分期治理,将梅江河流域综合整治分段纳入每年度计划任务,确保规划实施一贯到底。强化规划法制化保障,科学划定生态保护红线、河道蓝线、沿岸绿线,全力维护规划的法定性和严肃性,充分发挥规划的调控和引领作用。

(四)加大投入,加强水污染源头治理

一是严格执行环境准入。严格生产项目管控,梅江河流域禁止新建不符

合国家和市产业政策以及自治县城乡发展规划炼锰、炼钒、炼硅等严重污染水环境的生产项目。对已建成的前款规定的生产项目，明确由自治县人民政府按照国家和市有关规定或者行业标准责令限期整改、搬迁或者关闭。二是严格控制污染源。强化农业面源污染治理，依法划定畜禽禁养区，优化养殖模式，探索建立有机肥替代补偿机制，大力发展生态循环农业。加强水环境监管能力建设，完善水体水环境监测体系，定期向公众通报水环境质量。三是完善污水收集系统。推动解决好城乡生活污水处理供需矛盾，逐步实现管网入户全覆盖，推进雨污分流改造，因地制宜加强农村生活污水治理，做到厕所污水、厨房污水、洗涤污水应纳尽纳，全面提升污水处理效能。规范入河排污口设置，对已设置的入河排污口按照分类管理要求，进一步规范污染物排放方式，削减排污总量。严格落实排污许可证制度，集中整治小餐饮、集贸市场、汽车清洗等污水直排城市水体或纳入雨水管网问题。

（五）加强保护，提高水体自我修复能力

一是实施生态修复治理。在保证防洪安全的前提下，统筹推进生态蓄水工程，提升水系生态修复能力。开展黑臭水体整治，在控源截污、清淤疏浚基础上，变"工程治水"为"生态治水"，保留河道浅滩、岸线自然走向和原有植被，种植本土水生植物，恢复水体生态和自净能力。通过植树造林，增加绿化面积，保持水土，涵养水分，构造生态驳岸。积极推进大溪乡湿地公园建设，构筑河流重要生态屏障。二是制定统一调度方案。对流域内具有控制性的水利工程，由流域管理机构协调编制其地表水量年度分配方案和调度方案，并负责水量调度的实施。限制水电站的用水量，使其不影响水库正常水位，保证水库有足够的生态下泄量。对流域内已建成但不达标的水电站，要按规定标准进行整改。经过整改，达标的继续运行，不达标的一律关停。建立枯水季节放水补水长效机制，确保达标运行的水电站适时放水、补水。

（六）强化保障措施，确保条例依法全面实施

制定梅江河生态环境保护条例，推进安全生态水系建设，一是要确保条

例得到有效实施。条例一旦制定出台，要认真组织学习培训，使乡镇街道和生态环境、水利、城市管理等系统的干部了解熟悉条例，真正做到入脑入心、依法行政。二是要加大社会宣传力度，通过多种形式、多种途径，加强对条例的宣传，形成全社会保护梅江河的良好氛围。三是要及时编写条例解读文章，对梅江河流域范围、专项规划内容、涉河建设审查审批等进行解读说明。四是要严格实施条例，制定条例实施工作方案，细化落实责任措施，加大水行政执法力度，强化河流保洁监控能力建设，加强排污整治，确保条例得到有效的贯彻实施。五是要适时开展立法后评估和执法检查。通过立法后评估、执法检查等方式，发现条例实施中存在的问题，提出加强和改进工作的意见、建议，确保条例依法全面实施。

地方立法结构专题

Special Topics on Local Legislative Structure

B.12 地方性法规结构比较研究[*]

徐 晨[**]

摘 要： 重庆作为长江上游地区的经济中心、中西部唯一直辖市，其地方立法工作受到广泛关注。本文通过对比分析重庆与发达地区上海市和广东省、相邻地区四川省的地方性法规结构，部分展示了重庆20多年来的立法成果，同时也发现重庆与上海、广东、四川三个地区相比在立法工作中存在不足。利用宏观、个案比较所得出的结果对重庆市接下来应遵循的立法思路、如何进一步优化地方性法规结构等方面进行了探讨，以期能促进重庆市立法机关更好地行使立法权。

---

[*] 基金项目：2019年度重庆市人大制度研究会委托课题"重庆市地方性法规结构研究"。本文涉及地方人大统计数据由重庆市人大提供。

[**] 徐晨，法学博士，西南政法大学行政法学院法学理论教研室教师，研究方向：法学理论。

关键词： 比较研究　法规制定数量　立法结构　立法特色

　　截至 2019 年 7 月 30 日，重庆市现行有效的地方性法规（含自治条例和单行条例）共计 212 部。重庆市系年轻的直辖市，大部分地方性法规是从 1997 年直辖后才逐步制定的。因此，本研究分析主要将 1997～2018 年这一时间段作为比较重庆市与上海市、四川省、广东省立法情况的时间段。

　　上海市作为我国东部具有代表性的超大城市，与重庆市在地方立法方面有较多的相似之处。选取沪、渝两地的地方立法情况进行比较，有着较为典型的实践意义与现实价值。首先，两地均系直辖市，所拥有的地方立法权限完全相同。上海市作为我国发达地区，在经济发展、文化教育、环境保护等方面较重庆市均有优势。因此，有必要全面借鉴其有益的制度经验。其次，重庆市作为相对年轻的直辖市，在经济发展、城市规划以及公共事务等方面的立法，与上海市相比还存在一些差距，需要认真研究学习上海市的立法实践经验。最后，重庆市作为西部中心城市，其地缘位置及发展思路决定了其立法思路、立法需求与作为东部经济文化中心的上海市具有相似性。可以预见，上海市在发展过程中曾遇到的某些制度性问题，也是重庆市未来发展可能会遇到的问题。

　　川渝协同发展是当前的一项重大课题。重庆市直辖前曾隶属四川省，无论是在地缘上，还是在文化上，重庆市与四川省都具有特别的亲缘性和亲近性。两地作为我国西部具有代表性的经济大省和直辖市，在地方立法方面都有相似的需求。首先，四川省作为农业、旅游与科技大省，与重庆市近年来的发展目标、发展定位较为相似，四川省一些先行一步的立法举措值得重庆市学习借鉴。其次，重庆市作为相对年轻的直辖市，在经济发展、城市规划以及公共事务等方面，一定程度上需要向四川省借鉴立法实践经验。最后，按照党中央的战略部署，两地发展关联紧密，从区域协同立法的角度考量，也有必要加强两地立法比较研究。因此，对川、渝两地的地方性法规结构进行比较研究，具有重要的意义。

广东省是我国经济发展的重要省份，在改革开放的进程中扮演着桥头堡的角色；重庆市在西部大开发、"一带一路"建设和长江经济带发展的全局中亦具有举足轻重的分量。作为我国南部和西部具有代表性的省市，两地在地方立法层面上有诸多相近之处。重庆市作为相对年轻的直辖市，在经济发展、城市建设、公共事务以及立法机制建设、地方立法特色等方面，也需要向广东省学习借鉴。

一 重庆市和上海市相关立法比较研究

《立法法》修改后，对地方立法的权限和职能进行分类成为国内立法学界主要探讨的问题。如朱力宇将地方性法规分为政治、经济、文化、卫生、交通、环境能源、社会生活、实施法律和法规8种类别①；周祖成将地方性法规按功能分为人口管理、公共安全管理、应急管理、生态资源环境管理、行政执法及监督管理、建设与管理、社会组织培育与管理、区域协调管理和其他专项管理等9个方面②；上官丕亮则将地方性法规分为城乡建设与管理、环境保护、历史文化保护和其他4类③。而各省区市对地方性法规的分类也不尽相同，相关分类也无法与上位法的法律部门一一对应。

为开展本次地方性法规结构研究，参考上述学者的分类观点，结合地方性法规的主要立法目的和作用，以及地方立法结构的功能和属性差异，我们将地方性法规分为6个维度的立法分类进行比较，分别是：（1）国家机关类（人大制度、行政机构、行政执法、行政事务等）；（2）财政经济类（市场、农业、交通、旅游、邮电、广告、企业、统计、计量、价格、中介等）；（3）文化教育类（教育、科学、文化、卫生、体育等）；（4）社会建

---

① 朱力宇：《地方立法的民主化与科学化问题研究——以北京市为主要例证》，中国人民大学出版社，2011，第111页。
② 周祖成：《地方立法重点和方向》，中国立法学会研究会编《地方立法的理论与实践》，法律出版社，2013，第4~15页。
③ 上官丕亮：《立法法修改后地方立法的检讨与完善建议——以苏州市为例》，刘旺洪主编《区域立法与区域治理法治化》，法律出版社，2016，第101~103页。

设类（公民权益、公共安全、司法服务、社会事务、社会团体、基层治理、劳动安全社会保障等）；（5）城乡建设类（建设规划、市政绿化、风景名胜等）；（6）资源环境类（资源、能源、环境保护、灾害防治等）。对于自治条例与单行条例，做单独的分析比较。

（一）法规制定数量比较

对比沪、渝两直辖市，上海市共制定地方性法规256件（另修改336件次，作出法规性决定45件次），重庆市现行有效的地方性法规为212件，仅从立法总数量上看，重庆市较上海市有明显的差距。形成这种差距的原因：首先，上海市系较早设立的直辖市之一，取得完整的地方立法权的时间相对较早，1980年上海市人大常委会即通过了第一部地方性法规，各方面立法走在了1997年才直辖的重庆市的前面；其次，上海市作为中国乃至亚洲的经济、金融中心，其对经济社会发展的立法需求均较之重庆市更甚，加之上海市的发展更趋多元化，其立法总量相对较大也属于合理现象。

结合图1可以看出，1997～1998年是重庆市立法数量的高峰期，其原因非常明显：直辖初期，重庆市急需大量的地方性法规为政治、经济、文化等各方面的发展提供强力的法治保障。因此，大量的立法需求在经过一年的

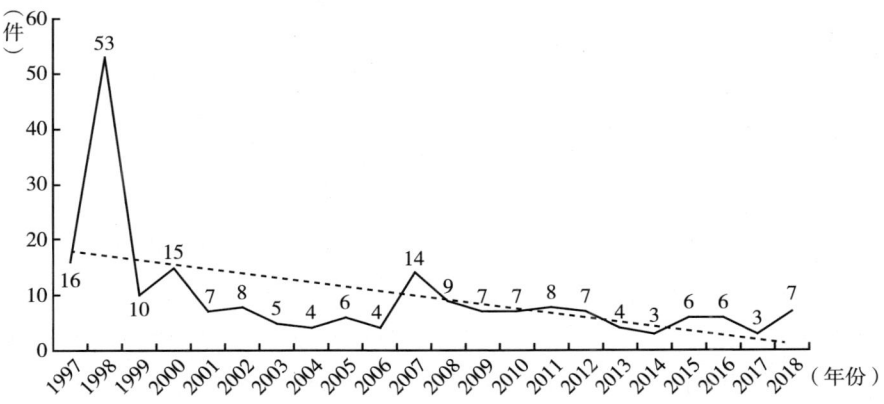

图1 重庆市历年地方性法规通过数量

酝酿、调研、论证后,通过移植与新制定等方式,于 1998 年达到了重庆市立法数量的顶峰(达到 53 部)。之后,遵循"慎立多修""立改废"并举等思路,重庆市地方性法规制定数量总体保持在平稳区间。近年来,2017 年制定地方性法规数量达到历史最低谷,2018 年有小幅度的回升。

结合图 2 可以看出,在 2000 年《立法法》出台后,上海市于 2003 年通过了 30 部地方性法规。此后,历年的立法数量呈现下降趋势。2015～2018 年,上海市的立法数量又有小幅回升,每年均通过了 12 部地方性法规。

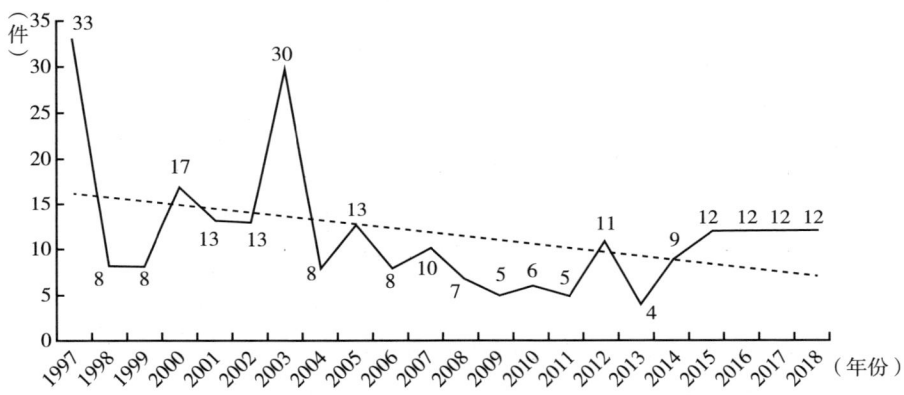

图 2　上海市历年地方性法规通过数量

(二)立法结构比较

根据上述分类考察,结合数据分析可以看出,重庆市历年来在立法的功能与属性上具有图 3 所示结构。

总体上看,1997 年至 2019 年 7 月,重庆市关于国家机关方面的地方立法共 26 件,占比 12%;社会建设方面的地方立法共 45 件,占比 21%;文化教育方面的地方立法共 33 件,占比 16%;财政经济方面的地方立法共 58 件,占比达到了 27%;城乡建设方面的地方立法共 17 件,占比 8%;资源环境方面的地方立法共 19 件,占比 9%;批准自治条例与单行条例共 14 件,占比 7%。

结合图 4 所示,上海市关于国家机关方面的地方立法共 48 件,占比

地方性法规结构比较研究

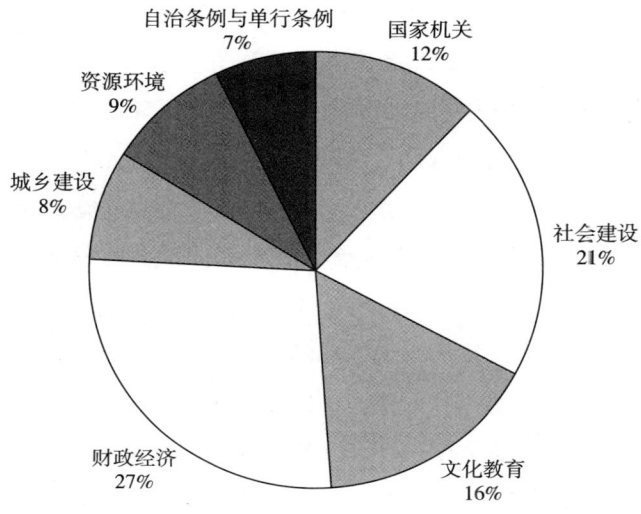

图3　重庆市立法结构示意

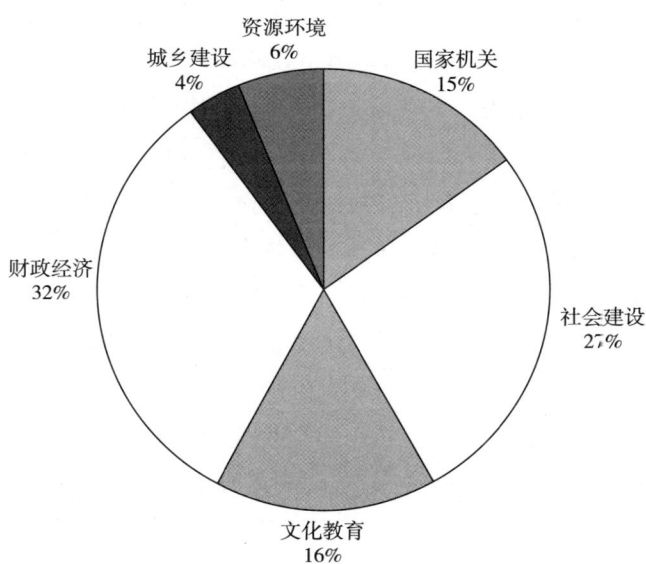

图4　上海市立法结构示意

15%；社会建设方面的地方立法共85件，占比27%；文化教育方面的地方立法共51件，占比16%；财政经济方面的地方立法共101件，占比32%；城乡建设方面的地方立法共12件，占比4%；资源环境方面的地方立法共18件，占比6%（以上统计含修改法规件次）。

结合图3、图4所显示的数据可以看出，无论是重庆市还是上海市，在立法构成中所占比重最大的都是财政经济方面的地方性法规（重庆27%，上海32%）。考察两个直辖市在我国经济社会发展中的地位，不难看出这个比例具有一定的合理性。重庆作为西部唯一的直辖市以及长江中上游的超大型城市，多年来一直把服务和保障经济发展置于地方立法的核心位置。上海在全国经济版图中的地位无须赘述，必然也在经济发展的相关领域结合其国际大都市的特点加强立法。而两直辖市在立法结构方面存在的显著不同主要体现在："城乡建设"与"资源环境"方面的比重不同（城乡建设：重庆市8%，上海4%；资源环境：重庆市9%，上海6%）。存在这种差异的主要原因是：上海市直辖较早，关于城乡建设规划方面的立法在早期已经基本完善（虽然也存在修法的情况）；而重庆市直辖时间不长，在城乡建设规划立法方面显然比上海有着更大的需求。此外，相比上海市而言，重庆市"大城市、大农村、大山区、大库区"并存的特点也决定了其自然环境更趋复杂、生态结构更趋多样化，因此，较之上海市有更加复杂的城乡建设与资源环境方面的立法需求。相关类别法规构成差异见表1、表2、表3。

表1 城乡建设类

重庆市	上海市
重庆市城乡规划条例	上海市城乡规划条例
重庆市历史文化名城名镇名村保护条例、重庆市风景名胜区条例	上海市历史文化风貌区和优秀历史建筑保护条例
重庆市物业管理条例	上海市住宅物业管理规定
重庆市土地房屋权属登记条例、重庆市城镇房地产交易管理条例	上海市房地产登记条例、上海市实施《中华人民共和国土地管理法》办法
重庆市公园管理条例	上海市公园管理条例
重庆市城市园林绿化条例	上海市绿化条例

续表

重庆市	上海市
重庆市市容环境卫生管理条例	上海市市容环境卫生管理条例
重庆市建筑管理条例	上海市拆除违法建筑若干规定、上海市建设工程材料管理条例、上海市建设工程质量和安全管理条例
重庆市测绘管理条例	上海市测绘管理条例
重庆市城市管线条例	上海市地下空间规划建设条例
重庆市城市房地产开发经营管理条例	
重庆市村镇规划建设管理条例	
重庆市市政设施管理条例	
重庆市建设工程勘察设计管理条例	
重庆市实施《长江三峡工程建设移民条例》办法	
	上海市拆迁房屋管理办法
	上海市城镇公有房屋管理条例

表2 资源环境类

重庆市	上海市
重庆市节约能源条例	上海市节约能源条例
重庆市建筑节能条例	上海市建筑节能条例
重庆市水资源管理条例	上海市水资源管理若干规定
酉阳土家族苗族自治县饮用水水源保护条例、秀山土家族苗族自治县饮用水水源保护条例	上海市饮用水水源保护条例
重庆市城市供水节水管理条例	上海市供水管理条例
重庆市天然气管理条例	上海市燃气管理条例
重庆市实施《中华人民共和国野生动物保护法》办法	上海市实施《中华人民共和国野生动物保护法》办法
重庆市环境保护条例	上海市环境保护条例
重庆市大气污染防治条例	上海市大气污染防治条例
重庆市气象条例、重庆市气象灾害防御条例	上海市实施《中华人民共和国气象法》办法
重庆市防震减灾条例	上海市实施《中华人民共和国防震减灾法》办法
重庆市地质灾害防治条例	上海市地面沉降防治管理条例
重庆市防汛抗旱条例	上海市防汛条例
重庆市实施《中华人民共和国水土保持法》办法	
重庆市村镇供水条例	
重庆市矿产资源管理条例、彭水苗族土家族自治县矿产资源管理条例、秀山土家族苗族自治县锰矿资源管理条例	

续表

重庆市	上海市
重庆市液化石油气经营管理条例	
重庆市供用电条例	
重庆市长江三峡水库库区及流域水污染防治条例	
重庆市水文条例	
	上海市滩涂管理条例
	上海市古树名木和古树后续资源保护条例

表3　文化教育类

重庆市	上海市
重庆市义务教育条例	上海市实施《中华人民共和国义务教育法》办法
重庆市国防教育条例	上海市国防教育条例
重庆市职业教育条例	上海市职业教育条例
重庆市专业技术人员继续教育条例	上海市职业技术教育暂行条例
重庆市实施《中华人民共和国教师法》办法	上海市实施《中华人民共和国教师法》办法
重庆市教育督导条例	上海市教育督导条例
重庆市科技创新促进条例	上海市鼓励引进技术的吸收与创新规定
重庆市促进科技成果转化条例	上海市促进科技成果转化条例
重庆市技术市场条例	上海市技术市场条例
重庆市实施《中华人民共和国农业技术推广法》办法	上海市实施《中华人民共和国农业技术推广法》办法、上海市促进农业科技进步若干规定
重庆市科学技术普及条例	上海市科学技术进步条例
重庆市非物质文化遗产条例	上海市非物质文化遗产保护条例
重庆市实施《中华人民共和国国家通用语言文字法》办法	上海市实施《中华人民共和国国家通用语言文字法》办法
重庆市实施《中华人民共和国文物保护法》办法	上海市文物保护条例
重庆市中医条例	上海市发展中医条例
重庆市实施《中华人民共和国母婴保健法》办法	上海市母婴保健条例
重庆市献血条例	上海市献血条例
重庆市实施《中华人民共和国红十字会法》办法	上海市红十字会条例
重庆市人口与计划生育条例	上海市人口与计划生育条例
重庆市全民健身条例	上海市市民体育健身条例
重庆市国家教育考试条例	
重庆市家庭教育促进条例	
重庆市科学技术投入条例	

续表

重庆市	上海市
重庆市科学技术协会条例	
重庆市专利促进与保护条例	
重庆市大足石刻保护条例	
重庆市体育市场管理条例	
重庆市公共体育场馆条例	
重庆市爱国卫生条例	
重庆市农村初级卫生保健条例	
重庆市预防控制性病艾滋病条例	
重庆市医疗机构管理条例	
重庆市遗体和人体器官捐献条例	
重庆市食品生产加工小作坊和食品摊贩管理条例	
	上海市终身教育促进条例
	上海市高等教育促进条例
	上海市人才流动条例
	上海市促进大型科学仪器设施共享规定
	海市社区公共文化服务规定
	上海市精神卫生条例
	上海市音像制品管理条例
	上海市文化娱乐市场管理条例
	上海市出版物发行管理条例
	上海市公共场所控制吸烟条例
	上海市急救医疗服务条例

（三）上海市的地方立法特色

通过分析可以看出，较之重庆市，上海市除经济领域立法走在前列外，在教育及人才引进等方面的立法也具有一定前瞻性和普遍性。其前瞻性表现为：考虑到经济发展及社会老龄化趋势，上海市于2011年颁布了《上海市终身教育促进条例》，对中老年人如何加强终身教育的问题作出规定；其普遍性表现为：为了进一步增强高等教育对上海经济建设、人民素质提升方面的作用，上海市于2017年颁布了《上海市高等教育促进条例》以提高高等教育质量、提升高等教育综合实力和国际竞争力。而重庆市在以上两个领域的专项性立法相对滞后。

1. 《上海市终身教育促进条例》的特点

《上海市终身教育促进条例》共有35条，经2011年1月5日上海市第十三届人民代表大会常务委员会第二十四次会议审议通过，自2011年5月1日起施行。

该条例规定了上海市终身教育工作的范围、主导机关、权限与职权职责划分。其中，比较有特色的是：规定工会、共产主义青年团、妇女联合会以及残疾人联合会、科技协会等其他组织协助开展终身教育促进工作；鼓励各类学习型组织开展本组织成员的终身学习活动；鼓励市民为终身教育提供志愿服务。此种积极推动社会团体力量参与终身教育的做法应属全国首创。

关于财政支持方面，该条例除了规定政府财政应当为终身教育提供支持外，还明确了企业应当按照规定，足额提取职业培训经费，并可依法在税前扣除。条例还鼓励自然人、法人或者其他组织捐助终身教育事业或者举办终身教育机构。捐赠人捐赠财产用于终身教育事业的，依法享受税收优惠。条例从财政方面考量了终身教育所需要的经济成本，并提出了多种解决途径。

关于终身教育的教师人事组织和教育资源方面，该条例规定了从事终身教育工作的专职教师应当取得相应的教师资格，并且鼓励专家、学者以及其他具有专业知识和特殊技能的人员兼职从事终身教育工作；从事终身教育的兼职教师，应当具有与终身教育有关的工作经验或者相应的专业技术资格。此外，条例还强调应当利用互联网资源，建立终身学习电子信息网站，完善市、区（县）终身教育数字学习资料库，提供公益性远程教育服务，实现资源共享；鼓励各级各类学校和教育培训机构充分利用互联网、移动通信等开放教育课程、提供优质教育资源，促进终身教育发展。

2. 《上海市高等教育促进条例》的特点

《上海市高等教育促进条例》共有52条，经2017年12月28日上海市第十四届人民代表大会常务委员会第四十二次会议审议通过，自2018年3月15日起施行。

该条例是我国首部地方性高等教育法规。该条例根据《高等教育法》的规定，结合上海市的实际情况，对上海市高等教育的权责分配、财政保障、机构编制以及社会依法自主办学等有关方面作了详细的规定。条例明确高等教育"应当以立德树人为根本任务"，规定政府支持保障措施，促进青年教师更好地发展，在人员编制、收入分配等方面赋予高校更进一步的办学自主权。

该条例的显著特点是，对一些较为敏感的问题作出了方向性的指引或者进行了明确。例如，高等教育中的编制、财政支持等问题，一直是教育改革中较为敏感的问题。针对这些问题，条例规定"编制、教育、人力资源社会保障等部门在科学核定并动态调整地方公办高校的人员编制时，应当听取高等学校的意见""建立科学合理的增长机制，确保高等教育财政经费投入持续稳定增长"。又如，关于高校绩效改革问题，条例第25条规定，地方公办高校按照激励与约束相结合的原则，在绩效工资总量内，自主确定绩效工资分配方案；市政府应当建立适应本市高等教育行业特点的收入分配制度，科学核定地方公办高校绩效工资总量，并建立正常增长机制，确保教师收入逐步增长。

（四）上海地方立法对重庆的启示

综合分析，上海市较之重庆市的地方立法相对领先主要体现在经济、教育这两个方面，在其他领域各有优势。上海作为我国的经济、金融中心，在经济领域的立法走在全国前列实属正常。其在这方面的地方立法值得重庆市继续学习借鉴。然而，经济的发展离不开对人才的培养，上海市地方立法的一个重要特色，正是对教育方面立法的重视。对此，重庆市地方立法应予以研究和借鉴。

随着重庆市经济社会的不断发展，产业结构升级所带来的社会结构、人口结构、人力资源的变动，将会对公民普遍素质提升以及人力资源、人才引进等提出新的要求。从普遍性角度考虑，增强发展竞争力，离不开高素质的人才，提高教育水平是重要措施和手段。就重庆市地方立法而言，发展振兴高等教育、吸引并培养国际性人才，是发展之要、时代所需。因此，可借鉴《上海市高等教育促进条例》的有益经验，早日制定与重庆市经济社会发展实际相适应的系列法规。同时，人口老龄化问题日趋严重，不仅要从社会保障和福利方面入手加以应对，也十分有必要丰富老年人的精神文化生活，使中老年人获得进一步学习的机会，继续发挥应有的作用，即有必要制定类似《上海市终身教育促进条例》的地方性法规，通过立法来解决人口年龄构成变化带来的系列问题。从长远的角度来看，重庆市必然会面临上海市已遇到的人口老龄化等问题。因此，终身教育方面的立法应该成为重庆市未来立法探讨思考的重点。

二 重庆市和四川省相关立法比较研究

（一）法规制定数量比较

对比川、渝两地立法，四川省共制定地方性法规485件（含民族自治地方自治条例和单行条例89件），重庆市现行有效的地方性法规共212件，仅从立法总量上比较，重庆市与四川省有明显的差距。这种差距的主要原因在于四川省在人口总量、行政区域、地理资源、经济发展方面具有更大的体量，其立法多元化需求较之重庆市更为突出。加之2015年《立法法》赋予设区的市地方立法权后，四川省分两次确定了20个市（州）行使地方立法权，是全国新增地方立法主体最多的省。因此，四川省的立法总量相对较大也符合实际情况。

结合图1、图5，不难看出重庆市较之四川省在历年地方性法规通过的数量上有着比较明显的差别。首先，正如前文所指出的那样，由于重庆市1997年才具备直辖市的立法权，因此立法高峰期出现在了次年；同样，由于原隶属于四川省的重庆市直辖的原因，四川省在相应的地方立法举措上需要及时作出调整变更，四川省在1997年当年就制定和修改了31部地方性法规，即以地方立法的方式调整相关政策，应对行政区域的变化。在2000年

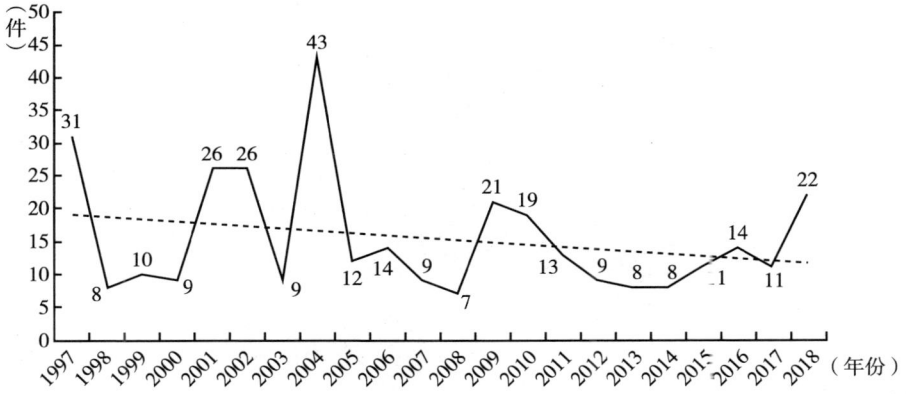

图 5　四川省历年地方性法规通过数量

《立法法》出台后，四川省于 2004 年迎来了地方立法的一个高峰期，当年就通过了 43 部地方性法规；与之相比，重庆市由于在 1997 年直辖后就及时开展了大量立法工作，所以《立法法》的出台对于重庆市在立法数量上的影响相对较小。

（二）立法结构比较

如图 6 所示，四川省关于国家机关方面的地方立法共 48 件，占比 12%；社会建设方面的地方立法共 81 件，占比 20%；文化教育方面的地方立法共 54 件，占比 13%；财政经济方面的地方立法共 108 件，占比达到了 27%；城乡建设方面的地方立法共 33 件，占比 8%；在资源环境方面的地方立法 59 件，占比 14%（未将民族自治地方的立法情况进行全面比较）。

结合图 3、图 6 所显示的数据可以看出，川、渝两地在立法构成中所占比重最大的都是财政经济方面的地方性立法（四川 27%，重庆 27%）。在全国大多数省区市的地方性法规构成上，也是类似情况。而川、渝两地在立法结构方面也存在不同，主要体现在"资源环境"方面（四川 14%，重庆市 9%）。存在这种差异的主要原因在于：四川省作为资源大省、旅游大省，其地理环境、资源禀赋构成的复杂性，决定了其必须将保护生态环境作为经济社会发展的重点；而重庆市作为传统的工业城市与新兴的旅游城市，在立

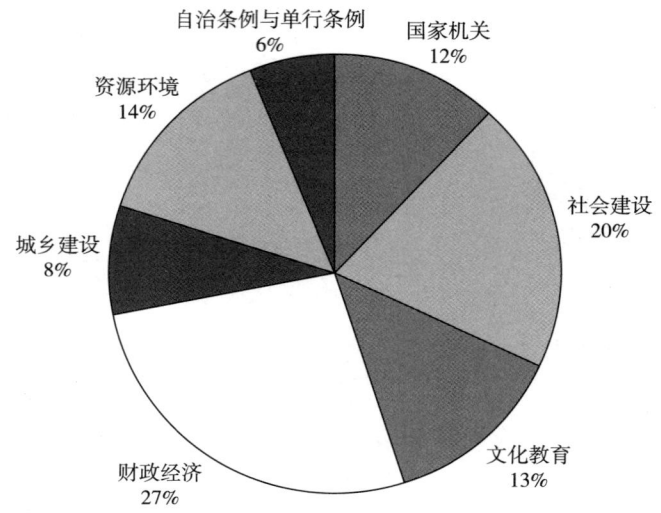

图 6　四川省立法结构示意

法跟进上还存在一定差距和不足。此外,四川省有更为多样的少数民族构成,其兼顾少数民族特色保护与环境保护、旅游发展的立法思路也值得重庆市学习借鉴。相关类别法规构成差异见表4、表5。

表 4　旅游文化类

重庆市	四川省
重庆市旅游条例	四川省旅游条例、四川省旅游管理条例
彭水苗族土家族自治县旅游条例	甘孜藏族自治州实施《四川省旅游条例》的变通规定
石柱土家族自治县西沱国家历史文化名镇保护条例	阿坝藏族羌族自治州实施《四川省旅游条例》的变通规定、阿坝藏族羌族自治州实施《四川省世界遗产保护条例》的条例
重庆市风景名胜区条例	四川省风景名胜区条例
重庆市实施《中华人民共和国文物保护法》办法	四川省《中华人民共和国文物保护法》实施办法
重庆市非物质文化遗产条例	四川省非物质文化遗产条例
重庆市大足石刻保护条例	四川省世界遗产保护条例
重庆市历史文化名城名镇名村保护条例	四川省阆中古城保护条例
重庆市公园管理条例	四川省森林公园管理条例
	四川省自然保护区管理条例

表 5　资源环境类

重庆市	四川省
重庆市节约能源条例	四川省《中华人民共和国节约能源法》实施办法
重庆市矿产资源管理条例	四川省矿产资源管理条例
重庆市水资源管理条例、重庆市城市供水节水管理条例	四川省饮用水水源保护管理条例
重庆市村镇供水条例	四川省村镇供水条例
重庆市森林防火条例	四川省森林防火条例
重庆市天然气管理条例	四川省燃气管理条例
重庆市环境保护条例	四川省环境保护条例
重庆市大气污染防治条例	四川省《中华人民共和国大气污染防治法》实施办法
重庆市《中华人民共和国水土保持法》实施办法	四川省《中华人民共和国水土保持法》实施办法
重庆市长江三峡水库库区及流域水污染防治条例	四川省长江水源涵养保护条例
重庆市湿地保护条例	四川省湿地保护条例
重庆市长江防护林体系管理条例	四川省长江防护林体系管理条例
重庆市实施《中华人民共和国野生动物保护法》办法（2019年9月26日通过重庆市野生动物保护规定，原实施办法废止）	四川省《中华人民共和国野生动物保护法》实施办法
重庆市市容环境卫生管理条例	四川省城乡环境综合治理条例
重庆市气象条例	四川省《中华人民共和国气象法》实施办法
重庆市气象灾害防御条例	四川省气象灾害防御条例
重庆市防震减灾条例	四川省防震减灾条例
重庆市地质灾害防治条例	四川省地质环境管理条例
重庆市液化石油气经营管理条例	
重庆市供用电条例	
重庆市建筑节能条例	
重庆市水文条例	
重庆市防汛抗旱条例	
重庆市森林防火条例	
	四川省农村能源条例
	四川省河道采砂管理条例
	四川省自然保护区管理条例
	四川省森林公园管理条例
	四川省天然林保护条例

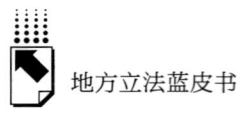

续表

重庆市	四川省
	四川省《中华人民共和国水法》实施办法
	四川省野生植物保护条例
	四川省固体废物污染环境防治条例
	四川省辐射污染防治条例
	木里藏族自治县实施《四川省〈中华人民共和国野生动物保护法〉实施办法》的补充规定

（三）川渝两地立法个案比较

就立法个案而言，以《四川省旅游条例》与《重庆市旅游条例》做剖析比较。《四川省旅游条例》于 2006 年 9 月 28 日经四川省十届人大常委会第二十三次会议通过，2012 年 5 月 31 日四川省十一届人大常委会第三十次会议修订。《重庆市旅游条例》于 1997 年 11 月 28 日经重庆市第一届人民代表大会常务委员会第五次会议通过，之后经过 4 次修改，最近一次修订于 2016 年 9 月 29 日经重庆市第四届人民代表大会常务委员会第二十八次会议通过。

《四川省旅游条例》共有 86 条，《重庆市旅游条例》共有 78 条。较之《重庆市旅游条例》，《四川省旅游条例》的明显特色是：根据旅游经营行为的主体不同，条例针对一般规定、旅行社、导游、旅游景区景点、旅游客运、旅游饭店、宾馆、旅游购物场所、其他旅游经营作了更为细致的规定。而《重庆市旅游条例》最大的立法特色，则是对网络旅游经营者的权利与义务作了与时俱进的规定。

较之四川省的立法，重庆市关于旅游方面的地方立法不足之处主要体现为对旅游经营行为的主体限制不够细致化、系统化。比如，关于对导游的限制，重庆市的立法仅作了"旅行社应当依照法律、法规的规定，与其聘用的导游、领队订立书面劳动合同，支付劳动报酬，并缴纳社会保险费。鼓励导游行业协会或者旅行社为导游、领队执业投保人身意外伤害保险"等较为宽泛的规定。反观四川省的做法，除了在一般规定中对上述原则性规定进行明确外，还明确了导游资格、导游证的领取等事项，尤其是通过列举的方式规定了导游在经营中禁止从事的行为。较之四川省的立法，重庆市的旅游地方立法稍显粗略。并且，此种不足在《重庆市旅游条例》中关于景区景点、宾馆饭店、客运工具等的章、节、条中亦有体现。此外，四川省在文化遗产、风景区保护等方面更加细化、具体化，"小切口"立法的运用更为恰当，这些均值得重庆市借鉴参考。

（四）四川地方立法给重庆的启示

四川作为传统的农业、科技、旅游大省，在相关立法领域较之重庆市均有数量上、经验上的优势，值得学习借鉴。然而，分析重庆市近年来的发展，其已经逐步从传统的工业、农业依赖型城市转变为集工业、旅游、文化、科技、金融等于一体的复合型直辖市。在借鉴参考四川省相关领域地方立法时，应立足重庆发展的定位与实际，并充分考虑川渝协同发展的需求，统筹协调推进各项立法。以文化旅游领域立法为例：四川处于西南内陆，自然条件和历史文化条件独具特色，自古便是我国著名的旅游胜地；而近年来重庆市作为"网红城市"，在接待游客的数量上一度逼近甚至超过四川省，这对如何规范、管理旅游经营行为提出了新的更高要求。通过考察四川省在旅游立法上的种种举措，重庆市在立法修法中，应对旅行社、导游、旅游景区景点、旅游客运、旅游饭店、宾馆、旅游购物场所、其他旅游经营等进行更为具体、细致的规定，尤其是应考虑如何进一步确立"不得""必须"式的禁止性、义务性规范，明确适当的法律责任，从而以法治的方式遏制"网红城市"旅游中可能发生的"欺客""宰客"等不文明现象。同时，在旅游发展、生态保护、文化传承、市场规范等立法中，也可以探索开展区域协同立法。

三 重庆市和广东省相关立法比较研究

广东省现行有效的地方性法规共239件（省人大及其常委会共制定356件，废止117件；另批准设区的市法规234件，三个经济特区制定法规217

件，民族自治地方立法13件），重庆市现行有效的地方性法规共212件，仅从立法总量上比较，重庆市与广东省就有较大的差距。这种差距的主要原因在于：广东省作为经济大省和改革开放的前沿，在经济结构、市场监管、社会治理以及城乡建设等方面立法需求大，立法先行的步伐更快。尤其是广东省所辖的深圳市、珠海市、汕头市具有经济特区立法权，其最为突出的特点就是先行先试，据统计约有48%的特区法规早于国家法律、行政法规出台。

（一）法规制定数量比较

结合图1、图7可以看出，广东省的地方立法趋势呈现不规则的波动。但是，总体保持在一个合理区间，这可能与其特殊的经济地位以及国家政策调整直接相关。同时也可以看出，党的十八大以来，广东省加快了立法工作步伐，大多数年份省级层面立法均在12件以上，2016年多达16件。而重庆市每年地方立法数量总体趋于稳定，基于立法力量、立法需求等因素影响，每年新制定地方性法规占比均不大，总体遵循了"急用先立""慎立多修"的思路。

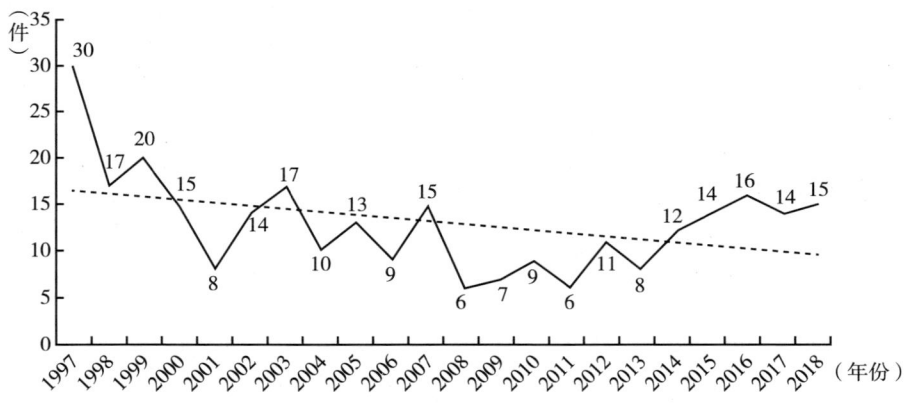

图7 广东省历年地方性法规通过数量

（二）立法结构比较

如图8所示，广东省关于国家机关方面的地方立法共41件，占比

12%；社会建设方面的地方立法共 87 件，占比 25%；文化教育方面的地方立法共 40 件，占比 11%；财政经济方面的地方立法共 117 件，占比达到了 33%；城乡建设方面的地方立法共 18 件，仅占比 5%；资源环境方面的地方立法 44 件，占比 13%；批准自治条例与单行条例 3 件，占比 1%（统计含 1997～2018 年制定和修订情况；未将设区的市、经济特区的立法情况纳入统计）。

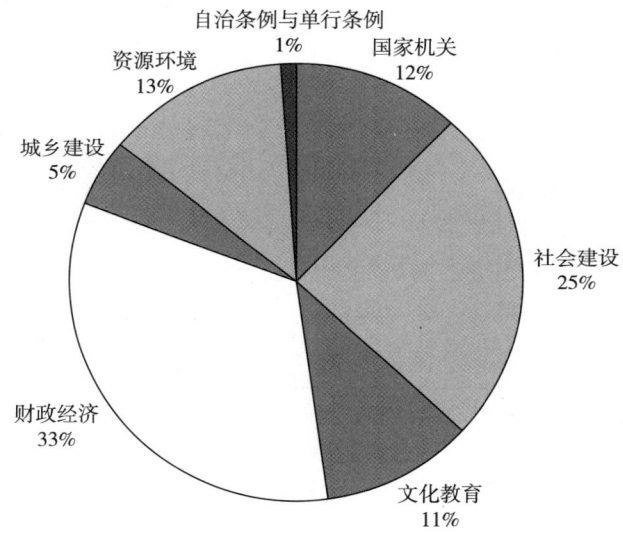

图 8　广东省立法结构示意

结合图 3、图 8 所显示的数据可知，广东省在财政经济方面的立法力度大于重庆市。此外，两地在立法结构方面也存在差异，如"城乡建设"方面的立法差异（广东省 5%，重庆市 8%）。存在差异的主要原因在于：广东省作为改革开放的排头兵，城乡规划的预见性较强，规划发展总体趋于稳定，在这方面立法的需求并不太强烈；而重庆市作为新兴的直辖市，在统筹城乡发展、城市规划建设、城市管理等方面均存在探索性，相关立法稳定性相对不足。在环境保护方面，广东省近年来的立法举措也充分说明，作为"先富起来"的省份，更加重视将环境治理摆上地方立法的重要位置，其立

275

法更细致、更具有可操作性。除此之外，广东省在公共卫生领域立法方面也先行一步，是全国为数不多的开展了突发公共卫生事件应急立法的省级行政区，值得重庆市认真学习借鉴。相关类别法规构成差异见表6、表7。

表6 公共卫生类

重庆市	广东省
重庆市中医条例	广东省发展中医条例
重庆市实施《中华人民共和国红十字会法》办法	广东省红十字会条例
重庆市爱国卫生条例	广东省爱国卫生工作条例
重庆市医疗机构管理条例	
重庆市遗体和人体器官捐献条例	
重庆市献血条例	
重庆市农村初级卫生保健条例	
重庆市预防控制性病艾滋病条例	
重庆市实施《中华人民共和国母婴保健法》办法	
	广东省突发公共卫生事件应急办法
	广东省医疗器械管理条例
	广东省医疗废物管理条例

表7 资源环境类

重庆市	广东省
重庆市节约能源条例	广东省节约能源条例
重庆市水资源管理条例	广东省东江西江北江韩江流域水资源管理条例
重庆市矿产资源管理条例	广东省矿产资源管理条例
重庆市天然气管理条例	广东省燃气管理条例
重庆市供用电条例	广东省供用电条例
重庆市环境保护条例	广东省环境保护条例
重庆市大气污染防治条例	广东省大气污染防治条例
重庆市长江三峡水库库区及流域水染防治条例	广东省韩江流域水质保护条例、广东省东江水系水质保护条例、广东省西江水系水质保护条例
重庆市湿地保护条例	广东省湿地保护条例
重庆市水文条例	广东省水文条例
重庆市实施《中华人民共和国水土保持法》办法	广东省水土保持条例
重庆市林地保护管理条例	广东省林地保护管理条例
重庆市森林防火条例	广东省森林防火条例

续表

重庆市	广东省
重庆市实施《中华人民共和国野生动物保护法》办法（2019年9月26日通过重庆市野生动物保护规定，原实施办法废止）	广东省野生动物保护管理条例
重庆市气象条例	广东省气象管理规定
重庆市气象灾害防御条例	广东省气象灾害防御条例
重庆市防震减灾条例	广东省防震减灾条例
重庆市水利工程管理条例	广东省水利工程管理条例
重庆市建筑节能条例	
重庆市村镇供水条例	
重庆市城市供水节水管理条例	
重庆市液化石油气经营管理条例	
重庆市河道管理条例	
重庆市长江防护林体系管理条例	
重庆市地质灾害防治条例	
重庆市防汛抗旱条例	
	广东省实施《中华人民共和国水法》办法
	广东省土地利用总体规划条例
	广东省实施《中华人民共和国土地管理法》办法
	广东省国土资源监督检查条例
	广东省河道采砂管理条例
	广东省海域使用管理条例
	广东省机动车排气污染防治条例
	广东省跨行政区域河流交接断面水质保护管理条例
	广东省饮用水源水质保护条例
	广东省实施《中华人民共和国土壤污染防治法》办法
	广东省固体废物污染环境防治条例
	广东省实施《中华人民共和国环境噪声污染防治法》办法
	广东省实施《中华人民共和国海洋环境保护法》办法
	广东省城乡生活垃圾处理条例
	广东省基本农田保护区管理条例
	广东省地质环境管理条例

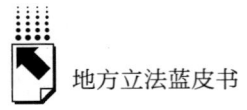

地方立法蓝皮书

（三）广东省的立法特色

广东省作为改革开放的排头兵，其地方立法工作无论是在经济发展方面，还是在社会治理、环境保护及公共卫生等方面，均有可圈可点之处。与上海相似，广东省通过地方立法解决的问题，对于重庆市也具有前瞻性的借鉴意义。可以预见，广东省在经济社会发展中所面临的诸如人才引进、环境保护、疾病防控等问题，很有可能是重庆市未来发展中将会面临的问题。比如，广东省针对公共卫生领域的系列立法，以及针对环保领域的"固体垃圾"处理专项立法等，均是重庆市今后立法应学习和研究的重点。

1. 《广东省突发公共卫生事件应急方法》的特点

较之《重庆市突发事件应对条例》对公共卫生事件所作的一般性、概略性、笼统性规定，广东省在公共卫生领域立法方面先行一步，富有成效。2003年"非典"疫情后，广东省及时于当年11月27日通过了《广东省突发公共卫生事件应急办法》，对疫情防控、传染病防治进行了专项立法。该办法共有33条，对突发疾病及公共卫生事件的控制、处理、善后等方面作了全面、细致的规定。虽然可以将《重庆市突发事件应对条例》视为对突发疾病这一类别事件的抽象、概括立法，但是，广东省在重大疫情、疾病防控方面的专项性立法极具学习借鉴意义。

《广东省突发公共卫生事件应急办法》的主要特点是，对突发疾病的控制、处理、善后均作了细致的规定，具有较强的针对性。如在疾病的预防、控制方面，该办法比较有特色的规定是："地级以上市人民政府应当设置与应对突发事件相适应的紧急救援中心，设置与传染病防治工作需要相适应的传染病专科医院，或者指定具备传染病防治条件和能力的医疗机构承担传染病防治任务。县级人民政府应当指定具备传染病防治条件和能力的医疗机构设置传染病病区，承担本区域传染病防治任务。所需经费由当地人民政府纳入财政预算……省和地级以上市卫生行政主管部门应当设立由疾病预防控制、职业中毒防治、医疗救治和卫生监督等专业技术人员，以及高等院校、科研院所科研人员参加的不同类别的应急处理专家组，负责进行突发事件的流行病学调查、事故分析、应急评估以及医疗救治和现场应急处理的指导。"又如，在危机预警机制方面，该办法规定，在突发公共卫生事件发生以后，"负责突发事件监测机构、医疗卫生机构和有关单位应当在2小时内向所在地县级人民政府卫生行政主管部门报告；接到报告的卫生行政主管部门应当在2小时内向本级人民政府报告，并同时向上级人民政府卫生行政主管部门报告。县级人民政府应当在接到报告后2小时内向上一级人民政府报告，同时向省人民政府报告"。今后，重庆市在开展传染病防治、突发公共卫生事件应对等立法时，应当予以借鉴参考，在国家法律的框架下，对公共卫生突发事件的分级分类、不同响应措施、各级责任主体等方面作出具有针对性、可行性的规范，使突发公共卫生事件能够得到更专业、更稳妥、更有效的应对。

2.《广东省固体废物污染环境防治条例》的特点

总体而言，广东省在环境保护领域所开展的地方立法较之重庆市更广、更细、更全面。比如，广东省系工业大省，就专门针对固体废物污染环境防治工作进行了立法。而目前重庆针对这方面的立法，仅在《重庆市环境保护条例》中予以专章规定，细致性、全面性显得不足。《广东省固体废物污染环境防治条例》最近一次修订是在2018年11月29日，经广东省第十三届人民代表大会常务委员会第七次会议通过。该条例共有54条，对固体废物处理的一般原则、监督管理、环境防治、特别原则、法律责任等均作了较细致的规定。

该条例的一个显著特征是，实现了对"固体废物"从产生到处理的全过程监管。比如明确规定，产生固体废物的重点企业、事业单位和其他生产经营者，应当定期如实向社会公开其产生的固体废物的种类、数量、流向、储存、利用、处置情况以及固体废物防治设施的建设和运行情况等信息。该条例还加大对固体废物非法转移的处置惩罚力度，对危险废物的经营许可、申报登记、管理计划、档案转移、危险废物转移以及处理工序也提出了一系列的行为规范模式和管理要求。此外，该条例还提出，应当利用互联网，使上述信息与监管对象通过网络化平台向公众公开，以实现公众的知情权、监

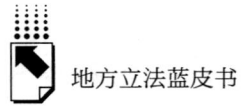

督权。该条例还特别规定，县级以上人民政府应当建立方便、合理、有序的废弃电子产品回收网络，鼓励各类主体通过多种渠道进行电子废品的回收和再利用，防止废弃电子电器产品对环境产生污染。这些对加强和改进环境保护的工作均具有重要的现实意义。

（四）广东地方立法给重庆的启示

总体而言，广东省的相关立法经验值得重庆市学习借鉴。如针对全面提高依法防控、依法治理能力，确保在法治轨道上统筹推进疫情防控各项工作，重庆市有必要开展专门的地方立法，也有必要加强医疗、卫生、防疫等关联性立法。尤其是随着重庆的发展，其人口流动性将进一步提高，包括重大传染病、重大食物中毒、重大环境污染等引发的突发公共卫生事件的风险性和不可预测性也将进一步提高。为保障人民群众健康生活与社会长治久安，有必要借鉴其他省市公共卫生领域的立法经验，通过立法的方式将相关风险降至最低。建议将制定《重庆市突发公共卫生事件应急条例》等立法项目纳入立法规划。又如，在数十年的发展历程中，广东省一度也存在固体垃圾、固体废物严重的问题，特别是珠江三角洲高科技产业基地的形成，对环保立法工作提出了紧迫要求。重庆市本就是传统的工业城市，可以预见，若不提前有效防范，固体废物、电子电器废品等问题或许在未来某个时间点就会集中爆发。因此，也有必要对是否开展专项立法进行必要的研究论证。

四　小结

本文着重考察了重庆与上海、四川、广东等地的地方立法，并结合相关数据统计、具体立法项目进行了宏观、中观、微观的比较与分析。通过与发达地区或者相邻地区的比较，可以肯定地认为，通过20余年的努力，重庆的地方立法工作卓有成效，地方性法规构成较为完善并符合市情，部分领域的立法甚至走在了全国的前列。但是，也存在部分立法缺失、滞后或法规之间不够协调的情况。通过与上海、四川、广东的个案分析比较，可以得出这些差距和不足是客观的。总的来说，在借鉴其他省区市法规结构特色的基础上，重庆市可从以下几个方面调整立法思路，优化地方性法规结构，更好地发挥地方立法在坚持和完善中国特色社会主义制度、推进国家治理体系和治理能力现代化中的作用：第一，进一步重视不同阶段的公民教育立法，提升公民整体素质；第二，进一步重视公平、法治和城乡一体化发展立法，均衡社会结构，优化社会发展软环境；第三，进一步强化细化生态环境立法；第四，加强促进科技发展和风险防范的立法；第五，进一步加强公共卫生领域的立法。

B.13 重庆市国家机关类地方性法规的结构分析及完善建议[*]

——基于31个省、自治区、直辖市人大及其常委会的立法比较

温泽彬　周大然[**]

摘　要： 本文在运用规范分析方法进行结构分析的基础上，结合实证分析方法，对31个省、自治区、直辖市人大及其常委会的立法进行比较，发现重庆市国家机关类地方性法规存在整体结构需进一步完善、内部行政事务类地方性法规和行政机构类地方性法规较为单薄等问题，并结合重庆市地方特色和未来立法需求，提出了完善人大制度类地方性法规、加强内部行政事务类地方性法规和行政机构类地方性法规立法的建议，并在此基础上提出重庆市人大常委会2020年国家机关类立法的相关建议。

关键词： 地方性法规　法规结构　地方特色　完善地方立法

一　重庆市国家机关类地方性法规的现状

自1997年重庆直辖至2019年2月末，重庆市一共制定国家机关类地方

---

[*] 基金项目：2019年度重庆市人大制度研究会委托课题"重庆市地方性法规结构研究"。本文由温泽彬负责，周大然参与了部分数据整理和初稿写作。

[**] 温泽彬，法学博士，副教授，西南政法大学宪法与行政法学专业博士生导师，研究方向：比较宪法研究、中国人大制度研究；周大然，重庆市地方立法研究协同创新中心、西南政法大学立法科学研究院研究人员，研究方向：比较宪法研究、中国人大制度研究。

性法规28件，除已废止的2件（《重庆市人民代表大会常务委员会关于地方性法规解释的规定》和《重庆市市级预算监督条例》），现行有效国家机关类地方性法规共计26件，如表1所示。

表1 重庆市国家机关类地方性法规一览

单位：件

国家机关类(26)	人大制度类(16)	《重庆市人民代表大会常务委员会议事规则》《重庆市各级人民代表大会常务委员会人事任免工作条例》《重庆市人民代表大会议事规则》《重庆市实施〈中华人民共和国全国人民代表大会和地方各级人民代表大会选举法〉细则》《重庆市实施〈中华人民共和国全国人民代表大会和地方各级人民代表大会代表法〉办法》《重庆市乡镇人民代表大会工作条例》《重庆市人民代表大会常务委员会讨论决定重大事项的规定》《重庆市地方立法条例》《重庆市信访条例》《重庆市预算审查监督条例》《重庆市人民代表大会常务委员会关于黔江区享受有关民族优惠政策的决定》《重庆市实施〈中华人民共和国民族区域自治法〉办法》《重庆市实施〈中华人民共和国各级人民代表大会常务委员会监督法〉办法》《重庆市宪法宣誓实施办法》《重庆市区县（自治县）人民代表大会常务委员会街道工作委员会工作条例》《重庆市人民代表大会代表建议批评和意见工作条例》
	行政机构类(2)	《重庆市人民代表大会常务委员会关于重庆两江新区行政管理事项的决定》《重庆市人民代表大会常务委员会关于市人民政府机构改革涉及地方性法规规定的行政机关职责调整问题的决定》
	行政执法类(6)	《重庆市人民代表大会常务委员会关于市人民政府规章设定罚款限额的规定》《重庆市实施〈中华人民共和国国家赔偿法〉办法》《重庆市罚款和没收财物管理条例》《重庆市行政执法责任制条例》《重庆市行政事业性收费管理条例》《重庆市行政执法监督条例》
	行政事务类(2)	《重庆市人民代表大会常务委员会关于保障和促进统筹城乡综合配套改革试验工作的决定》《重庆市授予荣誉市民称号条例》

资料来源：整理自北大法宝网，http://www.pkulaw.cn/，最后访问日期：2019年5月24日。

根据国家机关类地方性法规的基本特征和重庆市的实际情况，本文将重庆市地方性法规分为人大制度、行政机构、行政执法、行政事务四类。

（一）人大制度类

重庆市人大制度类地方性法规在国家机关类地方性法规结构中占据明显

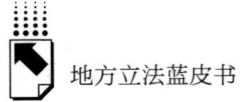

的数量优势,所占比重高达62%,是国家机关类地方性法规的主要组成部分。由其立法时间顺序可知,在重庆直辖后2年内,人大制度类法规出现立法高峰,迅速填补法律空缺,而后渐趋平稳,以每1~2年新立1件法规的速度增加。人大制度类法规现已基本涵盖民主政治的各个方面。

(二)行政机构类

行政机构类地方性法规,是指有关行政组织的地方性法规,其功能为规范行政组织的设置和编制、行政权限的分配、行政组织内部管理等。从法律逻辑与权力运行逻辑角度来说,行政机构类地方性法规是行政执法类和行政事务类地方性法规的前提性和基础性法规。重庆市行政机构类地方性法规有2件,基本发挥了地方行政组织法规的应有功能。

(三)行政执法类

行政执法类地方性法规,是指涉及行政机关依法对社会进行管理和服务的法规。行政执法规范化是建设服务型政府的基础和前提[1],对于规范行政权行使、切实实现"权为民所用"和重庆地方治理能力现代化有着重要意义。该类法规重庆市有6件,基本涵盖行政执法主要领域。相较于其他兄弟省区市,重庆市本类地方性法规呈现出较为完备的特点,不仅体现为该类法规数量最多,而且在调整领域上也涵盖了行政执法及其监督、行政处罚、行政许可、国家赔偿等领域,在一定维度上体现了重庆市具备较高的依法行政水平。

(四)行政事务类

行政事务类地方性法规,包含内部行政事务类地方性法规与外部行政事务类地方性法规。前者指涉及国家机关内部的日常管理事务的法规,包括人员管理、财务管理、基础建设管理、机关事务与后勤保障管理以及执法监察

---

[1] 王芳:《服务型政府视野下的行政执法规范化》,《人民论坛》2019年第3期。

和对以上内部事务监督审计等政务管理①；后者指在行政管理方面的地方性法规中除行政执法类外的地方性法规，具有兜底性质。这类法规重庆市有2件。行政事务类地方性法规体现了公权力机关的法治水平，也能提升国家机关的行政事务管理水平和能力，对全面推进依法治国有深刻意义。然而，目前重庆市的该类法规尚有欠缺。

二 重庆市国家机关类地方性法规的结构分析

立法质量是地方立法的关键，而评价地方立法质量的一项重要指标是"法规结构"是否合理。"法规结构"这一重要范畴具有十分丰富的内涵，主要包括结构基础、宏观结构（整体结构）、中观结构（法规结构）、微观结构（条文结构）等内容。结构基础决定了地方性法规的正当性与合法性基础；宏观结构影响着地方性法规的整体质量和水平；中观结构和微观结构决定着单部地方性法规的质量。

（一）结构基础

如果说地方性法规结构是地方性法规所呈现的整体性框架的话，那么结构基础则是该整体性框架赖以构筑的基石，是地方性法规的政治基础、共性基础、法理基础和实践基础。其中，政治基础主要指党的路线方针政策，共性基础主要指基本特征和制定原则，法理基础主要指法制统一与一般法理，实践基础主要指地方特色和可操作性。

1. 党的路线方针政策

在评价重庆市国家机关类地方性法规是否具备适应性时，检验其是否符合党的路线方针政策是首要标准。重庆市地方性法规需认真贯彻习近平新时代中国特色社会主义思想，特别是习近平总书记关于坚持和完善人民代表大

---

① 王志彬：《税务部门内部行政事务廉政问题及风险防控研究》，硕士学位论文，内蒙古大学，2019。

会制度的重要思想，落实习近平总书记对重庆提出的"两点"定位、"两地""两高"目标、发挥"三个作用"和营造良好政治生态的重要指示要求。

2. 基本特征和制定原则

（1）基本特征

本文所指的国家机关类地方性法规的基本特征即指一般性特征。与其他类别地方性法规相比，国家机关类地方性法规具有两大基本特征，即民主政治与高权行政。

首先，国家机关类地方性法规中大部分属于人民代表大会制度、民族区域自治制度、选举制度、信访制度以及地方立法配置的法规，这些地方性法规具有强烈的民主政治色彩。民主是社会主义的显著特征，没有民主，社会主义现代化建设的根基就会被破坏。因此，民主政治特征是国家机关类地方性法规的固有特征，也是其立法目的之所在。

其次，国家机关类地方性法规中还包括行政组织法、行政行为法类别的法规，涉及行政管理、行政执法、行政许可、行政处罚、国家赔偿等方面，与行政指导和行政事实行为这类非强制性行政行为相比，具有"高权行政"的色彩。

（2）制定原则

①必要性原则。必要性原则即精简原则。国家机关类地方性法规应当少而精，上位法已有规定的，一般不作重复性规定；能用其他社会规范解决的，不纳入公权力调整范畴；可立可不立的，就不必立法。

②权力配置原则。地方性法规在贯彻权力配置原则时需注意法规与规章的位置关系。在我国，长期的法治建设经验表明，地方政府规章是基于人民意志和政府政策、方针的推行及实践被证明其有效性与公正性之后固定下来的结果。因此，在制定地方性法规时，应首先承认其合理性，对于其中的重要事项应当及时转化为地方性法规。当然，这并不是说一味承认地方政府规章，如此便犯了经验主义的错误。作为地方立法机关，在制定地方性法规时发现相关地方政府规章规定事项确实违背立法原理和原则时，应当及时妥善

处理。一方面制定正确的地方性法规矫正之前的规章,另一方面要通知地方政府进行规章修改与清理。

③技术规范原则。立法技术是指地方人大及其常委会为了使法规文件具备结构和内容上的科学性、合理性所运用的各种手段、方法和技巧。

3. 法制统一与一般法理

（1）法制统一

一般而言,地方性法规的功能在于对上位法进行细化和补充。在这两方面贯彻、落实法制统一原则,地方立法便能做到基本与上位法协调、统一。所谓细化,是指在宪法、法律、行政规范对某一事项已有全国性的规定之时,结合地方特色和具体实践,在上位法规范的框架内作出详细规定,增强地方性法规的可操作性,进一步规范行政权的良好运行;所谓补充,是指上位法规范基于调整领域的全国性和调整手段的原则性,不可能对所有事项都作规定,在这种情况下,地方性法规需依据上位法规范的基本精神,对其进行补充,形成周延的法律体系。地方立法必须坚持法制统一,坚持以上位法为依据,不与宪法和法律、法规相抵触①。因此,制定国家机关类地方性法规坚持法制统一原则是题中应有之义。

（2）一般法理

国家机关类地方性法规应当符合法的一般原理,不能与法的基本价值背离。简而言之,应当符合法的秩序、自由、效率、正义和保障人权的价值追求。②

首先,行政权是公权力的组成部分,是社会秩序的保障。行政法的重要功能之一在于形成法治秩序,而能否形成稳定的民主政治秩序也就成为评价国家机关类地方性法规适应性高低的标准之一;自由需要法律来保障,在现代法治国家,自由则主要由行政法来保障。行政法既是控权法也是授权法,国家机关类地方性法规应当能做到不侵犯并保障人的基本自由;基于行政权

---

① 朱宁宁:《专项清理地方性法规:确保法制统一》,《中国人大》2018年第19期。
② 张文显主编《法理学》,高等教育出版社,2018,第323、343页。

的主动性，效率对行政而言显得尤为重要；在制定国家机关类地方性法规时，应当秉持实体与程序两个正义，依法立法，不偏颇，合理考虑相关因素并符合正当立法程序的要求。尊重和保障人权既是法的基本价值，也是行政法的基本价值，作为一个法治政府，自然应该尊重和保障人权，切实维护行政相对人的合法权益，使之不受侵犯，而不能以自己的行为侵犯公民的人权，损害行政相对人的合法权益。国家机关类地方性法规具有高权行政的特点，更应注重尊重和保障人权，增强其适应性。

4. 可操作性

法律的生命在于实施，因此可操作性便是地方立法的生命。在地方立法实践中，保证了立法的可操作性，就在一定程度上具备了科学性。要坚持"针对问题立法、立法解决问题"的重要思路，一切从地方实际出发。地方立法是对上位法的细化和补充，因此在结构、语言表达、逻辑层次上要更容易理解与实施。在可操作性的基础上追求易操作性。

（二）宏观结构

从宏观意义上讲，地方性法规的结构即指整体结构，体现为该地区所有地方性法规在调整领域布局、立法属性等方面所呈现的整体框架和结构。重庆市国家机关类地方性法规的整体结构进一步划分为外部整体结构和内部整体结构。所谓外部整体结构是指重庆市国家机关类地方性法规在重庆市整个地方性法规结构中的位置、属性、分布、功能，内部整体结构是指重庆市国家机关类地方性法规内的人大制度、行政机构、行政执法、行政事务四类地方性法规的结构布局。

1. 外部整体结构

在重庆市现行有效的212件地方性法规中，国家机关类地方性法规有26件，占12%，比重较低，在一定程度上说明国家机关类地方性法规较为单薄。国家机关类地方性法规是该地方民主政治得以保障的基础，其完备性决定了该地方的民主发展水平。

2. 内部整体结构

在26件现行有效的重庆市国家机关类地方性法规中,人大制度类所占比重最大,达到一半以上。相比其他省区市,重庆市行政执法类地方性法规比重较大,在一定程度上说明重庆市对于主要具体行政行为的实施性立法较为完备,但是暂无关于行政许可和行政强制的法规。同时,行政机构类、行政事务类地方性法规则显得较为单薄(见图1)。

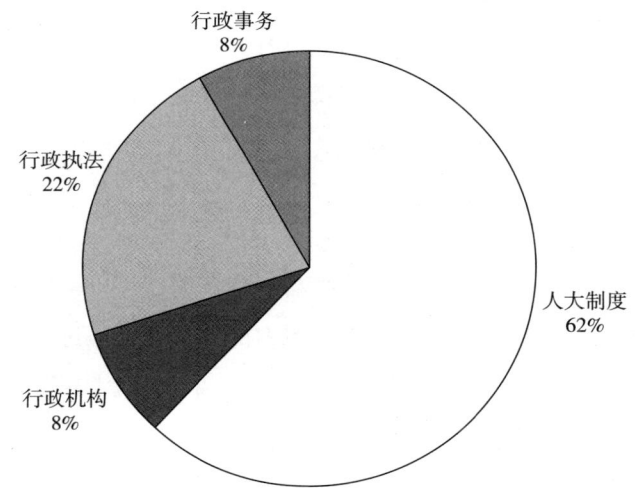

图1 重庆市国家机关类地方性法规内部整体结构

(三)中观结构

地方性法规的中观结构即指法规结构,涉及该部法规自身的编纂体例、名称、章、节、条、款的具体设定。法规结构是否具有合理性体现在该部法规是否在内容与形式上实现了逻辑自洽。重庆市地方性法规结构较为完善,体现了法制统一和技术规范,发挥了实效性与技术性。

(四)微观结构

从微观意义上讲,地方性法规的结构即指条文结构。法规的内容结构是指法规所包含的法律规范的内部构成，解决的是立法的理由、目的和任务、行为模式的设置、法律后果、废止其他法规、生效时间等内容的编排，主要指条文本身的逻辑结构，即假定条件、行为模式、法律后果。

在重庆市国家机关类地方性法规中，存在大量逻辑结构完整的法规条文。同时，也有一部分条文采用了非完整结构，但是可以推知省略的要素，在法律规范意义的逻辑结构上依然是完整的。例如《重庆市人民代表大会代表建议批评和意见工作条例》第 2 条规定：在市人民代表大会会议期间和闭会期间，代表有权向市人民代表大会及其常务委员会提出对各方面工作的建议、批评和意见。其中，条文逻辑结构中仅有假定条件、行为模式，但通过上下文语义可以推知法律后果。

（五）结构比较

分析重庆市地方立法的法规结构是否合理，固然可以采用纯学理的理论分析和逻辑推理法，但最直接、最有说服力的办法还是通过与兄弟省区市的比较分析来得出结论（见表2）①。的确如此，单纯采用规范分析方法无法得出重庆市人大制度类地方性法规不够全面和完备的结论。

表 2　31 个省区市人大制度类法规对比

单位：件

省区市名称	法规分类				
	国家机关类	人大制度类	行政机构类	行政执法类	行政事务类
直辖市					
重庆市	26	16	2	6	2
北京市	30	26	0	4	0
天津市	24	23	0	1	0
上海市	22	17	0	4	1

① 俞荣根、李媛：《地方性法规结构及完善重庆市地方性法规结构的思考》，《重庆行政》2005 年第 6 期。

续表

省区市名称	法规分类				
	国家机关类	人大制度类	行政机构类	行政执法类	行政事务类
省					
河北省	23	20	1	2	0
山西省	22	20	0	2	0
辽宁省	23	19	1	1	2
吉林省	24	23	0	0	1
黑龙江省	28	24	0	3	1
江苏省	27	25	0	2	0
浙江省	16	14	0	2	0
安徽省	31	29	0	2	0
福建省	24	19	3	2	0
山东省	18	13	3	2	0
河南省	15	13	0	2	0
湖北省	13	12	0	1	0
湖南省	16	14	1	1	0
广东省	27	21	4	2	0
海南省	26	24	0	1	1
四川省	21	19	1	1	0
贵州省	20	17	3	0	0
云南省	28	23	2	2	1
陕西省	25	20	0	2	3
甘肃省	20	18	0	2	0
青海省	22	21	0	1	0
江西省	17	12	2	1	2
自治区					
内蒙古自治区	28	26	1	1	0
广西壮族自治区	19	19	0	0	0
西藏自治区	21	20	1	0	0
宁夏回族自治区	14	13	1	0	0
新疆维吾尔自治区	19	19	0	0	0

资料来源：整理自北大法宝网，http：//www.pkulaw.cn/，最后访问日期：2019年5月24日。

（六）结构问题

1. 人大制度类地方性法规数量较单薄

由表2可知，除浙江、山东、河南等少数省区因地方性法规总数较少而

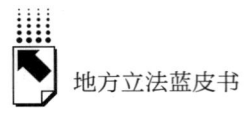

在人大制度类地方性法规数量上低于重庆外,其他省区市均高于重庆市,其他省区市在人大制度法规的类别上覆盖范围更加广泛,也更全面。尤其北京、上海、天津三大直辖市的人大制度类地方性法规数量均高于重庆,在一定程度上表明重庆市人大制度类地方性法规较为单薄。

2. 内部行政事务类地方性法规缺失

内部行政事务管理体现了公权力机关的法治水平。提升公权力机关行政事务管理能力,对保障机关高效运行、减少不必要开支和提高工作效率等具有重要意义。然而,目前重庆市这类法规尚有欠缺。

其他省区市制定的内部行政事务类地方性法规,如《黑龙江省内部审计条例》《云南省内部审计条例》,对加强内部审计、建立健全内部审计制度、规范内部审计行为、改善管理、提高效益、严肃财经纪律、促进廉政建设有很大作用。重庆市可以加以借鉴,加快内部行政事务类地方性法规建设。

3. 行政机构类地方性法规较为单薄

综观全国省一级行政单位,行政机构类的地方性法规均处于空缺或稀缺状态,重庆市也仅有《重庆市人民代表大会常务委员会关于重庆两江新区行政管理事项的决定》《重庆市人民代表大会常务委员会关于市人民政府机构改革涉及地方性法规规定的行政机关职责调整问题的决定》两件。因此需要顺应时代需求,加强立法。

三 重庆市国家机关类地方性法规的完善建议

(一)回应新时代发展需求,丰富立法内容

1. 完善人大制度类地方性法规

加强人大领域立法,有利于形成完善的人大制度类地方法规框架,实现民主政治。党的十八大以来,重庆市人大及其常委会在以习近平同志为核心的党中央坚强领导下,不断深化和拓展人大立法工作,取得了明显成效。但

是，仍然需要加强联系代表、监督司法工作、专门委员会工作条例、听取和审议"一府两院"专项工作报告、人大代表提出意见建议、代表视察、联系人民群众工作办法等领域的人大制度立法。诸多兄弟省区市的现行法规可以借鉴，形成重庆市完善的、丰富的人大制度类地方法规框架。

2. 加强内部行政事务类地方性法规立法

内部行政事务管理工作在机关单位中的地位和作用极为重要。加快重庆市该领域地方性法规立法，对于杜绝铺张浪费和各类形式主义、提高机关行政事务管理工作效率意义重大。可以借鉴其他省区市如《黑龙江省内部审计条例》《云南省内部审计条例》，加强内部审计，建立健全内部审计制度，规范内部审计行为，改善管理，提高效益，严肃财经纪律，促进廉政建设。

3. 加强行政机构类地方性法规立法

在一定程度上，行政机构类与行政执法类地方性法规体现为组织法与行为法的关系。目前，行政执法类地方性法规数量多，调整范围广，而行政机构类地方性法规则较为单薄，没有为行政执法提供充足的法律供给。现阶段，应当加强行政机构类法规立法。

（二）重庆市人大常委会2020年国家机关类立法的建议

1. 重庆市第五届人大常委会国家机关类立法规划进度分析

党的十九大提出，"推进科学立法、民主立法、依法立法，以良法促进发展、保障善治"。重庆市第五届人大常委会五年立法规划布局系统，针对性强。实施以来，重庆地方法制不断发展、健全。其中，国家机关类立法项目共有6件。审议项目有4件，《重庆市宪法宣誓实施办法》（修改）和《重庆市人民代表大会常务委员会讨论决定重大事项的规定》（修改）均已表决通过。余下的《重庆市人民代表大会代表议案工作条例》（制定）和《重庆市各级人民代表大会常务委员会人事任免工作条例》（修改）为2019年预备项目，2020年应予以初次审议。调研项目有2件，即《重庆市地方立法条例》（修改）、《重庆市行政执法责任制条例》（修改），可以纳入2020～2022年立法规划，2020年可以考虑将其列为预备项目（见表3）。此外，针对重庆市社会发展状况以及重庆市国家机关类地方性法规不够完备的现状，建议增加若干立法项目。重庆市人大及其常委会立法应始终遵循"不抵触、有特色、可操作"的地方立法原则，不断提高立法的针对性、及时性、系统性和可操作性，全面提升地方立法质量。

表3　重庆市第五届人大常委会国家机关类立法规划未完成项目的进度和建议

序号	项目名称	项目类型	立法进度	立法建议
1	《重庆市人民代表大会代表议案工作条例》（制定）	审议项目	2019年预备项目	2020年初次审议项目
2	《重庆市各级人民代表大会常务委员会人事任免工作条例》（修改）	审议项目	2019年预备项目	2020年初次审议项目
3	《重庆市地方立法条例》（修改）	调研项目	2019年暂未纳入	2020年预备项目
4	《重庆市行政执法责任制条例》（修改）	调研项目	2019年暂未纳入	2020年预备项目

2. 对重庆市人大常委会2020年国家机关类立法的建议

十九届四中全会通过的《中共中央关于坚持和完善中国特色社会主义制度　推进国家治理体系和治理能力现代化若干重大问题的决定》中明确指出，"坚持和完善人民当家作主制度体系，发展社会主义民主政治"，"加强地方人大及其常委会建设"，为重庆市下一阶段的立法指明了方向。

（1）审议项目2件（见表4）

表4　重庆市第五届人大常委会国家机关类立法规划审议项目

序号	项目	起草机关	提案机关
1	《重庆市人民代表大会代表议案工作条例》（制定）	市人大常委会人代公委	市人大常委会主任会议
2	《重庆市各级人民代表大会常务委员会人事任免工作条例》（修改）	市人大常委会人代公委	市人大常委会主任会议

人民代表大会制度是我国的根本政治制度，它是实现人民当家作主的根本保证，为人民当家作主提供了有效可靠的制度载体、实施平台和运行轨迹。重庆市人大制度类地方性法规体系较为单薄，应尽快制定和完善相关法

规。兄弟省区市人大制度类地方性法规的数量几乎均高于重庆市，在人大制度法规的类别上覆盖范围更加广泛，也更全面。代表提出议案与人事任免制度是人大制度体系中的重要组成部分，重庆市2020年应在2019年预备项目的基础上将其转入审议项目。

①《重庆市人民代表大会代表议案工作条例》（制定）

提出议案权是人大代表的一项核心权利，也是国家权力机关的权力行使活动中的一项起始性权利。人大代表议案是代表实现代议职能的基本载体，提出议案是代表履职的重要形式。直辖市中，北京、上海、天津均已制定议案法规，其他兄弟省区市的议案法规均已制定或修改。重庆市现有关于代表提案的法律规范尚欠缺完整性、明确性、具体性，应当制定专门的议案工作条例，保障代表提出议案权利顺利实现。

②《重庆市各级人民代表大会常务委员会人事任免工作条例》（修改）

人事任免权是宪法和地方组织法赋予地方人大及其常委会的一项重要职权，是确保人民当家作主的重要组织保证。各级地方人大常委会依法有效地行使人事任免权，是从法律上保证人民通过自己的代表机关为自己选择领导者的权力，是人民当家作主管理国家事务的重要体现，是强化国家职能的重要保障。

在民主政治不断发展和人事任免制度改革积极推进的背景下，《重庆市各级人民代表大会常务委员会人事任免工作条例》已有部分内容需要适时予以修改，以加强和改进人事任免工作。应通过此次法规修改，将人事任免工作摆上重要位置，进一步提高重庆市人事任免工作的科学化、民主化、法制化水平。

（2）预备项目2件（见表5）

表5 重庆市第五届人大常委会国家机关类立法规划预备项目

序号	项目	提案机关
1	《重庆市地方立法条例》（修改）	市人大法制委
2	《重庆市行政执法责任制条例》（修改）	市政府

①《重庆市地方立法条例》（修改）

《重庆市地方立法条例》的实施，标志着重庆市地方立法进入了法治化与规范化的轨道。要进一步贯彻落实好《立法法》，加强和改进人大工作，发挥人大在立法中的主导作用，完善立法机制，提高立法质量。应通过此次修改，进一步发挥人大在立法中的主导作用；进一步明确法规起草、审议、表决等机制，完善立法论证、听证、公开征求意见机制；进一步完善市人大与区县人大常委会之间的立法指导机制，推动重庆市民主政治建设取得更大进步。

②《重庆市行政执法责任制条例》（修改）

健全行政执法责任制，既是依法行政的内在要求，也是行政执法的客观需要。我国行政管理体制改革的重要内容之一就是建设责任政府，建立政府问责制度。重庆市行政执法责任制条例自颁布以来，取得了良好的实践效果。自2010年修改以来，行政法治不断向前发展，《重庆市行政执法责任制条例》已不能满足形势发展需要，有部分内容需要改进。

应通过此次修改，进一步加强行政决策的程序控制，进一步加强对行政执法的监督，进一步完善行政执法责任追究制度，提高行政人员执法素质、提升主体执行能力，切实推进行政执法责任制的落实。

（3）建议增加项目（见表6）

表6 重庆市第五届人大常委会国家机关类立法规划建议增加项目

序号	项目
1	《重庆市人民代表大会常务委员会联系市人民代表大会代表条例》
2	《重庆市各级人民代表大会常务委员会监督司法工作办法》
3	《重庆市人民代表大会专门委员会工作条例》

重庆市人大制度类地方性法规的整体结构相比兄弟省区市显得单薄，有很大的提升空间。兄弟省区市人大制度类地方性法规的数量普遍高于重庆市，在人大制度法规的类别上覆盖范围也更加广泛、全面。因此，2020年可以考虑增加若干立法项目，尤其可以将其纳入预备项目，预先准备，力争

在几年内形成完备周延的人大制度法规框架结构。

①《重庆市人民代表大会常务委员会联系市人民代表大会代表条例》

考察诸省级行政单位人大制度类地方性法规，关于本地方常委会联系人大代表的专门法规在大部分省区市均已制定，而重庆市并无此类专门立法。为加强重庆市人民代表大会常务委员会同市人民代表大会代表的联系，充分发挥代表的作用，使常务委员会更好地履行宪法、法律赋予的职权，应当根据《中华人民共和国地方各级人民代表大会和地方各级人民政府组织法》的有关规定，结合本市实际情况，制定本条例。

②《重庆市各级人民代表大会常务委员会监督司法工作办法》

考察诸省级行政单位人大制度类地方性法规，关于监督司法工作的专门法规在安徽、山西、辽宁、河北、新疆等省级行政单位已有规定，而重庆市并无此类专门立法。为了规范和加强各级人民代表大会常务委员会监督司法工作，促进严格执法，维护司法公正，应当根据《中华人民共和国各级人民代表大会常务委员会监督法》和有关法律、法规的规定，结合本市实际，制定该办法。

③《重庆市人民代表大会专门委员会工作条例》

考察诸省级行政单位人大制度类地方性法规，关于专门委员会工作规定的专门法规在吉林、黑龙江、江苏等省份已有规定。为进一步规范和加强重庆市人民代表大会专门委员会工作，保障其依法履行职责，应当根据《中华人民共和国宪法》《中华人民共和国地方各级人民代表大会和地方各级人民政府组织法》等法律规定，结合实际工作，制定该条例。

B.14
重庆市财政经济类地方性法规项目合理性分析[*]

万江 刘美宏[**]

摘　要： 重庆市财政经济类地方性法规具有"少立多修""审慎立法"的特点，但也存在立法层级较低、无法适应社会经济发展、行业分布不合理等问题。重庆市未来应当继续坚持"主次分明、慎立多修"的原则，在着眼重庆市整体经济社会发展趋势的基础上，要加快清理既有的财政经济类地方性法规，同时积极制定大数据产业、人工智能产业、优化营商环境等方面的地方性法规。

关键词： 地方性法规　财政经济类立法　立法结构　立法特色

一　财政经济类地方性法规的历史演变

财政经济类立法一直是重庆市地方立法的重点。重庆市现行有效的地方性法规（共212部）中，财政经济类占比最高，达27%，共58部。

---

[*] 基金项目：2019年度重庆市人大制度研究会委托课题"重庆市地方性法规结构研究"。本文由万江负责，刘美宏参与了部分数据整理和初稿写作。本文涉及地方人大统计数据由重庆市人大提供。

[**] 万江，法学博士、西南政法大学经济法学院教授，研究方向：经济立法实证研究；刘美宏，重庆市地方立法研究协同创新中心、西南政法大学立法科学研究院研究人员，研究方向：经济法。

（一）历史趋势：从新立到多修

由图 1 可知，重庆市财政经济类地方性法规制定最为集中的时间点在 1998 年，共制定法规 19 部。在此之后，重庆市每年的财政经济类立法均较少。

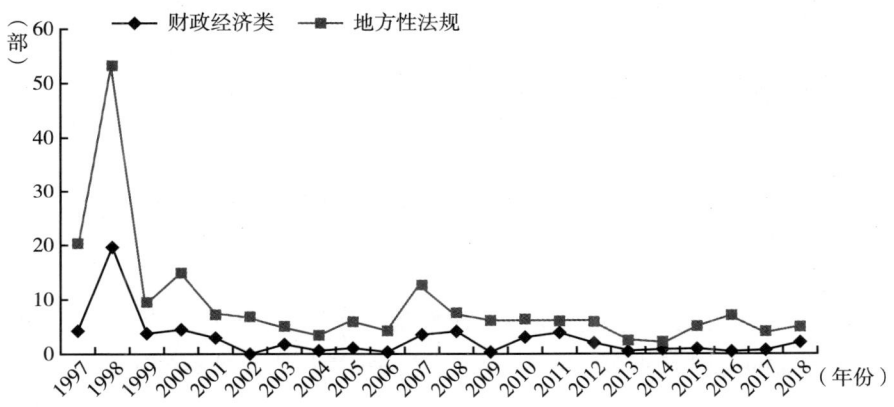

图 1　重庆市财政经济类地方性法规制定年度变化

近年来，尽管财政经济类地方性法规新立法数量较少，但财政经济类地方性法规的修订步伐加快。由图 2 可知，重庆市财政经济类地方性法规近年来修改较为频繁，修改的地方性法规数量呈上升趋势。2016 年，重庆市修订的财政经济类地方性法规有 7 部，包括农林牧渔业 2 部、交通业 2 部、商业 1 部、工商管理 1 部、统计 1 部。2018 年，重庆市修订的财政经济类法规高达 12 部，包括农林牧渔业 5 部、交通业 4 部、邮电业 1 部、工商管理 1 部、技术监督 1 部。

表 1 显示，财政经济类地方性法规的修订情况冷热不均。《重庆市实施〈中华人民共和国野生动物保护法〉办法》《重庆市公路管理条例》《重庆市计量监督管理条例》修改次数最多，均被修改 7 次；《重庆市盐业管理条例》《重庆市河道管理条例》次之，被修改 6 次；《重庆市农业机械管理条例》《重庆市旅游条例》《重庆市水利工程管理条例》《重庆市户外广告管理条例》《重庆市林地保护管理条例》均被修改 5 次。这些地方性法规的修

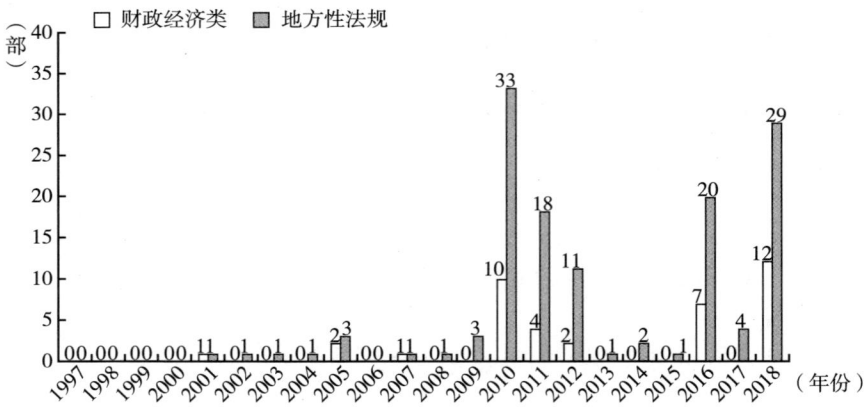

图 2 重庆市财政经济类地方性法规修订情况

改,有些是社会环境变迁、政策背景改变与上位法调整所致,如《重庆市计量监督管理条例》;有些则是由于初次制定时较为粗糙、缺乏可操作性或在适用上有明显漏洞而多次完善,如《重庆市户外广告管理条例》。

表1 重庆市财政经济类地方性法规修订情况

次数	地方性法规名称
7	重庆市实施《中华人民共和国野生动物保护法》办法
7	重庆市公路管理条例
7	重庆市计量监督管理条例
6	重庆市盐业管理条例
6	重庆市河道管理条例、
5	重庆市农业机械管理条例
5	重庆市旅游条例
5	重庆市水利工程管理条例
5	重庆市户外广告管理条例
5	重庆市林地保护管理条例
4	重庆市烟草专卖管理条例
4	重庆市道路运输管理条例
4	重庆市电信条例
3	重庆市反不正当竞争条例
3	重庆市实施《中华人民共和国渔业法》办法
3	重庆市农业机械安全监理及事故处理条例

从表2来看，重庆市各行业立法集中于农林牧渔业和交通运输业，商业立法次之，其余行业立法数量较少，各行业法规修改次数多寡也完全与之对应。从修订情况来看，除民航业和外经贸业未有过修改之外，其余各行业平均修法次数基本持平，说明重庆市各行业修法的审慎性。从表3可知，重庆市现已废除的财政经济类地方性法规与现行有效的地方性法规之间联系紧密，现行有效的地方性法规大都是在吸纳已废止的地方性法规优势的基础上进行的更加综合全面的立法，如《重庆市产品质量条例》是对《重庆市产品质量监督管理条例》及《重庆市人民代表大会常务委员会关于打击生产、销售假冒伪劣商品违法行为的决定》的整合与升级。

表2 不同行业的修改情况

行业	立法数量(部)	修改次数	每部平均修改次数
交通运输	10	27	2.5
民航	1	0	0
邮电信息	2	4	2
农林牧渔	19	36	1.9
商业	7	9	1.3
外经贸	1	0	0
水利	1	5	5
其他	17	34	2

表3 废除的财政经济类地方性法规目录

分类	名称
财政	重庆市公路养路费征收管理条例
经济制度	重庆市经济技术开发区管理条例
交通运输	重庆市港口管理条例
民航	重庆市民用机场保护条例、重庆市道路运输管理条例
邮电信息	重庆市邮政通信管理条例、重庆市电信管理条例
农林牧渔	重庆市农作物种子管理条例、重庆市实施《中华人民共和国种子法》办法、重庆市森林建设促进条例、重庆市蔬菜基地管理条例、重庆市农村合作经济组织承包合同条例、重庆市农民负担管理条例
商业	重庆市商品交易市场管理条例、重庆市著名商标认定和保护条例、重庆市乡镇企业股份合作制条例
中介组织	重庆市职业介绍管理条例

续表

分类	名称
技术监督	重庆市产品质量监督管理条例、重庆市安全生产监督管理条例
工商管理	重庆市人民代表大会常务委员会关于打击生产、销售假冒伪劣商品违法行为的决定,重庆市饲料和饲料添加剂管理条例
人力资源	重庆市人才市场管理条例

重庆市财政经济类地方性法规具有"少立多修""审慎立法"的特点。这一方面说明重庆市立法机关秉承审慎立法态度,且既有立法成果覆盖性较强,地方立法的稳定性较高;另一方面,地方性法规的不断修订表明,重庆市人大及时回应了社会变迁引发的立法需求。

(二)效力层次:地方性法规与地方政府规章较为均衡

从立法效力层次看,重庆市财政经济类地方性法规和地方政府规章数量分布较为合理。截至 2019 年 5 月 15 日,重庆市财政经济类地方性法规有 58 部,地方政府规章有 130 部,重庆市政府签发的规范性文件有 4017 部。原则上,地方政府规章均是对地方性法规未规定的事项的补充规定或者对已规定事项的细化。在财政类立法方面,地方政府规章对地方性法规未予以规定的税收、经济体制、国有资产监管等方面作出了详细规定,比如制定了《重庆市税收征收保障办法》《重庆市个人住房房产税征收管理实施细则》等;在经济类立法方面,地方政府规章对各行业监管进行了细化,例如制定了《重庆市城区临时摊区(摊点)管理暂行办法》《重庆市出租汽车客运管理办法》等。重庆市规范性文件数量众多、内容全面,除对地方性法规和地方政府规章内容予以细化之外,还对优化营商环境、大数据、人工智能等热点问题予以规范。

总的来说,重庆市地方性法规、地方政府规章和规范性文件覆盖面广,内容全面,但也存在部分重要事项地方立法的层级有待提高的问题。

(三)行业类型:各行各业逐步规范

1982 年《宪法》第 107 条明确规定,县级以上地方各级人民政府依照法律规定的权限，管理本行政区域内的经济、城乡建设事业和财政等行政工作。1982年修改的《地方组织法》进一步赋予了省级、较大的市的人大和政府制定地方性法规、地方政府规章的权力。2000年制定的《立法法》第64条规定，属于地方性事务需要制定地方性法规的事项，可以制定地方性法规。2015年修改的《立法法》规定，设区的市可以对城乡建设与管理等方面的事项制定地方性法规、地方政府规章。

由表4可知，重庆市各行业大规模立法集中于1998年前后，行业集中于农林牧渔业和交通运输业。这归因于传统行业发展对城市建设的基础性作用。此后，立法仍主要集中于传统行业，立法频率较低。固然，重庆市财政经济类立法较为稳健，但也体现出重庆市行业立法缺乏活力，难以适应新兴产业的发展。为此仍需进一步加强立法、修法工作，以营造良好的法治环境。

表4 各年度各行业的地方性法规立法情况

单位：部

行业	1997年	1998年	1999年	2000年	2001年	2003年	2005年	2007年	2008年	2010年	2011年	2012年	2013年	2014年	2015年	2018年
交通运输		4		1		1		1		1	1					1
民航																1
邮电信息		1										1				
水利		1														
农林牧渔	3	9	1	1				1			1	2		1		
商业	1	1	1		2	1		1								
外经贸									1							
其他		3	2	2	1		1		3	1	1	1		1	1	

从立法涉及的行业类型看，重庆市地方性法规主要涉及农林牧渔业和交通运输业。其中农林牧渔类的地方性法规高达19部，交通类地方性法规10部，工商管理类10部，商业类7部，符合重庆市农业农村问题突出和交通

系统复杂的特点。财政类地方性法规方面，目前仅有《重庆市审计监督条例》1部，但财政类地方政府规章则高达23部，规范性文件为108部。

表5 重庆市财政经济类的立法结构

单位：部

行业	地方性法规	地方政府规章	政府规范性文件（重庆市政府制定）
交通运输	10	17	73
民航	1	0	0
邮电信息	2	4	15
农林牧渔	19	8	68
商业	7	47	459 *
外经贸	1	2	12
金融业	0	2	40 **
水利	1	2	41
能源	0	1	3
资源	0	3	9
土地	0	8	3072
统计	1	0	8
价格	1	7	20
技术监督	3	1	7
工商管理	10	3	30
国有企业监管	1	0	12
经济体制	0	2	40 ***
财政	1	23	108
合计	58	130	4017

注：* 根据北大法宝分类包括：饮食6、旅游16、房地产37、商贸38、电子商务9、企业29、公司2、外商投资2、个体经济11、建设业283、工业26。

** 根据北大法宝分类包括：银行12、外汇1、证券7、保险16、租赁4。

*** 根据北大法宝分类包括：自贸区2、开发区4、改革开放21、计划13。

（四）小结

总的来讲，重庆市地方性法规和地方政府规章协调适宜。数量上，重庆市人大制定的地方性法规和市政府制定的地方政府规章数量相当。内容上，地方性法规和地方政府规章并不重复赘述，政府规章是对地方性法规的有力补充。涉及行业方面，重庆市地方立法涉及范围较为全面，传统行业均有涉及。基于重庆市的市情，重庆市在立法上着重于农林牧渔行业规范。同时，因为重庆市交通问题复杂，有关交通运输行业的法规在重庆市地方性法规中立法数量位居第二。

二 财政经济类地方性法规的适应性分析

（一）无法适应经济快速发展的形势

2016年伊始，习近平总书记视察重庆，提出"两点"定位、"两高""两地"目标和"四个扎实"的要求；2018年，总书记在全国两会期间参加重庆代表团审议，提出"两高"目标和营造良好政治生态的要求；2019年4月，总书记再次亲临重庆视察指导，提出了发挥"三个作用"的要求。2020年1月，在中央财经委员会第六次会议上，以习近平同志为核心的党中央作出推动成渝地区双城经济圈建设的重大战略部署。一系列的战略部署赋予重庆重大责任和重要使命，在此背景下的重庆经济社会快速发展，但财政经济类地方性法规没有及时适应这一形势。

1. 地方金融

近年来，不少地方政府都在鼓励金融组织形式创新，传统金融之外的小额贷款公司、融资担保公司、融资租赁公司、典当行等金融业发展迅猛。由于传统"一行两会"地方分支机构力量不足，地方金融监管供不应求，部分金融业态面临监管缺位的问题。2008年之后，中央下放了对小额贷款公司、融资担保公司等金融业态的监管权力，委托地方金融办来行使监管权。而银行业等传统金融业务仍由"一行两会"分支机构监管，由此形成中央主导、地方辅助的双层监管模式。当前，地方非持牌金融机构风险事件频发，地方金融监管机构谋求转型，部分地区也已经出台或正在酝酿出台地方金融监管法规，地方金融监管升级势在必行。目前，不少省市已经制定了涉及地方金融发展、地方金融监管的地方性法规或者地方政府规章，比如《河北省地方金融监督管理条例》《四川省地方金融监督管理条例》《山东省地方金融条例》《上海市推进国际金融中心建设条例》等。此外，浙江省政府法制办公室在2018年发布了《浙江省地方金融条例（征求意见稿）》，《江苏省地方金融条例》则被列入江苏省政府2019年立法工作计划。重庆市提出要建设面向东南亚的国际金融中心，并在2018年组建了重庆市地方金融监督管理局，但目前尚未制定与地方金融相关的地方性法规与地方政府规章。

2. 新兴产业

互联网推动我国产业转型。重庆市目前正在加快推进产业结构转型，促进产业升级，但对新型前沿产业缺乏法治保障。天津、贵州、贵阳等省市已制定了促进大数据发展的地方性法规，如《贵州省大数据发展应用促进条例》《天津市促进大数据发展应用条例》。重庆市仅在2013年制定了《重庆市大数据行动计划》这一规范性文件。电子商务方面，自2000年起，广东、上海、吉林、福建、浙江等15个省市均制定了地方性法规，比如《杭州市跨境电子商务促进条例》《云南省信息化促进条例（2015修正）》《福建省促进现代物流业发展条例》等。[①] 重庆市目前尚未制定类似的地方性法规或者地方政府规章。

3. 营商环境

营商环境在近年来得到各级政府的高度重视。海南、黑龙江、辽宁、浙江、广东、上海等9省市，自2013年以来制定了14件营商环境方面的地方性法规，如《中国（海南）自由贸易试验区重点园区极简审批条例》《黑龙江省优化营商环境条例》《浙江省保障"最多跑一次"改革规定》。法治环境在一定程度上是推动营商环境优化的牛鼻子[②]。重庆市委、市政府为此在2018年制定了《关于全面优化营商环境促进民营经济发展的意见》，提出要优化法治环境，"着力营造司法机关依法执法、行政机关依法行政、民营企业依法经营的良好环境。研究出台重庆市全面优化营商环境条例"。但是重庆市至今尚未制定优化营商环境的地方性法规或地方政府规章。

---

① 重庆市也没有制定电子商务方面的地方政府规章，福建、浙江、吉林、汕头、无锡、杭州等10多个省市则制定了地方政府规章。
② 相关研究可参见万江《中国的地方法治建设竞争》，《中外法学》2013年第4期。

4. 国资管理

国有资产方面，重庆市曾制定《重庆市企业国有产权转让管理办法》《重庆市经营性国有产权转让暂行办法》《重庆市资产评估机构管理办法》三部政府规章，但这些政府规章均已失效。重庆市还有大量市属国有企业，缺乏立法性质使得公司治理缺乏有效的规范。[①] 此外，在政府投资监管方面，虽然重庆市曾于 2004 年制定《重庆市政府投资项目管理办法》，但因时间较为久远已无法适应新形势，难以有效解决当下的地方举债等问题。

5. 乡镇企业

《中华人民共和国乡镇企业法》于 1997 年 1 月 1 日起施行。重庆市在 1998 年制定了《重庆市实施〈中华人民共和国乡镇企业法〉办法》。该地方性法规颁布后，从未进行过修改或修订。此后，我国又相继出台了独资企业法、合伙企业法、中小企业促进法，修改了公司法等。随着乡镇企业在国民经济体系中逐步边缘化，乡镇企业法较少被使用。河北、云南、湖南、山西等省区已经废止了乡镇企业方面的地方立法（见表6）。重庆市目前乡镇企业规模极小[②]，且乡镇企业完全可以根据公司法、合伙企业法进行治理，《重庆市实施〈中华人民共和国乡镇企业法〉办法》已没有存在的必要性。

表6 乡镇企业地方立法现状

名称	制定时间	效力状态
甘肃省实施《中华人民共和国乡镇企业法》办法	1999 年 12 月 5 日	有效
河南省实施《中华人民共和国乡镇企业法》办法	2000 年 9 月 27 日	有效
湖北省实施《中华人民共和国乡镇企业法》办法	2000 年 7 月 28 日	有效
天津市实施《中华人民共和国乡镇企业法》办法	1999 年 11 月 12 日	有效
内蒙古自治区乡镇企业条例	1999 年 5 月 27 日	有效
四川省实施《中华人民共和国乡镇企业法》办法	1997 年 8 月 19 日	有效

---

① 重庆市人民政府在 2016 年、2017 年先后下发了《重庆市人民政府办公厅关于进一步规范企业国有资产交易监督管理的通知》《重庆市人民政府关于加强市属企业国有资产审计监督的决定》等文件。

② 目前，无法获得有关乡镇企业的详细统计数据。乡镇企业法的存废同样存在争议。

续表

名称	制定时间	效力状态
新疆维吾尔自治区乡镇企业条例	1995年4月8日	有效
贵州省乡镇企业条例	1994年9月28日	有效
云南省乡镇企业条例	1993年12月3日	2010年废止
河北省实施《中华人民共和国乡镇企业法》办法	1998年12月26日	2013年废止
湖南省发展乡镇企业若干规定	2001年7月30日	2012年废止
山西省乡镇企业条例	1997年12月4日	2016年废止
宁夏回族自治区乡镇企业条例	1997年3月24日	2001年废止

6. 人才立法

当前全国范围内各地人才争夺激烈，且多以城市（以一线及二线城市为主）为载体。为吸引人才，不少省市都加强了人才政策的法治保障。北京市、天津市、上海市、广东省、四川省、湖南省、云南省、内蒙古自治区、宁夏回族自治区、河南省、福建省、河北省、辽宁省、江苏省分别制定了有关人才发展、人才流动和人才市场管理的地方性法规，例如《广东省人才发展条例》《四川省人才市场管理条例》《天津市人才流动条例》。重庆市人才立法仅以地方政府规章和规范性文件的形式对局部内容进行规范，缺乏系统性规定，无法为人才建设构筑长效机制，无法为企业和个人提供稳定而持久的人才激励。

（二）部分行业规范立法层级较低

从立法数量上来看，重庆市财政经济类地方性法规数量（58部）在参照省市中仅次于四川（66部），位居第二，且远高于北京、天津两个直辖市，与上海旗鼓相当（见表7）。从比例上来看，重庆市法规数量占比最高，充分说明重庆市人大对财政经济类法规立法的重视。不过，综合对比各省市地方性法规、地方政府规章和规范性文件三者来看，各省市对同一事项的立法层级选择有所区别。

表7 财政经济类省级立法对比

单位：部，%

	财政经济类地方性法规	财政经济类地方政府规章	地方性法规	地方政府规章	地方性法规比例	规章占比
北京	26	191	194	365	13.40	52.30
天津	38	160	248	295	15.30	64.50
上海	54	215	315	450	17.10	48
湖南	41	65	245	149	16.70	43.60
湖北	26	105	152	221	17.10	47.50
贵州	56	72	240	158	23.30	45.60
陕西	48	102	202	210	23.70	48.60
四川	66	126	383	280	17.20	45
重庆	58	130	212	282	29.30	46.10

《立法法》第82条规定，应当制定地方性法规但条件尚不成熟的，因行政管理迫切需要，可以先制定地方政府规章。地方可以通过地方性法规或者地方政府规章达到同样的目的，就同一事项，有的省区市制定了地方性法规，有的省区市则是制定地方政府规章，有的省级政府签发了规范性文件，有的省区市根本没有涉及该事项。为此，我们还进一步考察了常见地方立法事项。① 由表7发现，与其他省市类似，重庆市在财政经济方面更多依赖于地方政府规章而非地方性法规。交通运输、土地、农业等均为重庆市地方立法中较为常见的立法事项。但从立法方式看，重庆市在国有资产、土地、价格、房地产等方面过于侧重地方政府规章的方式，较少采取地方性法规的立法方式。比如土地方面，重庆市制定了《重庆市出让土地使用监管办法》《重庆市土地监察暂行办法》《重庆市国有土地使用权出让办法》《重庆市征收城镇土地使用费暂行办法》等8部规章。但是存在以下不足：一则规章

---

① 我们将常见地方立法事项定义为省级人大或者人民政府通过制定地方性法规或者地方政府规章进行规范的数量较多的地方立法事项。参见 Cui Wei and Wan Jiang,"Decentralizing Legislation in China's Law on Legislation Amendment," *Hong Kong Law Journal* 49，2（2019）；万江：《央地关系视角下地方政府规范性文件制定研究》，《法治现代化研究》2018年第6期。

效力层级不及地方性法规高；二则这些地方政府规章均只涉及土地交易的某一方面，缺乏综合性；三则除《重庆市武隆喀斯特世界自然遗产保护办法》外，其他规章均是在 1997 年之前制定。

（三）行业分布不合理

从行业发展的角度来看，表 8 中各省市地方性法规行业分布均匀，主要集中在对传统行业的规范上，其中农林牧渔、交通运输等均是各省区市地方立法的重点。重庆市因农业人口众多、农村问题突出，农业类地方性法规绝对数量在各省级立法中数量最多。在交通类地方性法规方面，上海市地方性法规数量最多，重庆次之。同时，个别省区市也制定了对新兴行业的地方性法规，例如上海市制定了《促进电子商务发展规定》，天津市制定了《天津市促进大数据发展应用条例》，贵州省制定了《贵州省大数据发展应用促进条例》。

表 8 常见地方立法情况对比

单位：部

常见立法	所有省区市与地级市				重庆市		
	立法频数*	地方性法规	地方政府规章	政府规范性文件	法规	规章	规范性文件
邮政条例	72	48	24	247	2	0	6
促进中小企业发展条例	38	33	5	1624	1	0	26
产品质量监督条例	54	42	12	97	0	0	4
价格管理条例	38	14	24	768	2	0	24
自由贸易试验区条例	38	16	22	397	0	1	6
电信条例	34	17	17	238	1	1	8
反不正当竞争实施条例	32	25	7	40	1	0	0
内部审计条例	23	5	18	174	0	1	2
全民所有制企业	21	1	20	11	0	0	2
税收征收条例	18	7	11	49	0	0	0
个体私营经济条例	15	13	2	93	1	0	2
政府投资项目审计	10	7	3	63	0	0	0
优化营商环境条例	7	6	1	95	0	0	2
网约车条例	6	0	6	129	1	0	0

续表

常见立法	所有省区市与地级市				重庆市		
	立法频数*	地方性法规	地方政府规章	政府规范性文件	法规	规章	规范性文件
大数据条例	5	4	1	102	0	0	1
出租车管理条例	5	1	4	161	0	0	2
电子商务条例	3	2	1	703	0	0	24
地方金融条例	3	2	1	59	0	0	0
小额贷款	1	0	1	319	0	0	5
人工智能	0	0	0	32	0	0	1

注：*立法频数指地方性法规和地方政府规章合计。

就重庆市而言，财政经济类地方性法规在行业结构方面存在以下问题。

第一，财政类立法匮乏。根据重庆市财政经济类的立法结构（见表5）可知，重庆市财政类立法数量较少，仅有1部《重庆市审计监督条例》。其他省区市如四川省制定了《四川省财政监督条例》，湖南省制定了《湖南省财政监督条例》《湖南省乡镇财政管理条例》，等等。

第二，新兴行业立法缺乏。重庆市财政经济类立法主要是在2000年前后制定，立法稳定的同时也隐含着立法无法紧跟经济、社会发展步伐的问题。天津市、贵州省均已制定了《大数据发展应用促进条例》，上海市也制定了《上海市促进电子商务发展规定》，但重庆市还未就大数据产业和电子商务产业进行立法。

三　完善财政经济类立法的建议

综合时间维度、效力层级和行业类型三大角度来看，重庆市地方性法规立法工作十分稳健，结构比较均衡，修法工作是近年来的重中之重。根据中央有关放管服改革的安排，结合重庆市情，重庆市未来应当继续坚持"主次分明、慎立多修"的原则，在着眼重庆市整体经济社会发展趋势的基础上，要加快清理既有的财政经济类地方性法规，同时积极制定大数据产业、人工智能产业、优化营商环境等方面的地方性法规。

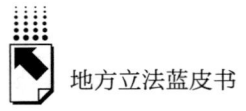

地方立法蓝皮书

（一）急需制定的地方性法规

重庆市地方立法当前应当紧紧围绕习近平总书记的重要指示要求和中央战略部署，全面优化营商环境、激发人才市场活力，增强经济建设的吸引力、号召力，推动经济持续健康、长期向好发展。

1. 优化营商环境方面

全面优化营商环境，促进民营经济发展，是落实总书记对重庆重要指示要求的必然要求。从国家层面立法实践来看，2019年10月，国务院制定《优化营商环境条例》，就严格控制新设行政许可、放宽市场准入、实施行政许可清单管理制度、实行全国统一的市场准入负面清单制度、提高政府服务意识、完善监管执法、推进公平竞争审查、进行法律法规清理等予以了详细规范。从地方立法来看，目前已经有不少省区市正在推进优化营商环境方面的立法，包括但不限于黑龙江省、山东省、辽宁省、吉林省、河北省、陕西省等省份，可见针对营商环境优化立法已是大势所趋。

重庆市五届人大常委会第十次会议听取了市政府关于民营企业发展法治环境工作情况的报告。报告显示，"目前，全市民营经济市场主体总量已突破249万户，占市场主体数量比重达96.91%；2018年民间投资增长12.8%，民营经济增加值占全市GDP比重达50.8%，对全市经济增长贡献率达50.7%。民营经济已经成为重庆市经济发展的半壁江山，为重庆市改革发展做出了重要贡献"。

但是中共重庆市委、重庆市人民政府2018年印发的《关于全面优化营商环境促进民营经济发展的意见》指出，"当前我市民营经济存在总体规模偏小、优质企业不多、创新能力不强、发展活力不足、质量效益不高的问题"。

重庆市有必要围绕市场主体保护、政府公共服务、优化法治环境、监督保障和责任追究等方面内容加快制定《重庆市优化营商环境条例》，为民营经济的发展保驾护航，为民营资本长期投资重庆提供法制保障。建议将市场化、法治化、国际化作为优化营商环境的主要原则，将政府职能转变作为抓手,创新体制机制、强化协同联动、完善法制保障,对标国际国内先进水平,为各类市场主体投资兴业营造稳定、公平、透明、可预期的良好环境。

在制定《重庆市优化营商环境条例》时,尤其需要结合《重庆市禁止非法增加企业负担条例》《重庆市中小企业促进条例》等既有地方性法规,调整部分地方性法规。

2. 新兴产业扶持方面

当下,大数据产业正值风口,外卖、快递、网购等一大批与人们生活息息相关的行业与大数据联系紧密,新兴科技领域的发展也依托于大数据。不少全国人大代表、专家学者呼吁加快推进大数据国家立法,天津市、贵州省、贵阳市分别出台了《促进大数据发展应用条例》、《大数据安全管理条例》、《大数据发展应用促进条例》和《大数据安全保障条例》。

2018年11月,重庆市整合了市经济和信息化委员会、市发改委的相关职责,组建了市大数据应用发展管理局,推动重庆市产业的智能化升级。作为互联网时代的新产物,大数据产业的崛起既为创业创新提供了机遇,也为经济发展和政府治理能力提升提供了动力。与此同时,也滋生了企业垄断数据、数据非法交易等问题。为促进人工智能产业良性发展、推动重庆市产业结构升级,有必要依据人工智能发展现状,结合重庆市情,加快推进人工智能产业地方立法,制定《重庆市大数据发展应用条例》。通过立法,为重庆市大数据产业发展和国际竞争力提升营造良好的法治环境,实现"依法治数",让更多人共享大数据智能化红利。

3. 社会信用方面

目前,上海、厦门、宿迁制定了社会信用条例,贵州、南京、山东、河南、广东等省市均已将社会信用条例纳入立法进程。重庆市发改委关于2018年度法治政府建设情况的报告显示,重庆市通过运用法治解决道德领域突出问题,加强了重庆市社会信用体系建设并完善了信用激励约束机制。具体包括:一是建立完善了社会信用体系建设推进工作机制;二是建成市公共信用平台和"信用重庆"网站;三是以"黑名单"为重点的失信联合惩戒大格局基本形成;四是以信用为核心的新型市场监管机制取得突破。可

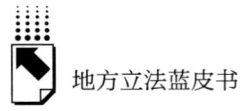

见,重庆市在社会信用体系建设上已经取得了可观的成果。因此,重庆市可尽快制定《重庆市社会信用条例》,将既得成果和经验分类整合,形成条理清楚的社会信用管理体系,既能进一步发挥信用在创新监管机制、提高监管能力和水平方面的基础性作用,又能更好地激发市场主体活力,推动高质量发展。

4. 地方金融方面

目前,河北、天津、四川、山东先后出台了地方金融监督管理条例,浙江、上海、贵州的地方金融监管立法也在酝酿之中。2018年10月25日,为全面落实服务实体经济、防控金融风险、深化金融改革三大任务,根据《重庆市机构改革方案》,重庆市将市金融工作办公室的职责,以及市商务委员会的商业保理、租赁、典当管理职责等整合,组建了市地方金融监督管理局,作为市政府直属机构。为推动重庆市建设国际金融中心,有效防范和妥善处理重庆市金融风险事件,重庆市应围绕明确被监管的地方金融组织范围,明确政府及部门、行业协会的职责,制定地方金融监管条例。

5. 人才立法方面

在人才竞争白热化的情况下,公开、规范、稳定的立法能够体现重庆市构筑人才发展优良环境的承诺,一方面可为企业与个人决策提供指引,另一方面也能够较好地维护其权益。同时,人才立法还可以避免只重视人才引进而忽视人才培养等急功近利的做法,营造有利于人才培养、使用、成长、引进和发展的法治环境。因此,应当尽快制定《重庆市人力资源市场条例》,通过制定人才培养、引进、发展和保护等方面的系统性规定,建构和完善人才法规规范,以立法促进人才发展。重庆市在制定《重庆市人才发展条例》时,尤其要确保人才政策的稳定性、连续性和可问责性。

(二)可逐步探索立法的事项

1. 国有资产管理

重庆市目前仅有一部涉及国有资产管理的地方性法规,即《重庆市国有企业法定代表人离任审计条例》,对国有资产的规范极为不足。尽管市政府制定了不少规章，比如《重庆市企业国有产权转让管理办法》《重庆市国有企业实施破产的若干规定（试行）》《重庆全民所有制企业承包经营责任审计办法》《重庆市全民所有制企业投诉暂行规定》等，但这些规章或者已经失效，或者为2000年前制定，且至今未进行过修改，其内容已逐步脱离实际。重庆市国有资产规模庞大，市属国有企业众多，对国有资产进行有效监管与全市总体经济发展息息相关，因此，应当结合重庆实际，把握以管资本为主的实质要求，找准国资委作为政府层面出资代表人的工作定位、重视产权管理、着力搞好资本运营工作，制定涉及国有资产监督管理各方面的地方性法规。

2. 土地

目前，重庆市仅有一部涉及土地的地方性法规，即《重庆市土地房屋权属登记条例》，同时制定了《重庆市出让土地使用监管办法》《重庆市土地监察暂行办法》《重庆市国有土地使用权出让办法》《重庆市地票管理办法》等一系列政府规章用以规范全市土地确权、流转、使用和监管等方面问题。为加强土地管理、保护土地资源、合理利用土地、切实保护耕地、改善生态环境、促进社会经济可持续发展，重庆市可就土地确权登记、国有土地经营权流转使用、农村集体土地流转、耕地保护等问题，制定符合重庆市实际的综合性土地管理条例，对重庆市土地实施更为全面的管理。

（三）需要加快修改的部分

1. 重庆市反不正当竞争条例

我国《反不正当竞争法》于2017年和2019年分别进行了修改，新修改的《反不正当竞争法》已经没有限制竞争行为的相关规定。《重庆市反不正当竞争条例》于1998年制定，分别于2010年和2011年进行了修改，2011年至今未进行过修改。对不正当竞争行为的定性、法律责任的认定均沿用1993年《反不正当竞争法》的规定，对公用企业、行政机关限制竞争行为的处罚已然不适应当下的法律环境。在全面优化营商环境的大背景下，建立公平公正、竞争有序的市场是促进重庆市经济发展的必然要求。因此，重庆市应当紧随上位法修改步伐，对《重庆市反不正当竞争条例》进行修改，尤其要对其中涉及上位法修改的内容进行全面更新，为重庆市公平竞争机制的维护提供稳定的法制基础。

2. 重庆市消费者权益保护条例

我国《消费者权益保护法》制定于1993年。随着新型消费模式的崛起如网络购物、金融消费等，《消费者权益保护法》于2009年和2013年先后修改了两次。

天津、湖北、广西、河北、陕西、江苏、山东、辽宁等省区市近年来也修改了相关地方性法规。《重庆市消费者权益保护条例》于1998年制定，至今未曾修改，相关内容已脱离于最新的《消费者权益保护法》，难以为各类新兴的消费模式提供充分保障。作为市场参与、市场监督的重要主体，消费者保护对于重庆市营造良好的市场环境至关重要。因此重庆市应该加快推进《重庆市消费者权益保护条例》的修改①。

3. 重庆市道路运输管理条例

2019年3月2日，《中华人民共和国道路运输管理条例》进行了第三次修订。此次修改主要是落实两项制度的改革：一是机动车维修经营许可取消；二是总质量4.5吨及以下普通货运车辆取消"双证"。同时，还增加了道路运输及其相关业务经营和从业人员的信用监管条款。重庆市现行《道路运输管理条例》最近一次修订时间为2013年9月25日，对上位法新修内容未能及时更新。此外，《重庆市公共汽车客运条例》已于2018年9月28日通过，市政府在2016年还通过了《重庆市深化改革推进出租汽车行业健康发展的实施意见》《重庆市网络预约出租汽车经营服务管理暂行办法》《重庆市规范私人小客车合乘出行的暂行规定》。为此，建议对《重庆市道路运输管理条例》进行修改，并注意和《公共汽车客运条例》的内容相协调。

---

① 对职业打假者现象，由于最高人民法院的司法解释面临较大争议，因此建议暂不对此予以规定。

4. 重庆中小企业促进条例

全国人大于 2017 年对《中小企业促进法》进行了首次修改，从明确牵头部门、破解融资难题、减轻企业负担、设立发展基金、细化服务规定、增加服务供给、加强监督检查等多个方面对如何促进中小企业发展进行了细化。重庆市于 2007 年 11 月 23 日制定《重庆市中小企业促进条例》，至今未有过修改，现行条例内容已经无法适应当前中小企业发展形势。在提倡全面优化营商环境的背景下，重庆市应该加快修改《重庆市中小企业促进条例》，新增建立中小企业发展基金管理制度、完善小微企业税收优惠制度等内容，有效衔接《中小企业促进法》与重庆市中小企业发展现状，为中小企业发展"减负"。

（四）需要废止的部分

重庆市于 1998 年制定《重庆市实施〈中华人民共和国乡镇企业法〉办法》，至今未有过修改或修订，其在实际操作过程中并不常用，建议予以废止。

B.15
重庆市民族自治立法结构研究*

张印 杨冰**

摘 要： 自治立法权是民族自治地方自治权的核心，对自治立法权的行使状况进行研究可能成为理解自治权运行逻辑的钥匙。重庆市下辖4个民族自治县，已有4部自治条例、12部单行条例出台。自治立法机关的立法能力逐步提升，基本能做到以立法回应社会现实需求。但自治立法存在如下问题：立项科学性有待提高；民族特色体现程度需要深化；与上位法在结构、条款上多有相似；立法存在雷同现象；用语规范性有待加强；立法变通权的行使力度仍需加大。对此，提出如下完善建议：科学规划自治立法项目，构建自治立法评估机制；创设民族自治立法专家库，扩大公众参与渠道；重视对少数民族习惯的研究与借鉴；建立健全民族自治立法的监督保障机制。

关键词： 民族自治立法 自治立法权 立法结构 立法实践

---

* 基金项目：2017年度重庆市社会科学项目"重庆市地方性法规（2015~17）实施效果研究"；2019年度重庆市人大制度研究会委托课题"重庆市地方性法规结构研究"；2017年度西南政法大学校级课题"自治条例立法问题实证研究"。

** 张印，法学理论专业博士，西南政法大学行政法学院讲师，西南政法大学地方立法研究院专职研究人员，研究方向：法学理论、立法学；杨冰，西南政法大学地方立法研究院研究人员，研究方向：法学理论、立法学。

一　自治县自治立法权的基础理论

（一）自治县自治立法权的内涵

正如人们所认为的那样，自治就像正义一样，有着一张普罗透斯似的脸，变幻无常，可随时呈现不同形状并具有极不相同的面貌。但任何范围和领域的自治，都必须具备一些基本要素，比如自治主体、自治权限等。要研究自治县自治立法权，就必须对其基本要素进行一定程度的分析和了解。《中华人民共和国宪法》（以下简称《宪法》）、《中华人民共和国民族区域自治法》（以下简称《民族区域自治法》）和《中华人民共和国立法法》（以下简称《立法法》）对我国民族自治地方拥有的自治条例和单行条例制定权、变通权以及变通执行权作出了相关规定。

自治县的自治立法在国家立法体系中处于基层位置，而在自治县本身所拥有的民族自治权中处于核心地位。根据《宪法》第112条的规定，我国的民族自治地方包括自治区、自治州、自治县三级，自治县处在自治地方中最基层的一级，但其重要地位不容忽视。在我国，自治县占自治地方的大多数，是最接近基层、与基层群众联系最紧密的地方主体中的一级。自治县群众的切身利益直接受自治县自治立法权运行的影响。自治县自治立法权运行的效果必然会影响自治州、自治区的自治立法权运行，最终影响到民族自治权的实施效果。

民族区域自治权是民族区域自治制度的核心，是衡量民族自治地方是否真正达到民族区域自治的唯一标志。根据我国宪法的相关规定，自治县自治权包括自治立法权、财政自治权、地方经济的自主权、地方文化事业的自主权、组织公安部队自治权等五个方面；民族区域自治法对自治县自治权进一步细化规定了包含自治立法权在内的十余个方面的自治权。自治立法权是这些自治权的核心，其他方面的自治权只有确立于自治条例和单行条例等法律文本中，才能获得制度保障。

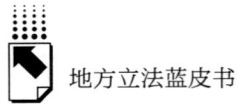

在实践中,中央法律制度的供给与民族自治地方的特殊制度诉求之间时常发生冲突。在二者的较量中,不是国家制定法被规避,就是少数民族特殊制度诉求被压抑,抑或二者都有。如此将造成中央法律权威的削弱,或者造成少数民族地区社会的失序。必须为民族自治地方的特殊规则和中央立法之间预留必要的空间,以实现二者的调和。该制度必须在维护国家法制统一的前提下接纳民族自治地方的特殊法制需求。只有这样,才能既强调法律的统一性,又维护法律的多层次性。

(二)自治县自治立法权的现实依据

1. 单一制的国家结构

不同于联邦制国家,我国是单一制国家,地方权力源自中央权力的授予,权限范围较小,发挥积极性与自主性的空间有限。地方的发展离不开法律制度的支持,民族自治更是如此。在"全国一盘棋"的格局之下,地方应当拥有更大的自主权限。民族自治地方也应充分发挥自身特性,将一系列法律法规和政策以民族自治立法的形式制度化。

实现国家统一的关键是解决好民族问题。民族自治地方的自治机关与一般地方国家机关相比,享有更大的自治权。国家实施民族区域自治制度,授予民族地方自治权,其出发点在于保障民族自治地方一定程度上的自主权,从而兼顾国家的统一和民族自治地方的活力。倘若中央与地方在权力划分方面缺乏制度保障,那么地方很难充分发挥积极性。因此,中央和民族自治地方间的分权必须制度化。

但在实践中民族自治地方的自治机关往往被简单当作一般地方机关对待,导致民族自治地方的自治权很小。因此,中央和民族自治地方间的分权必须制度化,从而使民族自治地方的自治权享有制度保障,积极性得以充分发挥。此外,由于自治立法权是民族自治地方自治权的核心,所以中央和民族自治地方间的分权制度的关键在于保障民族自治地方的立法权能够得以自治。立法权自治意味着民族自治地方在宪法、民族区域自治法和立法法等法律规定的范围内进行自主立法,中央机关不得随意干涉。因此，想要达到充分调动民族自治地方的积极性，发挥民族自治地方的主体性作用，民族自治地方在《宪法》《民族区域自治法》《立法法》等法律规定的范围内实行立法自治，不仅是法学理论上的要求，也是单一制国家的现实要求。

2. 民族问题复杂

我国是一个多民族国家，其中民族差别和文化差异普遍存在。我国自古便有优待少数民族或者给予其一定自治权力的传统，授予少数民族自治地方进行自我治理的权力。长期以来，我国依靠法律手段解决民族问题。为了消除民族压迫和歧视等民族问题，实现民族平等，确保民族团结、社会和谐和国家统一，《宪法》和《民族区域自治法》明确规定了民族区域自治制度，设立民族区域自治机关并由其依法行使民族区域自治权，赋予民族自治地方人大自治立法权。以自治县为例，其人大有权制定自治条例和单行条例，而普通的县则无此项权力，而且自治县可以部分变通与当地民族实际不符的法律和行政法规。

民族区域自治是解决我国民族问题的基本政策。坚持实行民族区域自治，必须切实保障民族自治地方根据本地实际情况贯彻执行国家的法律和政策。民族自治立法在其中起着承上启下的作用。一方面，民族自治立法是对国家法律和政策的贯彻落实；另一方面，民族自治立法是对当地实际情况的法律回应。民族自治地方与中央之间的关系应当处于良性互动过程之中，民族自治地方除了贯彻中央立法和政策之外，其可行立法及其经验亦可为中央立法供给可借鉴的资源。

此外，民族自治立法权是民族自治地方自治权的核心权力，自治权的实现则有赖于民族自治立法的完善和落实。供给足够而良好的自治立法，不仅有利于民族区域自治法等上位法的有效实施，而且对于更好地解决民族问题、实现民族平等起着至关重要的作用。但是，目前一些自治地方未能准确把握自治立法的真正含义，个别自治条例、单行条例都在《民族区域自治法》的框架之下完成，包括篇章结构、逻辑思路以及关键概念和术语，对当地实际情况关切不够。

3. 社会发展相对滞后

各民族的平等、团结、互助和共同繁荣的实现离不开良好的经济发展环境。只有发展好民族自治地方的经济，提高生活水平，缓解各民族之间的利益纠纷，才能充分保障少数民族公民的各项权利，最终解决民族问题。

民族自治地方依法享有一定的经济发展自主权。依据宪法和民族区域自治法的规定，民族自治地方可以根据本地方的特点和需要，制定经济建设方针、政策和计划，自主地安排和管理地方性的经济建设事业，合理调整生产关系和经济结构。民族自治地方的自治机关根据当地的自然人文环境和民族特色制定、落实合适的经济政策、项目，实现促进当地经济健康、可持续发展的目标。上述社会、经济举措的开展都有赖于民族自治立法的引领指导。市场经济就是法治经济，在发展市场经济、加强民族自治地方经济建设的进程中，提供充分且有效的自治立法，是保障民族自治地方经济社会发展的必然要求。因此，充分利用民族自治地方经济管理自治权的优势，完善自治立法，制定出有利于少数民族自治地方经济社会发展的自治条例和单行条例，对民族自治地方经济社会的发展尤为重要。

自新中国成立以来，在中央正确领导和少数民族群众自身的努力之下，加上少数民族群众和少数民族聚居地区受到的持续支持，民族自治地区的经济社会发展取得了巨大成就。同时，诸多基础设施建设项目在民族区域自治地方完成，当地交通状况大幅改善，一批风景名胜区以及旅游景点投入运营，区域知名度不断提高。但是，一些地区环境地理条件依然较为恶劣、人才资源配套严重不足、原有经济发展水平较低、社会繁荣和发展红利普及范围较小等客观原因，导致民族自治地方的社会经济发展水平与发达地区相比还有较大差距。

二 重庆市四个民族自治县的立法实践与困境分析

2002年，重庆辖区内第一部单行条例《秀山土家族苗族自治县锰矿资源管理条例》出台，自此四个民族自治县全面展开自治立法的探索与实践，现已取得明显成效，同时也暴露出一些问题，其中大多数属于我国地方立法的通病，少数属于重庆辖区内自治立法的特殊问题。

（一）自治立法的实践状况

重庆市辖区内现有民族自治县4个，重庆市人大常委会批准的自治立法共计16部，其中自治条例4部，单行条例12部①，目前尚不存在以变通规定或补充规定命名的自治立法。

4个民族自治县都有自治条例。2007年9月28日，重庆市人大常委会批准《秀山土家族苗族自治县自治条例》，该条例属重庆辖区内第一部自治条例。此后，《石柱土家族自治县自治条例》《酉阳土家族苗族自治县自治条例》《彭水苗族土家族自治县自治条例》分别于2008年9月26日、2009年9月25日、2010年5月14日获得重庆市人大常委会的批准。自治条例被称为民族自治地方的"小宪法"，4个民族自治县各自拥有自治条例标志着民族自治县可以依据自治条例实施社会管理、处理与少数民族实际相关的事务。

在4个民族自治县中，秀山土家族苗族自治县率先制定出台了《秀山县土家族苗族自治县自治条例》。随后，石柱自治县、酉阳自治县和彭水自治县依次制定出《石柱土家族自治县自治条例》《酉阳土家族苗族自治县自治条例》《彭水苗族土家族自治县自治条例》，4部自治条例在内容体系上相似，具体包括总则、自治机关和人民法院、人民检察院、人才队伍建设、经济建设、财政金融管理、社会事业、民族关系和附则等内容。随着时间推

---

① 12部单行条例具体如下：《秀山土家族苗族自治县锰矿资源管理条例（2020修正）》《秀山土家族苗族自治县饮用水水源保护条例》《秀山土家族苗族自治县殡葬管理条例》《酉阳土家族苗族自治县农村公路条例》《酉阳土家族苗族自治县殡葬管理条例》《酉阳土家族苗族自治县饮用水水源保护条例》《酉阳城镇管理条例》《彭水苗族土家族自治县饮用水水源保护条例》《彭水苗族土家族自治县旅游条例》《彭水苗族土家族自治县矿产资源管理条例》《彭水苗族土家族自治县城乡建设管理条例》《石柱土家族自治县西沱国家历史文化名镇保护条例》。

移，4部自治条例的立法技术越来越成熟，立法内容越来越合理，条文体系也越来越完善（见表1）。

表1 自治条例立法结构统计

秀山土家族苗族自治县自治条例		石柱土家族自治县自治条例		酉阳土家族苗族自治县自治条例		彭水苗族土家族自治县自治条例	
结构	条款	结构	条款	结构	条款	结构	条款
总则	1~9	总则	1~15	总则	1~11	总则	1~12
国家机关	10~16	国家机关	16~22	国家机关	12~19	国家机关	13~18
人才队伍	17~19	经济建设	23~43	经济建设	20~35	经济建设	19~40
经济建设	20~38	财政金融	44~50	财政金融	36~44	财政金融	41~48
财政金融	39~47	社会事业	51~60	社会事业	45~56	社会事业	49~59
社会事业	48~56	人才队伍	61~62	人才队伍	57~58	干部与人才	60~64
民族关系	57~59	民族关系	63~65	民族关系	59~61	民族关系	65~67
附则	60~63	附则	66~70	附则	62~63	附则	68~71

上述自治条例在内容上与宪法、民族区域自治法、立法法的规定基本一致，较少对上位法进行变通和补充。个别规定体现了自治立法的自主性，具有一定的地方特色。例如《秀山土家族苗族自治县自治条例》第45条[①]要求对本自治县内连续任职15年以上，且退休或因公致残或丧失劳动能力的村（居）民委员会主要干部给予适当生活补贴。上述规定具有一定积极意义，优待了那些能够长期留在民族自治县基层服务的干部。只要不违背上位法的强制性规定，在上位法无明确规定的前提下，可以鼓励自治县人大积极探索可行的规定。特别在当下，自治县可以从多个角度探索精准扶贫、繁荣经济、引进人才的各种举措。

4个民族自治县的单行条例中，与矿产资源开发管理相关的有2部，与殡葬管理相关的有2部，与饮用水资源保护相关的有3部，与文化保护相关

---

① 《秀山土家族苗族自治县自治条例》第45条："自治县对连续任职十五年以上，男满六十周岁、女满五十五周岁或者因公致残、丧失劳动能力的村（居）委会主要干部，给予适当生活补贴。"

的有 1 部，与城乡建设管理相关的有 3 部，与旅游相关的有 1 部（见表 2）。从立法领域来看，文化保护与旅游管理相关领域的立法较少，而上述领域可能能够最直观地反映民族特色与地方特色。

表 2　单行条例立法领域统计

单位：部

自治县	数量	单行条例立法领域					
		资源开发	殡葬管理	水资源保护	文化保护	城乡建设管理	旅游
秀山	3	1	1	1			
石柱	1				1		
酉阳	4		1	1		2	
彭水	4	1		1		1	1
合计	12	2	2	3	1	3	1

整体而言，4 个民族自治县的立法能力逐步提升，立法文本质量不断提高。自治立法机关对现实问题的把握较为准确，能够做到以立法回应社会现实需求。每部立法都依法提交重庆市人大常委会批准，上述形势必然离不开其发挥的立法监督作用。

（二）民族自治立法的困境分析

1. 民族自治立法立项科学性有待提高

整体而言，4 个自治县的单行条例基本上都是在尊重客观规律，联系社会实际的前提下制定的，体现了"科学立法"的要求，但是从总体角度和具体单行条例的制定情况来看，科学性有待提高，应避免出现目前地方立法普遍存在的问题，即为了立法而立法。针对我国立法存在的困境，党的十九大提出"科学立法"的要求，立法应当尊重客观规律，具备科学性、针对性、可操作性，同时避免主观立法和政绩立法。尊重客观规律，要求地方立法尊重自然规律和社会规律，对于前者自不待言，尊重社会规律则有必要着重强调。与立法相关的社会规律中，第一条规律便是法律有其局限性，并非所有问题都应当通过立法来解决。地方立法应当紧密结合现存问题，进行深入调研，全面把握问题实质，探索切实可行的解决路径。不能对立法抱有一种迷信，即完美的立法一定能够完美解决社会问题。社会治理是一项系统工程，而立法仅仅是该项工程的一个子项目，还需其他项目的恰当配合。同时很多社会问题的根源不在于缺乏立法，指望通过立法毕其功于一役不智。即使诸多问题有赖于立法先行，也需要在法律运行的各个环节着力。

自治县拥有单行条例的立法权，并不意味着一定要立即且全面广泛地开展地方立法，在条件不成熟的时候完全可以不启动立法程序。也不需要对自治县内的所有重大事项一一立法，不能因为某个自治县有一个较为知名的景点、非物质文化遗产便进行立法。如果一定要立法，必须进行立法必要性论证，需要证明现有问题十分突出和紧迫，现行立法已经无力解决，而且相较于其他解决路径，立法是一个有效且经济的选择。具体而言，倘若几个自治县内各有一个国家级（或省级）风景名胜区，是否需要逐个进行风景名胜区立法呢？并不需要。规划建设、环境资源保护、行政管理等事项大部分都可以依据《重庆市风景名胜区条例》进行处理。

2. 民族自治立法的民族特色体现程度需要深化

从规范事项着手分析，表2中的立法没有体现出地方性法规和单行条例的区别。按照《立法法》第72条的规定，设区的市制定地方性法规的权限在于"城乡建设与管理、环境保护、历史文化保护"3个领域，而从4个自治县单行条例的立法领域来看，与设区的市的地方性法规的立法领域并无太大差别。单从立法领域来看，比较具有民族特色的是《酉阳土家族苗族自治县殡葬管理条例》。少数民族可能有其特定的风俗习惯，立法过程中就需要对该类习惯进行调查和评估以便找到合适的处理方法。但是经过分析发现，《酉阳土家族苗族自治县殡葬管理条例》与上位法《重庆市殡葬管理条例》之间存在较多类似条款，对酉阳土家族苗族自治县的民族特色和风俗习惯的着重突出程度稍显不足，可以再进一步深化民族特色这一部分的内容。

单纯从立法文本上无法看出四个少数民族自治县的实际情况与重庆市整个行政区域的一般情况是否存在极大差异。从《宪法》第 116 条、《民族区域自治法》第 19 条以及《立法法》第 75 条第 1 款的界定可知，单行条例应当"依照当地民族的政治、经济和文化的特点"而制定。单行条例的立法必要性在于民族自治地方的实际情况与其所属行政区划内的一般情况有所不同，甚至差异巨大。举例而言，倘若重庆市人大及其常委会制定了一部旅游条例，则该条例适用于整个直辖市区域；如果某个民族自治县有其重大特殊性，而且这种特殊性的根源在于"民族实际"，那么由该民族自治县制定一部关于旅游的单行条例才有其必要性。

自治县群众的自治意识有待增强，在自治县自治条例和单行条例制定过程中的参与程度不够，很难将自己的意愿充分表达在自治立法中。自治机关无法接收到群众最希望、最迫切得到解决的情况和问题的反映，自治立法便不能真正体现当地群众的意愿。重庆市 4 个自治县在自治立法过程中往往不易充分征集和听取当地群众的意见或建议，当地群众主动参与到自治立法活动中的意愿也不够强烈。这些因素导致自治县立法中出现诸多问题，因此需要解决以上问题，克服相关障碍。这也有利于深化民族特色在民族自治立法中的体现。

3. 民族自治立法与上位法在结构、条款上多有相似

地方立法需要解决问题。因此，法条应当针对具体问题而拟定，上位法中已有的内容、对解决问题帮助不大的内容没有必要在地方立法中规定。一般来说，下位法的主要目的是细化和解释上位法，以便更好地贯彻落实。而对自治条例和单行条例来说，制定目的主要是执行宪法、法律和行政法规，因此自治条例和单行条例重心应在制定具体的执行措施上，而不应再次重复宪法、法律及行政法规已经作出的原则性规定。四个自治县的单行条例的结构与上位法雷同，较多条款与上位法存在相似之处。

自治条例和单行条例在内容上与上位法也存在一定程度的相似之处。如《石柱土家族自治县自治条例》第 13 条关于保障宗教信仰自由的规定，基本上

原文套用《宪法》第36条的内容①。《秀山土家族苗族自治县自治条例》第4条第1款的规定，是对《民族区域自治法》第5条和第7条的套用②。单行条例也有较多条款套用上位法，这点在《酉阳土家族苗族自治县饮用水水源保护条例》中体现较为明显。如条例第14条③的规定套用了2002年重庆市人民政府发布的规范性文件《重庆市饮用水源保护区划分规定》中的相关规定④，但重庆市人民政府的该规范性文件已经于2015年失效。同时，该条例第44条⑤

---

① 《石柱土家族自治县自治条例》第13条："自治机关保障各民族公民有宗教信仰自由。任何国家机关、社会团体和个人不得强制公民信仰宗教或者不信仰宗教，不得歧视信仰宗教的公民和不信仰宗教的公民。信仰不同宗教的公民应当相互尊重，和睦相处。自治机关保护正常的宗教活动。任何人不得利用宗教破坏民族团结、扰乱社会治安、损害公民身体健康、妨碍国家教育制度和婚姻制度。宗教团体和宗教事务不受外国势力的支配。"《宪法》第36条："中华人民共和国公民有宗教信仰自由。任何国家机关、社会团体和个人不得强制公民信仰宗教或者不信仰宗教，不得歧视信仰宗教的公民和不信仰宗教的公民。国家保护正常的宗教活动。任何人不得利用宗教进行破坏社会秩序、损害公民身体健康、妨碍国家教育制度的活动。宗教团体和宗教事务不受外国势力的支配。"
② 《秀山土家族苗族自治县自治条例》第4条第1款："自治机关维护国家的统一，保证宪法和法律在自治县的遵守和执行。把国家的整体利益放在首位，积极完成上级国家机关交给的各项任务。"《民族区域自治法》第5条："民族自治地方的自治机关必须维持国家的统一，保证宪法和法律在本地方的遵守和执行。"《民族区域自治法》第7条："民族自治地方的自治机关要把国家的整体利益放在首位，积极完成上级国家机关交给的各项任务。"
③ 《酉阳土家族苗族自治县饮用水水源保护条例》第14条："地下水集中式供水水源保护区范围是：（一）在山地和丘陵地区，以取水点至分水岭地段区域为一级保护区，不设二级保护区。（二）在平坝地区，以开采井或井群为圆心，30米为半径的圆形区域为一级保护区；以开采井或井群为圆心，半径为30米至100米的环形区域为二级保护区。"
④ 《重庆市饮用水源保护区划分规定》关于地下水饮用水源保护区划分有如下规定："1. 在山地和丘陵地区，一级保护区为取水点至分水岭地段区域，不设二级保护区；2. 在平原（坝）地区，一级保护区为以开采井或井群为圆心，30米为半径的圆形区域；二级保护区为以开采井或井群为圆心，半径为30米至100米的环形区域；3. 直接影响开采井水质的补给区，应划分一级保护区；4. 若地面保护区不能保护饮用水源的水质，应清查污染源并进行整治或另择水源地。"
⑤ 《酉阳土家族苗族自治县饮用水水源保护条例》第44条："违反本条例第二十二条第三项规定，组织从事漂游、游泳、垂钓行为的，由自治县环境保护行政主管部门责令停止违法行为，处二万元以上五万元以下罚款；个人在饮用水水源一级保护区内游泳、垂钓或者从事其他可能污染饮用水水体活动的，由自治县环境保护行政主管部门责令停止违法行为，可以处五百元以下罚款。"

套用了《中华人民共和国水污染防治法》第 81 条①的内容。

4. 民族自治立法雷同现象较为突出

此处的"雷同"指"模仿"除直接上位法之外的其他相关法律法规，上述问题普遍存在于四个自治县的自治条例和单行条例中。自治立法中的"雷同"现象弱化了自治权的有效行使，不利于自治县因地制宜地进行社会治理。

自治条例之间存在"雷同"现象，条例之间的个别条款也存在趋同之处。如《秀山土家族苗族自治县自治条例》第 2 条的规定与《彭水苗族土家族自治县自治条例》第 2 条的规定相似程度较高。此外，《石柱土家族自治县自治条例》第 2 条与《酉阳土家族苗族自治县自治条例》第 2 条内容基本相同，也与前两者的内容基本一致②。《秀山土家族苗族自治县自治条例》第 8 条、《石柱土家族自治县自治条例》第 11 条、《彭水苗族土家族自治县自治条例》第 11 条的内容基本相同③。《彭水苗族土家族自治县自治条例》第 13 条与《秀山土家族苗族自治县自治条例》第 10 条内容也存在

---

① 《中华人民共和国水污染防治法》第 81 条："有下列行为之一的，由县级以上地方人民政府环境保护主管部门责令停止违法行为，处十万元以上五十万元以下的罚款；并报经有批准权的人民政府批准，责令拆除或者关闭：（一）在饮用水水源一级保护区内新建、改建、扩建与供水设施和保护水源无关的建设项目的；（二）在饮用水水源二级保护区内新建、改建、扩建排放污染物的建设项目的；（三）在饮用水水源准保护区内新建、扩建对水体污染严重的建设项目，或者改建建设项目增加排污量的。在饮用水水源一级保护区内从事网箱养殖或者组织进行旅游、垂钓或者其他可能污染饮用水水体的活动的，由县级以上地方人民政府环境保护主管部门责令停止违法行为，处二万元以上十万元以下的罚款。个人在饮用水水源一级保护区内游泳、垂钓或者从事其他可能污染饮用水水体的活动的，由县级以上地方人民政府环境保护主管部门责令停止违法行为，可以处五百元以下的罚款。"

② 《秀山土家族苗族自治县自治条例》第 2 条："自治县是土家族、苗族实行区域自治的地方，属重庆市管辖。自治县境内还居住着汉、侗、维吾尔、蒙古、回等民族。"《彭水苗族土家族自治县自治条例》第 2 条："自治县是彭水苗族、土家族实行区域自治的地方，属重庆市管辖，自治县境内还居住着汉、蒙古、侗、回等民族。"《石柱土家族自治县自治条例》第 2 条："自治县是石柱土家族人民实行区域自治的地方，自治县境内除土家族外还居住有汉、苗、蒙古、满、朝鲜、布依、白、回等民族。"《酉阳土家族苗族自治县自治条例》第 2 条："自治县是酉阳土家族、苗族实行区域自治的地方。自治县境内还居住着汉、黎、侗、壮、彝等民族。"

③ 《秀山土家族苗族自治县自治条例》第 8 条："自治机关加强对自治县各民族公民的国防教育，依法做好征兵、民兵、预备役、人民防空、国防交通、国防设施保护、国防动员、退出现役军人的安置和拥军优属等工作，增强军政、军民团结。"《石柱土家族自治县自治条例》第 11 条："自治机关加强对自治县各民族公民的国防教育，依法做好征兵、（转下页注）

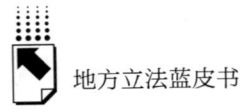

趋同现象①。

单行条例之间也存在雷同条款。这在《酉阳土家族苗族自治县饮用水水源保护条例》的内容中体现得较为明显，例如其中第22条的规定与《青海省饮用水保护条例》第20条的规定基本一致，前者制定时间在后，显然存在"抄袭"后者的嫌疑②。此外，该单行条例第23条，很有可能"抄袭"了《广东省饮用水源水质保护条例》第20条的内容③；同一单行条例

（接上页注③）民兵、预备役、人民防空、国防交通、国防设施保护、退出现役军人的安置和拥军优属等工作，增强军政、军民团结。"《彭水苗族土家族自治县自治条例》第11条："自治机关加强对自治县各民族公民的国防教育，依法做好征兵、民兵、预备役、人民防空、国防交通、国防设施保护、退出现役军人的安置和拥军优属等工作，增强军政、军民团结。"

① 《彭水苗族土家族自治县自治条例》第13条："自治县人民代表大会是自治县的地方国家权力机关。自治县人民代表大会的代表依照法律规定选举产生。苗族、土家族和其他少数民族的代表名额和比例按重庆市人民代表大会常务委员会的有关规定确定。"《秀山土家族苗族自治县自治条例》第10条："自治县人民代表大会是自治县的地方国家权力机关。自治县人民代表大会的代表依照法律规定选举产生。土家族、苗族和其他少数民族的代表名额和比例，按重庆市人民代表大会常务委员会的有关规定确定。"

② 《酉阳土家族苗族自治县饮用水水源保护条例》第22条："在集中式供水水源一级保护区内，除本条例第二十条、第二十一条禁止的行为外，还禁止下列行为：（一）新建、改建、扩建与供水设施和保护水源无关的建设项目；（二）使用农药、化肥、含磷洗涤剂；（三）从事旅游、游泳、垂钓或者其他可能污染饮用水水质的行为。自治县人民政府应当对饮用水水源一级保护区内已建成的与供水设施和保护水源无关的建设项目，依法责令限期拆除或关闭。"《青海省饮用水保护条例》第20条："饮用水水源一级保护区实行封闭管理。在饮用水水源一级保护区内，除饮用水水源准保护区、二级保护区内禁止的行为外，还禁止下列行为：（一）新建、改建、扩建与供水设施和保护水源无关的建设项目；（二）放养畜禽、从事网箱养殖活动；（三）使用农药、化肥、含磷洗涤剂；（四）从事旅游、游泳、垂钓和其他可能污染饮用水水体的活动。县级以上人民政府应当对饮用水水源一级保护区内已建成的与供水设施和保护水源无关的建设项目，依法责令限期拆除或者关闭。"

③ 《酉阳土家族苗族自治县饮用水水源保护条例》第23条："在农村分散式取水一级保护区内禁止下列行为：（一）清洗装贮过有毒有害物品的容器；（二）使用剧毒、高残留农药；（三）修建墓地，丢弃及掩埋动物尸体；（四）设置饲养场、肥料堆积场、公共厕所；（五）堆积垃圾、工业废料；（六）其他可能导致饮用水水源污染的行为。有前款行为之一的，当地村民委员会有权要求行为人立即停止违法行为，消除危害，并可以向环境保护行政主管部门报告。环境保护行政主管部门接到报告或者发现违反前款规定的行为，应当及时采取措施予以制止。"《广东省饮用水源水质保护条例》第20条："农村饮用水小型集中式取水点周围半径二百米区域内禁止下列行为：（一）清洗装贮过有毒有害物品的容器；（二）使用剧毒、高残留农药；（三）建立墓地；（四）掩埋动物尸体。农村饮用水小型集中式取水点周围半径一百米区域内还禁止下列行为：（一）设置排污口；（二）设置饲养 （转下页注）

第 25 条与《青海省饮用水保护条例》第 25 条内容基本一致。①

5. 民族自治立法用语规范性有待加强

个别自治立法中一些措辞和术语不够精确和规范,甚至可能引起歧义。诸多自治立法关于立法目的的描述不够准确,而且明显与《立法法》第 75 条的规定不一致,其根源在于相应立法主体对"自治条例和单行条例"的概念认识不够清晰,将其理解为"地方性法规"。如《酉阳土家族苗族自治县自治条例》第 1 条②的规定应当改为如下形式:"根据《中华人民共和国宪法》和《中华人民共和国民族区域自治法》,结合酉阳土家族苗族自治县(以下简称自治县)当地民族的政治、经济、文化和社会特点,制定本条例。""当地民族"四个字不能省略,这也是自治立法与地方性法规的根本区别之处,因为地方性法规侧重于"行政区域",而自治立法侧重于"当地民族"。

自治立法的出发点是为了更好地执行宪法、法律和行政法规,所以在内容上应该明确具体便于操作。但是重庆市 4 个自治县的自治立法,尤其 4 部自治条例中一些条款用语的政策性导向较强,这可能会导致自治条例在内容上变得抽象模糊,从而影响其可操作性。如《石柱土家族自治县自治条例》第 5 条③的

(接上页注③)场、肥料堆积场、公共厕所;(三)堆积垃圾、工业废料。违反前两款规定的,当地村民委员会有权要求其立即停止违法行为,消除危害,并可以向当地人民政府环境保护行政主管部门报告。环境保护行政主管部门接到报告或者发现违反前两款规定的行为,应当及时采取措施予以制止。"

① 《酉阳土家族苗族自治县饮用水水源保护条例》第 2 条:"新建、改建、扩建饮用水水源工程应当符合水资源综合规划、水功能区划,编制建设项目水资源论证报告书,经有批准权的水行政主管部门审查通过后办理取水许可手续,由自治县人民政府向社会公布,并报市人民政府水行政主管部门备案。"《青海省饮用水保护条例》第 25 条:"新建、改建、扩建饮用水水源工程应当符合水资源综合规划、水功能区划,编制建设项目水资源论证报告书,经有批准权的水行政主管部门审查通过后办理取水许可手续,由县级人民政府向社会公布,并报省人民政府水行政主管部门备案。"

② 《酉阳土家族苗族自治县自治条例》第 1 条:"根据《中华人民共和国宪法》和《中华人民共和国民族区域自治法》,结合酉阳土家族苗族自治县(以下简称自治县)政治、经济、文化和社会特点,制定本条例。"

③ 《石柱土家族自治县自治条例》第 5 条:"自治机关带领自治县各族人民,在中国共产党的领导下,高举中国特色社会主义伟大旗帜,以邓小平理论和'三个代表'重要思想为指导,深入贯彻落实科学发展观,继续解放思想,坚持改革开放,推动科学发展,促进社会和谐,全面建设小康社会。"

规定与立法规范存在差别。《宪法》《民族区域自治法》在总则部分并无类似规定，此条款与地方立法的常规形式也不一致，可操作性有待论证。另外，《酉阳土家族苗族自治县自治条例》第33条①中使用如下表述："大力发展""抓好""依托""做强做大"等。上述措辞的政策宣示性较为明显，可进行相应修改，以法言法语进行立法文本的书写。《彭水苗族土家族自治县自治条例》第4条和《秀山土家族苗族自治县自治条例》第5条亦存在类似问题②。

目前，重庆市4个自治县自治立法出现上述问题的原因，其一便是自治机关的自治意识有待提高，应加强对自治立法权的重要性和特殊性认识，避免出现采用自治立法的形式大行地方性法规立法的情况；其二则是自治立法能力、立法人才储备和咨询论证资源的引入都需要加强。

6. 立法变通权的行使力度仍需加大

立法变通权是自治立法权中的一项核心权力，立法变通权的充分行使有利于民族自治地方自治权的具体落实。行使立法变通权的最典型形式是制定变通、补充规定或者创设变通性条款。我国民族自治地方的变通和补充规定最早始于20世纪80年代，适逢《民族区域自治法》出台，全国掀起了一股制定变通和补充规定的潮流。在2000年《立法法》出台之前，针对民族自治立法程序和权限的规定较为粗疏，因此变通和补充规定存在较多问题。

---

① 《酉阳土家族苗族自治县自治条例》第33条："自治县大力发展旅游产业，加强对旅游资源的保护和开发。突出自然风光、民族风情，抓好生态旅游、民俗旅游、红色旅游和休闲度假旅游。自治县依托桃花源、乌江画廊、龙潭和龚滩古镇、酉水河民俗风情带、历史遗址和摆手舞等旅游资源，统一规划、合理开发，做大做强旅游产业。自治机关鼓励单位和个人投资旅游资源开发建设。"

② 《秀山土家族苗族自治县自治条例》第5条："自治机关团结和带领自治县各族人民，在中国共产党的领导下，以马克思列宁主义、毛泽东思想、邓小平理论和'三个代表'重要思想为指导，坚持科学发展观，集中力量进行社会主义现代化建设，逐步把自治县建设成为经济发达、文化繁荣、民族团结、社会和谐、生态良好、人民富裕的民族自治地方。"《彭水苗族土家族自治县自治条例》第4条："自治机关团结和带领自治县各族人民，在中国共产党的领导下，以马克思列宁主义、毛泽东思想、邓小平理论和'三个代表'重要思想为指导，高举中国特色社会主义伟大旗帜，深入贯彻落实科学发展观，把自治县建设成为团结、富裕、民主、文明、和谐的自治地方。"

但上述探索则难能可贵，为以后民族自治地方在自治立法方面的探索打下了基础。

相较而言，近年来四川省辖区内有较多变通和补充规定出台（或者修正、修订），仅 2018~2019 年就有 5 部之多，包括《峨边彝族自治县实施〈四川省人口与计划生育条例〉的变通规定》（2018 年 5 月 31 日批准）、《甘孜藏族自治州实施〈四川省人口与计划生育条例〉的变通规定》（2018 年 7 月 26 日批准）、《阿坝藏族羌族自治州实施〈四川省城乡环境综合治理条例〉的补充规定》（2018 年 7 月 26 日批准）、《阿坝藏族羌族自治州实施〈四川省人口与计划生育条例〉的变通规定》（2019 年 5 月 23 日批准）、《阿坝藏族羌族自治州实施〈四川省世界遗产保护条例〉的补充规定》（2019 年 5 月 23 日批准）。上述变通和补充规定条款较少，直奔主题，富有针对性，具备可操作性，具有借鉴意义。

《立法法》自 2000 年开始便已授权民族区域自治地方的人民代表大会进行变通立法，此外部分法律（《中华人民共和国刑法》《中华人民共和国婚姻法》《中华人民共和国继承法》《中华人民共和国森林法》《中华人民共和国收养法》《中华人民共和国妇女权益保障法》等前后十余部法律）也有法条授权，但是重庆市下辖的民族自治县尚无狭窄意义上的变通立法，即变通规定和补充规定。

当然不能通过上述统计便得出结论：重庆市下辖的民族自治县应当抓紧时间开展变通立法。毫无疑问，立法的第一驱动力应当是社会需求。自治县是否有必要进行变通立法，取决于其民族实际是否具有特殊性，如果其较具有特殊性，则自治县范围内普遍适用上位法（包括法律、行政法规、重庆市人大及其常委会制定的地方性法规）可能造成较大不便或者显著不公。在立法之前应当充分调研，发掘自治县基于民族实际的特殊之处。完成上述工作才能回答 4 个自治县有无必要制定变通和补充规定，或者以其他形式行使变通立法权。

在宽泛意义上，现行单行条例中有些条款与上位法存在出入，是否属于变通立法，尚需详细讨论。现行 12 部单行条例其绝大多数条款与上位法相一致，只有少数地方与上位法的规定有所差别。究其原因可能存在两种情形：上位法颁布于单行条例之后，单行条例并未依照上位法适时作出修改（此种情形简称为1）；出于需要，自治条例变通了上位法中的个别规定（此种情形简称为2）。对于前者，应当要求立法机关积极作为，及时修改单行条例（此种情形简称为1a）。对于后者，则应当再分两种情况处理：变通符合民族实际和法律规定，继续保留（此种情形简称为2a）；变通不符合民族实际和法律规定，应当及时修改（此种情形简称为2b）。

具体而言，在矿产资源管理机关的设定方面，《彭水苗族土家族自治县矿产资源管理条例》（2013年11月30日批准）第4条[①]与《重庆市矿产资源管理条例》（2012年11月29日第二次修正）第4条[②]之间存在差别。现实中，彭水的矿产资源主管部门是"重庆市彭水苗族土家族自治县国土资源和房屋管理局"，在立法中应当使用抽象语言，只需要表示为"自治县人民政府地质矿产主管部门"，倘若未来政府机构发生改变，只要特定机关主管地质矿产相关工作，其职权依然于法有据。而彭水现行立法则表示为"自治县人民政府国土资源和房屋管理主管部门"，其实，地质矿产并不需要房屋管理部门的职权。综上，《彭水苗族土家族自治县矿产资源管理条例》第4条属于"2b"之情形，其表述不够规范，应当遵照上位法《重庆市矿产资源管理条例》进行修改。

《酉阳土家族苗族自治县饮用水水源保护条例》第41条[③]的规定与上位

[①] 《彭水苗族土家族自治县矿产资源管理条例》第4条："自治县人民政府国土资源和房屋管理主管部门（以下简称自治县国土资源主管部门）依法负责本行政区域内矿产资源勘查、开采、利用与保护的监督管理工作。"

[②] 《重庆市矿产资源管理条例》第4条："市和区县（自治县）人民政府地质矿产主管部门是同级人民政府地质矿产的主管机关，负责本行政区域内矿产资源勘查、开发利用与保护的监督管理工作。市和区县（自治县）人民政府有关部门应按各自的职责协助同级地质矿产主管部门进行矿产资源勘查、开发利用与保护的监督管理工作。"

[③] 《酉阳土家族苗族自治县饮用水水源保护条例》（2018年3月29日批准修正）第41条第1款："违反本条例第21条、第22条规定，在饮用水水源保护区内设置排污口的，由自治县环境保护行政主管部门报自治县人民政府批准，责令限期拆除，处十万元以上三十万元以下的罚款；逾期不拆除的，报自治县人民政府组织强制拆除，所需费用由违法者承担，并处五十万元以上一百万元以下的罚款。"

法《中华人民共和国水污染防治法》第 84 条①的规定相异，具体而言前者规定的处罚幅度为"十万元以上三十万元以下"，而上位法的处罚幅度则为"十万元以上五十万元以下"。依据《立法法》第 75 条第 2 款②的规定，符合一定条件，《酉阳土家族苗族自治县饮用水水源保护条例》可以依法对其上位法《中华人民共和国水污染防治法》的个别条款作出变通。对此，应当考察《酉阳土家族苗族自治县饮用水水源保护条例》将上位法中规定的罚款上限降低是否有其实际需要、是否立足自治县的民族实际。综合考虑，该情况属于上文的"2a"这种情形，建议保留。此外，从立法程序来看，重庆市人大常委会应当向全国人大常委会和国务院报送立法备案，将变通的内容及理由一并予以说明。

《酉阳土家族苗族自治县殡葬管理条例》第 20 条③对国务院的《殡葬管理条例》第 15 条④作出变通，扩大了国务院条例规定的土葬地点的范围。该变通规定符合立法权限，没有违背国务院《殡葬管理条例》的基本原则，也符合自治县的民族特点和实际情况。该种情况属于上文的"2a"情形，值得鼓励和赞扬。相似情形出现在《秀山土家族苗族自治县殡葬管理条例》第 11 条第 3 款⑤。

在重庆市辖区内，较多的自治条例和单行条例并未对上位法作出任何

---

① 《中华人民共和国水污染防治法》（2017 年 6 月 27 日第二次修正）第 84 条第 1 款："在饮用水水源保护区内设置排污口的，由县级以上地方人民政府责令限期拆除，处十万元以上五十万元以下的罚款；逾期不拆除的，强制拆除，所需费用由违法者承担，处五十万元以上一百万元以下的罚款，并可以责令停产整治。"

② 《立法法》第 75 条第 2 款："自治条例和单行条例可以依照当地民族的特点，对法律和行政法规的规定作出变通规定，但不得违背法律或者行政法规的基本原则，不得对宪法和民族区域自治法的规定以及其他有关法律、行政法规专门就民族自治地方所作的规定作出变通规定。"

③ 《酉阳土家族苗族自治县殡葬管理条例》第 20 条："土葬区的农村村民死亡后，其遗体可以葬入公共墓地、公益性墓地或者在禁葬区外土葬。"

④ 《殡葬管理条例》第 15 条："在允许土葬的地区，禁止在公墓和农村的公益性墓地以外的其他任何地方埋葬遗体、建造坟墓。"

⑤ 《秀山土家族苗族自治县殡葬管理条例》第 11 条第 3 款："边远高山地区暂不具备设置公益性墓地的农村可划定荒山瘠地埋葬遗体，也可以平地深埋，不留坟头。"

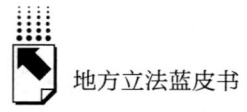

变通,例如《彭水苗族土家族自治县旅游条例》《秀山土家族苗族自治县饮用水水源保护条例》《石柱土家族自治县西沱国家历史文化名镇保护条例》等。

制定变通、补充规定的前提在于民族自治地方因其民族实际无法普遍适用法律、行政法规等一般规定,有必要在该地探索不同规则。在重庆市辖区内的四个自治县都有其民族特殊性,但对民族风俗和习惯的研究尚不深入,无法断言哪些应当进入立法。同时,有些民族习惯有其特定的适用区域和事项,也可能发挥着一定的社会作用,倘若该类习惯已经发挥良好作用,是否有必要将上述习惯纳入立法则值得深入评估和研究。

三 重庆市四个民族自治县的立法完善建议

重庆市民族自治立法的全面完善不仅需要宪法、民族区域自治法和立法法等法律的宏观定位和总体保障,还需要在重庆市民族自治立法实践中,重视自治立法的质量,建立健全法律监督机制,使自治立法更加科学、民主,具有民族性。

(一)科学规划自治立法项目,构建自治立法评估机制

法律是时代的产物,受到所处时代的物质生产条件和社会实际情况的约束。法律要想获得普遍认可并被有效遵循,只有以实践为依据并不断对时代发展作出回应。重庆市民族自治立法必须立足于重庆市民族自治地方的实际情况,回应政治、经济和文化上的实际需求,解决实际问题,促进经济发展。

具体言之,首先,在立法项目的规划上,既要紧跟国家层面立法规定出台配套举措,将上位法更快应用到地方的实践中,更要发挥主动精神,针对本地区的特殊情况,及时立法予以调整规范。其次,构建立法评估机制,对自治立法项目进行合理规划,实现立法内容的科学化和利益配置的合理化。最后,在法案立项调研的基础上,对法案进行立项前评估,再将评估结果作

为自治立法的立、改、废、释的重要依据，对与上位法冲突不适宜继续制定的立法项目或相关法律规定及时停止或修订。此外，应避免地方保护和部门利益法制化，在立法中凸显当地民族特色，使自治立法的框架更加完善，内容更具有执行力、可操作性和预见性。

（二）创设民族自治立法专家库，扩大公众参与渠道

参与立法人员的专业知识水平和综合素养对于立法的质量优劣与否起着决定性作用。这在自治立法中体现得更加明显。因自治立法涉及变通规定，相较于普通立法而言其难度更大。此外，自治立法要求立法工作人员对当地实际情况和民族特点有着深入了解。这对自治立法的参与人员提出了更高要求。

在4个自治县人民代表大会的人员配置上，存在以下两方面的问题：第一，参与立法的人员较少，专职立法人员严重不足，具有法学专业背景的立法人员也相对较少；第二，参与立法的工作人员其专业知识水平和综合素养较低，对立法技术的掌握不够熟练，对自治地方的实际情况的把握也有待深入。因此，4个自治县自治立法的质量总体来说较低、可操作性不强，不能准确全面地体现当地的民族特色和实际情况。

为了保障自治县自治立法权得到充分行使，确保民族自治得以真正实现，可以从以下方面着手提高自治立法的整体质量，使自治立法能够准确回应现实情况，具备可操作性。从现有民族自治立法实践情况可知，立法质量普遍不高，立法人员的法律素养都有所欠缺。为保证重庆市民族自治立法的质量，应该建立多元化立法起草机制，创设民族立法专家库或者立法服务基地，发挥专家库成员参与立法或培训立法工作人员的作用，从而保障自治条例规范的技术性，提高立法语言的严谨度，完善立法内在的逻辑结构。同时，要听取广大人民群众的意见和建议，积极鼓励广大人民参与到立法过程中，为立法献计献策。坚持民族立法，建立自治立法听证制度，提高自治立法的透明度，广泛听取当地各民族代表和利益团体代表的意见和建议，建立基层立法联系点，充分发挥人大代表参与起草和修改自治立法的作用，保证

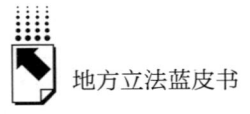

自治立法的民主性、代表性和社会可接受性。

立法程序应当向社会公众及时公布，使民众能够积极参与到立法活动中，立法活动才能接受民众的监督，最终的立法才能够体现民意。立法程序的透明和民主也是自治立法能够体现自治性、科学性、合理性的保证。只有自治立法活动的程序向当地群众公开，鼓励群众积极参与到立法过程中表达自己的意愿并对立法活动进行监督，才能限制自治立法机关行使自治立法权的恣意，使其合法地行使自治立法权，并提高自治立法内容的合法性、科学性以及合理性。重庆市4个自治县的自治立法活动，并没有做到充分透明和民主，自治立法草案公开征集意见不够充分。自治县的群众未能充分参与到自治县自治立法活动中，无法将自己的真实意愿充分表达，因而，自治县自治立法并不能充分代表民意。

为更好地贴合当地情况，也应当积极听取少数民族群众的意见。少数民族群众长期居住于当地，是当地少数民族历史文化的创造者。使他们参与到立法过程中，不仅能使法案更加贴近当地特点，也能强化少数民族群众对法律的认同感。只有在立法程序中征集和吸纳少数民族意见，才能真正保障少数民族人民的权利。当然，少数民族人民的参与意识、政治素养和法律知识本身较为薄弱，必须加大培养力度，提高和增强少数民族人民的法律专业素养和政治参与觉悟，引导、支持和鼓励他们积极投身立法全过程。

（三）重视对少数民族习惯的研究与借鉴

就4个民族自治县而言，其辖区内居住着一些少数民族，在漫长的历史时期里必定积累了许多有特色的民族风俗和习惯。从文化传承来看，保持足够的文化多样性对于少数民族乃至整个国家都意义非凡。从社会治理来看，少数民族习惯起到了解决纠纷的作用，有利于维护社会的和谐与稳定，通过系统的少数民族习惯识别程序使其进入民族区域自治立法颇具价值。

少数民族习惯内容丰富，不仅影响了民族地区的历史发展进程，也使不同地区形成了独有的社会生活习惯。少数民族习惯与国家法制的统和及与多民族国家的巩固发展一直存在非常重要的关系。应当将少数民族习惯中的精华通过变通和补充的方式纳入国家法体系中，促进国家法和重庆市少数民族习惯之间的良性互动。这要求一方面重视对重庆市少数民族习惯的研究，将其中的精华加以确立、传承和巩固；另一方面，需要将少数民族习惯与《宪法》《民族区域自治法》赋予的自治权两者联系起来，形成有机统一的关系。以此为基础，既维护了国家法的权威，又有利于其具体措施切实有效地被实施，保持民族地区原有的多样性，促进重庆市民族地区的和谐发展。

重庆市内分布着4个自治县，每个民族自治县都有其地方实际与特色。自治县在制定自治条例和单行条例时，应当兼顾本地区内自治民族与非自治民族的实际情况，甚至需要着眼于本地区的整体特点，从而实现民族自治地方内部的平等与协同发展。4个民族自治县有其多样的民族成分、不同的地方实际、深远的文化传统，使得重庆市内的民族区域自治立法不可能各地统一，而应当实事求是、因地制宜，本着一切从实际出发的精神，将民族特色和地区差异在自治立法中展现出来，制定出具有民族特色的单行条例和自治条例。

（四）建立健全民族区域自治立法的监督保障机制

自治立法要想达到合法、科学和合理的目标要求，必须依靠行之有效的监督保障机制。监督保障机制要求对自治立法质量进行把关，对民族区域自治立法在形式上和内容上进行合法性审查，对其中不合理的、脱离民族和地方实际的内容进行调节和纠正。此外，还可以在监督保障机制中设立责任条款和惩戒措施，促使自治立法机关合理合法地行使自治立法权，增强自治立法的权威性。

我国法律对自治立法设立了监督保障机制。根据《立法法》的规定，自治县的自治条例和单行条例必须报省、自治区、直辖市的人民代表大会常务委员会批准后才能生效，最后还要报全国人民代表大会常务委员会和国务院备案。但是该监督保障机制范围有限，没有规定其他主体对自治立法的监督职权，对民族区域自治立法的监督保障不够充分，因此，应健全和完善民族区域自治立法的监督保障机制。

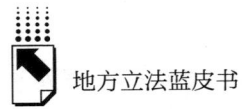
地方立法蓝皮书

对民族区域自治立法监督保障机制的健全和完善，重点在于完善立法监督程序，优化事前监督和事后监督的运作方式。一个完整的立法监督程序包括三个阶段，即提起阶段、审查阶段和落实阶段。在提起阶段，应当明确规定监督主体及其权限范围以及监督对象的范围。在审查阶段，为了保证审查程序的公正与合法，应当对如下内容进行规定：哪些内容需要被审查？如何对这些内容进行审查？审查期限多长？审查结果的支撑基础为何？上述程序性事项为立法监督提供了一个大致框架，有利于提高立法监督权的行使效率。在落实阶段，应当明确执行主体、执行程序和方式方法，从而更好地发挥立法监督的作用。

此外，在立法过程完成后，应当由上级人大常委会对已经生效的自治立法进行事后评估，分析和纠正自治立法在实施过程中出现的问题，进而反思立法监督程序的合理性，得出是否需要进行修改和完善立法监督程序的结论。为更好地进行立法监督，改正监督过程中出现的问题，除定期自我总结反省外，自治立法机关应当拓宽公众及社会各级组织进行监督的路径，例如通过电话、意见箱、公众号和门户网站等方式鼓励公众和各级组织对自治立法进行监督。

四 小结

自治立法应当参考其他民族自治地方变通和补充规定的立法风格，言简意赅、言之有物，不追求结构的完整和内容的全面，而强调立法本身解决问题的能力和效率。自治立法不需要过于追求结构的完整，而应当成熟几条制定几条。

就重庆市辖区内民族自治县的现行立法而言，单行条例基本能够做到与时俱进。而4部自治条例则稍显陈旧，立法时间大多在10年之前，当下民族自治县的政治、经济、文化实际可能已经发生不小变化，立法的针对性和创新性有待同步提高。故此，有必要对4部自治条例进行全面评估，在此前提下进行修改。另外，就民族自治县立法变通权的行使而言，虽已进行诸多有益尝试，但效果及幅度尚不足够，未来有必要在人口与计划生育、旅游管理、矿产资源开发利用、文化传承、殡葬管理、民族习惯与国家法的转化方面多多着力。

立法建议：修改《秀山土家族苗族自治县自治条例》《石柱土家族自治县自治条例》《酉阳土家族苗族自治县自治条例》《彭水苗族土家族自治县自治条例》。近期可以进行调研的立法项目：《实施〈重庆市人口与计划生育条例〉的变通规定》《实施〈中华人民共和国婚姻法〉的变通规定》《实施〈中华人民共和国继承法〉的变通规定》。

Abstract

Since the amendment of Legislation Law of the People's Republic of China in 2015, the quantity of local legislation has increased rapidly and the quality of legislation has been improved steadily, and new legislative trends and laws have merged. It is proposed at the 4th Plenary Session of the 19th Central Committee of the Communist Party of China that "the legislative work pattern directed by the Party committee, led by the people's congress, supported by the government, and participated by all parties shall be improved, to implement legislation, amendment, repeal and interpretation of laws simultaneously, and improve the quality and efficiency of legislation continuously", which undoubtedly put forward higher requirements and direction for local legislation. The Blue Book of Local Legislation of this year focuses on the new topics in the theory of local legislation and the new problems in practice, striving to outline the basic situations of local legislation in various regions of China in 2019. Based on the analysis of the achievements in local legislation in the year of 2019, it is found that that the local legislation in China in 2019 has maintained a positive legislative state, the legislative activeness has been further enhanced and the legislation and amendment have been promoted simultaneously; in addition, the legislation at municipal level has surpassed that at provincial level and become the main force of annual legislation, while various legislative matters show a more balanced development state in the year. Besides, the book presents theoretical elaboration on basis of such topics as "legislation and reform", "integration of socialist core values into legislation", and "local regulation structure", conducts empirical research on "financial legislation", "state organ legislation" and "environmental protection legislation", and carries out post-legislation evaluation by taking specific legal text as analysis object. In general, the book includes both the theoretical analysis and empirical research of local legislation, trying to demonstrate the overall situation of local legislation in 2019 and the specific problems of specific laws and regulations, with a view to providing help for the follow-up research in this field.

Contents

I General Report

B. 1 Development of Local Legislation of China in 2019
        Research Group of Chongqing Collaborative Innovation
               Center for Local Legislation / 001

  Abstract: Based on collection and compilation of the achievements in local legislation in 2019, this paper introduces eight economic zones, types of legislative matters and other elements, and includes in-depth analysis and research of the performance, hot issues and development trend of local legislative provinces and municipalities. After comprehensively showing the general situation of local legislation in China in 2019, it is concluded in this paper that the local legislation in China in 2019 has maintained a positive legislative state, the legislative activeness has been further enhanced and the legislation and amendment have been promoted simultaneously; in addition, the legislation at municipal level has surpassed that at provincial level and become the main force of annual legislation, while various legislative matters show a more balanced development state in the year.

  Keywords: Local Legislation; Empirical Research; Legislative Hot Issues

Contents

II Topical Reports

B. 2 Study on the Refinement of Local Legislation in the
City with Districts *Guo Binggui* / 023

Abstract: After the revision of the Legislative Law Amendment, the local legislative body has expanded from the "Larger City" to the "City with Districts". With the expansion of those bodies, local legislation is also in full swing. Those cities with districts generally started legislation and gave up the extensive legislation, whereas the transition from extensive legislation to refined legislation should be an inevitable trend. However, the quality of legislation in this process, especially in those districts that lack relative experiences, is still a problem. This paper takes the local legislation examples of some cities with districts as the object of investigation, sums up the problems existing in their local legislation, such as the legal provisions are crude, the rough setting of administrative legal liability clause, the emphasis on sanctions over incentives in the legal system, inadequate coordination of the legal system, etc. Examining the problems existing in the cities with districts local legislation is helpful to summarize legislative experience in time, further enhance the level of legislative refinement, and ultimately improve the quality of local legislation.

Keywords: The City with Districts; Local Legislation; Legislation Refinement

B. 3 Pattern, Dilemma and Optimization of Integrating
Socialist Core Values into Local Legislation
—On Basis of Analysis of 131 *Local Laws and Regulations
on Promoting Civilized Behavior* *Li Dong* / 046

Abstract: In the construction of the rule of law, the socialist core values are

345

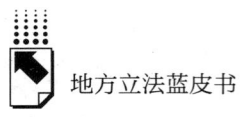

gradually transformed into legal discourse, playing such functions as value declaration and behavior guidance. As indicated by the statistical analysis of the text of local laws and regulations, the core values, when being integrated into local legislation, presents such characteristics of gradual increase year by year, obvious regional differences, concentrated theme, combination in whole and in part and otherwise. The tension between legal norms and value norms also leads to such difficulties as insufficient acceptance ability and weak guiding guarantee for local laws and regulations in the practice of values. People's separation of the coupling relationship between public values and law also hinders the bidirectional shaping of law and morality. During integration, we must strengthen the education of rule of law and rule of virtue, adhere to the sequence of values, and give full play to the value declaration of purpose clause, the general guidance of principle clause and the rigid binding function of rule clause. Promoting the transformation of core values into people's emotional identity and behavioral habits in the whole process of legislation can effectively promote the level of good law and good governance, and contribute to the modernization of national governance system and governance capacity.

Keywords: The Core Values of Chinese Socialism; Rule of Law; Rule of Virtue; Promotion of Civilized Behavior

B. 4 Research on The Criteria of Repeated Evaluation of Local Legislation
—*The Case of City Appearance and Sanitation Provincial Local Law*　　　　　　　　　　　　　　*Zhao Xinyu* / 064

Abstract: In recent years, the academic community has been concerned about the existence of "legislative duplication" in local legislation. To verify the extent of this concern, it is necessary to calculate the repetition rate of local laws and regulations scientifically, but at present, the academic community has not yet clearly unified and reasonable evaluation criteria. In fact, the essence of the problem of legislative repetition is the conflict of the dual values of the consistency and characteristics of local legislation, which is the place that can not be ignored in the construction of scientific evaluation standards. Based on the principle of balancing the dual values, this paper tries to put forward the evaluation criteria of repeated legislation of local laws and regulations, and on this basis, analyzes the text of 17 provincial local laws and regulations on city appearance and environmental sanitation. The analysis results show that 17 laws and regulations have the problems of high repetition rate, poor innovation and insufficient local characteristics. The reason lies in the imbalance of the dual value of local legislation. Therefore, in order to solve the problem of high repetition rate of local legislation, it is necessary to adhere to the balance of dual value when optimizing the structure, content and working mechanism of local laws and regulations, improve the quality of local legislation and give full play to the characteristics of local legislation.

Keywords: Local Legislation; Legislative Duplication; Legislative Evaluation

B. 5 Necessity, Current Situations, and Countermeasures of the Interaction between Local Legislation and Folk Norms   *Li Yang* / 081

Abstract: One single system of legal norms is unable to complete the systematic project of social governance, which requires the folk norms to play a complementary role; in addition, local legislative activities and folk norms overlap in many aspects such as adjustment objects, adjustment items and adjustment paths, so there is possibility and necessity for the interaction between them. Folk norms can provide legislative facts and add legislative features for local legislative activities, while local legislative activities may guide and regulate folk norms. Certainly, there may also be competition between the two sets of rules. Through the investigation of the text of local laws and regulations related to folk norms, it is found that the interaction between the two in practice does not play a substantive role at the present stage, and exists conflict of values. Therefore, only by clarifying the respective adjustment scope of local legislation and folk norms and balancing and coordinating the relationship between them can we promote the development of the rule of law in China.

Keywords: Local Legislation; Folk Norms; Internal Rules; External Rules; Interaction of Rules

B.6 On the Interactive Practice of Legislation and Reform
—*Taking Xiamen Special Economic Zone as an Example*

Zheng Weihua / 102

Abstract: There is an interactive relationship between legislation and reform. It is of great value to analyze the practical effect of social reform in the process of implementation of laws and regulations with national pioneering significance. At present, the influence of "one city and two laws" in Xiamen Special Economic Zone has not been eliminated, the authorized legislation has the risk of abuse, the leading role in the important field of legislation is still insufficient, and the legislation such as legislative loss and dislocation does not meet the needs of reform practice. Therefore, how to perfect the link mechanism between legislation and reform decision-making is very important. The link between legislation and reform depends on specific measures. Behind the relationship between legislation and reform is the relationship between law and social change; China's legislative system itself is in the process of continuous reform in order to meet the needs of the actual development of reform and opening up; The sacred mission of the Special Economic Zone is to use the legislative power of the Special Economic Zone to carry out legislative experiments, promote institutional innovation, and create a "model template" for legislation and reform. Legislation is the starting point of the rule of law.

Keywords: Reform; Prior to Carry and Try; Special Economic Zone Legislation

Ⅲ Legislative Investigation and Evaluations

B. 7 Promoting the Construction of Two-City Economic Circle in Chengdu-Chongqing Region by Regional Collaborative Legislation
—*From the Perspective of Legislative Needs of Chengdu*
Research Group of the Legislative Affairs Committee of the Standing Committee of Chengdu Municipal People's Congress / 123

Abstract: To promote the overall development and stability of the construction of two-city economic circle in Chengdu-Chongqing region via high-quality local collaborative legislation is of great practical significance for accelerating the deep integration and bidirectional development of Sichuan and Chongqing. By learning from the collaborative legislation samples of domestic major cities such as Beijing-Tianjing-Hebei, Yangtze River Delta, and Hong Kong and Macao Bay area, and British urban agglomeration, Japanese Pacific coastal urban agglomeration, and Atlantic coastal urban agglomeration in the northeast of the United States, the research group, from the perspective of legislative needs and legislative authority of Chengdu, focuses on the local legislative needs of the strategic positioning of "important economic center, science and technology innovation center, new highland of reform and opening up, and high-quality livable place", and actively explores the key areas and direction of collaborative legislation. Therefore, the collaborative legislation in Chengdu-Chongqing region shall follow the fundamental path of "establishing collaborative legislation mechanism-building collaborative legislative platform-determining contents of collaborative legislation-optimizing collaborative legislation procedures", establish and perfect powerful guarantee for collaborative legislation, and set up a collaborative legislation mechanism that mutually supports and promotes with the collaborative development.

Keywords: Collaborative Legislation; Two-city Economic Circle in Chengdu-Chongqing Region; Collaborative Legislation Mechanism

B. 8 On Systematic Innovation of Enhancing Leadership of People's Congress in Local Legislation
—From the Local Legislation Practices of People's Congress of Districted Municipalities   Xiong Ming / 138

Abstract: The leadership of people's congress in legislation, with identified basis of policy and law, is an important requirement for implementing the spirit of the 4th Plenary Session of the 18th CPC Committee and an integral component for completing the national governance system and promoting governance capacity. Enhancing the leadership of people's congress in local legislation is the mechanism and procedure for completing the Party's leadership in legislation, the standardized exercise of local legislation power and scientific distribution of profits under the political system of socialist country. Only when the people's congress leads the overall legislation procedures and the promotion of legislative activities under the leadership of the Party and constructs the institutional framework from such four perspectives as "directed by the Party committee", "led by the people' congress", "supported by the government", and "participated by all parties", will the local legislation procedures be gradually completed and supplemented, the local legislation power be well exercised, and the comprehensive promotion of law-based governance be deepened in local legislation practices.

Keywords: Local Legislation; Leadership of the People's Congress; Legislation Procedures; Institutional System of Legislation

B. 9 Promoting the Coordinated Development of Credit Legal System with Credit Legislation at National Level

Wu Jiayue / 151

Abstract: Before the national level legislature has issued the national level social credit law, the local legislature has begun to carry out relevant credit legislation activities. Through the review and analysis of the local credit legislation, it is found that the legislative system is not coherence, the credit information is generalized, and the legal system is not unified. Part of the reason for these problems is that local legislators lack of unified superior law regulation in credit legislation activities. Therefore, it is necessary to introduce a national level social credit law. The national level of social credit law should be unified design of relevant systems and rules to regulate and integrate local credit legislation activities, so as to enhance the coherence of the whole social credit legal system and promote the coordinated development of social credit legal system.

Keywords: Credit Legislation; Credit Legal System; National Legislation; Local Regulations

B. 10 The Practical Exploration of the Implementation Effect Evaluation of Local Regulations

—*A Case Study of the Post-legislation Evaluation of The Regulations on The Management of Urban Bus Passenger Transport in Chengdu*

Post-legislative Evaluation Project Team of Chengdu Bus Passenger Transport Management Regulations / 168

Abstract: Post-legislation evaluation is not only an important means to test the quality of legislation, but also an important way to promote the continuous improvement of legislation. At present, post-legislation assessment in various regions generally includes text quality assessment and implementation effect assessment. There are phenomena that text evaluation accounts for a relatively high proportion of the implementation effect evaluation and ignores the implementation effect evaluation. The implementation effect evaluation introduces the most achievement analysis problems and their causes are less. The purpose of post-legislation evaluation is to test the operation of laws and regulations in social practice. The post-legislation evaluation of "Regulations of Chengdu City Bus Passenger Transport" is a beneficial attempt to carry out the evaluation. In addition to the text assessment, this paper focuses on the analysis of the overall situation of the implementation of the Regulations, the performance of all key obligations, the existing problems and causes in the implementation of the Regulations. On this basis, an evaluation conclusion was drawn to revise and improve the text of the Regulations and strengthen the implementation of the Regulations, and put forward specific suggestions in terms of improving the structure of the regulations, refining the legal responsibilities, clarifying the responsibilities and powers of the competent authorities, and implementing the responsibilities of operating companies.

Keywords: Post-legislation Evaluation; Implementation Effect Evaluation; Legislation Quality

B.11 Legislation Investigation Report of The Regulations of Xiushan Tujia and Miao Autonomous County on Protection of Water Ecological Environment in River Basin

Drafting Group of the Regulations (Draft) / 239

Abstract: Located in southeast Chongqing, the Xiushan autonomous county is a county with abundant mineral resources, especially manganese ore. The Xiushan autonomous country, the Huayuan county of Hunan and the Songtao county of Guizhou are collectively referred to as "the manganese triangle of China". The Meijiang river is the largest river within the administrative area of Xiushan autonomous county, as well as the "mother river" of Xiushan. However, in the past, the water ecological environment of Meijiang river has been degraded gradually and even deteriorated for a time due to nonstandard prevention of industrial sewage, domestic sewage, agricultural nonpoint source pollution and inappropriate protection and governance of water ecological environment, arousing strong public resentment and great social concern. Since 2016, the public has strongly called on provision of precise law guarantee for protection of the mother river of Xiushan by means of local legislation of ethic regions. In 2018, the Standing Committee of the People's Congress of Xiushan Autonomous County initiated such legislation and carried out in-depth legislative investigation and research by such means as in-county investigation and research, out-county observation, and otherwise to comprehensively sort out the current situations of ecological environment protection of Meijiang river and existing issues thereof and put forward opinions and suggestions for key institutional design of relevant legislation for ecological protection of Meijiang river from an empirical perspective.

Keywords: Meijiang River; Ecological Protection; Local Legislation of Ethic Regions

Ⅳ Special Topics on Local Legislative Structure

B.12 A Comparative Study on Structure of Local Regulations

Xu Chen / 256

Abstract: Chongqing is the economic center in the upper reaches of the Yangtze River and the only municipality directly under the central government in the Midwest and the local legislation work thereof has attracted much attention. By comparing and analyzing the structures of local regulations of Chongqing and those of such developed regions as Shanghai and Guangdong Province and nearby region

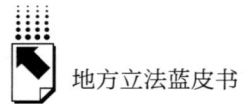

as Sichuan Province, this article presents the legislation achievements of Chongqing in the past two decades and concludes the deficiencies in legislation work. It carries out macroscopic comparison and case study and uses the results so obtained to explore the legislation approaches to be followed in the future and the further method for optimizing the structure of local regulations, with a view to facilitating the better exercise of local legislation power by the legislation authority of Chongqing.

Keywords: Comparative Study; Amount of Enacted Regulations; Legislation Structure; Legislation Characteristics

B.13 Structural Analysis and Optimization Suggestions for Local Regulations Concerning State Organs of Chongqing
——*On Basis of Comparison of Legislation Made by the People's Congresses and the Standing Committees Thereunder of 31 Provinces, Autonomous Regions and Municipalities*

Wen Zebin, Zhou Daran / 282

Abstract: By normative analysis on the legislation structure and empirical analysis on the legislation made by people's congresses and standing committees thereunder of 31 provinces, autonomous regions and municipalities, this article detects such issues of local regulations concerning state organs of Chongqing as relatively incomplete overall structure and insufficient local regulations on internal administrative affairs and administrative agencies, puts forward such suggestions as completing the local regulations concerning the local People's Congress system, enhancing legislation of local regulations on internal administrative affairs and administrative agencies, and otherwise in combination with local characteristics and future legislation demands of Chongqing and proposes relevant opinions on legislation concerning state organs made by the Standing Committee of Chongqing People's Congress in 2020 based thereon.

Keywords: Local Regulations; Regulation Structure; Local Characteristics; Optimization of Local Legislation

B.14 An Analysis on Rationality of Local Financial and Economic Regulation Project of Chongqing
              Wan Jiang, Liu Meihong / 298

  Abstract: The local financial and economic regulations of Chongqing present such features as "rare enactment and frequent amendment" and "prudent legislation" and possess such problems as relatively low legislation level, unfitness for social and economic development, unreasonable industrial distribution, and otherwise. In future, Chongqing shall stick to the principle of "clear priorities, prudent legislation and frequent amendment", pay attention to the overall economic and social development tendency of the Municipality, accelerate the process of clearing the existing local financial and economic regulations and actively enact local regulations concerning such aspects as big data industry, artificial intelligence industry, optimization of business environment, and otherwise.
  Keywords: Local Regulations; Financial and Economic Legislation; Legislation Structure; Legislation Characteristics

B.15 On Legislation Structure of National Autonomous Areas in Chongqing   *Zhang Yin, Yang Bing* / 318

  Abstract: It is provided in the Constitution that regional autonomy shall be practiced in areas where people of minority nationalities live in concentrated communities and the power of autonomy shall be exercised. The national autonomous areas shall include the autonomous regions, autonomous prefectures and autonomous counties, among which the autonomous counties account for the highest proportion. Legislation power is the core of autonomy power for national autonomous areas. By analyzing the basic theories of legislation power in the autonomy power of autonomous counties, this article carries out research on the autonomous legislation of four national autonomous counties in Chongqing from such aspects as the practices of autonomous legislation, exercise of flexible legislation power and dilemma in autonomous legislation and puts forward relatively specific legislation optimization suggestions therefor.

Keywords: National Autonomous Legislation; Autonomous Legislation Power; Legislative Structure; Legislation Practice

社会科学文献出版社

皮 书

智库报告的主要形式
同一主题智库报告的聚合

❖ 皮书定义 ❖

皮书是对中国与世界发展状况和热点问题进行年度监测,以专业的角度、专家的视野和实证研究方法,针对某一领域或区域现状与发展态势展开分析和预测,具备前沿性、原创性、实证性、连续性、时效性等特点的公开出版物,由一系列权威研究报告组成。

❖ 皮书作者 ❖

皮书系列报告作者以国内外一流研究机构、知名高校等重点智库的研究人员为主,多为相关领域一流专家学者,他们的观点代表了当下学界对中国与世界的现实和未来最高水平的解读与分析。截至2020年,皮书研创机构有近千家,报告作者累计超过7万人。

❖ 皮书荣誉 ❖

皮书系列已成为社会科学文献出版社的著名图书品牌和中国社会科学院的知名学术品牌。2016年皮书系列正式列入"十三五"国家重点出版规划项目;2013~2020年,重点皮书列入中国社会科学院承担的国家哲学社会科学创新工程项目。

中国皮书网

（网址：www.pishu.cn）

发布皮书研创资讯，传播皮书精彩内容
引领皮书出版潮流，打造皮书服务平台

栏目设置

◆ **关于皮书**
何谓皮书、皮书分类、皮书大事记、
皮书荣誉、皮书出版第一人、皮书编辑部

◆ **最新资讯**
通知公告、新闻动态、媒体聚焦、
网站专题、视频直播、下载专区

◆ **皮书研创**
皮书规范、皮书选题、皮书出版、
皮书研究、研创团队

◆ **皮书评奖评价**
指标体系、皮书评价、皮书评奖

◆ **互动专区**
皮书说、社科数托邦、皮书微博、留言板

所获荣誉

◆ 2008年、2011年、2014年，中国皮书网均在全国新闻出版业网站荣誉评选中获得"最具商业价值网站"称号；
◆ 2012年，获得"出版业网站百强"称号。

网库合一

2014年，中国皮书网与皮书数据库端口合一，实现资源共享。

权威报告·一手数据·特色资源

皮书数据库
ANNUAL REPORT(YEARBOOK) DATABASE

分析解读当下中国发展变迁的高端智库平台

所获荣誉

- 2019年，入围国家新闻出版署数字出版精品遴选推荐计划项目
- 2016年，入选"'十三五'国家重点电子出版物出版规划骨干工程"
- 2015年，荣获"搜索中国正能量 点赞2015""创新中国科技创新奖"
- 2013年，荣获"中国出版政府奖·网络出版物奖"提名奖
- 连续多年荣获中国数字出版博览会"数字出版·优秀品牌"奖

成为会员

通过网址www.pishu.com.cn访问皮书数据库网站或下载皮书数据库APP，进行手机号码验证或邮箱验证即可成为皮书数据库会员。

会员福利

- 已注册用户购书后可免费获赠100元皮书数据库充值卡。刮开充值卡涂层获取充值密码，登录并进入"会员中心"—"在线充值"—"充值卡充值"，充值成功即可购买和查看数据库内容。
- 会员福利最终解释权归社会科学文献出版社所有。

数据库服务热线：400-008-6695
数据库服务QQ：2475522410
数据库服务邮箱：database@ssap.cn
图书销售热线：010-59367070/7028
图书服务QQ：1265056568
图书服务邮箱：duzhe@ssap.cn

卡号225662594121
密码：

S 基本子库
SUB DATABASE

中国社会发展数据库（下设 12 个子库）

整合国内外中国社会发展研究成果，汇聚独家统计数据、深度分析报告，涉及社会、人口、政治、教育、法律等 12 个领域，为了解中国社会发展动态、跟踪社会核心热点、分析社会发展趋势提供一站式资源搜索和数据服务。

中国经济发展数据库（下设 12 个子库）

围绕国内外中国经济发展主题研究报告、学术资讯、基础数据等资料构建，内容涵盖宏观经济、农业经济、工业经济、产业经济等 12 个重点经济领域，为实时掌控经济运行态势、把握经济发展规律、洞察经济形势、进行经济决策提供参考和依据。

中国行业发展数据库（下设 17 个子库）

以中国国民经济行业分类为依据，覆盖金融业、旅游、医疗卫生、交通运输、能源矿产等 100 多个行业，跟踪分析国民经济相关行业市场运行状况和政策导向，汇集行业发展前沿资讯，为投资、从业及各种经济决策提供理论基础和实践指导。

中国区域发展数据库（下设 6 个子库）

对中国特定区域内的经济、社会、文化等领域现状与发展情况进行深度分析和预测，研究层级至县及县以下行政区，涉及地区、区域经济体、城市、农村等不同维度，为地方经济社会宏观态势研究、发展经验研究、案例分析提供数据服务。

中国文化传媒数据库（下设 18 个子库）

汇聚文化传媒领域专家观点、热点资讯，梳理国内外中国文化发展相关学术研究成果、一手统计数据，涵盖文化产业、新闻传播、电影娱乐、文学艺术、群众文化等 18 个重点研究领域。为文化传媒研究提供相关数据、研究报告和综合分析服务。

世界经济与国际关系数据库（下设 6 个子库）

立足"皮书系列"世界经济、国际关系相关学术资源，整合世界经济、国际政治、世界文化与科技、全球性问题、国际组织与国际法、区域研究 6 大领域研究成果，为世界经济与国际关系研究提供全方位数据分析，为决策和形势研判提供参考。

法律声明

"皮书系列"(含蓝皮书、绿皮书、黄皮书)之品牌由社会科学文献出版社最早使用并持续至今,现已被中国图书市场所熟知。"皮书系列"的相关商标已在中华人民共和国国家工商行政管理总局商标局注册,如LOGO( )、皮书、Pishu、经济蓝皮书、社会蓝皮书等。"皮书系列"图书的注册商标专用权及封面设计、版式设计的著作权均为社会科学文献出版社所有。未经社会科学文献出版社书面授权许可,任何使用与"皮书系列"图书注册商标、封面设计、版式设计相同或者近似的文字、图形或其组合的行为均系侵权行为。

经作者授权,本书的专有出版权及信息网络传播权等为社会科学文献出版社享有。未经社会科学文献出版社书面授权许可,任何就本书内容的复制、发行或以数字形式进行网络传播的行为均系侵权行为。

社会科学文献出版社将通过法律途径追究上述侵权行为的法律责任,维护自身合法权益。

欢迎社会各界人士对侵犯社会科学文献出版社上述权利的侵权行为进行举报。电话:010-59367121,电子邮箱:fawubu@ssap.cn。

社会科学文献出版社